사회보장과
공공복지

영미국가와
한국 사회보장의
현재와 미래

사회보장과
공공복지

이정관 지음

머리말

우리나라는 1960년대에 이래 세계에서 유례를 찾아보기 힘들 정도로 눈부신 경제발전을 지속적으로 이룩해 왔고, 이제 OECD를 비롯해서 G20 회원국의 일원이 될 만큼 국제·사회적으로도 중추적인 위상을 확보하고 있다. 그러나 이러한 외적·양적 성장에도 불구하고, 복지부문에서의 문제에 관하여는 아직도 그 현상에 대한 인식과 앞으로 풀어 나아가야 할 과제와 방향에 대하여 첨예한 논의가 계속되고 있는 실정이다. 특히 양극화가 심화되고 있다는 비판과 더불어 향후 분배와 성장이라는 두 가지 가치 가운데 어느 것을 우선해야 할 것인가에 대하여는 그 합일점을 도출하기가 더더욱 쉽지가 않은 실정이다.

이러한 고민은 비단 우리나라뿐만 아니라, 지구상의 거의 모든 국가들에게 해당되는 것이기도 하지만, 분명한 사실은 우리나라의 경우 그동안의 경제성장에 힘입어 국민생활 수준이 향상됨에 따라 절대빈곤의 문제는 전반적으로 경감되었으나, 아직도 복지 시스템의 콘텐츠는 여전히 미흡하고 소득분배의 불균등과 신빈곤층이라는 문제는 저출산·고령화 문제와 맞물리면서 우리 사회의 계층 간, 세대 간 통합을 저해하는 사회적 갈등요인이 되고 있다는 점이다.

그렇다면 이 시점에서 국가란 무엇인가? 국가는 사회구성원들을 실업·빈곤·질병·장애·노령·사망 등 각종 위험으로부터 보호할 수 있도록 최소한의 기본재(basic needs)를 제공하여 그들이 인간다운 생활을 할 수 있도록 제대로 된 역할을 해 왔는가?라는 근본적인 질문을 새삼 던지지 않을 수 없다. 이 책에서는 바로 이러한 질문을 시작으로 복지국가의 존재의미를 되짚어보면서 사회보장의 핵심개념인 National Minimum

을 출발점으로 사회보장과 공공복지의 현재와 미래를 두루 살펴보고자 한다.

서구 선진 복지국가들의 경우 제2차 세계대전을 치른 1940년대부터 전후 복구 시기인 1950년대까지에 이르는 시기에 이미 기본적인 사회보장시스템을 갖추고 1960-70년대에는 이를 더욱 획기적으로 성장시킨 시기로 받아들여지고 있다. 그렇지만 이른바 1970년대 오일쇼크에서부터 시작하여 21세기 들어 2008년 미국에서 시작되어 유럽을 비롯한 전 세계에 확산된 세계 금융위기에 이르기까지 복지국가의 틀을 재점검하게 만드는 역사적 사건들이 계속 발생하고 있다.

이러한 변환기마다 각 국가들이 위기상황을 벗어나기 위해 취한 조치들은 정형적인 것이 아니어서 획일적인 접근은 매우 위험스러우며 각 국가별 접근방식들은 그 나라의 정치·경제·역사적 맥락 아래에서 이해될 필요가 있다. 그렇지만 1970년대 중반 이후부터 복지국가의 무차별적 확대에 대한 경계심과 우려가 커짐에 따라 복지축소 등의 형태로 복지개혁에 대한 노력들을 계속해오고 있다는 점에서 공통점이 있다. 이러한 조치들이 가능했던 배경에는 신자유주의 이념의 세계적 확산에 있다.

우리나라는 이러한 각 국가들의 정책사례와 세계적인 조류를 어떻게 받아들여야만 할 것인가? 이들 국가들에서는 많은 정책변화가 있어 왔고 또한 새로운 변화들이 시도되고 있다. 심지어는 복지국가에 대한 부작용을 걱정한 나머지 이에 대한 반작용으로 반복지(反福祉)적 현상이 나타나기도 한다. 하지만 우리나라의 경우 이제 막 복지국가로서의 초입 단계에 와 있다고 볼 수 있으므로 이러한 현상들을 여과 없이 받아들여 복지국가의 근본이념을 훼손하여서는 안 될 것이다.

그렇다고 해서 고전적 의미의 복지국가의 틀을 우리나라에 그대로 재현하자는 말은 아니다. 우리나라는 세계적으로 유례없는 저출산·고령사회의 빠른 진전, 지방화 시대의 본격도래, 시민 사회의 참여역량 강화, 외국인 근로자 및 다문화 가정 등으로 대표되는 경제사회의 개방, 그리고 무엇보다 최근 세계사적 조류라고 할 수 있는 4차 산업혁명 등에 대비해서 사회보장 시스템에 대한 새로운 접근과 대응이 필요하다. 이러한 복지환경의 변화가 가져오는 새로운 위험들은 기존 사회보장제도와의 부정합성(unconformity)을 그만큼 증대시킬 수밖에 없다. 따라서 공공복지 대상 영역의 확장, 혁신적 대안들의 검토, 패러다임의 전환, 사회보장의 재설계 작업 등이 더욱 필요해지는 시점이라고 할 수 있다.

사회보장체계를 더욱 잘 이해하고 현상에 대한 보다 정확한 진단과 처방을 가능하게 하기 위해서는 복지국가의 발전이라는 역사적 맥락 아래에서 관련 개념의 변천과정, 환경변화와 트렌드, 주요 국가들의 정책 등에 대한 분석작업이 매우 유용하다고 본다. 최근 들어 우리나라에서는 복지국가의 이상향으로서 스웨덴 모델에 대한 관심과 연구가 부쩍 늘어나는 추세를 보여 왔다. 그럼에도 이 책에서는 정책학습을 위한 비교 분석대상 국가로 미국과 영국을 선택하였는데, 이들 두 나라는 1980년대 이후 신자유주의 사조를 기반으로 해서 복지체제의 재편에 관한 논쟁과 작업을 주도해 온 나라들로서 우리나라 사회보장제도의 형성과 발달에 있어서도 많은 영향을 끼쳐왔기 때문이다. 사실 우리나라의 경우 사회보장 문제를 접근함에 있어서 사회적 연대형성 논리를 기반으로 하는 유럽식 접근방식보다는 자유주의적 시민권 정신을 기반으로 하는 영·미식 접근에서 보다 많은 영향을 받아왔다고 볼 수 있다.

이 책은 저자의 2010년도 대한민국 학술원 우수도서 『기초생활보장과 공공복지』의 연장 선상에 있다. 최초 발간한 지 10여 년이 지남에 따라 복지환경뿐만 아니라 제도의 내용이 많은 부분에서 변화가 생김에 따라, 현재 시점에서 전반적인 내용들을 새롭게 가다듬고 그 이후 새로운 환경변화에 따라 대두된 이슈들을 미래 사회보장의 관점에서 대폭 수정 보완할 필요성이 제기되었다. 그 대표적인 이슈들로서 4차 산업혁명과 사회보장, 기본소득 도입실험 등에 대한 논의 등을 들 수 있다.

끝으로 이 책은 저자가 오랫동안 공공복지영역에서 정책개발과 집행과정에 직접 참여해 오면서 현장의 욕구와 변화를 몸소 느끼고 간직해 온 문제의식과 다년간 대학 강단에 서오면서 세상을 바라본 서생적 관점을 토대로 국내외 정책 연구자료와 정책사례를 '사회보장과 공공복지의 현재와 미래'라는 틀을 가지고 분석·정리한 것으로서, 이론과 현장이라는 두 가지 측면에서 공공복지 프로그램들을 들여다보는 데 다소나마 도움이 될 수 있었으면 하는 바램이다.

2019년 10월
이정관

CONTENTS

제2장 사회보장체계와 공공복지

제3장 정치 이데올로기와 복지개혁

제4장 미국의 사회보장체계와 공공복지

제5장 영국의 사회보장체계와 공공복지

제6장 한국의 사회보장체계와 공공복지

제7장 미래 사회보장의 혁신적 대안

제8장 4차 산업혁명과 사회보장의 미래

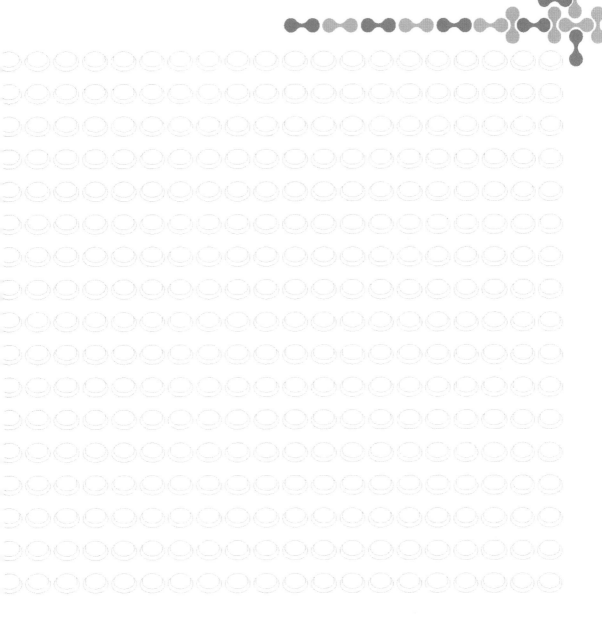

제1장
공공복지 정책환경의 변화

제1절
복지국가의 등장과 배경

1. 국가란 무엇인가: 개념과 존재 이유

국가란 무엇인가? 이 질문은 고대국가의 탄생에서부터 오늘에 이르기까지 계속되어 온 의문부호 속의 질문이다. 이 질문 속에는 국가라는 정치적 실체가 무엇이냐는 개념적 탐구에 있기도 하지만, 보다 근본적으로는 국가가 그 구성원들에게 어떤 존재여야 하고 또 그들에게 무엇을 해 주어야만 하는가 하는 성찰의 질문이기도 하다. 아리스토텔레스(Aristoteles)는 그의 저서『정치학(Politika)』에서 "모든 국가(polis)는 분명 일종의 공동체이며 모든 공동체는 어떤 선(善, agathon)을 실현하기 위하여 구성된다.....모든 공동체 중에서도 으뜸가며 다른 공동체를 모두 포괄하는 공동체야말로 으뜸 선을 가장 훌륭하게 추구할 것인데, 이것이 바로 국가이다"[1]라고 적고 있다. 아리스토텔레스는 정치에서 윤리성을 강조하면서 개인의 진정한 행복은 도덕과 질서가 바로 선 국가 공동체 안에서만 가능하다고 본 것이다. 그렇지만 역사적으로 국가권력이 그 구성원들에게 주는 이미지는 긍정적이기보다는 부정적 측면이 강한 것이 사실이다.

서양의 경우 국가는 다양한 의미로 이해되어왔는데 국가가 '정치공동체' 성격을 지닌 인류 역사의 보편적 현상으로 여겨져 오기는 했지만, 그 실체에 있어서는 각 시대마다 개념이 다르다.[2] 역사적으로 국가의 모습은 고대 및 봉건제 국가에서 절대주의 국가로의 이행(17-18세기)을 거쳐 절대주의 국가로부터 근대 국민국가로 이행(19세기 이후)하면서 국왕 주권으로부터 국민주권으로의 전환이 이루어지게 된다.[3] 고대 및 중세 봉건제 국가에서는 공권력이 개인적이고 카리스마적으로 이해되었지만, 근대에 이르러서는 '일정한 영토 내에서 지배자와 피지배자 모두에게 초월하여 최고의 정치적 권위'라는 근대 주권개념이 확립됨으로써 '짐이 곧 국가 "라는 말로 상징되는 절대주의 시대가 종말을 맞게 된다.[4]

영국의 철학자 토머스 홉스(Thomas Hobbes)는 1651년 출간된 그의 저서『리바이어던(Leviathan)』에서 구약성서에 나오는 바다 괴물 '리바이어던'을 국가에 비유하였다. 홉스의 이 저서는 통치영역과 개인 영역에 대한 사유의 결과물이기도 한데, 당시만 하더라도 절대주의 국가 시대에서는 절대권력에 대한 절대복종의 통치이념을 당연시하였으나 근대국가에 들어서서 리바이어던은 더 이상 종전의 모습으로 남아 있을 수 없게 된다.

근대 국민국가의 출현에 따라 세계는 국가 단위로 재편성되고 국가는 최고 권위를 바탕으로 동일한 정치공동체의 구성원이라는 의식을 불어넣어 줌으로써 '국민을 형성'과 동시에 '국민들의 삶을 규정'하는 책무를 지니게 된다. 근대국가는 국민국가(nation state) 형성기로서 이제 국가는 국가의 구성요소로서 영토, 주권과 함께 국민을 분명히 하면서 민주주의, 자본주의 철학을 결합하여 국민을 결집하고 통치의 중심축으로 삼게 된다. 그렇지만 국민국가는 일정 영토를 전제로 국민 형성을 강조하다 보니 민족주의적 색채가 강화되기도 하고, 평등, 인권과 같은 인류의 보편적 가치를 도외시하는 폐쇄성을 드러내기도 한다.

국민국가가 국가의 역할을 어떻게 보고 있는가 하는 국민주의적 평가 기준의 일정 측면은 막스 베버(Max Weber. 1895)[5]의 "국민국가와 경제정책"이라는 논문에서도 들여다 볼 수 있는데, 그 내용 몇몇들을 발췌하면 다음과 같다.

> "독일의 경제정책은 독일인 경제학자의 가치 기준과 같이 독일적일 수밖에 없는 것" (막스베버: 34)
> "우리들이 자손들에게 선물로서 보내주지 않으면 안 될 것은 (국경을 넘어서는 보편적 가치인) 평화라든가 인간의 행복이 아니라 우리들의 국민적 특질을 지켜가면서 더한층 그를 발전시키기 위한 영원한 투쟁" (막스 베버: 35)

국민국가의 태동 시기에 대해서는 여러 견해가 있는 것이 사실이지만 17세기 영국의 청교도혁명과 명예혁명, 그리고 18세기 프랑스 혁명 등으로 대표되는 시민혁명과 함께 국민 국가화 현상이 확립되면서 유럽에서 하나의 국가 공동체 규범으로 자리 잡게 되었다고 보는 것이 일반적인 견해이다. 다만 국민국가에서 국민은 혈통이나, 문화 역사 등을 공유하는 정체성을 강조하는 민족 국가적 색채가 강해서 오늘날 서유럽 국가에서는 국민국가라는 용어를 강조하지 않으려는 경향이 있다.

2. 복지국가의 등장: 복지국가와 국민국가

복지국가는 국민들의 최소한의 인간다운 삶을 국가가 제도적으로 보장하는 국가이다. 여기서 국가란 지역사회나 지방 정부 또는 민간부문을 의미하기보다는 중앙정부를 가리키는 것이며, 따라서 프로그램 설계에서부터 서비스 전달체계, 재원 마련 등 전반에 걸친 사항을 국가 전체 차원에서 국민 모두를 대상으로 중앙정부 책임 아래 주도적으로 수행하게 된다.

근대 복지국가의 기원은 일반적으로 1880년대 독일에서 비스마르크가 주도하여 수립한 사회보험제도로 보는데 유럽국가들의 경우 빈민 통제를 위해 국가가 국민의 복지 문제에 개입하기 시작한 시점은 14세기 구빈법[6]의 시대로까지 올라가기도 한다. 1880년대 독일에서 최초로 국가 주도의 사회보험제도들이 도입된 이래 복지국가는 각국에서 여러 경로를 통해 다양한 형태로 발전되어 왔는데 현재와 같은 복지국가의 모습을 갖추게 된 것은 연대기적으로 1940년대라고 보는 것이 대체적인 견해이다.

복지국가가 태동하여 국가에게 국민들의 최소한의 기초생활을 보장할 책무를 부여하는 것은 국민국가(Nation State) 관점의 연장 선상과도 일정 부분 맞닿아 있다고 볼 수 있다. 근대 국민국가의 형성요인으로는 철학적으로는 자유주의(liberalism), 경제 질서로는 자본주의(capitalism), 정치적 동력으로서는 민족주의(nationalism) 등을 들 수 있는데, 초기 근대국가의 정치적 축적이 일정 단계에 접어들면서 국민 형성이라는 단계를 거치고 점차 소극적인 국가의 역할에서 적극적인 국가의 역할을 강조하게 된다. 이러한 국가중심적 이론은 사회문제 해결에 대한 접근방식에 있어서 일반 사회구성 요소 중심의 자율적 처리라는 사고에서 벗어나 공급자로서의 국가 역할을 강조함으로써 복지국가 발전에 대한 설명의 폭을 넓히게 된다. 즉, 국가중심적 이론은 산업화나 독점 자본, 이익집단, 노동자계급 등의 요인들이 독립적인 국가조직에 의해 매개되어서 복지국가 발전에 영향을 준 것으로 인지하는 것이다.

국민국가에서는 국가의 존재 이유를 국민에게서 찾게 되며, 국민을 위한 국가가 되기 위해서 국민국가는 그 구성원인 국민 개개인의 이해 관심을 전체적 이익으로 변환하는 구조를 가진다. 따라서 1945년 제2차 세계대전 종전을 전·후한 1940년대 내지 1950년대 시기에 오랜 전쟁 수행으로 인해 국민 생활이 피폐해진 상황에서 국가가 국민의 삶을 일으켜 세우고 자국민의 안위와 번영을 국가적인 최우선 과제로 설정해야 한다는 당위성 아래서 복지국가가 본격적인 성장기7)에 들어선 점을 감안하면 바로 국민국가와 복지국가의 철학은 일맥상통하는 점이 있다.

미르달(K G. Myrdal)은 『현대복지국가론(Beyond The Welfare State)』에서 '복지국가는 국민주의적이다'라고 하면서, 서구 근대 복지국가가 발전할 수 있었던 원인을 국제적 분열이 한참 진행 중일 때 '긴박한 위기에 대처하는 방어적 정책수단'과 '국제적 위기로부터 국민적 위기를 보호할 목적으로 시장의 모든 힘을 수정하는 간섭적 행위'를 필요로 하게 되었다는 점에서 찾는다.8) 이에 따라 국민사회를 보호하고 복지를 달성하기 위하여 강력한 추진력을 가진 근대적 복지국가 성장이 가속화되었다고 본다.

근대 복지국가의 등장에 따라 복지제공의 주체가 민간사회로부터 국가 주도로 바뀌게 되며, 복지제공 방식은 잔여적(residual)이라기보다는 제도적(institutional)으로 이루어지게 된다. 이러한 복지국가의 등장이 19세기 후반 유럽에서 가능했던 거시적·역사적 조건으로 김태성·성경륭(2017)은 자본주의적 산업화의 진전, 강력한 국민국가의 형성, 민주주의의 확산 등을 들고 있는데,9) 각 국가가 처한 정치적·경제적 여건과 시대적 상황에 따라 복지국가의 설계와 위기대처 방식은 차이가 있게 마련이다.

3. 국가복지와 지역복지: 국가에서 지역사회로

1960년대까지 전성기를 구가하던 서구 선진 복지국가들은 1970년대 두 차례에 걸친 오일쇼크와 이로 인한 세계 경제의 침체, 급속한 복지팽창이 가져온 재정부담 가중 등으로 인해 1980년대 들어서면서 국가 주도의 복지국가 추진전략에 대한 도전이 본격화되고 복지개혁이란 이름 아래 제도 정비를 하게 되는데, 그 선봉에 영국의 대처(M.Thatcher) 수상, 미국의 레이건(D. Reagan) 대통령이 있다. 대처리즘과 레이거니즘은 서로 손발을 맞추면서 1980년대 이래 세계적으로 정치, 경제를 포함한 모든 영역에 걸쳐 주도적으로 영향력을 행사하게 되는 신자유주의(neo-liberalism)의 쌍두마차이기도 한데, 국가 주도의 복지국가에 대한 비판은 바로 이 신자유주의 이념을 기반으로 해서 시장 기제(market mechanism)의 존중, 작은 정부의 추진, 복지프로그램의 축소, 민영화 등 일련의 작업들을 이끌어낸다. 한 마디로 종전까지의 국가 주도 복지 철학에 대한 재설계 작업이 이루어지기 시작한 것이다.

서구 선진 복지국가들에서 있어서 지역사회복지(community welfare) 운동은 국가 주도 복지의 한계와 문제점에 대한 돌파구로서 제시되고 있다. 좀 더 정확하게는 작은 정부를 지향하는 신자유주의 운동과 맥락을 같이하고 있다. 지역사회(community) 개념은 지리적, 기능적, 정서적 속성 등의 관점 여부에 따라 워낙 다양하지만, 중앙정부에 대칭되는 지방 정부의 개념이라기보다는 힐러리(Hillery, Jr, 1955)의 분석을 빌리자면 '지역성과 공동의 연대감, 그리고 사회적 상호작용의 공통 속성을 갖춘 집단'[10] 즉, '일정한 지리적 영역 내에서 사회적 상호작용을 통하여 공동의 연대감을 갖춘 인간집단'이라고 정의할 수 있다.

지역사회복지의 개념은 복지국가의 팽창에 따라 국가 주도의 복지가 부작용과 한계를 보임에 따라 국가 주도의 복지를 축소하고 지역사회가 국가의 역할과 책임을 대신해서 실정에 맞게 수행하도록 하자는 개념이다. 이는 결국 중앙정부로 대표되는 국가복지는 그만큼 작아지는 것이며 결국 신자유주의적 가치들이 지역사회복지 운동으로 구현되는 것이기도 하다. 켈리와 카푸토(Kelly & Caputo, 2011)는 이러한 현상을 '지역사회 책임주의화'(responsibilization of the community)라고 표현하면서, 이는 국가 차원의 복지비용 축소작업과 더불어 한편으로는 중앙정부가 일차적으로 담당해 오던 사회복지프로그램과 서비스전달책임이 급격하게 지역사회 차원으로 이관(downloading)되어 오고 있다고 설명하고 있는데, 이는 최근 서구사회가 신자유주의적 접근방법에 따라 정치·사회·경제적 측면에서 국가와 지역사회의 역할을 재고하게 되었음을 보여준 중심적 특징이기도 하다.[11]

서구사회에서와 같은 취지의 신자유주의적 지역사회복지 운동은 일본에서도 나타나는데, 일본에서의 지역복지 흐름은 1980년대 지방분권화, 복지공급시스템의 다원화 등을 배경으로 해서 무르익게 된다. 일본에서의 지역복지라는 새 패러다임은 사회복지가 더 이상 국가에서만 한정시켜서 공급받을 수 있는 상황이 아니므로 지역주민들이 상황에 맞는 정책을 선택하고 책임도 져야 한다는 점을 강조한다. 이러한 '국가복지'에서 '지역복지'로의 전환 노력은 비단 사회복지 영역에만 국한되지 않고 일본이 직면하고 있는 지역사회문제 전반에 걸친 해법의 일환이기도 하며, '지역복지의 주류화(主流化)' 현상이라고 불리는 이러한 복지 정책상 트렌드에는 기본적으로 장기간에 걸친 경기침체와 재정부담 악화 등에 따른 국가복지의 한계를 지역복지를 통해 탈피하기 위한 신자유주의적 관점이 깔려있는 것이다.

우리나라 지역복지의 발전과정도 서구에서와같이 신자유주의 현상과 일정 부분 맥을 같이 한다. 1990년대 지방의원과 지방자치단체장 선거가 실시된 이래 본격적으로 실시된 지방자치와 더불어 진행된 국가에서 지방자치단체로의 지방분권화는 사회보장 영역에 있어서도 중앙집권적 국가 책임주의가 지방화하는 신자유주의적 해체 현상으로 해석된다. 사회복지의 지방화는 지방의 사회보장정책의의 권한과 역할 강화를 의미하면서도 한편으로는 지방의 책임 분담을 한층 강조하고, 공적 자원 이외에도 커뮤니티와 민간 자원까지도 포괄해서 활용하고자 한다. 이러한 원칙들은 커뮤니티 책임주의(responsibilization of the community)라고 부르기도 한다.

우리나라의 지방자치단체는 사회보험을 제외한 모든 영역에서 국가와 공동책임을 지도록 되어 있는데, 『지방자치법』을 비롯해서 『사회보장기본법』, 『국민기초생활보장법』, 『사회복지사업법』, 기타 아동, 노인, 장애인에 대한 각종 사회복지서비스 관련법들은 이러한 점을 명시하고 있다. 2000년대 들어 지방자치단체는 지역사회보장계획을 수립하고 지역사회보장협의체를 구성·운영해야 하는 등 지역사회복지의 책임 주체로 설정되고, 지역주민 또한 정책의 수립과 집행과정에서 주민 주도성이 강화되는 등 지역복지의 기능은 한층 확대되고 있다.

제2절
복지국가의 발달과 현실

1. 복지국가와 이데올로기

세계사적으로 볼 때 복지국가도 마치 유기체처럼 탄생에서부터 성장, 그리고 쇠퇴에 이르기까지 오랜 기간에 걸쳐 역사적 발전단계를 거쳐왔는데 과연 21세기에 있어서도 복지국가가 종전처럼 비중있는 논의의 대상인가에 대해서는 다양한 견해가 있을 수 있다. 그렇지만 국가구성원들의 안전을 위협하는 사회·경제적 요인들이 끊임없이 생겨나고 불평등이 심화되고 있는 상황에서 국민들의 복지증진을 주요책무로 삼고 이를 가장 최우선시하는 국가 존재양식으로서의 복지국가는 여전히 유효한 논의 대상이 될 수밖에 없다.

그렇다면 본질적으로 복지국가란 무엇인가? 애쉬포드(Ashford, 1986)의 지적처럼 복지국가란 수많은 세월 동안 정치·사회적 여러 요소들이 축적된 결과로서의 하나의 국가의 모습이기 때문에 정형화된 형태를 갖고 있는 것은 아니며,12) 학자에 따라 다양한 개념 정의를 내리고 있다.

브릭스(Briggs, 1961)는 시장력의 작동(the play of market forces)에서 오는 문제들을 수정·개선하기 위해 모든 개인과 가족에게 최소한의 소득을 보장하고 이들이 사회적 위험들 (예: 질병, 노령, 실업 등)에 대응할 수 있도록 하며, 모든 국민들이 일정 범위의 서비스를 제공받을 수 있도록 하기 위해 정치와 행정을 통해 조직화된 권력을 사용하는 국가를 복지국가라고 정의한다. 윌런스키(Wilensky, 1975)는 "모든 국민에게 최저수준의 소득, 영양, 건강, 주택, 교육을 자선이 아니라 정치적 권리로서 보장하는 나라"라고 한다. 코르피(Korpi, 1983)는 복지국가의 개념은 "일반적으로 평균적인 생활의 기준, 정치적 민주주의, 복지분배에 있어서의 국가의 역할에 기초하여 정의될 수 있다"고 하면서 높은 평균 생활 수준과 민주주의를 전제조건으로 상대적 빈곤의 감소와 결과의 평등을 복지국가 성격판단의 중요변수로 보았다. 헥셔(Heckscher, 1984)는 복지국가의 근간을 프랑스 혁명의 가치인 자유, 평등, 박애에 두면서 모든 사람들의 최소한의 삶의 수준은 정당한 권리로서 인식되고 보장되어야 한다고 보았다. 미쉬라(Mishra, 1990)는 복지국가란 시장경제에 대한 광범위한 개입을 통해 국민들의 삶과 관련된 국민생활 최저기준들(National Minimum Standards)이 유지될 수 있도록 국가의 책임을 제도화하는 것이라고 말한다.

이러한 다양한 복지국가의 개념 정의 시도 중에서도 공통적으로 발견되는 요소는 국민최저(National Minimum) 생활보장 또는 빈곤 해소이며 복지국가는 이를 다양한 사회정책적 방법을 통해 실현해 나가고자 하는 것으로 인식되고 있다.[13] 즉 임금노동이 주된 생산양식인 산업사회에서는 노동이 생산성 획득의 가장 유력한 방법이었는데 노동을 할 수 없게 된 경우 생존에 필요한 수단을 가족이나 이웃 등 사적 부분에 의존해야 하지만 이는 늘 불완전하여 국가가 노동을 할 수 없는 사람들에게 최소한의 생활을 보장하고자 하는 것이 사회보장제도의 핵심이며, 이의 실현 여부는 그 국가의 복지성(福祉性)을 판단하는 기준이 되고 있다.[14]

그러나 국민 최저생활 보장을 위한 국가 차원의 노력은 보장수준과 대상, 방식에 있어 다양하게 구체화되었다. 브루스(Bruce, 1968)는 프랑스와 유럽에서 사용하는 복지국가(Etat-Providence)라는 용어는 엄격한 의미에서 사회적 연대의 기능을 국가가 독점하는 것이라고 하면서, 앵글로-색슨계 학자들이 사용하는 "복지국가(Welfare State)"라는 개념과 차별화를 시도한다. 브루스는 복지국가의 어원으로 1880년대 독일 비스마르크(Bismarck)가 시작한 사회보험체계인 'Wohlfartsstaat'(복지국가)를 거론하면서, Welfare State라는 개념은 1943년 캔터버리 대주교 윌리엄 템플(Wiliam Temple)이 전쟁 국가(Warfare State), 다시 말해서 전쟁목적으로 조직된 국가개념에 반대하는 의미로 처음 만들어 냈다고 한다.[15] 즉 브루스는 영·미에서와는 달리 복지영역에서 좀 더 적극적으로 국가의 공적개입과 국가적 연대를 강조하고 있는데 그는 복지국가의 세 가지 주요기능으로 ①시민들이 일정 수준의 경제적 보호를 보장받을 수 있도록 사회보장체제 수단에 의한 국가의 규제적 개입 ②수직적 또는 수평적 현금 이전에 의해 전달되는 재분배의 의지 ③시장가격보다 훨씬 저렴하게 일련의 서비스를 제공하려는 국가의 의지 등을 들고 있다.[16]

그렇다면 복지국가의 성장 및 발달과 이데올로기는 과연 어떤 관계를 가지는 것일까? 이데올로기란 개념은 맥렐란(Mclellan, 1986) 이 합의가 이루어지지 않는 사회과학 전체에서 가장 이해하기 힘든 개념이라고 쓰고 있듯이 정의가 쉽지 않고 다양하게 이루어지고 있으나,[17] 민주주의 정부형태가 도입된 이후 경제 및 사회문제들에 대한 국가의 역할은 항상 이데올로기상에서 논의되었다.

이데올로기란 용어는 드 트라시(de Tracy)가 프랑스혁명 직후인 1797년에 최초로 사용했는데 그는 그동안 정부정책에서의 관습, 전통 등이 갖는 우월성에 대항하는 개념으로 이데올로기는 "경험을 통해 획득되는 객관적이고 편견없는 이념의 집합"으로 개념지었다.

파슨스(Parsons, 1951)는 이데올로기를 "공동체 구성원들에 의해 공동으로 유지되는 신념체계" 라고 하고 있는데, 이는 드 트라시가 이데올로기를 공정하고 경험적인 지식체계라고 인식한 것과는 대조적이다. 이러한 견해 차이에도 불구하고 일반적으로 사용되고 있는 이데올로기의 개념은 "개인·집단·사회의 행동에 영향을 미치고 이들에 의해 유지되는 가치 및 신념체계" 라고 볼 수 있다.

정부가 특정 정책을 수립하고 집행하는 데는 수많은 경제적, 사회적, 정치적 요소들이 개입되고 있는 것이 사실이다. 선진 산업국가들의 경우 자본주의적 산업화와 복지급부가 풍요를 보장하고 삶의 기준을 향상시켰기 때문에 자본주의와 사회주의 사이의 이데올로기적 논쟁은 불필요하게 되었다고 주장한다(Lipset, 1963). 그럼에도 불구하고 이데올로기는 정책수행의 정당성을 지탱해 주는 이념적 지표 역할을 수행하고 있기 때문에 1960년대 초와 1980년대 후반에 이미 나타난 "이데올로기의 종언"이라는 명제에도 불구하고 복지 국가의 발전과정을 들여다봄에 있어서 복지 이데올로기의 개념은 유용성을 인정받는다고 할 것이다.

이데올로기 논쟁은 그 자체 결함과 비판적 요소에도 불구하고 복지국가를 성장시키고 복지국가의 본질을 형성하는데 기여해 왔다. 즉, 복지 이데올로기는 정부 정책을 더욱 잘 이해하게 해주고 왜 그런가 하는 점을 충분히 이해하는데 도움이 되기도 하며 복지국가의 미래를 형성하는데도 많은 영향을 미칠 것이다.[18]

이데올로기는 가치와 신념체계가 사회적 상황을 해석하는데 영향을 미치고 분석과 평가 기준을 제공하기 때문에 복지국가 연구에 대한 규범적이고 설명적인 접근을 하기 위해서는 이데올로기의 유형과 내용 고찰이 필요하다. 최근 몇몇 연구자들에 의해 제시된 복지 이데올로기의 유형을 살펴보면 다음과 같다.[19]

①웨더번(Wedderburn, 1965)은 반 집합주의, 시민권, 전체주의, 기능주의로 ②티트머스(Titmuss, 1974)는 잔여주의, 산업주의, 제도주의로 ③미쉬라(Mishra, 1977)는 잔여주의, 제도주의, 사회주의로 ④조지와 윌딩(George & Wilding, 1976)은 반집합주의, 소극적 집합주의, 페이비언 사회주의, 마르크스주의로 ⑤룸(Room, 1979)은 시장 자유주의, 정치적 자유주의, 민족적 사회주의, 신마르크스주의로 ⑥핀커(Pinker, 1979)는 고전파 경제이론, 신중상주의적 집합주의, 마르크스주의적 사회주의로 ⑦테일러 구비와 데일(Taylor-Gooby & Dale, 1981)은 개인주의, 개량주의, 구조주의, 마르크스주의로 ⑧조지와 윌딩(George & Wilding, 1994)은 신우파, 중도노선, 사회민주주의, 마르크스주의, 페미니즘, 녹색주의 등으로 구분한다.

복지국가 논의를 함에 있어서 사회주의적 계획경제 쇠퇴 이후 이데올로기를 다시금 중심적 테마로 부상시킨 계기는 앞에서 살펴본 바와 같이 1970년대 말에서 1980년대 초 등장한 영국의 대처리즘(Thatcherism), 미국의 레이거니즘(Reaganism) 등으로 대표되는 신자유주의 물결을 들 수 있다. 21세기에 들러서도 신자유주의는 유럽 및 영·미 국가 뿐만 아니라 우리나라를 비롯해서 전 세계적인 영향력을 미치고 있다. 그렇지만 정부개입이 필요하다는 케인즈(J. M. Keynes)의 주장을 계승한 케인즈주의자들과 시장 원리에 맡겨야 한다는 신자유주의자들 간의 논쟁은 여전히 뜨겁다.

2. 복지국가의 유형화

사회복지학에서 선도적인 유형화 연구로는 미국의 윌렌스키와 르보(Wilensky & Lebeaux)가 1958년 출판한 「산업사회와 복지(Industrial Society and Social Welfare)에서 시도한 사회복지모형 유형화 연구를 들 수 있는데, 이후 후속 연구들이 오늘날까지 계속되고 있다. 새로운 비교 사회학은 복지국가가 단지 사회지출의 수준에서만 다른 것이 아님을 보여줄 뿐 아니라 비슷한 지출수준에서조차 차이가 크다는 것을 보여준다. 이는 복지 국가들은 그 역사적 배경, 사회적 위험에 책임을 지는 방식, 그리고 국민을 대상으로 하는 제도 및 서비스 형태와 양에 따라 다양성을 지니고 있어서 단순 척도에 의한 유형화 시도는 실체파악에 한계가 있음에도 불구하고 현상을 이해하고 해석하는 데 있어서 매우 유용한 작업이다.

복지국가에 대한 최근 수십년 간의 비교연구는 대부분이 국가 공공지출의 총액을 비교하는데 근거를 두었는데, 이는 사회적 비용 수준은 사회복지를 위한 가장 좋은 지표로 간주되었기 때문이다. 그 대표적인 연구사례가 윌렌스키(Wilensky, 1975)로서 그는 1966년의 국제자료를 이용하여 당시 22개국을 복지국가로 규정하면서 GNP에 대한 사회보장비 비율의 15퍼센트 이상이면 선진 복지국가(the welfare-state leaders), 10 내지 15퍼센트이면 중위 지출국(middle-rank spenders) 그리고 10퍼센트 미만이면 복지 후진국가(the welfare-state laggards)로 분류하였다.

퍼니스와 틸튼(Furniss & Tilton, 1976)은 서구 선진국가들에게 행해지는 정치적 선택을 설명해 줄 수 있는 중요변수로서 국가정책의 목적, 국가정책의 방향 그리고 사회정책의 방향 등 세 가지를 들면서 ①조합지향의 적극국가(The Corporate-Oriented Positive State) ②최소수준 보장의 사회보장국가(The Social Security State) ③철저한 민주주의와 평등주의를 지향하는 사회복지국가(The Social Welfare State)등 세 가지 국가유형을 제시했다.[20]

테르본(Therborn, 1987)은 사회복지와 노동시장의 두 가지 변수에 대한 개입정도를 조합하여 세 가지의 유형을 제시한다.[21] 첫 번째 유형은 강성 개입주의적(strong interventionist) 복지국가로서 사회복지와 완전고용에 대한 국가개입이 모두 강력하다. 스웨덴, 노르웨이, 오스트리아 등이 여기에 속한다. 두 번째 유형은 연 보상적(soft compensatory) 복지국가로서 복지정책은 크게 확대되었지만 노동시장 정책은 약하다. 벨기에, 프랑스, 독일, 이탈리아 등이 여기에 속한다. 세 번째 유형은 완전고용지향 소형(full employment-oriented small) 복지국가로서 완전고용을 강조하지만 사회복지의 확대에는 소극적이다. 스위스와 일본이 이에 속한다. 네 번째 유형은 시장지향적

(market-oriented) 복지국가로서 노동시장 및 복지확대 모두에 적극적 개입을 주저한다. 미국, 영국, 호주, 캐나다 등이 여기에 속한다.

복지국가의 유형화를 논의함에 있어서 빼놓을 수 없는 학자는 에스핑 안데르센(Esping-Andersen)이다. 많은 학자들이 복지국가의 유형화 작업을 해 왔지만 그 가운데에서도 에스핑 안데르센의 분류가 가장 보편화 되어 있다. 그는 일종의 복지국가의 이념형을 만들기 위해 ①탈 상품화의 정도(decommodification), ②사회계층화의 형태 ③국가, 시장과 가족과의 관계 등 세 가지 지표를 사용하는데, 이 가운데서 가장 기본적인 기준은 탈 상품화의 정도다. 에스핑 안데르센(Esping-Andersen, 1990)은 탈 상품화의 개념을 개인 또는 가족이 노동시장에 참여하는 것과 관계없이 사회적으로 받아들일수 있을 만큼의 생활 수준을 유지하는 정도라고 말한다. 그는 복지국가의 주요기능은 법적·제도적 조건 내에서 개인이 대체급여의 수혜자가 되어 어느 정도로 시장에서 탈상품화 정도를 강하게 할 수 있느냐는 것이라고 주장한다. 즉, 다시 말해서 에스핑 안데르센은 복지국가의 발전 정도는 국가에 의해 제공되는 복지가 국민들의 시장 기제(market mechanism)에 대한 의존성으로부터 얼마나 자유로울 수 있느냐에 따라 결정된다고 본다.[22] 에스핑 안데르센은 탈 상품화 지표를 확립함에 있어 1차적으로는 권리부여조건, 수혜자에 대한 권리보장수준 및 기간 등을 고려하고, 2차적으로는 대체소득의 수준과 대체소득을 받기 위한 필요조건 등을 고려한다. 따라서 권리 상황에 대한 접근도가 용이하고, 수혜기간이 길고 수혜수준이 경제활동 참가 시 소득에 근접할수록 탈 상품화 지수는 높아진다.

에스핑 안데르센은 탈 상품화 정도를 세 가지 정치적 지표 및 계층화의 지표와 결합하여 자유주의적(liberal), 보수주의적(conservative), 사회민주주의적(social-democratic) 체제 등 세 가지 유형의 복지국가를 제시하였다. ①자유주의적 복지국가는 정부개입을 최소화하고 시장 기제의 정상적인 작동을 중시하며 기업복지나 민간보험의 역할이 큰편이고, 따라서 공공부조 프로그램은 사회안전장치로서 보충적이고 대체적인 역할을 수행한다. ②보수주의적 복지국가에서는 사회복지급여가 시장에서의 역할 정도, 즉 보험 기여액수에 따라 달라지며 사회보험프로그램이 강조된다. 기업복지나 민간보험의 역할은 작지만 사회보험 정책수행을 위한 정부개입의 정도는 크다. ③사회민주주의적 복지국가는 일반 국민에 대한 복지급여를 사회권적 차원에서 접근하면서 정부가 직접

나서서 복지혜택을 제공하게 되고, 그 재원은 주로 일반 세금으로 충당한다.[23]

고전적인 복지국가 모델인 잔여적(residual) 모델과 제도적(institutional) 모델 사이의 고전적인 구별은 티트머스(Titmuss)의 연구결과에서 비롯된다.[24] 잔여적 모델에서는 1차적인 연대(가족, 친인척 등) 또는 시장이 욕구에 대응하지 못했을 때 마지막 단계에서 사회정책이 대응한다. 주된 정책대상은 한계집단, 즉 빈민들과 어떤 책임 수단도 갖지 못한 사람들이다. 제도적 모델에서는 복지기능을 정상적인 사회작용으로 받아들인다. 즉 시장이나 사회는 개인의 모든 욕구에 대응할 수 없으므로 빈곤에 대응하는 서비스를 국가가 제공하게 되고 재분배 기능도 수행한다.

사회보장에 관한 유럽대륙의 두 가지 전통적 모델은 베버리지(Beveridge) 모델과 비스마르크(Bismarck) 모델로 구분된다. 사회보장에 관한 비스마르크 모델은 직업활동을 사회보호의 기초로 삼는 직업연대형 사회보호체제라고 할 수 있으며, 복지국가에 반드시 필요한 받침대는 노동과 거기에서 파생되는 권리에 근거를 둔 사회보험이기 때문에 '보험적 모델'이라고도 한다. 베버리지 모델은 직업활동 유무에 관계없이 모든 개인의 최저생활권리를 보장하고자 하는 국가연대형 사회보호체제라고 할 수 있으며, 복지국가의 기본원칙을 사회보험이 아니라 보편적이고 욕구에 근거하는 무상서비스 제공에 두고 있기 때문에 '보편주의 모델'이라고도 한다.

여기서는 에스핑 안데르센과 티트머스 및 사회보장정책의 양대 논리 축인 비스마르크와 베버리지 논리를 결합하여 아래와 같이 유형화 해보고자 한다.

① 시장주의 · 자유주의적 · 잔여적 모델

노동윤리에 기초한 시장 메카니즘의 본질적 역할을 인정하며 소득 및 자산 조사에 기초한 저소득층의 공공부조가 중시된다. 미국이 이 모델의 대표적인 예이다.

② 조합주의 · 보수주의적 · 비스마르크적 모델

기본적으로 임금노동에 근거한 사회보장 모델로서, 특정 상황이 발생(사고, 질병, 노령, 실업 등)하여 노동시장 밖으로 밀려날 때 사회보험을 주축으로 한 이들의 소득 유지가 주된 관심사이다. 독일과 프랑스가 이 모델의 대표적인 예이다.

③ 보편주의·사회 민주적·베버리지적 모델

이 모델은 누진적 조세제도, 사회보험, 공공부조 등을 통해 위험에 대한 높은 수준의 사회적 보호 및 사회적 서비스를 제공토록 한다. 스웨덴, 노르웨이 등 스칸디나비아 제국이 이 모델에 해당한다.

1980년대 이래 선진 자본주의 국가들에게서 나타난 변화들 가운데서 가장 두드러진 특징을 든다면 신자유주의적 사조의 영향력 확대라고 할 수 있는데, 이에 따라 이상적 모델로 여겨져 왔던 복지에 대한 국가의 적극적인 역할은 후퇴하면서 복지기능도 잔여적으로 변모하게 되고 노동시장도 유연화하게 되며 국가 재정 운영상으로도 건전성이 강조된다.

3. 복지국가의 지역적 차이

국민들의 복지욕구를 충족시키는 방법은 매우 다양한 것이 사실이지만 총체적으로 볼 때 선진 산업 국가들이 이들 문제에 대응해 나가는 방식에 있어서는 또한 유사성이 많은 것이 사실이다. 돌이켜 보건대 지난 20세기 선진 자본주의 경제에 있어서 광범위하게 나타나는 가장 주목할 만한 특징으로는 복지비 지출의 증가를 들 수 있다. 1970년 중반 무렵 주요 유럽국가의 경우 GNP의 4분의 1 내지 3분의 1이 소위 사회비용(social expenditures)으로 사용되었으며, 흔히 복지 지체국가라고 불리는 미국에서도 1981년도의 경우 GNP의 20퍼센트 이상이 복지정책에 투입되고 있었다. 심지어 복지국가가 가장 발달되지 못한 일본의 경우에도 GNP의 16퍼센트 이상이 사회예산으로 사용되었다.[25]

사실 복지국가의 양태는 이념성, 또는 시장성 등을 기준으로 여러 가지 모습을 보이지만, 지리적 관점에서 본 차이점도 대단히 중요한 요소이다. 2008년 세계 금융위기 이후 복지지출의 적정성을 전제로 한 재정 건전성의 문제가 전 세계적으로 크게 부각되었는데 반드시 이러한 측면만이 경제위기의 원인이라고 볼 수 없는 이유는 북유럽국가들과 남유럽국가들이 지리적 측면에서 상당히 다른 양상을 보여주었기 때문이다. 즉, 북유럽국가들은 남유럽국가들에 비해 복지지출 비중이 높은데도 불구하고 재정 건전성이나 산업경쟁력, 실업률 등이 확연하게 양호하고 경제위기로부터의 회복속도도 상대적으로 빠른 결과를 보여준 바 있다. 이는 복지지출만으로 경제위기상황 원인을 진단하는 것은 무리이고 결국 복지정책의 방향과 정책조합, 재정운영체계 등에 대한 심층적 연구가 필요함을 보여준다. 유럽국가들은 EU(유럽공동체)라는 정치·경제 공동체가 등장하면서 상호영향과 조정이라는 과정을 거쳐 오고 있으나 각국의 역사적 배경에 따라 서로 다른 발전경로를 보이면서 유럽 내에서도 지리적으로 상이한 모습을 보이기도 한다.

이러한 측면에서 선진 자본주의 국가들이 그들 국가들의 복지 욕구를 어떻게 충족시켜 나가는지를 유럽·미국·일본 등 주요 경제블록 차원에서 분석해 보는 것도 매우 의미가 크다. 주된 비교 관점은 국가, 시장 그리고 가족의 역할 등이다.

1) 유럽

유럽 국가(특히 서유럽과 북유럽국가)들은 복지 국가주의(welfare statism)가 가장 발달한 나라들이다. 유럽에서는 일반적으로 소득지원이나 건강, 교육과 같은 복지서비스 공급을 통해 국민들을 돌보는 것이 국가의 주된 책무라고 여기고 있다. 물론 서유럽국가 내에서도 복지국가의 성격을 둘러싸고 다양한 편차가 있는 것이 사실이지만, 이들 나라들은 다른 어떤 경제블록 국가들과 비교해 보았을 때 블록 내 국가들 간에는 자체적으로 유사점이 매우 많다. 그 가운데서도 북유럽국가인 스칸디나비아 국가들은 유럽식 접근방법을 가장 강하게 적용하고 있다. 영국은 유럽대륙 국가들과 같은 복지 국가주의적 요소를 가지고 있지만, 1980년대 이후 친 시장주의적인 미국식 복지시스템 에로의 움직임이 강화되어 왔다.

사피르(Sapir, 2006)[26]는 평등(equity)과 효율성(efficiency)이라는 두 개의 축을 중심으로 국가별 시스템상의 유사성을 지리적으로 그룹화해서 유럽의 복지국가 모델을 노르딕 모델(Nordic Countries: 덴마크, 핀란드, 스웨덴, 네덜란드), 앵글로색슨 모델(Anglo-Saxon Countries: 아일랜드, 영국), 대륙모델(Continental Countries: 오스트리아, 벨기에, 프랑스, 독일, 룩셈부르크), 지중해모델(Mediterranean Countries: 그리스, 이태리, 포르투갈, 스페인)의 4개 모델로 분류하고 있다(**그림** 1-1 참조).

		효율성	
		낮음	높음
형평성	높음	대륙형	노르딕형
	낮음	지중해형	앵글로색슨형

자료: Sapir(2006:380).

<그림 1-1> 4대 유럽 복지국가 모델

노르딕모델 국가들에서는 사회보장비용의 지출과 보편적 복지의 제공 수준이 가장 높고 노동시장에 대한 광범위한 재정적 개입이 존재한다. 앵글로색슨 모델 국가들에서는 사회적 지원은 비교적 마지막 단계에서 개시되며, 근로계층에 대한 지원 현실화뿐만 아니라 정규 노동시장 혜택을 받을 수 있는 정책설계도 중시한다. 대륙모델 국가들에서는 사회보험, 실업급여, 노령연금 등에 대한 의존도가 매우 광범위하고, 노동조합 가입률이 감소추세이긴 하나 영향력이 막강하다. 지중해모델 국가들에서는 노령연금의 사회복지 지출 비중이 높고, 사회복지제도에 고용 보호와 근로 연령대 조기퇴직급여 내용이 포함되어 있는 것이 전형적인 특징이다.

에스핑 안데르센의 초기 복지국가 유형화에서는 남 유럽국가들 가운데 이탈리아만이 보수적 복지국가군에 속하고 나머지 국가들은 유형화에서 제외되었으나, 1990년대 초·중반 이후 EU 학자들 사이에서 스페인, 포루투갈, 그리스 등 나머지 국가들까지도 포함한 지중해 국가들을 독자적인 복지국가 유형으로 간주해야 한다는 인식이 점차 늘어나게 된다. 이들 국가들은 국가보다는 가족에 의존하는 전통이 강하며 조세부담률이 상대적으로 낮다는 공통점이 있다.

<표 1-1>은 OECD 주요국의 GDP 대비 공공사회복지 수준을 전술한 4개 국가 모델로 그룹화해서 비교해서 보여주고 있는데, 노르딕 형과 대륙형 국가들은 25 내지 30퍼센트 수준을 오르내리고 있으며, 지중해 국가들은 20퍼센트 초반 수준, 앵글로색슨형 국가들은 20퍼센트 내외수준을 보이고 있다. OECD 평균(2018년)이 20.1퍼센트임에 비해서 우리나라는 그동안 꾸준히 증가해 왔음에도 불구하고 이들 국가의 거의 반절

수준인 11.1퍼센트이다.

<표 1-1> OECD 주요국의 GDP 대비 공공사회복지지출 비교(%)

년도		2000	2005	2010	2015	2018
한국		4.5	6.1	8.2	10.2	11.1
앵글로 색슨형	영국	16.2	18.3	22.4	21.6	20.6
	미국	14.3	15.6	19.4	18.8	18.7
대륙형	프랑스	27.6	28.7	31.0	32.0	31.2
	독일	25.4	26.2	25.9	24.9	25.1
노르딕형	스웨덴	26.8	27.3	26.3	26.3	26.1
	덴마크	23.8	25.2	28.6	29.0	28.0
지중해형	그리스	17.8	19.9	24.9	25.4	23.5
	스페인	19.5	20.4	24.7	24.7	23.7
OECD 평균		17.4	18.2	20.6	19.0	20.1

자료: OECD.Stat(https://stats.oecd.org/Index.aspx?DataSetCode=SOCX_AGG. Accessed on 25 April, 2019)을 토대로 재작성.

2) 미국

미국은 산업, 금융, 기술에 있어서 뿐만 아니라 민주적 제도변혁에 있어서도 세계적 리더라는 점이 광범위하게 인정되고 있다. 그러나 복지국가로서의 측면에서 보면 미국은 흔히들 발달수준이 낮고 그 범위에 있어서도 제한적이라고 여겨져 왔다. 유럽국가들이 사회적 약자를 돌봄에 있어서 사회적 연대감과 집단적 책임을 강조함에 반해서, 미국에서는 이를 개인적 차원에서 해결해야 할 문제로 보는 경향이 강해서 국가는 최후에 개입할 뿐이고 개인의 복지에 대해서는 가족과 지역사회 그룹들이 보완적 역할을 하면서 개인이 우선적으로 책임져야 한다는 인식이 퍼져있다. 그 결과 미국은 복지 수요를 충족시키기 위해서 민간 또는 자원봉사기관들이 복잡한 연결망을 형성하고 있다.

미국에서 복지국가의 발달이 제한적으로 이루어져 있던 이유에 대해서는 여러 가지 설명들이 제시되어 왔다. 그중에서도 가장 많이 지적된 점은 신대륙을 개발해 나가기 위해 필요했던 개인주의(individualism) 개척정신을 들 수 있는데, 이외에도 미국은 워낙 다양한 민족과 인종으로 분화되어 있어서 이점이 유럽에서 복지국가 발달을 이끌어 왔던 통합된 노동운동이나 좌파적 정파들의 출현을 막았다는 점, 그리고 무엇보다도 연방제 전통이 워낙 강해서 사회문제에 대해 국가적 차원에서의 접근 확대가 제약을 받아왔다는 점을 들 수 있다.[27]

그러나 비록 유럽보다는 다소 뒤늦지마는 미국에서도 국가 차원의 개입이 나타나게 된다. 미국 역사상 복지 분야의 급격한 혁신이 나타난 것은 두 가지 기간인데, 그 첫 번째는 루스벨트(Franklin D. Roosevelt)가 주도한 1930년대의 뉴딜(the New Deal)이고, 그다음은 1960년대 존슨(Johnson) 대통령 임기 중에 추진한 '위대한 사회' 건설계획(the Great Society Initiative)이다. 미국의 사회복지비 지출수준은 한번도 유럽 수준에 도달한 적은 없지만, 경제 상황이 악화되는 시기에도 각종 복지비용은 상승해 온 것이 사실이며, 다만 이러한 각종 복지프로그램들이 범죄나 빈곤 문제해결에 별 도움을 주지 못했다는 부정적 인식이 광범위하게 퍼지게 되었다.

반면에 독립적이고 자립심이 가능한 사람들에게 도움이 되는 프로그램들은 매우 선호도가 높게 나타나고 있다. 따라서 최근 미국 복지정책에 대한 공격은 연금이나 교육처럼 대다수 국민들에게 영향을 끼치는 프로그램들에 대해서보다는 주로 빈곤층을 대상으로 하는 잔여적 성격의 프로그램들에 대한 것이다.

3) 일본

제2차 세계대전 이후 일본경제는 놀랄 만큼 성장했는데 특히 1950년대와 1960년대에는 실질성장률이 연간 약 10퍼센트에 이르렀으며 1990년대에 이르기까지도 다른 OECD국가들에 비해 두 배 정도 높은 성장률을 보여 왔다. 2000년대에 들어서는 10여년에 걸친 마이너스성장이라는 긴 경제침체기를 거쳐 2010년대에 들어서는 '아베노믹스'라는 새로운 경제 기치 아래 플러스 성장으로 전환하는 등 새로운 경제 활로를 찾아가고 있기도 하다.

일본은 GDP 규모 세계 3위 국가로서 경제 규모가 영국이나 독일, 프랑스 등에 비해 훨씬 크다. 그러나 일본 복지시스템의 구조는 다른 OECD 국가들과는 매우 다르다. 우선 유럽과 미국에서는 이혼율 상승, 편부모 가정 증가 등으로 가족관계가 희박해져서 파생되는 많은 복지 수요들을 국가나 가족 외적인 부문이 떠맡게 된 데 반해서, 일본에서는 세대 간 유대관계가 아직도 강한 편이어서 전형적인 유럽국가들에 비해서 국가가 제공하는 복지 총량이 훨씬 적다. 이렇게 공공부문의 역할이 제한적인 것은 복지국가가 유럽국가들에 비해 훨씬 뒤늦은 제2차 세계대전 이후에 찾아왔다는 사실에서도 찾을 수 있다. 미국에서도 그렇지만, 일본에서의 복지급여의 주된 항목은 국가연금인데 최근 일본의 사회보장비 지출이 급격히 증가한 주된 원인은 바로 노년층의 증가로 지목된다.

일본에서는 산업 관련 분야에서뿐만 아니라 정부를 포함한 거의 모든 영역에서 집단적 연대감이 매우 강조되고 있는데, 그렇지만 유럽에서와는 달리 집단주의 윤리(collectivist ethic)가 법령에 따른 서비스 제공형태에 의해서 보다는 기업들을 통해 나타난다. 그래서 일본에서는 비록 개개 기업에 따라 다소간의 차이가 있을 수는 있지만, 기업이 근로자들을 위해 주거, 가족수당, 복지시설을 제공하는 등 기업의 복지제공자 역할이 매우 크다. 이러한 점들은 미국에서 광범위하게 퍼져있는 개인주의적 윤리(ethic of individualism)와는 뚜렷이 구별된다. 그렇지만 복지 수요에 대한 대처방식에 있어서 미국과 일본 두 나라는 모두 유럽국가들이 취하고 있는 국가에 의한 집단적 조치방식을 전제로 하지 않는다는 점에서는 유사점을 가지고 있다.

일본은 동아시아 '발전주의 복지모델'(development welfare regime)을 대표하는 국가로서, 이 용어는 일본, 한국, 대만 등 동아시아 후발 산업 국가들이 국가 주도로 급속한 산업화와 경제성장을 도모하는 과정에서 전략적으로 선택한 저발전 복지국가 모델을 설명하기 위해 사용되었다. 일본은 전후 수십 년간 발전주의 복지모델에 따라 유럽국가들보다 뒤처진 '작은 복지국가'를 유지해 왔다. 그럼에도 사회적 보호 기능이 일정 수준 유지될 수 있었던 것은 집단주의적 사회규범과 기업복지를 비롯한 비공식적 사회지출이 서구 복지국가의 재분배 기능을 대체해 왔기 때문이다. 그러나 1990년대 이후 일본은 저출산·고령화, 핵가족화 등 가족구조 변화 및 여성 경제활동 증가와 돌봄 문제, 비정규직 급증 등 신 사회적 위험에 직면하게 됨에 따라 '강한 경제'와 더불어 '강한 사회보장'의 길을 모색하게 된다. 이러한 노선은 일본판 '제3의 길'로서 2010년 민주당 정권에서 채택된 이래 뒤이어 출범한 자민당 정부의 경제·사회정책인 '아베노믹스 제2단계'에서도 계승되어 성장과 분배의 선순환이 계속 추구되고 있다. 그렇지만 과거 발전주의 복지국가의 제도적 관성은 여전하다고 평가된다.

제3절

복지정책의 방향 변화

1. 복지국가의 위기대응과 장래

1) 복지국가의 위기대응

(1) 복지국가 위기 원인 진단

서구의 복지국가들은 제2차 세계대전이 끝나고 나서 1970년대 초반까지 확대일로의 역사를 거듭해 왔다. 이 기간은 복지국가의 전성기라고 일컬어지는데 이른바 복지제도의 포괄성, 복지수혜자의 적절성이라는 측면에서 발전정도가 최고도에 이르렀다. 이 기간 동안 서구 사회보장의 대도약이 가능했던 것은 매년 5퍼센트 이상의 경제성장, 인구의 도시이동 및 봉급생활자의 빠른 증가 등 인구구조의 대변화, 의학과 의료기술의 발달, 전쟁을 치르면서 확산된 사회적 연대성의 강화 등을 들 수 있다.

그렇지만 복지국가는 1970년대 두 차례에 걸친 유류파동과 더불어 심각한 위기에 봉착하게 된다. 그러나 이러한 경제위기는 사회보장 위기 원인의 하나는 될지언정 위기 원인의 전부는 결코 아니며, 복지국가에 대한 보수주의의 정치 이데올로기적 공세, 인구학적 변화에 따른 복지비 증가의 내적 요인 등도 광범위하고 강력하게 작용했다고 볼 수 있는 것이다. 한편, 미쉬라(Mishra, 1984)는 복지국가 위기의 징후로 ①완전고용 체제의 붕괴와 높은 실업률 ②높은 물가상승률 ③낮은 경제성장률 ④정부의 재정적자 확대 등을 들고 있다.[28]

그러나 이러한 징후들이 나타나 실제로 위기로 현실화되고 있는가에 대해서는 상반된 주장들이 제기된다. 조지와 윌딩(George & Wilding, 1984), 테일러 구비(Taylor-Gooby, 1989), 미쉬라(Mishra, 1990) 등은 복지프로그램이 자본가들에게도 이익을 보장해 주고 각종 이익집단들의 국가복지에 대한 요구가 있어 단기간 내에 복지국가의 기본 틀을 뒤집을 수는 없다고 한다. 헬코(Helco, 1981), 클라인과 오히긴스(Klein & O'Higgins, 1988) 등은 복지국가는 안정기에 접어들면서 숨 고르기 단계에 있다고 주장한다. 로즈(Rose, 1986), 라인과 레인워터(Rein & Rainwater, 1987) 등은 복지 다원주의 입장에서 복지국가의 위기가 곧 그 사회의 복지위기는 아니라고 말한다.

이러한 복지국가 위기설을 반박하는 입장들이 있음에도 불구하고 복지국가 위기론은 보다 많은 학자들에 의해 일반적인 경향으로 받아들여지고 있다. 복지국가 위기 원인에 대한 분석은 다양한데 브리튼(Brittan, 1975), 밀튼과 로즈 프리드만(M. Friedman & R. Friedman, 1980) 등은 정부 과부화로 인한 민간경제의 약화를 주된 원인으로 보며, 오코너(O'Connor, 1973), 오페(Offe, 1984) 등은 자본의 축적과 지출증대라는 복지국가의 기능상 상호 모순 및 복지국가 유지에 필요한 방대한 관료제의 비효율성을 재정위기 최대의 주된 원인으로 본다. 또한 보이어(Boyer, 1988), 제솝(Jessop, 1993) 등은 내수의 포화, 소비자들의 욕구 변화, 국제시장에서의 경쟁 심화 등의 이유로 복지국가의 자본축적구조 및 경제성장 기반이 흔들리기 시작했다고 분석한다.

한편 복지국가 위기 원인에 대한 진단은 복지 이데올로기의 스펙트럼에 따라 달라지기도 하는데, 김영순(2012)은 이에 대해 우파적 복지국가 반대론자들이 분석하는 국가실패론(state's failure), 좌파적 복지국가 반대론자들의 복지국가 모순론(contradictions of the welfare state), 그리고 중도파적 복지국가 찬성론자들의 복지국가 기반 약화론(degenerating fundamental) 등 세 가지로 구분하여 설명한다.[29]

(2) 복지국가 위기 대응방식

경제위기 시대의 도래와 함께 제도적 결함에 의한 사회보장의 비효율화 경향은 사회보장제도 자체의 정당성에 대한 비판으로까지 비화되기도 한다. 특히 1970년대 이후 복지국가의 위기 현상에 대한 본격적인 논의와 더불어 대두된 신자유주의의 공격은 사회보장의 정당성의 위기 문제를 매우 복잡하게 만들고 있다. 신자유주의는 국가가 사회보장을 시행해 나감에 있어 국가가 도와야 할 사회의 최저 빈곤계층의 생활에 지나치게 개입하고 있다고 주장하면서 개인들의 경제적 생활의 질은 자본주의 시장 내에서의 개인들의 자율적인 활동에 의해 결정되는 것이며, 국가가 개입해 최저생활을 보장하는 복지국가는 윤리적 견지에서는 바람직하지 않고 실질적 의미에서도 최선의 결과를 낳을 수 없다고 본다. 따라서 레이건과 대처 정부로 대표되는 신자유주의(또는 신보수주의) 정부들은 시장기능의 회복, 국가개입의 축소 등과 같은 자유주의적 정책의 맥락 아래에서 복지국가 프로그램을 축소하거나 삭감하는 등의 노력을 시도하게 되었다.

복지국가 위기에 대한 가장 극적인 대응은 영국의 대처(Thatcher) 정부와 미국의 레이건(Reagan) 정부의 등장으로 본격화한 신자유주의 정부에 의한 대응으로 본다. 그러나 신자유주의 정부들에서는 그들이 공언한 바와 같은 복지국가의 축소조정이 복지예산 규모 등 외형상으로는 별다른 변동이 없었고, 오히려 신자유주의 정부 복지정책의 핵심적인 특성은 다양한 프로그램들간의 구조조정에서 찾을 수 있다.

신자유주의적 관점에서의 복지정책은 시장의 자유를 기반으로 경제를 활성화하고 개인의 자조 노력을 자극하여 사회적 빈곤 문제를 해결하고자 한다. 따라서 국가개입이 허용되는 분야는 개인적으로나 또는 시장을 통해서 제공되지 않는 공공재(public goods)에 한정되며, 시장에서 실패한 시민들을 위한 최소한의 기초생활 보장을 위한 공공부조 프로그램으로 복지정책 영역을 국한시키려 한다.

21세기에 들어서 2008년 발생한 세계금융 위기[30]는 자본주의 경제의 지속가능성에 대한 불신 야기뿐만 아니라 복지국가에 대한 새로운 도전이 되는 역사적 사건이기도 하다. 세계 금융위기의 여파는 세계 주요국가의 사회정책에 다양한 형태의 변화를 가져오면서 복지제도의 개혁이 한층 강조된다. 서구 국가들은 각 국가별로 상이한 제도적 변화를 통해 위기에 대응해 가게 되는데 영·미국가에서 공통적으로 나타나는 현상은 조세를 통한 재분배를 통한 전통적 복지국가 기조에서 벗어나 소극적 복지에서 적극적 복지(active welfare), 사회지출에서 사회투자(social investment), 그리고 활성화(activation) 정책으로의 새로운 대안 모색을 강조하게 된다. 활성화(activation)의 개념은 근로 능력이 있음에도 노동시장에 참여하지 못하는 사람들을 노동시장에 참여시켜서 적극적이고 능동적으로 근로활동을 할 수 있도록 돕는 것을 말한다.[31]

이러한 근로연계복지 성격의 강조 경향은 독일 등 조합주의 국가와 스웨덴 등 사회민주주의 국가에서도 나타나는데, 영미권 국가가 복지 의존성 탈피와 노동윤리회복에 중점을 둔 반면에 북유럽국가는 교육·훈련 프로그램을 통한 인적자본 개발을 강조하고 유럽대륙 국가에서도 교육·훈련 프로그램 등 적극적 노동시장 정책을 적극적으로 도입하긴 하였으나 북유럽국가처럼 강하지도 않고 영미권 국가처럼 지나치게 개인 책임을 강조하지도 않는다.[32]   이처럼 새로운 위기의 등장에 따라 이를 극복하기 위한 복지개혁작업들은 끊임없이 등장하지만, 구체적 대응방식은 각 국가가 처한 내·외적 상황과 정부, 정당, 사회집단 등 정치적 행위자들 간의 상호작용을 통해 다양한 차이를 보이게 된다.

2) 복지국가의 장래

복지국가의 장래에 대해서는 수많은 분석과 논의가 있어 왔으며, 이들은 지금까지의 복지국가로부터 근로 복지국가라든지 복지 다원주의 등 여러 다른 형태로의 전이를 지적하면서 '복지국가의 종언'을 선언하고픈 유혹에 빠지게 되는데, 사실 이렇게 되면 긍정적인 측면도 있는 것이지만 한편으로는 정치 사회적인 가치관이나 사회적 연대감 등의 상실을 가져오는 등 양면성이 있다.

일반적으로 복지국가의 장래는 복지국가의 위기와 같은 맥락 아래서 논의되곤 한다. 1970년대 이래로 제기된 복지국가의 위기에 대해 계속된 수많은 경고와 패러다임의 전환을 요구하는 주장이 있어 왔음에도 불구하고, 복지국가는 위축되었을지언정 이론가들이 예언했던 바와 같은 극적인 변화가 초래되었다기보다는 회복력(resilience)을 발휘하여 생존력을 키워오고 있다고 표현하는 것이 더욱 적합한 분석일 것이다. 경험적 자료와 연구들을 종합해 보면 주요 프로그램들에서 일부 조정이 있었고 사회지출 비용의 규모가 축소되거나 증가속도가 감소되기도 하였지만, 위기론자들이나 신자유주의자들이 주장했던 내용과는 상당한 차이가 있고 복지국가의 핵심프로그램을 변경하고자 하는 시도들에 대해서는 실질적인 반대에 직면하게 된다.[33]

국가들간의 복지지출 성장 또는 감소 또는 정체 현상은 실질적인 면에 있어서 매우 다양한 차이점이 있다. 지출 총량 지표가 복지국가 성쇠 측정의 하나의 지표인 것은 사실이지만 이 지표 뒤에는 수많은 다른 변화내용들이 숨어있기 때문에 총량 지표 만에 따라 단순 결론을 내리는 것은 매우 위험스러운 일이다. 지출 총량 지표의 수면 아래에 잠복해 있는 변화들로서는 정책의 내용과 목적, 수혜조건, 전달형태, 사회적·인구학적 구성형태 등을 들 수 있다.

복지국가의 장래는 사회 정책학자뿐만 아니라 경제학자, 정치학자, 심지어는 인류학자들에게도 관심을 끌어왔다. 복지국가의 가장 큰 특징은 복지에 대한 국가개입이라고 할 수 있는데, 복지국가는 사람과 정치와 정책 간의 연결이 이루어지는 현장이자 관계성을 구축하고 시민권을 실천하는 장소이다. 복지에 대한 국가개입의 문제는 신자유주의의 등장과 함께 한 국가 내에서뿐만 아니라 국제적으로도 치열한 논쟁 포인트가 되어왔다. 경제 질서, 정치 상황, 정부 형태 이러한 모든 것의 변화가 곧 종래의 복지국가의 장래와 관련되어 있다고 할 수 있다.

그러면 복지국가는 어떤 방향으로 변화들이 이루어지고 있는 것인가? <표 1-2>에서 보는 바와 같이 크라크(Clarke, 2004))는 사회정책의 주요 변화내용을 방향성과 차원을 중심으로 정리하여 이를 개념화해서 보여주고 있는데,[34] ①국가에서 시장으로, 국가독점에서 복지 다원주의(welfare pluralism) 또는 복지혼합(welfare mix)으로와 같은 구조와 시스템의 변혁, 그리고 ②복지국가(welfare state)에서 능력향상국가 혹은 규율 국가(enabling or disciplinary state)로와 같은 정치적 사조(ethos)의 전환을 들 수 있으며, 또한 ③포드주의(Fordist)에서 후기 포드주의(post Fordist)로와 같은 복지 자본주의(welfare capitalism) 형태의 변모에 중점을 두어 복지국가 변화의 주요 방향성을 제시한다.

복지국가에서 그 무엇, 예를 들어 근로 복지국가든 또는 복지 다원주의 등으로의 변화는 사실 복지국가 시대는 이제 끝났다고 할 수 있을 정도로 의미심장하고 유혹적이기도 한 것이지만, 또 다른 측면에서 보면 이로 인해 그동안의 정치·사회적 가치관, 그리고 사회적 연대감 형성의 자원들(resources)과 방식들(forms)을 상실해버릴 수도 있다는 경고이기도 하다. 한편으로는 이상에서 언급한 신 기원적 변화와 앞으로의 방향성에 대해서 견해를 달리하는 연구들도 점점 늘어나고 있다. 이들은 고전적 복지국가의 지속성과 생존의 당위성을 역설한다.[35]

반 케르스베르겐(van Kersbergen, 2000)은 복지국가들이 앞으로(또는 현재 진행형으로) 마주치게 될 공통과제로서 세계화(globalization) 현상이 공공부문 축소에 미치게 되는 영향력 강화, 반면에 인구 고령화가 가속화됨에 따라 초래되는 공공지출 규모확대 압력 등을 제시하기도 한다. 이러한 딜레마적 현상들이 복지국가의 위기 요인이냐, 아니냐에 대해서는 의견이 엇갈리지만 어떤 형태로든 현재 모습의 복지국가가 답을 내

놓아야 할 과제인 것만은 분명하다.[36]

<표 1-2> 복지국가의 변화 방향

From	To
포드주의 (Fordist)	후기 포드주의 (Post-Fordist)
복지국가 (Welfare state)	근로 복지국가 (Workfare state)
	능력향상국가 (Enabling state)
	규율 국가 (Disciplinary state)
국가 (State)	시장 (Market)
국가 독점주의 (State monopoly)	복지 다원주의 (Welfare pluralism)
복지주의 (Welfarism)	후기 복지주의 (Post-welfarism)
남성 생계 책임주의	양성 생계 책임주의
(Male breadwinner system)	(Dual breadwinner system)
케인즈주의 복지국가	슘페터주의 복지체제
(Keynesian welfare state)	(Schumpeterian workfare regime)
신 공공행정	신 공공관리
(New public administration)	(New public management)
계층 (Hierarchy)	네트워크 (Networks)

자료 : Clarke, John (2004:13).

2. 복지정책의 새 패러다임 모색: 지속가능성

1) 복지정책의 보편적 목표: 자족성

(1) 자족성의 개념

'자족성'(self-sufficiency)이란 용어는 오랫동안 빈곤퇴치 정책을 비롯한 사회복지정책 영역 전반에 걸쳐서 매우 적절한 정책목표로 간주되어 왔는데, 특히 복지개혁론자들에 의해 강조되어 왔다. 이 용어가 내포하고 있는 독립성, 또는 자주성 등의 개념은 언론을 비롯한 정책입안자, 또는 학자 및 일반 대중들에게까지도 워낙 강하게 각인되어 있어서 이 목표가 갖는 정당성에 대해서는 거의 이의가 제기되어 오지 않은 것 또한 사실이다.

호킨스(Hawkins, 2005)는 사회복지정책 목표로서 자족성에 대한 지금까지의 광범위한 지지에도 불구하고, 자족성 개념은 많은 문제점을 드러내고 있는데 우선 자족성이란 개념 자체가 명확하게 정의하기가 쉽지 않고 이에 따라 평가 자체도 곤란하다는 점을 지적한다.[37] 사실 자족성(self-sufficiency)이라는 용어는 매우 흔하게 사용되어 왔음에도 불구하고 이에 대해서는 합의된 정의가 없다. 더러는 자족성을 독립성(independency), 자기 의존성(self-reliance) 또는 웰빙(well-being) 등과 관련시키거나 교환적으로 사용하기도 한다. 그럼에도 가장 광범위하게 받아들여지는 정의로는 "공적지원 없이도 자체욕구를 충족시켜 나갈 수 있는 충분한 자원확보 상태",[38] 또는 보다 일반적인 정의로는 "정부 지원에 대한 소득 의존도가 없고 유급 근로활동 중에 있는 상태"[39] 등을 들 수 있다.

그러나 이러한 정의에서는 정부 지원을 받아왔던 개개인들이 일단 복지시스템에서 벗어나면 일체의 정부지원이 필요 없어지게 된다는 암시를 주고 있는데 이는 현실과는 다소 거리가 있는 이야기라는 비판이 있다.[40] 미국의 경우를 보면 소득과 관계없이 거의 모든 미국인들이 다양한 형태의 정부 지원을 받고 있음을 볼 수 있는데, 주택 모기지 자금과 이자에 대한 세금공제, 노인 대상 공적연금인 소셜 시큐리티(social security)와 노인 대상 건강보험인 메디케어(Medicare), 제대군인 연금 등을 들 수 있다. 이는 다른 국가들의 경우에도 마찬가지 나타나는 현상이다. 또 다른 비판적 견해로는 저소득층에게 있어서 자족성(self-sufficiency)과 의존성(dependency)이란 이분법적 개념 구분은 하나의 허상으로서, 복지급여가 완전히 정부에 의존할 만큼 충분치도 않고 마찬가지로 임금수준 또한 이들을 경제적 웰빙(economic well-being)상태로 이동시킬 만큼 충분치 않다는 점을 든다.[41]

최근에는 자족성이라는 개념에 대해서 이를 웰빙(well-being)이나 지속가능성 (sustainability) 개념과 연결하여 저소득층의 지속 가능한 웰빙(sustainable well-being)을 도모하고자 하는 견해[42]도 제기된다.

(2) 자족성의 적용

자족성을 강조한 정책사례는 미국의 연방 복지정책에서도 매우 흔하게 나타나는데, 예를 들어 미국 연방의회의 발간물인 일명 녹서(the Green Book)[43]에서 빈곤가정 임시지원(Temporary Aid to Needy Families: TANF) 프로그램 도입으로 대표되는 미국 복지개혁의 4대 목표 가운데 하나로 "빈곤 부모의 정부지원 의존성 종식(end the dependence of needy parents on government benefits)"을 든다든가 또는 1960년대 이래 미국 의회가 보여 온 관심은 복지(welfare)를 줄이고 자족성(self-sufficiency)을 키우는 것이라고 명백히 밝히고 있는 점 등을 들 수 있다.

OECD에서는 자족성(self-sufficiency)이 사회정책의 바탕이라는 점을 강조하면서 개인의 적극적인 사회·경제적 활동과 일상생활에서의 독립적인 활동이 담보되어야 자족성이 증진된다고 본다. **<표 1-3>**은 OECD가 개인과 가족 단위 자족성을 평가하는 데 있어서 선택한 5개 지표들을 '사회적 지위'와 '사회적 반응'이라는 두 개 부문으로 나누어 보여주고 있다. 먼저 사회적 지위 관련 부문 지표로는 유급 고용의 질 (employment), 노동가능인구의 실업 상태(unemployment), 경쟁력 있는 기술(skills), 젊은이의 초기 노동시장 진입(labor market entry) 등 4개 지표를, 그리고 사회적 반응 관련 부문 지표로서 자족 능력을 강화하기 위한 공적·사적 교육비(educational spending) 지출을 제시하고 있다.[44]

<표 1-3> OECD의 개인과 가족 단위 자족성 지표

사회적 지위(social status)	사회적 반응(societal responses)
고용(employment)	교육비 지출(education spending)
실업(unemployment)	
기술(skills)	
노동시장 진입(labor market entry)	

자료: OECD(2016:71-72).

지금까지 자족능력 향상이라는 복지정책의 목표가 선진국에서는 다양한 형태의 복지개혁 프로그램을 통해 복지급여의 축소라는 외형적 성과를 거두고 있다고 볼 수는 있을지 모르지만, 과연 저소득층을 도와나가는 보다 큰 사회적 목표 즉, 안정된 직장을 갖거나 또는 그들이 처한 경제적 사회적 상황을 근원적으로 개선시키는데 진정 기여해 왔는가에 대해서는 되짚어 볼 필요가 있다. 바로 이러한 관점이 사회복지정책에 있어서 지금까지의 자족성(self-sufficiency) 대신에 새로운 패러다임으로 지속가능성(sustainability)을 고려하게 만드는 이유이기도 하다.

2) 새로운 개념모델: 개인과 가정의 지속가능성(PFS)

빈곤의 원인이나 복지급여 사용에 대한 처방으로서 흔히 제시되는 내용들은 빈곤의 책임과 빈곤으로부터 벗어나는 책임 모두 개인의 행태나 행동으로 보거나, 또는 빈곤이나 복지급여사용이 사회 구조적인 결함에 있다고 본다. 그렇지만 빈곤의 처방은 간단치 않으며 장기적 측면에서 볼 때는 인적 자본개발, 고용상태, 가족 구성, 정신 및 육체 건강, 사회적 네트워크, 주거 및 자연환경 등과 같은 다양한 요인들이 결합한 결과이기도 하다.[45] 이러한 관심사에 대한 하나의 해법으로서 호킨스(Hawkins, 2005)가 제시하는 개인과 가정의 지속가능성(Personal and Family Sustainability: PFS) 모델[46]을 들 수 있다.

PFS 접근방법은 정책 입안자들로 하여금 자족성의 한계를 벗어나 현재와 미래를 동시에 아우르는 새로운 관점으로 나아갈 수 있는 지평을 제공한다. PFS 접근방법은 환경적 정의(environmental justice)와 지역사회 개발(community development)의 장에서 사용된 '지속가능성'(sustainability) 개념에서 출발한다. 지속가능성 개념은 원래 환경운동이나 경제개발과 같은 데에서 그 원천을 찾을 수 있으며, 실제상으로 환경이나 국제경제적 이슈에 대한 개념이자 목표로서 사용되어 왔지만 최근에는 지역사회나 사회개발과 같은 쪽으로의 적용 여지를 넓혀가고 있다.

환경 측면이든 또는 지역사회를 기반으로 해서 보든지 간에 지속가능성의 기본개념은 "미래세대의 이용 가능성을 손상시키지 않고 현재 세대의 필요를 충족"시키는 개발과 자원이용을 의미해 왔는데,[47] 확장된 의미의 지속가능성은 환경문제가 부적절하게 빈곤 그룹들의 삶에 영향을 미친다는 점을 강조하면서 환경적 정의와 인권개념을 포함시키기도 한다.[48] 이 견해에 의하면 모든 시민이 물질적, 사회적, 경제적, 정치적 형평성을 즐길 수 있는 공명정대한 사회조성이 요청된다.

지속가능성 조사연구 방법론상 생태적/환경적 분석 틀, 지역사회개발 전략, 그리고 사회정의의 관점 등은 모두 지속가능성을 인간이 처해 있는 상황에 대한 총체적인 검증 도구(holistic examination)로 이해하고 있다는 점에서 공통점이 있으나, 지속가능성과 사회복지정책 사이에 가장 유용한 연관성을 제공하는 시각은 '사회정의'의 관점이라고 볼 수 있다. 예를 들어 브라운 등(Braun, Olson & Bauer, 2002)은 현재의 사회복지정책이 다수를 위한 장기 지속가능성 보다는 소수의 웰빙에 중점을 두고 있다는 비판을 이러한 사회정의의 맥락에서 제기한다.

PFS는 지속 가능한 지역사회개발 아이디어와도 맥을 같이 하는 측면이 있는데, 지속 가능한 지역사회개발은 교육, 경제적 웰빙, 회복력과 재생 등을 포함하여 지역사회의 시민들의 장기적인 건강과 생명력을 포괄한다. 이러한 견해를 기반으로 하여 호킨스(Hawkins, 2005)는 PFS를 "개인과 그들 가족의 장기적인 경제적, 신체적, 심리적, 그리고 사회적 웰빙을 확립하기 위하여 모든 인간의 잠재력을 극대화"하는 작업으로 정의하고 있다.[49] 이러한 개념 정의는 최근의 복지개혁이 수혜자 수는 줄였을지 모르지만, 근로 빈곤층의 수는 오히려 늘렸다는 비판에 대한 하나의 해법 제시이기도 하다. 또한, PFS는 복지개혁의 주된 원인이기도 했던 복지수급자는 근로 동기가 부족하여 직장을 떠나게 된다는 오래된 통념에 대한 또 다른 대안 제시적 성격도 있다.

PFS가 지향하는 바는 단순히 단기적 차원에서 복지수급자 수를 줄이고자 하는 것이 아니라 모든 인간의 잠재력을 극대화하는 것을 목표로 삼는다. 다시 말해서 PFS는 사회복지정책이 보다 지속적이며 적극적인 효과를 거두기 위해서는 생태적 관점을 빌려서 심리적 웰빙과 경제적 성공에 관한 보다 장기적이고 보다 복잡한 접근이 필요하다는 전제하에서 출발한다.

3. 지속가능성과 사회지표 개발

1) 개관

지속가능성 지표들은 특정 분야에 국한된 지표들이라기보다는 개인적, 사회적, 환경적 레벨에서 상호 연결된 일단의 조합으로서 지표개발 시에는 이론적 차원에서 벗어나 실질적인 적용이 가능하도록 하는 것이 매우 중요하다. 지속가능성 개념은 환경과 경제개발에서 출발해서 점차 사회정책에 이르기까지 적용 범위가 매우 포괄적이고 확장해서 사용되고 있는 추세인데, 앞서 소개한 PFS 개념 틀과 관련하여 연구자들이나 현장 실천가들이 흔히 갖는 관심 분야로는 아동 및 가족 문제로서 건강, 교육, 그리고 사회적 웰빙 등을 평가하여 이들에 관한 사회지표로 고려한다. 아동 및 가족은 어느 사회정책 대상보다도 우선적으로 지속가능성이 적용되어야 할 대상으로 보기 때문이다.

지속가능성 개념을 좀 더 실질적으로 이해하기 위해서는 UN이나 미국, 영국 등에서 사용하고 있는 지속가능성 관련 다양한 지표들을 살펴볼 필요가 있다. 참고로 UN은 기후, 경제개발뿐만 아니라 빈곤, 기아, 건강, 교육, 불평등 등 사회 정책적 이슈가 포함된 17개 지속 가능한 발전목표(Sustainable Development Goals: SDGs), 232개 SDG 지표를 설정하여 '2030 지속 가능한 발전 의제(2030 Agenda for Sustainable Development)'를 2016년부터 실행해 오고 있다.[50]

2) 미국과 영국 사례

PFS 개념을 사회복지정책영역에 적용하는 지표개발에 관해서는 미국 연방정부의 아동 및 가족통계포럼(the Federal Interagency Forum on Child and Family Statistics)[51]에서 사용하는 지표들을 보편적 사례로 들 수 있다. 그렇지만 연방 포럼 상의 지표들은 대부분이 아동에 집중되어 있어서 가족 문제를 지표화하기 위해서는 추가적인 개념화 작업이 필요한 실정이다.

연방 포럼은 국가 차원의 아동 중심 핵심 웰빙 지표(Key National Indicators of Well-Being)를 고려함에 있어서 가족 및 사회환경, 경제적 여건, 건강관리, 물리적 환경 및 안전, 개인적 행태, 교육, 건강상태 등 7가지 영역과 41개 핵심지표를 제시한다.[52] 이들 영역들은 개별적이라기보다는 상호 간에 밀접하게 연관되어 있으며 한 부문의 개선은 다른 부문에 시너지 효과를 미친다.

<표 1-4>는 이상의 7가지 영역에 대한 미국 아동 웰빙(Well-Being) 지표가 실제 어떤 항목들로 구성되어 있는지를 보여준다. 웰빙은 매우 다양하면서도 광범위한 개념인데, 미국 연방 포럼은 웰빙이 무엇인지에 대해서는 명시적으로 기술하고 있지 않다. 그렇지만 영국 환경·식품·농무부(약칭 defra)에 따르자면 웰빙은 "적극적인 육체적, 사회적 정신적 상태"라고 정의[53]하면서, 웰빙 상태에 이르기 위해서는 기본적 욕구가 충족되고, 각 개인들이 목적의식을 가지고 있으면서 중요한 개인적 목표 성취와 사회참여를 이룰 수 있다고 느껴야 한다고 본다.

<표 1-4> 미국의 아동 웰빙(Well-Being) 지표

영 역	주요 관련 지표들
가족 및 사회환경(7)	가족구조 및 아동들의 생활 양태, 미혼모 출산, 아동부양 실태, 아동학대 등
경제적 여건(3)	아동 빈곤과 가구소득, 부모의 안전한 직장, 충분한 식품공급 등
건강관리(4)	건강보험 가입, 건강관리 수단, 아동 예방접종 실태, 구강 건강 등
물리적 환경 및 안전(8)	실내외 공기 질, 먹는 물 수질, 주택문제, 아동 및 청소년 상해 및 사망률 등
개인 행태(5)	흡연, 알코올, 마약, 범죄 가담 등
교육(6)	부모의 아동에 책 읽어주기, 수학 및 독서성적, 고등학교 등록 및 이수율 등
건강상태(8)	유아사망률, 감정 혹은 행동결함, 우울증, 과체중, 식사의 질, 천식 등

주: ( )안의 숫자는 해당 영역 지표의 수.
자료: Federal Interagency Forum on Child and Family Statistics(2018).

영국 정부는 2001년부터 지속가능발전 목표를 점검하기 위해 채택해온 종전 68개 지표를 축소하여 2013년 12개의 헤드라인(headline) 지표와 23개의 보충(supplementary) 지표를 채택하여 기본 틀을 계속 유지해 오고 있다. 이 지표들은 경제, 사회, 환경 등 3대 분야에 대해 국가가 지속가능하게 발전하고 있는지를 평가하고, 정책결정자들이 좀 더 지속가능한 정책들을 찾아낼 수 있도록 하기 위한 수단으로서 사용된다.[54] **<표 1-5>**는 영국 정부의 지속가능한 발전지표(Sustainable Development Indicators: SDIs) 가운데 경제, 사회분야에 대한 적용지표들을 보여준다.

<표 1-5> 영국의 지속 가능한 발전 지표(SDIs)

분 야	헤드라인 지표	보충적 지표
경제	경제적 번영(GDP, 중위소득 등) 장기실업(1년 이상 장기실업률) 빈곤(상대적, 절대적 빈곤아동비율) 지식과 기술(인적 자본)	인구 상황(인구 및 가구 수) 부채(공공부채) 연금제공(근로계층 연금수령 가능 인구비율) 물리적 인프라(총 실물자산 가치) 연구개발((R&D 지출)

분야	헤드라인 지표	보충적 지표
사회	건강수명(남·녀) 사회적 자본(공공 관심사 해결 참가율, 문제봉착 시 의지할 수 있는 사람 있는 비율, 자원봉사 참가비율, 이웃과의 신뢰도) 성인기 사회적 이동성(관리직, 전문직 성인비율) 주택공급(주택보유 수)	사망회피율(예방 가능 또는 모면 가능한 사망률) 비만(아동 비만율) 생활양식(흡연율, 정기적 운동참가율, 대중교통 이용률, 과일 및 야채 소비율) 유아건강(저체중아 출산률) 연료 빈곤(연료 빈곤 가구수)

자료: Department for Environment, Food and Rural Affairs(2013).

지금까지 살펴본 지속가능성 개념과 이에 기초한 PFS 모델에 대해서는 복지정책의 영역을 지나치게 확장한다는 비판도 있을 수 있다. 그렇지만 이러한 시도는 아직은 비록 이론적으로 정밀하게 다듬어지지는 않았을지라도, 종래의 자족성이란 정책목표가 내포하고 있던 단편적, 단기적이라는 한계를 뛰어넘어 종합적, 장기적 시야를 제공한다는 측면에서 복지정책의 새로운 지평을 제공하고 있음이 분명하다. 따라서 앞으로의 복지정책은 대상 측면에서는 개인 단위에서 가족과 사회까지, 그리고 시간적 측면에서는 연령과 세대 간의 문제까지를 고려한 시간과 공간의 통합형 지속 가능한 복지(Sustainable Welfare)로 발전되어야 한다고 본다.

지속가능성 개념을 개인 및 가정 차원에서 복지국가 차원으로 확장해서 보면, 지금까지 지속가능성은 주로 재정 건전성에 초점을 맞추어 논의되어 왔다. 그러나 복지국가 차원의 지속가능성에는 재정적인 측면을 포함해서 경제적, 사회적 측면까지를 포함한 다차원적 개념이 결합되어 있다. 따라서 지속 가능한 복지국가가 이루어지기 위해서는 각 차원별로 지속가능성이 원활하게 작동하고 상호 간에 선순환이 이루어져야 한다. 복지국가를 떠받치는 3각 축인 국가재정, 시장경제, 가정복지 영역 가운데 어디에다 무게중심을 두느냐에 따라 지속 가능한 복지국가 전략이 달라지게 되며, 이 가운데 한 영역이라도 지속가능성에 문제가 발생한다면 곧바로 다른 영역에도 영향을 미쳐서 복지국가 전체의 지속가능성을 위협하게 된다. 결국, 개인과 가정의 지속가능성도 복지국가 전체의 지속가능성이라는 다차원적 개념 틀과 밀접하게 관련되어 있음을 알 수 있다.

제4절
복지공급체계의 재편

1. 복지공급 주체의 다원화

복지국가의 등장과 더불어 위상과 역할을 강화해 온 공공복지체계의 근간은 국가 주도적 생계보장정책이라고 할 수 있지만, 복지국가의 위기와 대응과정과 더불어 나타난 서구 복지국가의 재편 방향은 '민영화'(privatization)와 '분권화'(decentralization)라는 두 가지 축으로 설명될 수 있다.55) 즉 시장의 역할과 지방정부나 자발적 조직의 권한 강화를 강조하는 방향성은 복지공급 주체의 다원화 전략에 입각한 파트너십(partnership) 구축과 민간참여를 강조하는 흐름으로 나타난다.

서구의 이러한 복지국가 재편 흐름은 국가의 지나친 개입으로 인해 소위 복지병 (welfare disease)이라고 일컬어지는 사회·경제적 부작용 해소책으로 대두된 것이지만, 우리나라의 경우에는 현재의 공공복지시스템의 취약점을 보완하는 방안의 하나로서 매우 실효성 있는 정책대안이라 할 수 있다. 즉, 그동안 국가 주도형 소득보장제도가 빈곤 문제를 해결하는 거의 유일한 방안으로 여겨져 왔지만, 이 방안만으로는 결코 빈곤 문제가 해결될 수 없다는 점이다. 더구나 빈곤을 단순한 물질적 차원에 머무르지 않고 더욱 포괄적인 '사회적 배제'(social exclusion)로까지 확장할 경우에는 민간참여복지의 구축이 더욱 절실해진다. 전통적으로 정의되어온 빈곤은 물질적 자원, 특히 소득이 낮은 상태를 의미해왔지만, 한편으로는 1990년대 이후 영국, 프랑스 등을 중심으로 해서 "경제적 측면과 더불어 사회, 정치, 문화적인 삶에 효과적으로 참여하기 어려운 상태이며, 주류사회로부터 소외되고 거리가 멀어진 상태"[56]로 빈곤을 정의하는 '사회적 배제' 논의가 활발해지고 있다.

가족을 중심으로 하는 비공식적 결속에 의해 주도되는 생계 조직화 방식은 연복지(緣福祉, network welfare))라고 명명되기도 하는데, 한국에서 이러한 연복지는 실제 매우 중요한 역할을 수행한다. 즉, 이러한 전통은 연복지가 갖는 폐쇄성에도 불구하고 다양한 공급 주체 간 파트너십을 전제로 하는 참여복지체계의 구축에 매우 유용하게 작용할 수 있다.

민간참여복지체계는 ① 다양한 사회 주체들이 복지의 공급에 함께 참여하고 ② 국가가 적극적으로 개입하는 수직적 연대와 더불어 각 공급 주체 간 협력관계가 부각되는 수평적 연대를 공존시키며 ③공급자보다는 수요자의 욕구를 존중하는 시스템이다. 참여복지체계를 실현하기 위한 구체적인 방안은 지역 단위의 복지 네트워크의 구축을 통해 제시될 수 있다고 본다. 즉 이 네트워크는 정부조직(시·도 및 시·군·구청의 사회복지 관련 부서, 보건소, 주민자치센터), 지역 내 사회복지시설, 시민단체, 주민자치조직, 종교기관 등을 망라하여 구성될 수 있다. 이러한 네트워크가 형성되면 복지공급 주체가 정부 주도형에서 민간참여형으로 다원화될 뿐만 아니라 자원의 조달과 배분이 훨씬 활성화되고 적정하게 이루어질 수 있다.

2. 공공·민간 파트너십 모형과 거버넌스

1) 파트너십 모형

공공과 민간의 파트너십 모형은 기드론 등(Gidron, Kramer & Salamon, 1992)이 제시한 바와 같이[57] ①병행보완모형(Parallel Supplement Model) ②병행보충모형(Parallel Complement Model) ③협동 대리모형(Collaborative Vendor Model) ④협동 동반모형(Collaborative Partnership Model) 등 네 가지 형태를 가상해 볼 수 있다.

병행보완모형은 복지수요자에 대한 대응을 함에 있어서 공공 및 민간조직 간의 파트너십을 마련하되, 그 전제는 공공조직이 제공하는 복지급여 대상으로부터 제외된 복지

수요자가 존재한다는 점이다. 이러한 현상이 발생하는 이유는 첫째 공공조직이 제시하는 자격 기준을 충족시키지 못해서이고 또 하나는 자격을 갖추고 있음에도 정보 부족이나 접근성 부족 때문에 발생할 수 있다. 이때 민간조직이 나서서 이들을 대상으로 재원조달과 급여를 자체적으로 제공하는 역할을 수행하게 된다. 이 경우 파트너십은 결국 급여의 대상자를 선정하는 과정에서 이루어진다.

병행보충모형은 공공과 민간이 각각 재원을 자체 조달한다는 점에서 병행보완모형과 유사하지만 동일한 복지수요자를 대상으로 하여 서로 상이한 급여를 제공한다는 점에서 차이가 있다. 이 모형의 기본 전제는 복지수요자의 욕구는 매우 다층적이기 때문에 특정 주체가 수요자의 욕구를 모두 충족시킬 수는 없다는 점이다. 이 경우 파트너십은 결국 급여의 내용을 결정하는 과정에서 이루어진다.

협동 대리모형에서는 재원조달은 공공조직이 맡되, 급여의 생산과 제공은 민간조직에서 수행한다는 특성이 있다. 이는 공공조직의 경우 재원을 안정적으로 공급할 수 있을 뿐만 아니라 급여의 권리성이 보호될 수 있으며, 민간조직은 수요자의 입장을 보다 효과적으로 파악하여 개별적인 서비스제공을 할 수 있다는 전제가 깔려 있다. 즉, 민간조직은 다양한 수요계층을 대상으로 다양한 서비스를 제공하게 된다. 이 모형에서 민간은 정부의 대리인으로 기능하며 파트너십은 재원을 배분하는 과정에서 이루어진다.

협동 동반모형은 협동 대리모형에서 민간조직이 공공조직의 재원에 의존함으로써 파생되는 자율성과 독립성의 우려와 집행상의 경직성 문제에 주목하여 급여의 생산 및 제공은 협동 대리모형에 따르되 재원 활용과 관련한 정책결정과정에 민간조직이 참여하여 민간조직의 책임성과 효율성을 도모하고자 한다. 이 모형에서 공공과 민간의 관계는 쌍방적이며, 민간은 프로그램 관리나 정책개발에 있어서 상당한 재량권과 영향력을 갖게 된다.

지금까지 언급한 네 가지 파트너십 모형은 어디까지나 하나의 이념형(Ideal Type)이기 때문에 실제적으로 파트너십이 발현되는 지점과 양태는 다양할 수밖에 없다. 다만 현실적으로 분명한 것은 저 소득층에 대한 정부 주도형 사회보장정책들은 재원조달에서부터 시작하여 복지수요 대상자에 대한 급여의 생산 및 제공에 이르기까지의 전 과정을 완벽하게 대처할 수 없다는 한계가 있다. 따라서 민관협력 파트너십은 지역사회로 내려올수록 더욱더 중요성이 커지게 된다.

민·관 협력모델은 민과 관 가운데 어느 쪽이 주도권을 갖느냐에 따라 관 주도형, 민간주도형, 그리고 제3의 중간지원 조직형으로 나눌 수 있는데,[58] 모델의 선택은 사업의 성격과 기능에 따라 달라질 수밖에 없겠으나, 전반적으로 관 주도형에서 민간참여를 확대하는 방향으로의 정책전환을 통해 달라진 사회복지환경에 능동적으로 대처해 나가고 있는 것이 세계적 추세이다.

2) 복지 거버넌스

민·관 파트너십을 구축함에 있어서 복지 거버넌스 전략은 신자유주의의 대두와 지방화 시대의 도래, NGO의 역량 강화 등을 배경으로 등장한 새로운 정책추진 모델로서 주목을 받게 되는데, 복지 거버넌스(welfare governance)에는 '참여'를 넘어 '협력'이라는 적극적 개념이 내포되어 있다. 복지 거버넌스는 복지서비스의 공급에 있어서 복지 분야의 민영화와 분권화, 복지혼합(welfare-mix), 복지 다원주의(welfare pluralism) 등과도 맥락을 같이하고 있다. 즉, 복지 거버넌스는 정책 결정에 있어서 민·관의 공동 참여를 전제로 하고, 정책 집행에 있어서도 공동협력의 원칙아래 공동 자원부담이라는 책임성의 공유도 추구한다. 이렇게 함으로써 공공기관과 민간부문의 분절로 초래된 서비스의 중복을 막아서 복지자원의 효율성을 극대화시킬 수 있게 될 뿐만 아니라, 복지서비스의 통합적이고 다차원적인 생산과 공급이 가능해지게 된다.

특히, 복지 거버넌스가 지역사회복지에 있어서 큰 관심을 받고 있는 이유는 지역사회의 강한 공동체적 특성이 국가복지의 한계를 극복하는 데 매우 중요한 역할을 할 수 있기 때문이다. 지역사회 차원에서 거버넌스가 활성화되기 위해서는 거버넌스 참여자의 자발성 및 주도적 역할수행, 참여자 및 비 참여자를 망라한 협력적 네트워크 형성 등이 중요한데, 우리나라의 경우 지역사회 네트워크를 활용한 복지 거버넌스를 효과적으로 구축해 나가기 위해서는 무엇보다도 시·군·구와 읍·면·동 단위로 설치되는 지역사회보장협의체(『사회보장급여법』 제41조)의 구성과 운영을 강화할 필요가 있다. 지역사회보장협의체는 지역 내 대표성을 가진 구성원들이 망라된 지역사회보장 증진 민관협력 거버넌스 실천 기구이다.

제5절
복지권의 발달과 국제화

1. 복지권에 대한 일반적 논의

1) 복지권과 시민권

복지권(welfare rights)은 복지급여(welfare benefits)에 대한 수급자의 법적 권리라고 일컬어지지만 이에 대한 해석은 복지국가의 발달 상황에 따라 상이하게 나타난다. 사실 복지국가의 발달은 '복지권의 발달'이라고도 할 수 있을 만큼 급여수급에 대한 권리성의 확대는 바로 복지국가 수준을 가늠하는 핵심척도이기도 하다.[59]

복지급여를 권리의 시각에서 보는 논의의 출발은 마샬(Marshall, 1964)의 시민권(citizenship)에서 찾을 수 있다. 마샬의 시민권은 근대 국민국가에 있어서 시민적 권리의 정치·사회적 발달과정을 해석하는데 있어서 매우 유용할 뿐만 아니라 사회복지발달에 있어서 중요한 복지수급자의 권리를 명문화하는데도 크게 기여한 개념으로 평가받는다. 이 점에 대해서 미쉬라(Mishra, 1981)는 마샬의 시민권 개념에는 사회복지정책이 담아야 할 주요 사회철학과 권리개념을 내재하여 사회복지에 대한 정당성의 근거를 마련해주고 있다고 언급하고 있기도 하다. 즉, 시민권 개념 논의를 통해서 자본주의 사회체제 속에서 사회서비스의 권리성 부여에 대한 정당성 근거가 마련됨으로써 '잔여적' 복지급여 프로그램으로부터 '제도적' 복지급여 프로그램 마련으로의 진일보한 발전이 가능해 진 것이다.[60]

마샬(Marshall)은 시민권을 종래의 철학적이고 추상적인 영역에서 벗어나서 구체적인 사회과학의 실천영역으로 이전시킨 대표적인 학자로 평가받고 있는데 그는 시민권을 지닌 모든 사람은 그 지위에 따른 권리 의무에 대해 동일한 자격을 갖고 있다고 주장하면서도 역사적 조건과 상황에 따라 시민권이 규정하는 권리와 의무의 내용은 다르다고 본다. 마샬의 시민권(citizenship) 속에는 공민권(civil rights), 정치권(political rights), 사회권(social rights) 등 세 가지 요소가 있는데 첫째, 18세기에 출현한 공민권은 자산, 개인적 소유와 권리에 대한 권리 등 개인 자유에 대한 권리확립이며 둘째, 주로 19세기에 확립된 정치권이란 정치적 권력의 행사에 참여하는 권리를 포괄하며 셋째, 사회권은 주로 20세기 이후에 개념이 확립되었는데 이는 경제적·사회적 보장 측면의 시민 권리이다. 역사적으로 볼 때 공민권이 가장 먼저 대두되었다면 사회권은 가장 늦게 대두되었다. 마샬은 사회권을 적정수준의 경제적 복지와 보장에 대한 권리로부터 사회의 보편적인 기준에 따라 문화적인 생활을 영위하는 권리에 이르기까지 전 범위의 권리라고 정의하고 있는데[61] 세 가지 유형의 권리 중에서 사회권이 바로 복지권의 내용을 가장 잘 담고 있다고 볼 수 있다.

2) 복지권의 국가별 양태

국가적 상황에 따라서 복지권을 뒷받침하는 시민권의 유형은 다르게 나타나며 이는 복지권의 구성 내용상으로도 국가별로 상이한 양태를 보이게 된다.[62] 영국에서의 복지권 개념은 교육, 건강 보호, 주거 등과 같이 사회적으로 보장받아야 할 최소한의 사회적 수혜(basic social security benefits)에 대한 권리의 의미를 가지고 있다는 점에서 마샬(Marshall)의 사회권 논의와 맥을 같이하고 있다. 따라서 국민국가(nation state)의 시민 모두는 누구나 보편적으로 복지수급의 권리가 있다고 보면서 이를 실현하기 위한 제도적 장치로서 복지권에 대한 광범위한 자격부여 등의 조치가 수반된다.

최근 들어 영국에서는 시민권과 인권이 갖는 사회 정책적 성격을 결부시키는 내용의 『1998년 인권법』(the Human Rights Act 1998) 개정 관련 논의가 제기되고 있다.[63] 현행 인권법은 국가권력의 자의적 행사를 방지하여 정치적 시민권을 증진하고자 하는 데 중점을 두고 있는데 국가의 역할을 복지공급자로까지 확장하고 있지는 않다. 영국은 그동안 「경제·사회·문화권에 관한 국제규약」(the International Covent on Economic, Social and Cultural Rights 1976), 「유럽 인권협약」(the European Convention on

Human Rights 1950),「유럽 사회헌장 위원회」(the Council of Europe's Social Charter 1961) 등을 비롯한 수많은 국제 인권협약에 가입해 왔는데 인권법은 그 가운데서도 '유럽 인권협약'을 국내법화 한 것이다. 그 결과 현행 인권법은 마샬의 시민권 분류상 공민권과 정치권은 담고 있지만 사회권은 포함하고 있지 않다. 따라서 다른 국제협약 정신도 살려서 인권법상 강제력을 갖는 인권의 개념에 경제·사회적 권리도 포함시켜야 한다는 논의가 활발하다.[64]

한편, 미국에서의 복지권 개념은 영국의 복지권이 'social rights'(사회권)라는 표현에 기초를 두고 논의되고 있음에 반하여, 미국에서는 'privilege'(특권), 'civil right'(공민권) 등의 용어를 사용하고 있음에서도 알 수 있듯이 요 부양아동 가족, 정년퇴직자, 또는 영구적 장애자 등 선별적 사회구성원에게 한정하는 개별적, 사적 또는 특별한 권리라는 측면이 강하게 나타나고 있다. 이러한 특성은 미국에서의 복지권 논의의 핵심이 공민권 실현 차원에서의 사회정의 실현과 더불어 특권논쟁으로부터 야기되는 의존성, 도덕성 등에 관한 윤리적 차원에서도 복지권 문제가 강조되고 있는 데서 찾을 수 있다. 미국에서 개별적 권리확보 차원에서 복지급여에 대한 청구권이 매우 중시되는 것은 바로 사회권이라기 보다는 공민권적 특성으로 해석된다.

2. 미국의 복지권 운동

1) 복지권 운동의 전개

대부분의 미국 복지제도의 이면에 깔린 가치체계와 신념들은 개인이라는 존재에 대해 주목하고 또한 책임성을 강조하고 있다. 그러나 개인 각자의 능력이나 자산에 중점을 두다 보면 보다 큰 차원의 사회·경제적 구조는 무시될 수 있다.

티트머스(Titmuss, 1968) 같은 학자는 시장 시스템이 불공정·사회적 배제 같은 문제들에 의해 곤경에 처해 있으며, 교육·주거 등 열악한 상황에 처해 있는 각 개인들은 애초부터 시장에 참여하여 자신들의 문제를 해결할 수 있는 여건을 갖추고 있지 못하고 있기 때문에 사회가 이들 개인들의 복지에 대해 책임지지 않으면 안 된다고 주장한다.[65] 이러한 견해에 따르자면 사회복지 프로그램이 수시로 그리고 선별적으로 제공되는 보완책이 아니라 전체 사회시스템을 통해 제공되는 사회권이라고 보는 시각이 다분하다.

1960년대 미국의 빈곤층들은 복지권 운동(welfare rights movement)을 통해서 복지시스템에 대한 불만을 토로했다. 복지권 운동은 당시 활발히 전개된 공민권 운동(civil rights movement)과 함께 시작되었는데, 빈곤층들은 다른 대다수 미국 시민들이 누리고 있는 생활 수준이 자신들에게는 인정되지 않고 있는 점이 매우 불만족스러웠고 이는 정치를 포함한 제반 국가적 시스템에 대한 불만으로 연결되었다.[66]

이 운동은 미국 역사상으로 볼 때도 꽤 거세게 전개되었는데 특히 1964년에서 1968년에 이르는 기간 중 몇몇 대도시에서는 소요사태가 발생하기도 했다. 이 운동이 매우 격하게 전개되면서 전국 복지권 기구(the National Welfare Rights Organization: NWRO)가 1967년 새롭게 형성되고, 이 기구의 도움을 받아 공공부조 급여를 신청하는 사람들이 현저히 증가하게 된다. 복지권 운동은 복지급여 신청자나 수혜자들로 하여금 종전보다 좀 더 정당하고 개선된 처우를 받을 수 있도록 하는 데 도움을 주었는데, 사용된 활동전략들로서는 집단시위, 법률적 대응, 급여신청 관련 교육 등을 들 수 있다.[67]

전국 복지권 기구(NWRO)가 재원조달의 어려움 때문에 1975년까지 활동을 마치고 문을 닫게 됨에 따라 전국단위의 복지권 운동 또한 처음에 설정했던 여러 목표들을 달성하고 활동을 종료하게 되었지만, 전국단위에서와는 달리 지방 단위에서는 활동이 계속되고 있기도 하다.

2) 복지권 운동의 성과

복지권 운동의 전개를 통해서 복지급여 신청자들은 그들의 권리에 관해서 보다 많은 정보를 얻게 되고, 훨씬 개선된 취급을 받게 되었으며 급여자격 인정자 숫자 또한 증가되는 성과를 거두게 된다. 그러나 빈곤층이 공공부조에 대해 권리를 가지고 있다는 생각은 1996년 복지개혁법(PRWORA)이 도입됨에 따라 심각한 타격을 받게 된다. 우선 빈곤가정 임시지원(TANF) 수급 기간이 일반적으로 최장 5년으로 제한되고, 푸드스탬프(Food Stamp, 2008년 10월 이후 SNAP 프로그램으로 명칭변경) 수급권 또한 근로조건을 충족시키지 못하게 되는 경우에는 종전보다 쉽게 중단시킬 수 있도록 바뀌었으며, 알코올이나 마약중독자는 공적연금인 소셜 시큐리티(Social Security)의 장애자 급여 또는 보충소득보장(SSI) 등의 급여자격을 박탈당하게 된다.

　복지개혁법 도입에 따라 이러한 조치들이 취해지고 있음에도 불구하고 미국에서 복지급여를 받는 사람들의 숫자는 사람들이 일반적으로 생각하는 수준 이상으로 많은 것이 사실이다. 이에 대해서는 공적 지원제도가 아직도 너무 관대해서 복지 의존성을 증대시키기 때문이라는 주장이 있는가 하면, 경기침체, 사회적 차별 등 제반 조건이 계속 빈곤층에게 불리하게 작용하고 있기 때문이라는 주장도 설득력 있게 제기된다.

3. 복지권의 국제화

1) 전통적 복지국가와 복지권

　마라우(Marauhn, 2004)에 의하면[68] 전통적인 복지국가가 추구하는 목적은 한 사회의 경제, 사회적인 생활을 전체적으로 개선하기 위하여 각 개인의 빈곤상태를 해소하고자 하는 것이다. 마라우(Marauhn)는 유럽형 복지국가의 일반적인 사례를 들어 헌법적인 측면에서 보면 복지국가의 설립은 입법부 고유 권한에 속하는 정치적인 결정(political decision)이며 따라서 전통적인 복지국가는 정책에 기반을 두는 것이지(policy based), 권리성에 기반을 두는 것은 아니라고(not rights-based) 한다. 즉, 법 조항들이 개인에게 권리성을 부여해 주더라도 이들 중 극히 일부분만이 헌법적인 영역에 속할 뿐이라는 것이다. 그러나 이 개념은 마라우가 유럽대륙 국가들에 대해 언급한 바와는 달리 피어슨(Pierson, 2007)은 복지국가의 발달은 복지권을 법적 권리로 보면서 이의 확대과정으로 이해하고 있으며, 앞서 살펴본 바대로 영국 같은 경우에는 모든 시민의 보편적 권리로서의 성격이 매우 강하다.

　또 하나의 전통적인 복지국가의 특징은 국민국가(nation state) 단위에 초점을 맞추고 있다는 점이다. 따라서 전통적인 복지국가는 국민국가라는 다소 폐쇄적인 정치·경제적인 환경 내에서 빈곤과 사회적 불균형을 해소하려고 한다. 그러나 최근 주권개념의 변화에 대한 논의 들[69]이나 국가 경제 간 상호의존성이나 국제 경제환경의 조성들[70]은 더 이상 종전과 같은 폐쇄적인 환경 내에서 복지시책들을 논의할 수 없게 만들고 있기도 하다. 따라서 전통적인 복지국가의 개념이 집합적이고 국가적이라는 제약조건을 떠나 사회권(social rights)의 재정립, 즉 집합적인 사회안전망(collective safety net)이라기보다는 개인의 자격부여(individual entitlements) 차원으로 발전시켜 나갈 필요가 있는데 그 토대는 사회권의 재정립(reconstruction of social rights)이라고 할 수 있다.

만약 복지국가가 특정 정치집단 즉, 국민국가(nation-state)라는 영역과 결정에 치중하지 않고 개인(individual)에 좀 더 밀접하게 관련된다면, 전통적인 복지국가의 관점에 융통성이 생기고, 복지시책들을 국제적, 정치적, 경제적 환경 변화에 적응시키는 것이 가능해질 것이다. 그러나 이러한 논의는 순전히 이론적인 차원이라고 볼 수밖에 없으므로 사회권을 보장하는 국제적인 장치(international instruments)들에 대한 검증이 필요하며 이는 시민권 및 일반적으로 정치권의 해석과도 맞물려 있다. 그렇지만 이러한 논의는 개인이 반드시 잘 보살핌을 받아야 한다는 의미는 아니며, 개별적 권리로서의 사회권은 보호기관이 누구인가 하는 문제를 뛰어넘어서 그야말로 순전히 각 개인의 자유와 개인의 책임을 토대로 한다.

2) 국제적 시민권과 복지권

전통적인 개념의 사회적 시민권(social citizenship)이 한 국민국가 단위의 영역에 머물지 않을 때 비로소 자유(freedom)와 책임(responsibility)[71]의 상호관계는 발전할 수 있다. 따라서 복지시책들을 지방(local), 국가(national), 지역(regional) 그리고 국제 정치기구들에 적용시키기 위해서는 각각의 다양한 레벨 즉 지방, 국가, 지역, 국제적 시민권(citizenship)의 개념이 도입되어야 한다고 본다.[72] 이러한 국제적 규약으로서의 사회권(social right)에 관한 명시적 규정들은 국제연합(UN), 유럽(Europe), 국제노동기구(ILO) 등에서 채택한 규약들에서 찾아볼 수 있다.

국제법에서 다루는 복지국가 관련 핵심요소는 곧 일반적으로는 인권(human right), 보다 특정해서는 사회권(social rights)이라 할 수 있는데 국제적으로 보장된 사회권들이 각 국가의 전국단위나 지역 단위에서 복지국가 차원의 시책으로 어느 정도 시행되느냐는 개별적인 제약요건이 많다. 이 문제는 우선적으로 국내문제일 수밖에 없기 때문이다. 사실 복지국가 시스템의 설립과 운영에 관한 문제는 적절한 재원확보가 선결 사항인데 이는 부존자원뿐만 아니라 기술력, 사회구성과 구조 등 다양한 요소들에 영향을 받는다.

복지권의 국제화는 세계화와 복지국가라는 명제와도 밀접하게 관련성을 가질 수밖에 없는데 특히, 국경을 뛰어넘는 노동력 이동이 보편화된 추세를 감안할 때 이제는 복지권에 대한 구체적 국제적 표준이 한 국가의 국민보호 차원이 아니라 인류의 보편적 가치인 인권 차원에서 시급히 마련되고 적용되어야 한다고 본다.

Notes

1) 아리스토텔레스(Aristoteles). 2012. 『정치학』. 천병희 옮김. 도서출판 숲. p.15.

2) 김기봉. 2004.9. "국가란 무엇인가: 개념사적 고찰". 『서양사론』(제82호). pp.5-7.

3) 최갑수. 2004.9. "리바이어던의 등장: 절대주의 국가에서 국민국가로의 이행". 『서양사론』(제82호). pp. 73-77.

4) 김기봉. 전게서. pp.21-22.

5) 막스 베버(Max Weber). 1895. 『국민경제와 경제정책』. OPMS e-book library(1970.1.1. 출판)

6) 영국에서 최초의 구빈법적 통제는 1348-1349년의 흑사병과 이 시기를 전후해서 발생한 흉작으로 인해서 노동력의 감소와 농민의 유민화 현상이 초래되면서 실시되었으며, 1601년의 엘리자베스 구빈법(Elizabethan Poor Law of 1601)은 그동안 제정되어 온 여러 구빈법들을 토대로 국가 차원의 행정·재정적 책임을 법률로 체계화한 것이다.; 김태성·성경륭. 2017. 『복지국가론』. 나남. pp.77-90 참조.

7) Neil Gilbert & Paul Terrell은 복지국가 전개 과정을 태동기(Inception: 1880년대-1930년대), 성장기(Growth: 1940년대-1950년대), 성숙기(Maturation: 1960년대-1970년대 중반), 변환기(Transformation: 1970년대 중반-2007년), 감금기(Duress: 2008년 이후)로 분류한다. 참고로 2008년은 세계 금융위기가 발생하여 세계적인 경기침체가 발생한 해이다.; Gilbert, Neil and Paul Terrell. 2014. *Dimensions of Social Welfare Policy*(Eighth Edition). Harlow Essex: Pearson. pp.31-32.

8) 미르달(K.G. Myrdal). 2018. 『현대복지국가론(Beyond The Welfare State)』. 최광열 역. 서음미디어. pp.220-224.

9) 김태성 성경륭. 전게서. p.97.

10) Hillery, George A. Jr. June 1955. Definition of Community. *Rural Sociology, 20.* p.118.; Gumucio-Dagron, Alfonso and Thomas Tufte. 2006. *Communication for Social Change Anthology Historical and Contemporary Readings.* Communication for Social Change Consortium, Inc. p.844 재인용.

11) Kelly, Katharine & Tullio Caputo. 2011. *Community: A Contemporary Analysis of Policies, Programs, and Practices.* University of Toronto Press. pp.1-4.

12) Ashford, Douglas. 1986. *The Emergence of the Welfare State.* New York: Basil Blackwell. p.4.

13) 박능후·이현주·이승경·최현수·김계연. 2002. 『기초보장체계 비교연구』. 한국보건사회연구

원. pp.36-37.

14) 박능후. 2002. "기초보장의 역사와 전망".『한국의 기초보장・자활정책 평가와 개선방안』. 한국 보건사회연구원 기초보장・자활정책평가센터. pp.7-8.

15) Bruce, M. 1968. *The Coming of Welfare State*. London: Routledge. pp.30-31.

16) 프랑수아-자비에 메렝(Francois-Xavier Merrien). 2000.『복지국가』. 심창학・강봉화 옮김. 한길사. pp.17-20.

17) Mclellan, D. 1986. *Ideology*. Oxford: Oxford University Press. p.1.; Parsons, T. 1951. *The Social System*. New York: The Free Press. p.349.; Lipset, S. 1963. *Political Man*. London: Heineman. p.408.

18) Eccleshall, R., V. Geoghegan, R. Jay and R. Wilford. 1990. *Political Ideologies: An Introduction*. London: Routledge. p.32.

19) George, Vic and Paul Wilding. 1999.『복지와 이데올로기』(Welfare and Ideology). 김영화・이옥희 역. 한울아카데미. pp.13-30.

20) Furniss, Norman and Timothy Tilton. 1977. *The Case for the Welfare State*. Indiana University Press. pp.15-20.

21) 김태성・성경륭. 전게서. pp.200-201 참조.

22) Esping-Andersen, G. 1990. *The Three Worlds of Welfare Capitalism*. Harvard: Harvard University Press. p.37.

23) 복지국가 유형화에 대한 좀 더 자세한 내용은 Esping-Andersen(1990: 26-29, 74) 및 프랑스아-자비에 메랭(2000:126-133) 등을 참조.

24) Titmuss, Richard. 1974. *Essays on the Welfare-State*. London: Allen & Unwin.; Titmuss, Richard. 1958. *Social Policy*. London: Allen & Unwin.

25) Pinch, Steven. 1997. *Worlds of Welfare: Understanding the Changing Geographies of Social Welfare Provision*. New York: Routledge. pp.11-12.

26) Sapir, Andre. 2006. Globalization and the Reform of European Social Models. *JCMS 2006* Volume 44. Number 2. pp.369-390.

27) *Ibid*. p.16.

28) Mishra, Ramesh. 1984. *The Welfare State in Crisis*. London: Wheatsheaf Books. p. xii.

29) 김영순. 2012.『복지국가의 위기와 재편』. 서울대학교출판부. pp.18-32.

30) 2007년 미국 서브프라임 모기지(subprime mortgage) 대부업체 파산을 시작으로 2008년 본격화된 세계 금융위기(the world financial crisis)는 미국 금융시장에서 시작되어서 전 세계로 파급된 대규모의 금융위기 사태를 말한다. 금융위기는 미국 내에서 금융 제도의 붕괴, 은행파산, 주식 폭락, 주택시장 몰락, 실업률의 급증을 가져왔을 뿐만 아니라 이로 인해 세계적 경제 불황과 유럽의 재정위기를 촉발하게 된다. 2008년 세계 금융위기는 1929년의 경제 대공황에 버금갈 만큼 세계적 수준의 경제 혼란을 가져왔다고 평가된다.

31) 김윤태. 2015.『복지국가의 변화와 빈곤 정책: 세계 금융위기 이후의 대응』. 집문당. p.266.

32) *Ibid*. pp.8-11, pp.265-270.

33) Kuhnle, S.(ed.). 2000. *Survival of the European Welfare State*. London: Routledge. p.20.

34) Clarke, John. 2004. *Changing Welfare Changing States: New Directions in Social Policy*. London: Sage Publications. pp.12-15.

35) Van Kersbergen, Kees. 2000. The Declining Resistance of Welfare States to Change? In S. Kuhnle(ed.). *Survival of the European Welfare State*. London: Routledge. p.20.

36) Castles. Francis G. 2001. "The Future of the Welfare State: Crisis Myths and Crisis Realities". presented at the conference on Re-inventing society in a changing global economy, University of Toronto, March 8-10, 2001.

37) Hawkins, Robert Leibson. December, 2005. From Self-Sufficiency to Personal and Family Sustainability: A New Paradigm for Social Policy. *Journal of Sociology and Social Welfare Volume XXXII, Number 4*. pp.77-82.

38) Long, D.A. 2001. From Support to Self-Sufficiency: How Successful and Programs in Advancing the Financial Independence and Well-Being of Welfare Recipients? *Evaluation and Program Planning, 24(4)*. pp.389-408.

39) Johnson, R. C. & Cocoran, M.E. 2004. The Road to Economic Self-Sufficiency: Job quality and Job Transition Patterns after Welfare Reform. *Journal of Policy analysis and Management, 22(4)*. pp.429-447.

40) Bratt, R, G. & Keyes, L. 1997. *New Perspectives on Self-Sufficiency: Strategies of Nonprofit Housing Organizations*. Medford, M.A.: Department of Urban and Environmental Policy, Tufts University.

41) Edin, K. J. Fall/Winter 1995. The Myths of Dependence and Self-Sufficiency: Women, Welfare, and Low-Wage Work. *Focus, 17(2)*.

42) Braun, B.. P. Olson & J. W Bauer. 2002. Welfare to Well-Being Transition. *Social Indicators Research, 60*. pp.147-154.

43) U.S. Committee on Ways and Means. 2004. *Background Material and Data on the Programs within the Jurisdiction of the Committee on Ways and Means(Green Book), (WMCP 108-6)*. Washington, D.C.: U.S. House of Representatives.

44) OECD. 2016. *Society at a glance 2016: OECD Social Indicators*. OECD Publishing. Paris. pp.89-99.

45) Iceland, J. 2004. *Poverty in America: A Handbook*. Berkeley, C.A.: University of California Press.

46) PFS(Personal and Family Sustainability) 모델의 전제는 다면적이고 문화적 적절성을 지니면서 또한 빈곤과 복지의 이용실태를 잘 반영하는 모델을 사용함으로써 사회가 더욱 효과적으로 빈곤을 감소시킬 수 있다는 것이다; Hawkins(2005:82-84).

47) World Commission on Environment and Development. 1987. *Our Common Future*. Oxford: Oxford University Press.

48) Agyemen,J., R.D. Bullard, & B. Evans. 2002. Exploring the nexus: Bringing together sustainability, environmental justice and equity. *Space & Polity 6(1)*. pp.77-90.

49) Hawkins, Robert Leibson(2005: 85-86).

50) https://www.un.org/sustainabledevelopment/development-agenda. Accessed January 21, 2019.: 국제적 지표체계는 2017년 7월 6일 UN 총회에서 채택되었고 매년 상황에 따라 지표수정이 이루어지는데 2018년 3월 제49차 통계위원회(the Statistical Commission) 회의에서 채택한 보고서

(E/CN.3/2018/2, Annex Ⅱ)에서는 232개 지표를 제시하고 있다.

51) 연방 아동·가족통계포럼(Federal Interagency Forum on Child and Family Statistics)은 아동 및 가족관련 정책수립과 자료수집 및 관리에 있어서 관계기관 간 협력적이고 일관성 있는 체계를 구축하고자 하는 목적으로 1994년 설립되어 1997년 행정명령 13045호(Executive Order 13045)에 따라 공식기구가 되었다. 2019년 1월 현재 23개 연방 기관(Federal Agency)들이 참여하고 있다.

52) Federal Interagency Forum on Child and Family Statistics. September 2018. *America's Children: Key National Indicators of Well-Being, 2018*. Washington, D.C.: U.S. Government Printing Office. Accessed https://www.childstats.gov/pdf/ac2018/ac_18.pdf.(2019.1.21).

53) Department for Environment, Food and Rural Affairs. 2008. *Sustainable Development Indicators in Your Pocket 2008*. London: Nobel House. p.114.

54) Department for Environment, Food and Rural Affairs. July 2013. *Sustainable Development Indicators*. London: Nobel House. Accessed https://assets.publishing.service.gov.uk/government/uploads/system/uploads/attachment_data/file/223992/0_SDIs_final__2_.pdf.(2019.1.20).

55) 보건복지부. 1999. 12. 『생산적 복지 구현을 위한 참여복지체계 구축방안』. pp.9-11.

56) Oppenheim, Carey(ed.). 1998. *An Inclusive Society: Strategy for Tackling Poverty*. London: IPPR. p.13.

57) Gidron, B, R. Kramer and L. Salamon. 1992. *Government and the Third Sector: Emerging Relationships in Welfare States*. San Francisco, N.Y.: Jossey-Bass Publishers.

58) 한국지방행정연구원. 2018. 『읍·면·동 중심의 지역사회보장 민관협력모델 구축방안연구』(정책연구 2018-6). pp.106-115.

59) Pierson, Christopher. 2007. *Beyond the Welfare State?: The New Political Economy of Welfare*. Pennsylvania State University Press.

60) Mishra, Ramesh. 1981. Society and Social Policy. 남찬섭 역. 1996. 『복지국가의 사상과 이론』. 한울. pp.51-68.; 강철희·홍현미라. 2003. "복지권에 관한 비교연구: 영국과 미국을 중심으로." 『사회보장연구』(제19권 제1호). pp.138-140.

61) Marshall, T. H. 1964. Citizenship and Social Class. *Class, Citizenship, and Social Development*. New York: Doubleday & Company, Inc. pp.65-122.; 안치민. 2003.11. "복지권의 구성과 성격." 『한국사회복지학』(통권 55호). pp.13-14.

62) 강철희·홍현미라. 전게 논문. p.144-149.

63) Johnson, Niegel. 2004. The Human Rights Act 1998: A Bridge between Citizenship and Justice? *Social Policy & Society 3:2*. Cambridge University Press. pp.113-121.

64) 제1세대 권리가 공민권(civil rights), 정치권(political rights)이라면, 제2세대 권리는 사회, 경제, 문화적 권리(social, economic and cultural rights)이다. 제1세대 권리가 시민 개개인을 자의적인 국가권력으로부터 보호하고자 하는 것이라면, 제2세대 권리는 경제적 형평성과 자원배분에 보다 많은 관심을 둔다; Johnson, Niegel(2004:115).

65) Titmuss, R. M. 1968. *Commitment to Welfare*. New York : Pantheon.

66) DiNitto, Diana M. 2007. *Social Welfare: Politics and Public Policy*. New York: Pearson. pp.46-47.

67) Kornbluh, Felicia. 2007. *The Battle for Welfare Rights: Politics and Poverty in Modern America*.

Philadelphia: University of Pennsylvania Press.

68) Marauhn, Thilo. 2004. Social Rights Beyond the Traditional Welfare State: International Instruments and the Concept of Individual Entitlements. In Eyal Benvenist and Georg Nolte (eds.). *The Welfare State, Globalization and International Law.* Berlin: Springer. pp.275-278.

69) Perez, A. F. 1996. Review Essay: Who Killed Sovereignty? Or: Changing Norms Concerning Sovereignty in International Law. *Wisconsin International Law Journal, 20.* pp.462-490.

70) 국제경제환경이 조성됨에 따라 복지권을 국민국가 차원을 넘어 개방적 시각으로 보아야한다는 주제의 논문들이 많이 나와 있다. 참고로 Schlachter, Oscar. 1997. The Decline of the Nation-State and Its Implications for International Law. *Columbia Journal of Transnational Law, 36.* pp.7-23; Eriksen, E. O. and J. E. Fossum(eds.). 2000. *Democracy in the European Union-Integration through Deliberation?* London: Routledge. pp.59-41.

71) 국민국가 영역을 뛰어넘는 국제적 사회적 시민권 개념은 최근에야 출현한 것은 아니며, 세계화 (globalization)의 진전과 더불어 인류 보편적 권리로 인정되는 추세이다. "1969년 사회적 진보 와 발전에 관한 UN 선언"(the UN Declaration on Social Progress and Development of 1969, UN GA Res. 2542[XXIV])의 제1장(Part 1) 제1조(Article 1)에는 다음과 같은 내용이 있다. "All peoples and all human beings, without distinction as to race, colour, sex, language, religion, nationality, ethnic origin, family or social status, or political or other conviction, shall have the right to live in dignity and freedom and to enjoy the fruits of social progress and should, on their part, contribute to it".

72) 사회적 시민권 확보를 위한 multi-level system 에 대해서는 많은 시도들이 있어 왔는데, 보다 자세 한 내용에 대해서는 Walter, C. 2001. Constitutionalizing (Inter)national Governance-Possibilities and Limits to the Development of an International Constitutional Law. *German Yearbook of International Law.* pp.170-201 참조.

제2장
사회보장체계와 공공복지

제1절

사회보장방식의 유형과 운영원리

1. 사회보장의 개념과 방식 유형

우리나라 사회보장기본법은 "사회보장은 모든 국민이 다양한 사회적 위험으로부터 벗어나 행복하고 인간다운 향유할 수 있도록 자립을 지원하며, 사회참여·자아실현에 필요한 제도와 여건을 조성하여 사회통합과 행복한 복지사회를 실현하는 것을 기본이념으로 한다."(사회보장기본법 제2조)고 적시하고 있다. 여기서 다양한 사회적 위험이란 '출산, 양육, 실업, 노령, 장애, 질병, 빈곤 및 사망 등'을 포괄하는 하는데, 이러한 다양한 형태의 '사회적 위험으로부터 국민을 보호하고 국민의 삶의 질을 향상시키는데 필요한 소득·서비스를 보장'하는 장치를 포괄적으로 사회보장이라고 정의하며, 사회보장의 유형을 ①사회보험 ②공공부조 ③ 사회서비스 등으로 분류한다(사회보장기본법 제3조).

공공부조(Public Assistance)라는 용어는 '공적 부조'라는 용어와 혼용되기도 하고 사회부조(Social Assistance)[1] 라는 용어와 함께 사용되고 있기도 하나, 우리나라의 경우 1995년 제정된 사회보장기본법 제3조에서 사회보장이란 사회보험과 공공부조, 사회서비스를 말한다고 규정함에 따라 "공공부조"가 공식적 용어가 되었다. 사회부조라는 용어는 종래 공공부조라는 용어가 가지고 있던 자선적 느낌을 사회적 연대와 권리에 의한 개념으로 발전시킨 것으로 해석되기도 하며, 공공부조가 국가나 정부의 역할을 강조하는데 비해서 사회부조는 국가나 정부 외에 다른 주체들의 참여와 역할을 인정하는 경향이 있다.

사회보험은 기여원칙에 따라 전 국민 또는 대다수의 사회구성원을 가입대상으로 하는 보편적·예방적 성격의 사회복지 프로그램임에 반하여, 공공부조는 비기여, 무상지원 원칙에 따라 특정 사회적 취약계층의 최저생활을 보장하기 위한 제도이다. 사회서비스는 비 물질성, 생산과 소비의 동시성 등을 특성으로 하는데 상담, 보호, 지도 등의 다양한 활동을 통해 복지 욕구를 충족시켜나가고자 한다.

국제노동기구(ILO, 1984)는 사회보장을 운영방식에 따라 ①사회보험(Social Insurance) ②사회부조(Social Assistance) ③일반재정에 의한 급여(Benefits by General Revenues) ④가족급여(Family Benefits) ⑤준비기금(Provident Funds) ⑥고용주부담(Provision Made by Employers) ⑦사회서비스(Social Service)로 분류하고 있다.[2] 그리고 사회보장이 제공하는 급여의 종류에 따라 ①현금급여 ②서비스급여(입원, 치료, 재활 등) ③현물 급여로 분류하기도 하고 조직의 기본원리에 따라서는 ①보험원리 ②복지원리 ③공공부조 원리에 의한 제도로 분류하기도 한다.

한편 광의의 공공부조는 공공부조(Public Assistance)와 수당(Demogrant)으로 별도로 세분화되기도 하는데, 갹출 및 자산 조사 여부에 따른 분류개념을 적용하여 해석하면 공공부조는 비기여·자산조사(Non-Contributory and Means Tested)방식으로, 그리고 수당은 비기여·비 자산조사(Non-Contributory and Non-Means Tested)방식으로 급여를 제공하는 사회보장 방식이다. 수당을 별도의 사회보장 방식으로 추가할 경우 사회보장유형은 ①사회보험 ②공공부조 ③수당 ④사회서비스 등으로도 구분할 수 있다.

2. 사회보장방식별 운영원리

사회보장의 방식은 다양한 분류가 가능하나 우리나라의 경우 법상의 기존 세 가지 방식에다가 광의의 공공부조를 공공부조 그리고 수당으로 세분화할 경우 앞에서 살펴본 바와 같이 ①사회보험 ②공공부조 ③수당 그리고 ④사회서비스 등 네 가지 분류가 가능하다.

사회적 위험으로부터의 보장은 각각의 방식에 의해서 실현될 수 있는 것이지만, 때로는 하나 또는 둘 이상이 결합하여 일정 수준의 생활유지가 가능하도록 한다. 그렇지만 공공부조가 갖는 비기여, 무상지원 원칙으로 인해서 공공부조는 국민들의 최소한의 생활 보장을 위한 최후의 보루라고 할 수 있다. 사회보장방식들은 국가적 상황에 따라 주도적 역할을 담당하는 방식이 사회보험 또는 공공부조 가운데서 달라질 수 있다.

넓은 의미로 볼 때 사회보장의 주체는 국가, 지방자치단체뿐만 아니라 민간조직, 가정과 지역사회까지도 포괄하는 것이지만, 국가개입 정도 측면에서 볼 때는 공공부조가 다른 형태의 보장방식에 비해 가장 강도가 높은 제도라고 볼 수 있다.

대부분의 유럽대륙 국가가 채택하는 '보험원리'는 위험 발생 시 욕구(need) 심사 없이 가입자의 법적 권리로 정해진 급여를 제공하는 원리이며, 영국과 스웨덴 등에서 채택하고 있는 '복지원리'는 욕구심사 없이 지급되는 점에서 보험원리와 같으나 재원이 보험료가 아닌 일반재정이며, '공공부조 원리'는 주로 미국에서 채택하고 있는데 이 경우 급여지급이 당연한 권리로서 보장되지 않으며 욕구심사를 거쳐 일반재정에서 급여를 지급하는 원리이다.

사회보험은 사회적 위험을 개인들의 책임부담의 공유라는 '개인책임논리'와 '시장논리'를 통하여 희석하고 안정화를 도모한다. 수당(allowance)은 연령, 가족 등 인구학적 요건만을 기준으로 급여를 지급하므로 '데모그란트'(demogrant)로 불리는데 노인·아동 등 인구학적 기준에 해당되면 소득과 무관하게 급여를 무상으로 제공하므로 가장 강력한 국가책임의 표현이다. 공공부조는 인구학적 기준을 사용하기도 하지만 자산조사를 거쳐 빈곤층에게 무상으로 급여를 제공한다.

공공부조는 대부분의 복지국가들의 역사에서 가장 초기부터 등장하고 있으며 사회안전망(social safety net)의 마지막 보루로서, 국민 생활 전반에 미치는 영향력 범위 측면에서는 사회보험에 미치지 못하지만, 생존위기에 직면한 특수계층에게는 사활이 걸린 중요 사회복지 프로그램이며, 특히 공적 기관이 프로그램을 직접 관리하고 집행한다는 측면에서 각별한 의미가 있다.

사회서비스는 인구학적 이유 등으로 충족해야 할 욕구가 있는 구성원에게 제공되는 것으로서 기여 여부와 전달방식 등은 다양하다. 사회서비스는 주로 비경제적 욕구에 대한 대응으로 나타나나 다른 방식 유형은 경제적 욕구에 대한 대응이라는 점에서 다르다.

관리운영 상 책임 주체는 사회보장 방식 유형 모두 정부가 주도적인 역할을 하나, 사회보험은 거의 전적으로 중앙정부 책임 아래 운영되고, 공공부조는 중앙정부와 더불어 지방정부도 일정 부분 역할을 담당하며, 복지서비스는 정부 이외에 민간부문도 참여한다는 점이 특징이다. 빈곤층에 대한 사회보장 강도 면에서는 공공부조가 가장 강력하며, 수당은 일정 인구학적 요건만 갖추면 모두에게 일정액을 일괄 지급한다는 점에서 가장 무차별적이다.

참고로 미국 사회보장청(SSA)은 국제사회보장협회(International Social Security Association)와 협동 작업하여 전 세계 170개국 이상의 국가에 대한 사회보장제도를 분석한 「세계의 사회보장프로그램」(Social Security Programs Throughout the World)을 6개월 간격으로 발간해 오고 있는데, 이 보고서에서는 사회보장프로그램을 '소득 능력의 상실 또는 감소, 그리고 결혼, 출생, 사망, 아동양육 등과 같은 특별지출 등에 대처할 수 있는 대한 법적 보장'이라고 정의한다. 이를 토대로 하여 사회보장 프로그램 유형을 대상자 설정 방식에 따라 고용연계형(employment-related), 보편제공형(universal), 자산조사형(means-test) 등으로 대별한다. 고용연계형은 사회보험, 보편제공형은 수당, 자산형은 공공부조가 대표적이다.

사회안전망(social safety net)의 개념은 각 국가관이나 연구목적에 따라 다양하게 나타나지만, 통상 노령, 질병, 실업, 빈곤 등 각종 사회적 위험으로부터 모든 국민을 보호하기 위한 제도적 장치를 말하는 것으로서 사회보장제도와 같은 의미를 지칭하는 것으로 이해된다. 사회안전망은 사회적 위험에 대한 대응방식에 따라 사회보장유형 가운데 일반 국민을 대상으로 하는 사전예방적 성격의 사회보험은 1차 사회안전망, 1차 사회안전망에서 적용받지 못하는 저소득층 대상을 대상으로 하는 사후구제적 성격의 공공부조와 사회서비스는 2차 사회안전망, 그리고 위기상황에 처한 사람에게 최소한의 응급지원을 제공하는 긴급구호 등은 3차 사회안전망으로 분류된다. 사회보장체계가 합리적으로 작동하기 위해서는 이들 사회안전망이 빈틈없이 구성되어야 하고, 특히나 새로운 사회적 위험에 대한 효율적 대처방안 마련이 매우 중요하다. 어느 사회보장유형에 중점을 두고 사회안전망을 구축하느냐는 국가별 사회보장전략에 따라 달라지겠으나, 각각의 사회안전망 간의 상호연계 및 보완체계 확립은 필수적이다.

제2절

사회보장체계의 구성요소

사회보장체계의 구성요소에 관한 논의는 대상 집단별 특성에 따라 아동, 청소년, 노인, 장애인 등으로 또는 보장단위에 따라 개인, 가족 등으로 구분하는 등 급여 도달지점 설정과 관련시키는 것이 일반적이다. 그리고 더 나아가 핀커스와 미나한(Pincus & Minahan, 1973)의 자원체계(resource system) 개념을 빌리자면 비공식 자원체계(informal resource system), 공식적 자원체계(formal resource system), 사회적 자원체계(social resource system) 등으로도 구분이 가능하다. Pincus & Minahan은 자원체계의 역할을 "사회복지대상자의 역할을 충족시키기 위한 인적·물적 자원의 동원 및 중계기능"으로 본다.[3]

반면에 길벗과 테렐(Gilbert & Terrell, 2014)은 복지의 주된 선택 이슈를 대상, 급여, 전달, 재원으로 구분한다.[4] 이들은 사회복지정책을 경제시장 밖에서 작용하는 급여-할당(Benefit-Allocation) 시스템이라는 맥락에서 보고 어떤 급여를 누구에게 어떤 방법으로 전달하고 그 급여를 충당하기 위한 비용을 어떤 재정 방법으로 확보할 것인가를 결정하는 원칙을 선택의 차원(dimensions of choices)으로 보고 있다.[5] Gilbert & Terrell 의 분류는 타 방법에 비하여 운영체계 구성요소 간의 기능적 경계를 비교적 명확히 부각시킨다는 장점이 있으므로 여기서는 이를 토대로 각 구성요소별로 제기되고 있는 운영원칙을 둘러싼 문제들에 대해 논의하고자 한다.

1. 보장대상자 선정

누구를 보장대상으로 할 것인가 하는 문제는 사회복지 이슈 중에서 가장 활발한 논란거리의 대상이 되어 있으며, 이 문제는 곧 사회복지급여의 할당(social allocation) 원칙에 관한 사안이기도 하다. 할당원칙은 소득을 조건으로 하느냐 아니냐의 여부에 따라 '선별주의'와 '보편주의'로, 그리고 소득을 조건으로 하더라도 보장대상이 특정 집단이냐 일반 국민이냐의 여부에 따라 '범주적 지원'과 '일반적 지원'으로 구분할 수 있다.

1) 선별주의와 보편주의

수혜대상자의 자격조건 설정 원칙에 관한 논의는 통상 '보편주의'(universality)와 '선별주의'(selectivity) 간의 차이 규명에서 비롯되어 왔다.[6] 보편주의에서는 사회복지급여를 아동에 대한 의무교육처럼 모든 국민이 누릴 수 있는 기본권으로 바라본 데 반하여, 선별주의에서는 자산조사에 의해 결정된 개인적 욕구를 토대로 대상자를 선별하여 급여를 제공한다.

보편주의자들은 모든 국민이 다양한 위험에 처할 수 있다는 전제하에 사회복지 급여의 대상을 빈곤층 또는 장애인 등 특정 그룹으로 한정하지 않고 사회정책을 모든 국민이 일상적으로 겪는 생활문제에 대한 적절한 조치방안으로 바라본다. 따라서 보편주의 원칙에서는 사회복지급여를 빈곤 정도, 남녀성별 등에 따라 사전적 차별을 하지 않고 실제 개인이 처한 욕구가 무엇이냐를 판단하여 이를 해소할 수 있도록 다양한 프로그램을 준비하게 된다. 즉 보편주의는 사회복지급여를 정치적 권리에 견주되는 사회권으로서 보면서 소득상태라는 특별한 조건적 차별을 두지 않는다. 보편주의자들은 개인의 존엄성과 사회통합이라는 가치를 매우 존중하고 사회적 효과성을 강조하는데, 특히나 경제적 결정요소에 기초한 프로그램들은 수혜자로 하여금 사회적 차별감(discrimination)과 낙인감(stigma)을 불러일으킨다는 점에서, 쇼어(Schorr, 1986)는 "빈자(貧者)에 대한 차별적 구분은 복지국가의 건전한 원칙으로 볼 수 없다"고도 말한다.[7]

반면에 선별주의자들은 수혜계층 대상 집단 선정에 매우 주의 깊게 접근한다. 즉 선별주의자들은 일반 국민보다는 당장의 복지급여 필요성이 있는 개인이나 가족 집단에게 지원의 우선권이 있는 것이며 재정적 제약요건을 감안한다면 스스로의 힘으로 욕구

충족이 불가능한 한계집단에 한해서 정부 지원이 제공되는 것이 당연하다는 입장이다. 자산조사(means-test)는 사회복지 급여조건을 정하는 가장 직접적이고 분명한 방법이다. 선별주의자들은 복지급여에 대한 자격 제한을 통해 정치적 영향력 집단에 대한 지원의 편중 현상을 방지하고 경비지출 절감과 자금집행의 효율성을 높일 수 있다고 본다.

이상의 주장 가운데 그 어느 쪽도 상대방을 만족시키지는 못하겠지만, 각각의 주장은 그 나름대로의 타당성을 가지고 있다고 할 수 있는데, 예컨대 보편주의자들은 보편주의가 미래의 위험에 대한 광범위한 예방효과가 있기 때문에 오히려 비용 측면에서는 효과적이라고 주장한다. 보다 구체적인 정책사례를 보면 소득보장 프로그램 중에서 일정 소득수준 이하의 사람들에게 적용하는 부의 소득세(Negative Income Tax) 프로그램은 급여의 할당이 소득수준과 관련이 있으므로 선별주의 원칙에 입각하고 있다면, 아동수당은 인구통계학적 기준만을 충족시키면 급여가 할당되므로 보편주의 원칙을 반영하고 있다고 할 수 있다. 부의 소득세(Negative Income Tax) 시스템에서는 소득세가 두 가지 방향으로 흘러가는데 첫째로는 일정 수준 이상 소득자로부터 정부로이고 둘째로 정부로부터 일정 소득수준 이하 소득자로이다.

그렇지만 급여의 할당기준은 자산조사 이외에도 귀속적 욕구(attributed need), 보상(compensation), 진단적 차별(diagnostic differentiation) 등으로 확대됨에 따라 선별주의라는 개념은 보편주의적 측면까지도 포함하게 되는 혼돈에 빠져들게 된다.

2) 범주적 지원과 일반적 지원

공공복지 시스템상의 지원방법 유형으로는 급여의 제공대상 범위를 설정하는 기준에 따라서 '범주적 지원'(categorical assistance)과 '일반적 지원'(general assistance)으로 구분하기도 한다. 일반적 지원은 일정 소득수준 이하의 모든 사람에게 급여를 제공하는 시스템을 취하고 있는데 반하여, 범주적 지원은 일정 소득수준 이하이면서도 특정 인구학적 요건, 요컨대 연령 기준에 의한 노인, 아동 등과 신체적 요건에 따른 장애인 등을 대상으로 하여 요보호계층을 선정하고 이들 요건을 충족시키는 집단에 대해서는 모두 급여를 제공하는 시스템을 취한다.

공공복지 지원시스템이 발달해온 역사를 살펴보면 범주적 공공복지가 중심이 되어오다가 점차 일반적 공공복지 지원시스템 중심으로 변화되는 과정을 거쳐 왔는데, 범주적 지원제도는 오늘날에도 많은 나라에서 중요한 역할을 담당하고 있다고 평가된다.

외견상으로는 급여제공요건 측면에서 범주적 지원제도보다 일반적 지원제도가 훨씬 바람직스러워 보이지만, 범주적 지원제도는 전통적으로 공공복지 지원프로그램의 수급 자격을 특정 빈곤층 즉, 정상적인 근로활동을 통해 소득 창출을 할 수 없는 노인, 장애인, 아동 등으로 한정하여 급여제공대상을 명확히 하고, 경제적 효율성도 높일 수 있다는 점에서 사회적인 합의도출에 매우 유리한 장점을 가지고 있다.

이러한 점에도 불구하고 범주적 지원제도는 사회적 낙인감과 함께 사회적 위화감을 조장할 우려가 크며 범주에 해당되지 않는 빈곤층의 생활보장대책이 별도로 마련되어야 한다는 점에서 단점을 내포하고 있다. 한국의 국민기초생활보장제도는 대상자 선정이 근로능력 유무와 관계없이 일정 소득수준 이하의 빈곤층이면 모두 지원 대상자에 포함된다는 점에서 일반적 지원유형으로 분류된다.

2. 급여의 형태와 제공방법

1) 급여의 형태

사회보장급여의 형태는 급여제공으로 인한 정책효과 달성 측면에서 상당한 논란의 대상이 되고 있다.

사회보장정책을 통해 제공되는 급여의 형태는 가장 기본적으로는 현금과 현물 형태로 구분이 가능하다. 이는 보다 구체적으로는 형식(form)과 이전 가능성(transferability)의 견지에서 현금, 물질적 재화, 서비스, 증서, 기회 그리고 권력 등으로 나눌 수 있고, 이 가운데에서도 현금, 물질적 재화 그리고 서비스의 형태가 주종을 이루고 있다.

스웨덴 경제학자 미르달(Myrdal, 1968)은 국가 주도의 계획경제 시대적 관점과 규모의 경제 측면에서 현물급여가 현금급여에 비해 훨씬 우수하다고 주장한 바 있다. 즉 중앙주도의 대량생산과 분배시스템은 일반 시장경제 하에서의 낭비적이고 중복적 요소를 제거할 수 있다고 보기 때문이다. 미르달(Myrdal)은 또한 현물급여는 급여가 대상 계층에 직접 전달되기 때문에 현금급여보다 훨씬 효과적이라고 한다.[8] 예를 들어서 아동대상 급여를 현금으로 실시할 경우 그 급여가 일반 가계자금화되어 타 용도로 사용되지 않고 의도된 목적대로 직접 쓰일 것을 담보할 수 없다는 점을 지적한다.

이에 반해서 고전 복지경제학자들은 현금이야말로 개인의 효용을 극대화 시킬 수 있기 때문에 보다 바람직하다고 본다. 물론 이 주장은 수급자가 자신의 욕구를 정확히 판단하여 합리적으로 사용한다는 전제조건을 가정하고 있으며, 더 나아가 개인의 효용 극대화는 사회 전체의 효용확충으로 연결된다는 가정을 하고 있다.[9]

궁극적으로 어떤 급여형태를 취하느냐는 정치적 가치를 어디에 두느냐의 문제라고 볼 수 있다. 정책의 목표는 단순히 그 자체로서 존재의미가 있는 것이 아니고 실현수단과의 연계성을 가질 때 사회문제 해결이 효과적으로 성취될 수 있다. 통상 개인주의자(individualist)들은 소비자 주권에, 집단주의자(collectivist)들은 사회적 가치에 치중하는데, 보다 구체적으로 어떤 급여의 형태를 취하느냐는 한층 복잡한 양상을 띠게 된다.

빈곤의 원인에 대한 이론에 따르면 빈곤을 초래하는 독립변수로서는 크게 세 가지 차원의 결핍요소 즉, 물질적 자원 부족, 개인적인 능력 부족 그리고 제도적인 역량 부족 등을 들 수 있는데 이는 곧 급여의 형태를 결정짓는 요소로서 작동하게 된다.[10]

물질적 자원의 부족은 건강관리, 주택이나 소득 같은 기본적 물질적 자원부족이 빈곤을 영속화시키는 요인으로 본다. 이러한 형태의 빈곤 감소를 위해서는 생활환경의 개선 즉, 의료, 주거 등 현물 급여 및 직접적인 현금급여 등이 요청된다. 개인적 능력 부족의 문제는 타고난 자질과 태도의 열악성과 결부된다. 이를 치유하기 위해서는 각종 교육, 직업, 훈련, 상담 등의 능력향상을 위한 서비스가 보다 시급하다. 제도적 역량 부족의 문제는 사회복지제도 자체의 역량이 부족하고 기능이 작동하지 못해 빈곤층의 욕구에 제대로 반응하지 못하고 있다는 점이다. 제도적 결핍의 문제에 대처하기 위해서는 기술적 차원에서 제도운영의 합리성, 효과성 등을 높이고 아울러 정치적 차원에서 제도작동에 대한 정치적 영향력을 높이는 것이다.

급여형태는 단순한 개인의 욕구충족 수단으로서 뿐만이 아니라 궁극적으로는 개인의 장래 생활 양태와 사회 전체의 건전한 작동력에 영향을 미치기 때문에 선택의 중요성이 새삼 부각되고 있다. 특히 현금급여 위주의 급여가 가져온 도덕적 해이는 복지개혁의 단초가 되어 근로복지(work-fare) 등에 기초한 자립 자활 서비스를 확충함과 아울러 빈곤층의 의무와 책임감을 강조하는 것이 일반화 되었다. 한편, 스타로빈(Starobin, 1998)은 종전의 국가들이 사회복지문제를 다룸에 있어서 자유주의적 가치관에 입각하여 개인적 욕구충족과 사회적 정의에 주된 관심을 두는 모성 국가(Nanny State)라면, 현대에서는 사회병리 현상을 공공질서 차원과 책임과 의무이행 관점에서 엄격한 사랑으로 대처하는 부성 국가(Daddy State)를 필요로 한다면서 이를 새로운 정부모델로 제시한다.[11]

2) 급여의 제공방법

공공복지시스템 특히 공공부조에서 급여 및 서비스 제공기준으로서 최저생계비는 중요한 기준점 역할을 수행해 왔다. 최저생계비는 "건강하고 인간으로서의 품위 있는 생활"을 영위하기 위한 최소한의 비용으로서 영문으로는 Minimum of Health and Decency Level 등으로 표시된다.

최저생계비는 건강하고 문화적인 생활 영위에 필요한 비용이기 때문에 식생활에 필요한 비용 이외에도 기타 비용이 추가된다. 생계비의 이론적 산정 항목은 식료품비, 주거비, 광열비, 피복비, 잡비의 5대 소비영역으로 나누는 것이 일반적이다. 우리나라의 경우 2015년 6월 이전까지는 절대빈곤선 방식에 따라서 인간 생활에 필요한 최저생계 수준을 정함에 있어서 계측 비목별로 최저수준을 산정해서 이를 합산하는 방식을 채택해 왔는데, 비목별 구성항목에는 식료품비 이외에도 주거비, 보건·의료비, 교육비, 교양·오락비, 피복·신발비, 광열·수도비, 교통·통신비, 가구·집기비, 기타 소비지출 및 잡비, 그리고 비소비지출(주민세, 오물수거료 등) 등이 포함된다.

그러나 2015년 7월부터는 종전의 절대빈곤선 방식 대신에 상대 빈곤선을 방식을 채택하게 되는데, 이 방식은 중위소득(median income)의 일정 비율 이하에서는 그 사회의 대다수가 일반적으로 누리는 생활 수준을 향유하지 못한다고 보고 그 수준을 최저생계비로 보는 방식이다. 이 방식은 OECD 등 주요 선진국에서 채택해온 방식이기도 하다.

최저생계보장을 위한 급여는 앞서 살펴본 제반 요소와 원칙들을 감안하여 이를 보장하기 위한 급여의 액수와 급여의 제공방법 등이 설계되어야 한다. 또한 급여의 종류는 주거급여, 교육비, 보건 의료비 등 생계비 구성항목과 일치시키는 방법으로 각각 설계될 수 있을 것이지만, 수급자 입장에서 볼 때는 각각 각 부문별 수요의 내용과 정도가 다를 수밖에 없기 때문에 소득 기준을 따져서 선정한 수급자에게 각종 급여를 획일적으로 산정하여 제공하는 것은 비효율적이라고 할 수 있다. 즉, 각 개인이 처한 상황과 입장에 따라 어떤 이는 교육급여가, 또 어떤 이는 의료급여가 시급할 수가 있다. 이런 경우 각 개별 급여가 다른 급여와 상관없이 별도 제공될 수 있다면 수요자 만족도를 크게 향상시킬 수가 있다.

이처럼 각종 급여가 최저생계비 충족이라는 대전제 속에서 개별급여별로 각각 제공될 수 있도록 하는 급여제공 방법을 '개별급여제도'라고 한다. 이에 반해서 일정 자격 기준을 갖춘 대상자라면 모든 종류의 급여가 일괄적으로 제공되는 급여제공방법을 '통합급여제도'라고 한다.

이론적인 측면에서만 보면 개별급여제도가 보다 제도 목적과의 합치성이 높다고 보지만 수급자 관리를 위해서는 정밀한 추가 작업이 요청되게 되므로 행정적 부담이 가중될 수밖에 없으며, 각 비목은 상호연관성을 가지고 일정 범주 속에서 상호 이전 가능성(transferability)을 가지고 있기 때문에 지나치게 세분화된 제공방법은 오히려 불합리한 측면도 있다. 참고적으로 우리나라는 2015년 7월부터 국민기초생활 급여체계를 맞춤형 급여체계로 개편하면서 상대 빈곤선 방식을 도입함과 아울러 종전의 통합급여 방식 대신에 생계, 의료, 주거, 의료, 교육급여 등을 별도 기준에 따라 각각 제공하는 개별급여제도를 채택하고 있다.

3. 서비스 전달체계

1) 전달체계의 개념과 설계

전달체계는 사회보장서비스의 공급자와 소비자(consumer, 고객 또는 수혜자)를 연결시키기 위한 조직적 배열(organizational arrangements)이라고 할 수 있는데, 이는 좀 더 구체적으로 볼 때 사회복지의 조직적 환경(organizational environment)을 구성하는 사회복지기관 및 시설과 중앙에서 지방 일선에 이르는 모든 공·사조직 등 일체의 공·사적 복지기관들 간의 서비스 전달망이기도 하다.[12] 다시 말해서 사회보장서비스를 고객에게 전달하기 위해서 조성된 사회적 조직체가 사회보장서비스 전달체계이다. 이러한 전달체계는 협의로는 사회복지사·인간봉사자(서비스 전달자)와 서비스를 받는 고객·클라이언트(수혜자)와의 대면적 상호관계를 통하여 일정한 장소에서 서비스를 전달하는, 요컨대 서비스 전달업무를 실제로 행하는 사회적 체계를 말한다.

전달체계를 광의로 보면 사회보장서비스 전달집행체계는 상부의 행정체계로부터 규제, 지원 및 감독을 받으며 전달기능을 수행하게 된다. 그러므로 이러한 광의의 서비스 전달체계를 이해하려면 전달자와 고객이 상호관계를 이루면서 서비스를 직접 전달하는 협의적 의미의 절차는 물론 광의적 측면에서 서비스 전달을 기획·지원 및 관리하는 행정체계도 동시에 연계하여 이해되어져야만 하는 것이다. 결국, 서비스 전달을 위한 계획·지원·관리기능수행과 서비스의 직접 전달기능수행을 동시에 고려해야 한다.

사회보장대상자에게 적합한 서비스를 제공하는 것이 사회보장정책의 궁극적인 목적이라면, 서비스 전달체계가 어떻게 설계되어 있느냐 하는 것이 대단히 중요하다. 사회보장대상자의 선정·수혜내용의 성격에 관한 정책들이 실제로 표현되는 것은 바로 전달체계를 통해 이루어지기 때문이다. 수혜대상자의 선정과 이들에게 제공하는 사회적 급여형태 결정, 급여의 전달전략과 서비스를 제공하는 재원조달 등이 전달체계를 통해 수행되고 있기 때문에 이 전달체계는 그 의미가 더욱 중요하다.

길벗과 테렐(Gilbert & Terrell, 2014)은 사회보장전달체계를 구성함에 있어서 취할 수 있는 선택사항으로서 7가지 측면을 들고 있다.[13] 이는 서비스 공급자 입장에서 ① 행정처리의 집중도(중앙집권 또는 분권형) ②서비스제공의 방식(다양한 서비스 결합제공 또는 개별제공) ③제공기관의 형태(통합서비스 기관 또는 개별서비스 기관) ④기관 간 업무협조(상호협조 처리 또는 독자 수행) ⑤인력의 전문성(전문가 중심 또는 비전문가 참여) ⑥서비스 내용 판단권(이용자 중심 또는 전문가 중심) ⑦공급 주체(공공기관 또는 민간조직) 등 7가지 측면에서 선택할 수 있음을 보여준다. 이 가운데서도 지금까지의 전달체계 관련 많은 연구들은 여섯 번째 측면까지에서 보여준 서비스의 응집력과 접근성 제고를 위한 구조적 장치들에 관심을 가져온 반면에, 최근에 들어서는 공급 주체로서 정부 또는 민간 가운데 어디로 할 것인가에 관한 논의가 활발해지고 있다. 그러나 사회보장 기능상 정부 주도가 불가피하다는 점을 인정한다면 일반 사회서비스에서와는 달리 최저생계보장을 위한 공공조직 전달체계의 구조적·기능적 측면은 여전히 중요하다.

2) 전달체계의 기능과 원칙

대다수의 복지대상자들에게 있어서는 동시에 다수의 사회복지기관으로부터 동시에 지원을 받아야 하는 복합적인 문제를 지니고 있는 경우가 보통이다. 그러므로 복지대상자 개인이나 가족에게 있어서 그들에게 서비스를 제공하는 모든 복지기관들이 서비스의 내용, 제공절차 등에 있어서 유기적인 관계를 유지할 때 서비스의 효과를 극대화시킬 수 있는 것이다. 단위조직이나 몇 개의 단위조직들로 구성된 협력체가 맡은 바 기능을 수행하지 못할 때는 자원의 낭비, 서비스의 중복 및 누락은 물론 복지대상자의 생계유지와 자활에 역기능을 하기 때문에, 지역사회 단위에서 사회보장서비스 전달체계가 온전한 기능을 발휘하기 위해서는 전달체계의 부분 혹은 단위를 구성하는 복지기관들이 각자 적절한 기능을 수행해야 한다.

펄만(Perlman, 1975)은 모든 사회복지 기관들이 복지대상자를 돕기 위한 일련의 과업을 수행해야 하는데 따르는 이상적인 기능을 다음의 4가지로 제시하였다. 첫째, 초입 기능(entry functions)으로서 복지 수요를 가진 주민들에게 이용 가능한 서비스에 대한 홍보와 교육 활동을 해야 하며, 여타의 사회복지기관과 협력하는 것을 말하고 둘째, 책임 기능(accountability functions)으로서 복지대상자의 문제를 사정하고 이용 가능한 자원을 찾아내어 복지대상자가 이를 활용하도록 원조하고, 복지대상자를 타 기관에 위탁하고 보호하는 기능이며 셋째, 서비스 제공기능(provision of services)인 바 이는 사회사업가와 사회복지기관에 의해 주어지는 특정한 형태의 서비스 즉, 개별사회사업, 재활서비스, 법률구조사업이나 재정적 부조 등을 말한다. 넷째, 계획 및 통제기능(planning and control functions)으로서 복지대상자의 요구와 이를 충족시켜줄 수 있는 능력을 평가하는 기능이다.[14]

사회보장 행정은 사회보장사업의 특수성에 적응하는 행정이어야 하고 특히 공공의 사회보장서비스는 일반적으로 중앙정부와 지방자치단체가 공공재정을 통하여 수혜자에게 무상원조의 형태를 위하기 때문에 이를 전달하는 체계는 일반 행정체계와는 다소 다른 전제의 원칙 아래에서 설계되고 운용되어야 한다.[15] 따라서 서비스 전달체계가 효과적으로 기능하기 위해서는 다음과 같은 행정적 원칙들이 지켜져야 한다.

첫째, 체계적인 기능분담(systematic functions distribution)이 이루어져야 한다. 각각의 사회보장서비스 공급기관은 각각의 행정상 위치에 따라 주된 기능에 차이를 가질 수밖에 없다. 예를 들어 전달체계는 정부 기관의 계층구조 측면에서 상부, 하부, 중간 등 세 단계로 나누어 볼 때 중앙정부와 같은 상부체계의 주된 기능은 정책 결정과 관련된 계획 및 통제기능이 되고, 광역자치단체에서는 감독 및 기획자로서 책임 기능 및 서비스 기능이 주된 기능이 되고, 기초자치단체는 고객과 직접 현장에서 접촉하는 접점으로서 초입 기능 및 서비스 제공기능을 주로 담당하게 되는 것이다. 따라서 전달체계가 이상적으로 이루어지기 위해서는 상하 명령 관계에서가 아니라 행정상 위치별로 기능분담이 체계성을 가지고 이루어져야 한다.

둘째, 전문성에 따라 업무분담(job distribution)이 이루어져야 한다. 사회보장서비스 제공업무는 그 특성에 따라 반드시 전문가가 해야 할 일과 그렇지 않은 것으로 구별할 수 있다. 관련 업무 일체를 전문가 위주로 할 것이냐 또는 비전문가가 할 수 있는 영역은 이들에 맡기느냐의 문제는 조직운영의 효율성과도 깊은 연관이 있다. 그러나 사회보장서비스의 복잡·다기화와 고객 중심의 수준 높은 서비스가 이루어지기 위해서는 전문가의 영역을 확충하고 행정구조 또한 전문가가 전문성을 발휘할 수 있도록 변환되어야 한다. 이는 업무처리를 함에 있어서 전문가로 하여금 당해 업무에 대해 결정권과 책임성을 갖고 임할 수 있도록 업무 프로세스를 갖추는 일이며, 비전문가라 하더라도 단순행정처리 사무는 수행할 수 있으므로 이들 간에도 업무처리를 적절하게 분담하면 전달체계가 효과적으로 기능할 수 있다.

셋째, 사회보장서비스에 대한 접근성(accessibility)이 용이하여야 한다.[16] 접근이 용이하다고 하는 것은 수혜대상자와 서비스 행정기관 간의 상호연결 정도를 의미하는 것으로서, 바꾸어 말하면 수혜대상자가 서비스를 필요로 할 경우 제 때에 편리한 곳에서 해당 서비스를 제공받을 수 있는가 하는 시간적, 공간적 접근 용이성에 관한 문제이다. 서비스와 욕구의 연결 상태를 접근 용이성이라고 부르는데 이 접근 용이성이 사회보장 업무의 성패 여부에 커다란 영향을 주는 이유는 아무리 좋은 사회보장프로그램을 시행한다고 하더라도 대상자들이 원하는 때와 장소에서 이를 이용하지 못하게 되면 서비스와 욕구는 별개로 존재하여 상호연결이 될 수 없게 되는 것이며, 더욱이 대부분의 사회보장 프로그램은 대상자와의 직접적인 접촉에 의하여 실행되기 때문이다.

결국, 수혜대상자가 서비스를 원하고 있으나 서비스제공 장소를 알지 못하거나 알고 있더라도 장소가 멀어서 서비스를 제공받을 수 없다고 한다면 사회복지조직은 기능적으로 무기력한 것이 되고 만다. 또한 서비스 제공의 시기가 늦어지게 되면, 수혜대상자의 문제는 그만큼 더 악화되어 서비스의 효과가 저하될 뿐만 아니라 그 문제의 악영향이 크게 파급될 가능성 또한 높아지기 때문이다. 따라서 복지조직의 기능이 제대로 수행되고 서비스 제공의 효과를 극대화시키기 위해서는 사회보장서비스 전달체계 상 수혜대상자의 서비스기관에 대한 접근이 용이하고 적시에 이루어질 수 있도록 설계되어야 한다.

넷째, 지역사회의 참여가 있어야 한다. 현대사회의 복지문제는 공식적인 사회보장체계만으로 해결하기에는 양적, 질적 모두의 측면에서 한계를 가지고 있다. 이를 해소하기 위해서는 지역사회의 광범위한 참여가 필요하다. 이는 우선 지역사회 참여를 통해 자원의 동원이나 활용도를 높이기 위해서이다. 예컨대 자원봉사활동 강화, 모금 활동의 전개, 민간복지부문의 확대, 더 나아가 민·관 파트너십 등을 고려한 전달체계의 구성이 요청된다.

또 하나의 측면은 지역 특성에 맞는 서비스 공급이 이루어지기 위해서이다. 지역주민들의 복지 욕구는 그들이 거주하는 지역의 사회적·경제적 또는 지리적 특성에 따라서 상이하게 나타나는 것이 일반적이다. 도시와 농촌의 차이뿐만 아니라 지방과 지방 간의 차이 또는 동일한 행정구역 내의 지역의 특성 등을 감안하여 지역 특성에 따라 다양하게 표출되는 복지 욕구에 상응하는 정책 수립과 집행이 가능하도록 지역 특성에 맞는 전달체계가 설계되어야 한다.

4. 재원조달과 부담형태

1) 재원조달 방식

사회보장서비스가 이루어지기 위해서는 이를 실현하기 위한 수단으로서 자원(resource)이 필요하게 되며 이는 인적 자원과 물적 자원과 같이 형태에 따라 구분할 수도 있고 정부 차원과 민간차원처럼 제공 주체에 따라 구분할 수도 있는데, 사회보장 관련 재원은 인적 물적 자원의 관리 및 운영에 필요한 소요비용 조달의 문제이다. 재원조달 방법은 세금(tax), 사용료(fee), 기부금(voluntary giving) 등의 형태가 있지만, 사회보장 관련제도를 뒷받침하고 수행하는 데에는 무엇보다도 국가의 예산이 가장 중요한 문제로 대두된다. 왜냐하면, 아무리 제도적 장치가 잘 구축되어 있다 하더라도 제도를 작동시켜 나가기 위한 국가 예산의 뒷받침이 없으면 그 실효를 거둘 수 없기 때문이다.

복지재정 조달 원천(sources of funds)을 좀 더 상세히 살펴보면 중앙정부 재정의 일반회계와 특별회계에서 지출되는 국고 부담, 각 시·도 등의 지방자치단체가 부담하는 지방세, 서비스 이용자가 부담하는 각종 사용료 및 수수료, 사회보험에 가입한 피보험자로부터 갹출되는 보험료, 기금 등에서 발생하는 이자 수입과 잡수입, 그리고 자발적 기부금 등을 들 수 있다.

복지 재원의 조달방식을 앞서 언급한 세금, 사용료, 기부금 등 세 가지 주요 유형에 따라 좀 더 구체적으로 살펴보면 다음과 같다.

첫째, 세금은 과세권을 가진 정부가 부과하여 운영하는 공적인 재원조달방식으로서, 과세권의 주된 목적이 정부 비용의 충당에 있기는 하나 세법의 적절한 적용을 통하여 소득의 재 분배적 효과를 가진 복지 정책적 목적 달성도 추구하는 것이다.

둘째, 사용료는 서비스이용에 대한 반대급부로서 요금부과를 통한 조달방법이다. 이것은 수혜자가 재정조달에 직접 참여하는 방법으로서 법정사회보장제도에의 기여금이나, 사회복지기관에 의해 제공되는 서비스에 대하여 일정 요금을 지불하는 방식 등이 있다.

셋째, 기부금은 자발적 재정조달방식으로서 개인이 직접 또는 다양한 기관이나 조직을 통해 강제성이 없이 자금조달에 참여하는 방법을 말한다. 예를 들면 개인이 직접 복지서비스 공급기관에 기부금을 제공하거나 또는 납세자들이 건강·교육·복지·종교적·과학적 또는 문화적 활동에 참여하는 비영리조직들에 자금을 제공하면 정부가 세금공제 혜택을 주는 등 인센티브를 부여하는 방식이다. 그러나 이와 같은 방식은 개인과 기업의 전반적인 사회적 성숙도와 밀접하게 관련되어 있다.

복지재정을 조달함에 있어서 어떠한 방식을 취할 것인지와 관련하여 두 가지의 문제가 대두되게 된다. 하나는 재정의 원천과 관련된 사안으로서 세금 또는 기부금 형태를 취하느냐, 아니면 사용료 형태를 취하느냐 하는 것이다. 그러나 현실 세계에서는 이 세 가지 방법들이 혼용되고 있다. 다른 하나는 정부 간 재원의 이전과 부담에 관한 문제로서 복지재정이 각 정부 레벨을 통해 어떻게 조달되고 수혜자에게까지 어떤 경로를 통해 이전되는가 하는 방식에 관한 것이다.

2) 정부 간 부담형태

정부 간 관계론적 측면에서 보면 정부 간 관계유형에 따라 정부 간 재정 관계 또한 달라질 수밖에 없는데, 비용조달의 문제는 곧 재정부담의 문제로서 정부 간 재정 관계는 정부 간 관계의 유형 즉 중앙집권형이냐, 지방분권형이냐 혹은 중앙·지방 분담형이냐에 따라 달라질 수밖에 없다.[17] 즉 지방분권형에서는 소요재정이 완전히 분리되게 되고 분담형에서는 재정이 상호의존적이 되며, 중앙집권형에서는 재정의 완전 종속이 이루어지게 된다.

비용조달의 문제를 최저생계보장기능으로 좀 더 좁혀서 보게 되면 사회보장의 정부 간 기능 배분에 관한 문제를 또다시 살펴보지 않을 수 없게 된다. 즉, 최저생계보장업무는 국가의 공적인 책임 아래 모든 국민의 인간다운 최저생활을 보장하는 업무이기 때문에 중앙정부가 일차적인 보장책임을 진다고 보는 것이 일반적인 견해이지만, 지방정부 또한 이 기능에서 완전히 자유롭다고 볼 수는 없다. 따라서 최저생계보장업무를 둘러싼 재정부담의 형태 또한 정부 간 관계론적 측면에서 중앙정부 전담형, 중앙·지방 분담형, 지방정부 전담형 등 세 가지 유형으로의 구분이 가능하다.

첫째, 중앙정부 전담형은 최저생계보장 관련 일체의 비용을 중앙정부가 조달하는 유형으로서, 최저생계보장기능은 전적으로 국가책임 하에 수행해야 할 국가 사무라는 전제하에서 전국적 통일적인 보호 수준 달성을 목적으로 하게 된다.

둘째, 중앙·지방분담형은 최저생계보장기능 자체가 국가 사무이기도 하지만 지방정부도 일정 부분 보장책임을 담당해야 한다는 전제가 깔려있다. 이 때 비용부담의 정도를 각 정부 레벨 간에 어떻게 배분하느냐 하는 것이 정치적 관심 사항이 되기도 하는데, 그 이유는 곧 해당 지역주민의 조세 부담과 직결되기 때문이다.

중앙과 지방간의 최저생계보장비용 분담은 지방의 재정력에 따른 지역별 차등 적용 방식 또는 정부 레벨 간 일률적인 정률 부담 적용방식이 있다. 최저생계보장사무에 대한 국가 차원의 역할 중대성을 감안한다면, 중앙정부의 일차적인 재정 책임을 전제로 하여 지방정부의 재정력을 고려한 부담률 차등적용이 바람직하다.

셋째, 최저생계보장 비용의 지방정부 전담형은 현실적으로는 거의 사례를 찾아보기 힘든 이념형이라고 할 수 있다. 그러나 중앙정부가 설계한 프로그램만으로는 지역적 특성상 일정 수준의 생활 수준 유지가 어렵다고 판단될 때는 지방정부가 자체적으로 재원을 부담하면서 독자적인 프로그램을 운영하거나 기존 급여에 대한 부가급여를 실시할 수도 있다.

조달된 재원은 반드시 재원 조달자의 책임하에 집행되는 것은 아니다. 사회보장 급여는 재원조달체계와는 별도의 차원에서 전달체계를 통해 수혜자에게 이전된다. 이를 '재정조달책임'과 구별하여 '재정집행책임'이라고 일컫는데, 재정집행책임은 중앙정부 직접 집행형과 지방정부 책임 집행형으로 나눌 수 있다. 중앙정부 직접 집행형에서는 중앙정부가 자체 지역사무소를 설립하여 수혜자를 상대로 자금을 직접 집행하는 방법이며, 지방정부 책임 집행형에서는 지방정부 기관 또는 지방정부의 특별사무소가 수혜자에게 자금을 집행하는 방법이다. 이때 집행되는 자금은 중앙정부의 보조금일 수도 있고 지방정부의 자체조달 자금일 수도 있다.

사회보장 분야의 정부 간 재정 관계의 핵심은 사회보장정책의 선택과 설계에 있어서 중앙정부에 권한과 재원을 집중시키는 중앙집권적 제도냐, 아니면 지방자치단체로 권한과 재원을 분산시키는 지방분권적 제도를 채택할 것이냐의 문제로 요약할 수 있다. 중앙집권적 체제는 국가책임의 명확화와 지역 간의 형평성 확보가 어느 정도 가능한 반면에, 지방분권체제는 각 지역 사회보장수요의 특징을 잘 반영해서 지역 실정에 맞는 서비스 제공이 이루어질 수 있다는 장점이 있다. 복지국가의 분권화 현상은 선진국, 후진국을 불문하고 최근 전 세계적으로 일반화된 추세이기는 하나, 복지 분권화가 주민 요구에 민감하여 복지확대를 초래하게 된다는 옹호적 견해가 있는가 하면, 지방정부는 정책 우선순위를 지역경제 활성화에 두게 되어 복지가 실질적으로는 축소된다는 비판적 견해도 있다.

제3절
기초생활 보장과 사회보장기준

1. 기초생활 보장의 개념

1) National Minimum

국가가 사회구성원들을 사회적 합의 아래 실업·빈곤·질병·장애·노령·사망 등 각종 위험으로부터 보호할 수 있도록 최소한의 기본재를 제공하여 그들이 인간으로서의 최소한의 생활을 유지하도록 하기 위한 National Minimum 개념은 사회보장제도의 핵심을 이루고 있다. 그러나 이 개념은 고정적 절대적 개념이라고 보다는 사회적 합의를 전제로 도출되는 개념이기 때문에 논자와 시대와 국가에 따라 다를 수밖에 없다. National Minimum 개념에 대한 우리식 용어는 일반적으로는 '국민생활 최저수준'으로 정의되어왔다. 이후 이 개념은 1999년 '국민기초생활보장법'이 법제화됨에 따라 법적 뒷받침을 갖는 적극적 의미의 '기초생활 보장'이라는 용어로 발전한다. 따라서 National Minimum은 종전의 소극적 의미의 '국민생활 최저수준'에 더하여 적극적인 의미를 갖는 '기초생활 보장수준'으로 받아들이는 것이 적절해 보인다. 따라서 National Minimum은 소극적, 적극적 의미를 모두 포함하는 복합적인 개념으로서 국가 차원에서 "기초생활 보장이 가능한 국민복지 최저수준"으로 정의할 수 있다.

이러한 관점을 감안하여 국민의 기초생활보장 개념을 살펴보면, 기초생활보장 기준은 각국의 경제 및 사회상황에 따라 가변성을 가질 수밖에 없기 때문에 이 또한 다양한 기준으로 제시될 수밖에 없으나, 적극적 의미의 보장이라는 용어 속에는 이제는 복지정책의 목표가 제한적으로 절대빈곤을 구제하는 차원의 '최저수준의 복지'(National Minimum, 국민복지 최저수준)에만 머무르지 말고 전반적인 '삶의 질' 향상을 도모하는 '최적수준의 복지'(National Optimum, 국민복지 최적수준)로 확장될 필요가 있다는 의미를 내포하고 있기도 하다. 물론 이렇게 되면 보장책임의 의미가 국가책임에서 사회적 공동책임으로 전환되는 것이 불가피하며, 보장 성격도 결과적 빈곤에서 예방적 빈곤으로 바뀌어야 한다. 이러한 정책화 경향이 선진복지 국가에서는 1950-60년대부터 이미 나타난 바 있다.

기초생활 보장수준이라는 용어를 사용할 때는 단순 생계 보호 차원을 벗어나 소득, 건강, 고용, 주거 등 인간다운 생활 영위를 위해 필요한 각 영역별 최소한의 보장을 포괄하는 개념이 더욱 확실해지게 되는데, 이러한 각 영역은 현재 시행 중인 각종 사회보장제도와 모두 직·간접으로 관련되게 된다. 따라서 '기초생활 보장수준'을 논의할 때는 기본적으로 사회보장제도 전반에 걸치게 되어있지만, 우리나라의 경우에는 '국민기초생활보장제도'라는 하나의 제도에 전 국민에 대한 최저생활 보장내용, 즉 소득, 건강, 고용, 주거 등으로 포괄하는 최소한의 보장내용을 모두 담고 있어서 이 제도의 온전한 시행만으로도 저소득층의 위험요소들에 대한 각종 욕구는 충분히 포괄될 수 있게 된다.

2) Civil Minimum

National Minimum 외에도 Civil Minimum이라는 용어도 사용되고 있는데, Civil Minimum은 일정 지역에서 "거주하는 시민들이 기본적인 생활여건을 유지하기 위한 최소한 조건"을 의미한다.

National Minimum이나 Civil Minimum의 개념들 속에는 한 인간은 시민으로서 자신의 기본적인 욕구충족에 필요한 자원들에 대하여 합리적인 조건 아래에서 접근할 수 있어야만 한다는 자연권적 생활권 인식이 널리 퍼져있다. 이 기본욕구(basic needs)는 의·식·주 그리고 부수적인 재화를 구성요소로 한다. 사회가 구성원들로 하여금 이 욕구들을 충족할 수 있도록 하기 위해서는 적정 소득(decent income)이 확보될 수 있도록 하는 일이 선결 요건인데 이를 일컬어 적정소득에 대한 합리적 접근권이라고도 부르며[18] 적정소득을 제공하기 위해서는 사회적 생산물의 배분 조정 작업이 이어진다.

어느 정도 수준의 소득이 최소한의 적정소득이라고 할 수 있는가? 이에 대해서는 즉

각적으로 답변할 수 있는 것은 아니고, 결국 공개적이고 정치적인 토론과정을 거쳐 기준을 정할 수밖에 없다. 이 기준으로는 반드시 공식적인 빈곤선만은 아니며, 미국 같은 경우를 보면 어떤 의미에서는 완전히 자의적이라 할 수 있으며, 심지어는 Civil Minimum 확보에 매우 인색하다고까지 얘기할 수 있다.[19] 자유주의 이론가들 가운데는 각 개인이 저축이나 보험 등을 통하여 빈곤에 대처해 나갈 수 있다고 지적하지만, 소득 능력이 낮은 사람들은 현실적으로 저축할 기회도 없고 보험 가입 요건도 갖추지 못하고 있는 것이 사실이다. 그래서 적정소득에 보편적으로 접근할 수 있는 길은 소득청구권 즉 공식적인 소득지원시스템을 마련하는 것이기도 하다.

빈곤에 대한 정의와 최저소득수준(Minimum Income Level)을 도출하기 위한 객관적 작업은 라운트리(Rowntree, 1902)가 작성한 1902년 영국 York 지방 근로가구 조사보고서에서 찾을 수 있는데, 라운트리(Rowntree)는 이 보고서에서 언급하기를 최저소득은 단지 육체적 건강을 유지하는데 필요한 최소한의 의·식·주를 제공하기 위해 필요하다고 하면서, 인간의 정신적, 도덕적, 사회적 측면을 유지하는데 필요한 지출은 고려하지 않았다.[20]

라운트리는 빈곤성의 구성요소에 식료품비(food), 집세(rent), 잡화비용(household sundries) 등 세 가지를 포함시켰는데, 이들 의·식·주에 필요한 최소한의 비용을 합산함으로써 최저소득수준을 설정할 수 있었고, 이를 통해 각 가족 구성원들이 최저소득수준에 도달할 수 있는 내용을 도출하는 것도 가능하게 된다.[21] 그러나 이에 대해서는 육체적 효율성만을 따지는 것은 근로계층 가족의 라이프 스타일과의 연계성이 부족하다는 비판과 함께 라운트리가 제시한 최저소득 수준은 많은 경우 근로계층 가족의 실제 소득보다 높은 결과를 가져왔다.[22] 그 이유로는 최저소득수준을 산출함에 있어서 라운트리는 조사대상 가구의 실제 소득을 수집하지 않고서 많은 부분에서 근로자들의 소득을 추정하는 방법을 사용했기 때문이다.

예를 들면, 주거비 항목 중 임대료는 실제 지불한 비용을 최소한의 필요지출로 간주하고 식료품비는 영양학적으로 섭취가 필요한 양을 근로계층 가구가 지불한 평균가격으로 계산하였으며, 기타 피복비, 연료비, 잡비는 여러 근로계층가구 인터뷰로 수집한 정보에 기초해서 최소비용을 추정했다. 구체적 예를 들면, 한 개인이 건강을 유지하면서 직장생활을 해칠 정도로 남루하지 않게 지낼 수[23] 있는 최소한의 연간 피복비용은 얼마라고 생각하느냐 등의 질문을 통해 얻은 자료에 기초해서 최소비용을 추정했다.

3) 사회정의와 Social Minimum

Social Minimum은 '사회정의(social justice)의 표준척도'이다. 사회정의에 관심을 보이는 사람들은 사회의 불공평 요소들이 더 이상 존재해서는 안 된다고 보는데 이를 위해서는 부와 권력의 재분배가 이루어져야만 개인뿐만 아니라 지역사회와 국가에 이르기까지 바람직한 상태가 조성된다고 본다. 따라서 이러한 관점에서 본다면 모든 시민들이 기본적인 생활의 길을 확보할 수 있도록 해 주는 것은 정부의 책임이기도 하다. 반면에 어떠한 특정 그룹에게 유리한 혜택을 주는 것이 원천적으로 불공평이라는 비판도 제기되는데 사실 사회정의는 부수적으로 또 다른 문제를 야기할 수 있는 고비용의 사회공학(social engineering)이기도 하다.[24]

미국 사회복지사협회(the National Association of Social Workers: NASW) 윤리 헌장에 따르면 사회복지사의 일차적 임무는 "상처받기 쉽고 억압받으며 빈곤에 처해 있는 사람들의 욕구와 권익향상에 각별한 관심을 가지면서 모든 시민들의 인간으로서의 기본욕구를 충족시키고 행복도를 증진시키는 것"이다. 이러한 임무는 사회복지사업 실천의 핵심가치체계에 토대를 두고 있는데 사회적 정의는 바로 이러한 가치체계 중에서도 매우 중요하고 의미 있는 가치라는 인식이 널리 퍼져있다.[25]

사회정의 개념을 이해하려고 하는 사람들에게서도 Social Minimum을 구성하는 요소들이 무엇인지에 대해서는 여전히 의견 불일치가 존재한다. 이는 Social Minimum의 정확한 속성이 무엇인지에서부터 시작해서 이의 실행을 정당화하기 위한 요건에 이르기까지 모두가 논쟁거리의 대상이 될 수 있다. 화이트(White, 2004)는 Social Minimum은 "한 개인이 주어진 사회환경 속에서 최소한의 품위 있는 삶을 유지할 수 있도록 하기 위한 자원 묶음(bundle of resources)"이라고 정의하는데, 논의의 요체는 최소한의 품위 있는 삶이 무엇이며 어떤 정책과 제도를 통해서 시민들로 하여금 Social Minimum을 보장해 주는가 하는 것이다. 이러한 의문을 해소하기 위한 접근방법의 하나가 삶의 유지에 필요한 능력과 활동을 파악해 보는 것인데, 누스바움(Nussbaum, 1999) 같은 경우에는 필수적인 능력 또는 활동 세트로서 육체적 생존능력, 신체건강능력, 신체보전능력 등과 같은 능력 이외에도 상상 실천능력, 감정대응능력, 이성적 판단능력, 사랑과

우정능력, 자연 및 다른 종족과의 연결능력, 운동능력, 환경에 대한 통제능력 등을 광범위하게 들고 있다.[26]

한 사회에서 Social Minimum을 갖추고 삶을 영위한다는 것은 한 개인의 자존심과 품위로 연결되는데, 이를 달성해 나가기 위해서는 비록 돈만으로 되는 것은 아니지만, 소득과 부 측면에서의 Social Minimum이 우선적인 관심일 수밖에 없다. 정책현장에서는 이러한 내용이 빈곤 문제 해소를 위시한 각종 사회보장 프로그램들로 구체화되어 나타난다.

2. 기초생활 보장의 기준

1) 기초생활 보장 국제기준

최저생활 보장에 관한 국제기준으로는 1952년 국제노동기구(ILO) 102호 조약, 즉, "사회보장 최저기준에 관한 조약"(Social Security Minimum Standard Convention)을 들 수 있다. 그 이전인 1944년에 ILO는 '소득보장 권고'와 '의료보장 권고'를 채택하여 사회보장의 적용 범위에서 보편주의 개념을 도입하고 보장방식도 사회보험 방식 외에 공공부조까지 포함하는 다양한 방식을 제시하였다. 그러나 권고형태는 강제성이 없는 관계로 국제적으로 준수되어야 할 사회보장에 대한 최저기준을 국내법적 효력을 갖는 조약으로 제정한 것은 102호 조약이 최초이다. 102호 조약은 사회보장제도를 통해 제공해야 할 급여의 종류로 ①의료급여 ②상병급여 ③실업급여 ④노령급여 ⑤고용재해급여 ⑥가족급여 ⑦출산급여 ⑧장애급여 ⑨유족급여 등 9가지를 포괄적인 급여로 제시하였다.

급여제공 수단으로서는 사회보험 외에도 일반조세에 의한 보호, 그리고 관리운영의 공공성이 확보되거나 저소득층을 포괄하는 경우라면 민간보험까지도 사회보장의 범주로 인정하였다. 급여계산방식으로는 소득비례방식(사회보험), 정액급여방식(수당), 자산조사를 통한 급여방식(공공부조)을 제시하였으며, 이러한 사회보장 구성체계를 바탕으로 각 사회보장 급여에 대한 적용범위 및 급여수준 요건과 급여기간, 급여수급의 최저기준을 제시하였다.

적용범위의 최저기준을 보면 전체 피용자의 50퍼센트 이상, 경제활동 인구의 20퍼센트 이상, 거주자 기준으로 전체 거주자의 50퍼센트 이상 또는 일정 기준 이하의 자산을 갖는 거주자 전체이며, 급여수급 요건과 급여기간은 급여종류에 따라 달리 설정되었다. 급여의 최저수준은 각 급여종류에 따라 이전소득(Previous Earnings)의 40 내지 50퍼센트로 제시되었다.

ILO 102호 조약이 사회보장의 최저기준을 설정한 이후에도 ILO는 다른 조약과 권고들을 계속 내놓으면서 보다 높은 수준의 사회보장 기준들을 제시하였다. 이에 따라 ILO 102호 조약의 개별 급여기준을 상향 조정한 급여별 영역조약(130호 조약 등)과 이보다 높은 기준을 담고 있는 권고 등 (134호 권고 등)이 채택되었다.

2) 최저생계비

국민이 건강하고 문화적인 생활을 유지하기 위한 최저생활 보장 기준선은 통상 최저생계비로 일컬어지고 있다. 보다 구체적으로는 빈곤선(poverty line)으로 불리는 최저생계비란 인간이 최저한의 생활을 유지하는데 필요한 식품, 주거, 피복 등 기본적인 용도에 필요한 자원을 의미하는데 공공의 정책개입으로 보호하여야 할 정책대상, 즉 빈곤인구를 산정하는 기준은 시대 및 사회적 여건에 따라 다양하다.

빈곤선을 어디에다 설정하느냐에 따라 공공부조사업의 정책대상과 내용이 바뀌기 때문에 최저생계비를 계측하는 일은 매우 민감하고도 중요한 정책과제로 등장한다. 그러나 빈곤은 절대적 척도에 의해서만 측정되는 것이 아니고 때로는 그 사회의 평균소득 또는 소비수준과 비교하여 상대적 궁핍의 정도를 나타내는 상대적 빈곤이 문제가 되기도 한다. 이러한 문제 제기의 배경에는 최저생활의 개념은 절대적인 것이 아니고 시대와 상황에 따라 다양하게 받아들여진다는 전제가 깔려있다. 상대적 빈곤선을 결정하고 추정하는 방법에는 순소득을 기준으로 하여 일정 비율을 빈곤층으로 정의하는 순수 상대 빈곤개념과 빈곤선을 전체 평균소득 또는 소비의 일정 비율로 정의하는 유사 상대 빈곤 두 가지가 주로 이용된다.

최저생계비를 계측하는 방법으로는 절대적 최저생계비 계측을 위한 전(全) 물량방식과 반(半) 물량방식 그리고 효용함수를 이용한 최저생계비 계측방식 등이 있다. 이와 함께 상대적 최저생계비 계측방식이 있는데 이는 주로 선진 외국에서 사용되고 있다.

또한, 설문조사를 통해 응답자의 주관적 최저생계비를 계측하는 방법이 있다.

전(全) 물량방식은 식료품, 연료비, 주거비, 잡비 등 각 가계 비목별로 생활에 필요한 최저기준을 설정하여 필요한 생활자료의 품목과 수량에 관한 일람표(Market Basket)를 작성한 다음 이를 화폐가치로 환산하여 최저생계비를 산출하는 방식이다. 이 방식은 1899년 영국의 라운트리(Rowntree, 1902)가 요크(York)시의 빈곤을 측정하는 데 처음으로 사용하였다. 이 방식은 절대적 빈곤개념에 바탕을 두고 있으며, 기초생필품 일람표 작성이 최저생계비 결정에 큰 영향을 미치기 때문에 이 과정에서 전문가의 자의성이 개재될 가능성이 높다는 단점이 있다.

이 외에도 최저생계비 계측방법으로는 전(全) 물량방식은 아니지만 절대적 빈곤개념에 기초한 반(半) 물량방식과 상대적 빈곤개념을 적용한 방식들이 있다. 미국의 오샨스키(Orshansky, 1965)는 1963년부터 1964년에 걸쳐 전(全) 물량방식을 다소 간소화한 반(半) 물량방식을 개발하였는데 오샨스키의 반(半) 물량방식에 의하면 소득이 증가함에 따라 총소득에 대한 식료품 지출비용의 비율이 떨어진다는 원리를 기초로 하여 최저생활수준에 해당하는 엥겔계수 E*min*을 설정하고 식료품 구입비용을 소득으로 나눈 비율이 E*min*을 초과하는 가구를 빈곤가구로 간주한다.[27] 소득대비 식료품비의 비율을 기초로 한 이 추계방식은 엥겔의 법칙(the Engel's Law)에 기초하고 있다. 이 방식은 최저생계비 계측 시 식료품비만을 측정하여 3을 곱함에 따라 가구 특성별 생활비 구성과 시대별, 지역별 생활 양태의 특성을 잘 반영하지 못한다는 점이 가장 큰 단점으로 지적된다.

상대적 빈곤은 "상대적"이라는 말 자체가 가지는 의미 그대로 어떤 기준을 빈곤선으로 설정할 것인지는 상대적으로 규정될 수밖에 없으며, 학자나 기관에 따라 최저생계비를 결정하는 수준과 기준자료(소득 또는 지출)에서 차이를 보여준다. <표 2-1>에서 보는 바와 같이 OECD는 중위소득의 50퍼센트, EUROSTAT(EU 통계사무국)는 중위소득의 60퍼센트, 세계은행(World Bank)은 개발도상국의 경우 평균 가구소득의 3분의 1 수준을 빈곤선으로 보고 있으며, 타운센드(Townsend, 1979)는 평균 가구소득의 80퍼센트를, 레인워터(Rainwater, 1974)는 가구당 평균소득의 46 내지 58퍼센트를 상대적 빈곤층의 기준으로 본다.

타운센드(Townsend, 1979)는 1974년 절대적 수준에 입각한 빈곤의 개념을 비판하고 빈곤은 오직 "상대적 박탈(Relative Deprivation)"이라는 개념을 통해서만 객관적으로 정의될 수 있다고 주장하였다. 그는 빈곤의 상대성과 복잡성에 보다 근접하기 위하여 상대적 박탈의 개념을 구체화하여 최저생계비를 측정하였는데, 객관적 박탈측정지표 21개 항목과 주관적 박탈지표 7개 항목을 선정하여 소득계층별로 이들 항목들을 누리거나 보유하고 있는 양태를 비교한다. 타운센드는 '상대적 박탈'을 측정하기 위하여 측정지표로 객관적 박탈지표(주거, 연료, 가전제품, 여가, 문화생활 등 21개 항목)와 주관적 박탈지표(거주지역의 소득수준, 과거 대비 현재 생활수준 등 7개 항목)를 선정하여 비교한다. 일반적으로 고소득층은 대부분의 항목들을 향유하는데 비하여 저소득층은 극히 일부분의 항목들을 향유하게 되는데, 어느 일정 소득수준에서 향유하는 품목들이 급격하게 감소하는 소득수준을 파악하여 이를 최저생계비로 본다.[28]

<표 2-1> 주요기관 및 연구자들의 상대빈곤선

주요기관 및 연구자	상대 빈곤선
OECD	중위소득의 40, 50, 60%
EUROSTAT	중위소득의 60%
World Bank	개발도상국은 평균가구 소득의 1/3, 선진국은 평균 가구소득의 1/2
P. Townsend	빈곤층은 평균 가구소득의 80%이하, 극빈층은 50%이하
Lee Rainwater	가구당 평균소득의 46-58%

자료: 김미곤 등(2010: 362) 참조.

레인워터(Rainwater, 1974)는 미국의 갤럽 여론조사의 설문 즉, '당신이 사는 곳에서 4인 가족이 근근이 살아가기에 필요한 최소한의 소득은 얼마입니까?' 라는 설문에 대한 1946년부터 1969년까지의 조사결과를 분석하여, 평균소득과 근근이 살아가는데 필요한 소득과의 관계는 최저 46퍼센트에서 최고 58퍼센트로서 양자 간의 관계가 매우 안정적이라는 사실을 제시하였는데 이는 빈곤인식이 매우 상대적이라는 점을 의미한다.[29]

3) 다차원 빈곤지수(Multidimensional Poverty Index: MPI)

인간개발(human development)이 선택범위의 확대를 의미한다면, 빈곤탈출은 이러한 인간개발에 기본적으로 필요한 각종 기회(opportunities)와 선택들(choices)이 거부당하지 않는 것을 의미한다. 정책결정자들에게는 선택과 기회의 빈곤은 단순한 소득의 빈곤 이상의 의미를 갖고 있다. '선택의 빈곤' 탈출 전략은 빈곤의 원인들이 무엇인지에 집중하여서 이를 타개하기 위한 대처능력과 기회를 향상시키는 방안을 모색하게 된다. 결국 선택과 기회의 빈곤을 인지한다는 것은 빈곤이 소득 측면만이 아니라 여러 가지 다면적인 영역에서 다루어지고 해결책을 찾아야 한다는 점을 암시한다. 이러한 측면에서 유엔 개발계획(UNDP)은 한 사회에서의 빈곤 정도를 종합적으로 판단하기 위해서 1997년부터 '인간 빈곤지수'(Human Poverty Index: HPI)를 도입하여 사용해 왔다.

인간 빈곤지수는 박탈(deprivation) 개념과 관련지어서 도출한 가장 기본적 차원의 지표로서 짧은 수명, 기초교육의 결여, 공적·사적 자원에 대한 접근성의 결여 등을 측정지표로 사용하면서 인간 생활의 세 가지 필수적 요소, 즉 인간수명(longevity), 지식(knowledge), 삶의 수준(decent standard of living)에 초점을 맞춘다.[30]

<표 2-2> 다차원 빈곤지수(MPI)의 영역, 지수 및 비중

영역	다차원 빈곤지수 주요 영역별 내역(비중)
건강	아동 및 성인 영양상태(1/6), 최근 5년 내 가족 중 아동 사망률(1/6)
교육	10세 이상 가구원 6년 학교과정 이수율(1/6), 학령기 아동 학교 재학율(1/6)
생활여건	취사연료 보급(1/18), 위생시설 수준(1/18), 식수조달 상태(1/18), 전기보급(1/18), 주택상태(1/18), 생활비품 보유(1/18)

자료: UNDP. 2018. Human Development Reports(http://hdr.undp.org/en/2018-MPI).

2010년부터 유엔 개발계획(UNDP)은 지금까지의 인간빈곤지수(HPI)를 '다차원 빈곤지수'(MPI)로 대체하게 된다. 이는 UN의 "지속적 발전을 위한 2030 아젠다" (The 2030 Agenda for Sustainable Development)의 첫 번째 목표인 빈곤 종식에 대해 경제적 박탈에만 국한시키지 않고 이를 뛰어넘어 보다 다차원적으로 개선책도 강구해 나가고 종합적인 평가도 해나가자는 의도가 있다. 따라서 다차원 빈곤지수는 소득기반 지수들을 뛰어넘어 다양한 요인들도 지수로 사용하면서 인간들이 복합적이고도 동시적인 방식으로 빈곤을 경험하게 되는지를 살펴봄으로써 전통적인 소득기반 빈곤측정방식을 보완하게 된다. 다차원적 빈곤지수(MPI)는 빈곤 상태에 살아가고 있는 사람들의 종합적 생활실태 판정과 미래모습 설계에 대한 활용이 가능하다. 다차원적 빈곤지수(MPI)

는 세 가지 영역(건강, 교육, 생활 수준)에 10개 지표를 설정해서 사용하는데, 가중치가 부여된 지표들의 3분의 1 이상에서 박탈을 경험하게 되면 다차원적 빈곤(MPI Poor)으로 판정한다(**표 2-2** 참조).[31]

4) 최저임금제도

최저임금제도는 국가가 최저임금 수준을 정해서 사용자에게 이 수준 이상의 임금을 지급하도록 강제함으로써 저임금 근로자의 최소생계를 보호해 주는 제도이다. 이 제도에 대해서는 임금수준이 노동시장에서 수요와 공급원리에 따라 결정되는 것이 바람직하다는 비판적 논의가 계속되고 있는 것이 사실이다. 그렇지만 1894년 처음으로 뉴질랜드에서 최저임금제가 실시된 이래로 이후 많은 나라에서 최저임금제를 적극적으로 실시하게 되었으며, 이들 나라들은 ILO 26호 조약 "최저임금 결정제도의 창설에 관한 조약"과 131호 "개발도상국을 특히 고려한 최저임금 결정에 관한 조약"을 비준한 국가들이다. 최저임금수준 결정은 우리나라를 비롯해서 각 국가들에서도 매년 논란의 중심이 되곤 하는데 정작 노동자의 천국이라는 스웨덴에는 최저임금이라는 개념 자체가 존재하지 않는다. 이는 법적 최저임금제도가 없는데도 불구하고 스웨덴에서는 노동자들의 임금이 상호존중을 바탕으로 한 산업별 협약을 통해서 적정수준으로 결정되기 때문이다.

(1) 미국의 최저임금제도

미국의 최저임금제도는 『1938년 공정근로기준법』(the Fair Labor Standard Act of 1938)이 제정됨에 따라 처음으로 도입되었다.[32] 연방 공정근로기준법은 모든 근로자들이 최소한의 품위있는 생활수준(decent living standard of living)을 유지하기 위해서는 이에 필요한 일정수준의 임금 가이드라인을 정해 놓을 필요가 있다는 문제의식하에서 제정되었다.

미국 연방 최저임금은 연방정부의 승인에 의해서 부정기적으로 결정된다. 입법 당시 연방 최저임금은 시간당 25센트로 정해졌으며, 소매업과 농업부문, 정부 부문의 근로들은 제외된 채 민간부문 노동자의 약 50퍼센트만이 적용대상이었다. 이후 연방 최저임금과 적용대상은 지속적으로 증가하여 1991년에는 시간당 4.25달러로 인상되었으며 1996년 클린턴 대통령과 의회는 『중소기업보호법』(the Small Business Protection Act)을 새로 제정하여 1996년 10월 1일자로 최저임금 수준을 시간당 4.75달러로 인상하였다.

한편 1997년부터 2005년에 이르는 기간에는 시간당 5.15달러 수준을 유지해 오다가 2007년 7월 24일자로 고시된 연방 최저임금 수준은 시간당 5.85달러로 정해지게 된다. 이는 『2007년 공정최저임금법』(the Fair Minimum Wage Act of 2007)상에서 정한 3단계 인상계획 가운데 첫 번째 조치였으며 2008년 7월 24일부터는 시간당 6.55달러 그리고 2009년 7월 24일부터는 시간당 7.25달러로 인상된 바 있으며 2019년 현재까지도 변동 없이 그대로 유지되고 있다.

미국 연방 최저임금은 인플레이션을 반영하지 않은 명목 가치(nominal value)이기 때문에 최저임금이 의회에 의해 재인상되기 전까지의 기간 동안 최저임금 실질 가치(real value)는 침식되는 것이 일반적이다. 연방 최저임금은 1960년대에는 시간당 근로자 평균임금의 50퍼센트 수준에 이른 적도 있지만 1990년대 이후에는 30내지 40퍼센트 수준을 오르내리고 있다.

미국 연방 노동통계국(Bureau of Labor Statistics: BLS, 2018) 자료[33]에 의하면 전체 시급 노동자 가운데 연방 최저임금 이하 노동자 비율은 2.1퍼센트로서 이를 노동자 특성별로 보면 성별로는 여성 노동자가 63퍼센트로서 남성에 비해 월등히 많고, 고용형태상 풀타임 노동자는 1.2 퍼센트임에 비해 파트타임 노동자는 4.8 퍼센트에 이른다.[34] 흔히들 최저임금제도는 근로빈곤계층의 소득을 증대시키기 위해 시행하는 제도상의 효과가 어느 대안보다도 직접적이고 광범위한 것으로 인식되고 있다. 그렇지만 가족 구성원 가운데 오직 한 사람만이 고용되어 있는 경우라면 오늘날 가족 단위로 본 최저임금 수준은 일반적으로 공식적인 가구 규모별 빈곤선보다 훨씬 낮은 수준에 머무르게 된다. 예를 들어 미국의 2018년도 3인 가족 기준 빈곤선은 연간 20,780달러인데 반하여 주당 35시간 근로자[35]의 연방 연간 최저임금액은 50주 근로 기준 총 13,215달러로서 가구당 빈곤선에 훨씬 미치지 못한다. 그래서 저소득 근로자들은 빈곤선보다 낮은 소득을 보충하기 위해서 두 가지 일거리(two jobs)를 갖는 경우가 종종 있다.

미국 최저임금제의 특징 중의 하나로는 연방(federal) 최저임금과 주(state) 최저임금이 동시에 존재한다는 점을 들 수 있다. 주 최저임금 수준은 연방 최저임금보다 더 낮을 수 없다. 그렇지만 근로자가 연방법의 적용대상이 아닌 경우에는 주 최저임금이 우선 적용된다. 캘리포니아 등 28개 주(state)들과 워싱턴 D.C.가 연방 기준을 초과하는 주 최저임금법을 제정·운영하고 있는데 반하여, 텍사스 등 14개 주는 연방기준 수준, 조지아 등 2개 주는 연방기준 미만의 주 최저임금법을, 그리고 앨러배마(Alabama) 등 6개 주는 주 최저임금 자체가 없어 연방기준을 적용한다.[36] 2019년 7월 현재 연방 최저임금은 시간당 7.25달러임에 비해서 이들 주들이 정한 자체 최저임금 수준 분포는 시간당 조지아(Georgia) 주 5.15달러에서 워싱턴 D.C. 14.00달러에 이르기까지 광범위하다.[37]

높은 최저임금 수준은 비숙련 노동자들에게 도움을 주는 것은 사실이기 때문에 최저임금 수준을 더욱 높게 설정하는 것이 필요하다는 주장이 계속 제기되고 있으며, 그 필요성 여부에 대한 논쟁 또한 지속적으로 제기되고 있는 것이 현실이다. 한편 반대론자들은 최저임금제도가 자유기업 정신을 훼손하고 경제적 불균형을 초래할 것이라고 하면서, 최저임금 수준의 상승은 고용주들로 하여금 비숙련 노동자 또는 노동 가치가 최저임금 수준 이하라고 평가받는 노동자들 고용유인을 감소시켜서 결과적으로 해고 증가로 이어질 것이라는 주장을 해왔다. 그렇지만 이러한 주장을 뒷받침하는 구체적 증거는 발견할 수 없다. 뉴저지(New Jersey) 주에서 수행된 한 연구에 의하면 최저임금이 증가했을 때 일자리 숫자가 오히려 늘었다는 보고도 있다.[38]

(2) 영국의 최저임금제도

한편 영국에서는 미국이나 다른 유럽국가들의 경우와는 달리 1998년 이전까지는 최저 임금제도를 도입한 적이 없었으며, 다양한 임금 관련 위원회가 저임금 산업들에 종사하는 종사자들의 임금수준을 논의하기 위해 구성되기도 했었지만, 이들 또한 대처(Margaret Thatcher) 수상에 의해 해체된 바 있다. 그러다가 1998년 『최저임금법』(the National Minimum Wage Act 1998)이 제정됨에 따라 기업·에너지·산업전략부(Department for Business, Energy and Industrial Strategy: BEIS)와 업무 연관성을 가진 독립적 비정부기구로 최저임금위원회(Low Pay Commission)가 설치되어서 근로자 최저임금 수준을 정하고 이를 사업장에 적용될 수 있도록 하기 위한 활동을 펼치고 있다.

최저임금위원회는 매년 최저임금을 22세 이상 성인임금(Adult Rate), 18-21세 근로자 임금(Development Rate) 그리고 16-17세 근로자 임금(16-17 Years Old Rate) 등 3단계로 제시한다. 최저임금 수준은 최초로 1999년 4월부터 정해지기 시작해서 22세 이상 성인의 경우 시간당 3.60파운드로 결정되었으며, 18-21세 근로자의 경우에는 이보다 다소 낮은 3파운드로 출발하였고, 16-17세 근로자는 이 제도가 적용되지 아니하였다. 그러다가 최저임금제도에서 소외된 16-17세 청년 근로자들의 임금조건이 열악하다는 보고들이 제시되면서 2004년 2월 최저임금위원회가 16-17세 근로자들을 위한 새로운 최저임금도입을 제안함에 따라 정부는 이 안을 받아들여 같은 해 10월 1일부터 적용하게 된다.[39]

그동안 여러 차례의 변화를 거쳐온 영국의 최저임금제는 2019/2020년도의 경우 5개의 시간당 요율을 정하고 있는데, ①국가생활임금(25세 이상 최저임금, 8.21파운드), ②21-24세 최저임금(7.70파운드), ③청년 개발임금(18-20세, 6.15파운드) ④16-17세 임금(4.35파운드), ⑤견습요율(19세 미만 견습생과 19세 이상으로서 견습기간 12개월 미만인 자, 3.90파운드) 등 연령과 근로 신분 등을 감안하여 차등적용을 하고 있다.[40] 참고로 2016년 도입된 국가생활임금(National Living Wage)은 그 명칭에도 불구하고 25세 이상 근로자에 대한 시간당 최저임금으로서 영국 정부는 이 임금수준을 지속적인 경제성장을 감안해 가면서 2020년까지 중위임금(median wage)의 60퍼센트까지 도달시킬 계획이다.[41]

영국의 최저임금위원회는 다른 나라의 경험과 임금수준 등을 면밀히 검토해서 타 국가들의 중간수준의 임금수준을 기본임금으로 추천해오고 있는데, 최저임금위원회가 제시하는 안에 대해서는 정부가 별다른 이견 없이 받아들이고 있다. 최저임금제의 시행에 대해서는 미국의 경우에서와 마찬가지로 임금수준이 너무 높게 제시되어서 결과적으로 비숙련 또는 젊은 노동자들을 일터에서 쫓아내는 일을 초래하게 해서는 안 될 것이라는 내용의 우려와 논쟁이 제기되어 왔다. 그러나 최저임금위원회 분석 보고서(Low Pay Commission, 2018)[42]에 의하면 이 제도의 실시가 고용상황에는 별다른 영향을 끼치지 않았으며, 고용주들로 하여금 이윤이나 가격 조정 또는 인력구조 변화 등의 반응을 보이도록 하는 측면은 있다고 적고 있다.

(3) 한국의 최저임금제도

한국의 최저임금제도는 1986년 12월 최저임금법이 제정·공포되고 1988년 1월부터 시행되었는데, 최저임금법은 최저임금제도의 목적을 근로자에 대하여 임금의 최저수준을 보장함으로써 근로자의 생활 안정과 노동력의 질적 향상을 기하기 위한 것이라고 밝히고 있다(『최저임금법』 제1조). 최저임금제의 실시에 따라 최저임금액 미만의 임금을 받고 있는 근로자의 임금이 최저임금액 수준 이상으로 인상되게 되며 이를 통해서 저임금 해소와 일정 수준 이상의 생계보장이 가능해지는 효과가 기대된다. 최저임금법이 제정된 이후 그동안 개정작업을 통해 계속 보완과정을 거쳐 왔음에도 불구하고 최저임금제도가 본래의 기능을 제대로 발휘하지 못하고 있다는 비판이 계속 제기되어 오고 있는데 이 가운데 가장 첨예하게 논쟁이 이루어지는 분야는 최저임금의 수준에 관한 사항이라고 할 수 있다.

최저임금법상 최저임금은 근로자의 생계비, 유사근로자의 임금, 노동생산성 및 소득분배율 등을 고려하여 정하도록 규정되어 있는데(최저임금법 제4조), 최저임금은 한편으로는 최소한의 생계비를 보장해주어야 하고 또 다른 한편으로는 노동생산성을 초과해서는 안 된다는 이중적 당위성 때문에 구체적 수준을 정함에 있어서 딜레마를 안고 있다.

한국의 최저임금은 매년 최저임금위원회 심의를 거쳐 의결한 최저임금안에 따라 고용노동부 장관이 결정하도록 되어있는데, 최저임금위원회는 노·사 각 단체가 추천한 근로자 위원과 사용자위원 각 9명, 그리고 고용노동부 장관이 추천한 공익위원 9명 등 총 27명으로 구성된다. 최저임금 산입임금의 범위는 종전 매월 정기적·일률적으로 지급되는 기본급과 고정적인 수당만을 합산해 왔으나, 최저임금법 개정(2019.1.1. 시행)을 통해 최저임금 산입범위에 정기상여금과 현금성 복리후생비의 일정 비율 초과분을, 그리고 2024년 이후에는 전액을 최저임금에 포함시키게 된다.[43] 산입범위가 확대되면 그만큼 최저임금 실질 인상효과가 줄어들게 되므로 노동계로서는 반대가 심했던 부분이기도 하다. 그동안 최저임금 제도개선을 두고 노동계와 경영계 간에는 첨예한 입장 차이를 보여 왔는데 이번 개정으로 산입범위확대에는 경영계 측 의견이 상당 부분 반영되었고, 경영계의 업종별 최저임금 차등적용 제도도입, 노동계의 최저임금 준수율 제고를 위한 제재 강화(현행 최저임금위반 시 3년 이하의 징역 또는 2천만원 이하의 벌금) 등에 대해서는 논의가 계속 중이다.

(4) 각 국가별 특성 비교

<표 2-3>에서 보는 바와 같이 최저임금 산입에 포함시키는 각종 보수성 급여의 범위는 각 국가별로 다르게 적용되고 있는데, 우리나라에서는 외국의 경우와는 달리 현물급여 또는 팁 등을 최저임금에 산입하지 않아 왔다. 바로 이로 인해서 우리나라의 경우 실질 최저임금 수준의 적정성 여부는 논외로 하고 외형상 산출방식만으로 논의를 국한시켜 보더라도 국제적으로 다른 국가들에 비해 최저임금 수준이 매우 낮게 나타날 수밖에 없는 구조적 특성이 있다.

<표 2-3> 주요 국가의 최저임금 수준과 산입범위

국 가	적용년도	시간당 최저임금 (원화 환산)	결정 주기	최저임금 산입범위
한 국	2019.1.1 ~ 12.31.	8,350원	1년	기본금(종전), 정기상여금과 매월 지급되는 현금성 복리후생비(2019.1.1부터 일정 비율 산입범위에 추가, 2024년부터 전액 적용)
영 국	2019.4.1.~ 2020.3.31.	8.21파운드 (25세 이상 근로자기준: 12,054원)	1년	인센티브 및 상여금, 상한선 이내의 숙박비 등 (모든 유형의 팁, 봉사료 등은 산입 제외)
미 국	2009. 7.24.~	7.25달러 (일반근로자 기준: 7,977원)	부정기	숙식비 및 팁 등 (상여금, 시간외 수당 등은 산입 제외)
일 본	2018.10.1.~2 019.9.30	874엔 (전국 평균: 8,707원)	1년	숙식비 포함(상여금은 산입 제외)

주: 1) 한국 이외의 국가들의 경우에도 기본급 및 고정수당을 당연 산입함.
　　2) 일본에서의 최저임금은 전국 단일 기준이 아니라 전국 47개 도·도·부·현을 4개 그룹으로 나누어 각각 정하며 산업별 최저임금을 따로 정할 수도 있음.
　　3) 영국에서는 최저임금 수준이 나이(4단계)와 견습생인지에 따라 총 5단계로 달리 정함.
　　4) 원화 환산액은 한국은행 「경제통계시스템」의 2018 연간 평균 환율을 적용해서 산출한 금액임.
자료: 최저임금위원회. 2018. 8.『주요국가의 최저임금제도』자료를 토대로 재작성.

영국, 미국 등의 경우에서 보는 바와 같이 국가 차원의 최저임금 강제적용이 긍정적이냐, 부정적이냐에 대해서는 당해 국가가 처한 상황과 여건에 따라 평가가 엇갈린다. 우리나라의 경우 최저임금 효과에 대해 노동계에서는 근로자 소득향상은 곧 근로자 소비로 이어져서 경제 활성화에 기여할 것이란 것이고, 경영계 입장에서는 인건비 상승은 수익 및 기업 경쟁력을 약화시켜 경제활동을 위축시키게 될 것이라는 주장이다. 앞에서도 언급했듯이 이러한 긍정적 부정적 이중효과는 최저임금이 내재적으로 가지고 있는 딜레마이기도 한데, 종합적인 효과를 단기간에 판단하는 것은 무리가 있다. 다만, 최저임금의 취지는 계속 살려 나가되 단기간에 걸친 급격한 인상은 경제에 충격을 줄 수 있기 때문에 경제 상황에 맞게 속도 조절 필요성이 제기된다.[44]

3. 빈곤의 기준과 구빈법의 원칙

1) 빈곤의 기준

절대적 빈곤 기준은 기초수요 충족에 필요한 일정 재화 세트의 구매력이라고 할 수 있으며, 절대적 빈곤 기준과는 달리 상대적 빈곤 기준은 사회의 소득이나 소비수준에 따라 달라진다. 참고로 세계은행(World Bank)은 아프리카나, 라틴 아메리카 지역 등을 포함해서 전 세계적으로 하루 1인당 1.90달러(3인 가족의 경우 연간 약 2,080달러)를 국제 빈곤선으로 설정하고 있다.[45] 그러나 이 빈곤선은 각 국가별 상이한 구매력을 감안하더라도 미국과 같은 선진국들에 비해서는 형편없이 낮은 수준인데, 2019년 미국의 공식 빈곤선은 3인 가족의 경우 연간 21,330달러로서 세계은행 빈곤선의 약 10배를 넘는 수준이다.

빈곤측정수단으로는 소득(income) 기준 이외에도 소비(consumption), 부(wealth), 소득 능력(earnings capacity) 등 다양한 방법이 제시되고 있는데 이는 개인 또는 가족 생활영위에 필요한 자원충족 능력을 어느 측면에서 보느냐에 따라 빈곤의 개념 또한 달라질 수 있음을 의미한다.

앞에서 살펴 본 바와 같이 상대적 빈곤 수준의 국가 간 비교를 위해서 가장 흔히 사용하는 빈곤선은 국민소득 중앙값의 50퍼센트이다. 그러나 유럽통계사무소(European Statistical Office) 같은 데서는 국민소득 중앙값 60퍼센트를 권장해오고 있다. 이에 따라 대부분의 유럽국가들은 최저소득 기준을 국민소득 중앙값의 60퍼센트 수준으로 잡고 있는데 이는 미국 공식 빈곤선보다 25 내지 30퍼센트나 높은 수준이다.[46]

2) 구빈법의 원칙

1597년과 1601년에 제정된 일련의 엘리자베스 구빈법 들(the Elizabethan Poor Laws)은 영국 구빈법 체계의 초석이 되고 있는데 이 법의 제정으로 해서 종교단체를 비롯한 민간영역에 머물러 있던 빈곤대처 책임이 국가적 차원의 관리체계 속에서 시행되게 되는 출발점을 맞이하게 된다. 그렇지만 이 법의 운용은 중앙차원에서 전국단위로 관리되지만, 관련 재원의 조달과 직접적인 프로그램 시행은 지방의 몫이다. 따라서 구빈세(poor rate)를 거두어서 주민들 가운데 빈곤층을 구제하는 일이 지방 교구(parish)가 떠맡아야 할 법적 의무가 되게 된다.[47] 교구에는 빈민 감독관(Overseer)들이 임명되어 세금징수와 빈곤구제 활동 관리 감독 업무를 맡았다. 구빈법은 치안판사(Justice of Peace)로 하여금 구빈세를 내지 않거나 근로를 거부하는 사람들을 감옥에 보낼 수도 있게 하고 있으며, 자녀 양육 문제를 부모 책임으로 하는 규정도 두고 있다.

1662년의 정주법(the Act of Settlement)은 민생위원들이 가까운 장래에 빈곤층에 빠질 가능성이 있다고 판단하는 사람들에 대해서는 자신의 원래 거주지로 돌려보낼 수 있는 권한을 치안판사에게 부여[48] 하는 내용을 담고 있으면서 구빈법에 대한 지방 차원의 근거성을 강화시키고 거주요건 및 지방의 보호책임 간의 연관성을 재강조하고 있다는 점이 특징적이다. 이러한 주제에 대한 논란과 시시비비는 오늘날까지도 계속되고 있다. 미국 대법원 판례 Shapiro v. Thompson (April, 1969)에 따르면 공적 지원 자격요건으로 거주 조건을 규정하는 법률들은 위헌이라 판결하였는데, 이 판결의 취지는 고용, 빈곤, 이주의 자유 등에 관한 문제들을 전국적 차원에서 다루어야 할 구조적 문제라는 생각을 반영하고 있다.[49]

19세기에 들어서면서 빈곤 비용 부담이 급격히 커지고 나폴레옹과의 전쟁에서 패배한 후유증으로 실업자 증가, 농산물가격 폭락 등 경제 상황이 악화되자 1832년 빈곤 관련법들을 점검하기 위해 왕립위원회가 설립되었는데 이 위원회 멤버들은 아담 스미스(Adam Smith), 맬더스(Thomas Malthus), 벤담(Jeremy Bentham) 등과 같은 이론가들의 성향에 치우쳐 있던 관계로 출발부터 빈곤문제에 대한 국가 차원의 개입에 대해 부정적 성향을 가지고 있었다.

왕립위원회 활동의 연장 선상에서 1834년에는 이른바 '신 구빈법'(정식 명칭은 The Poor Law Amendment 1834)이라고 불리는 개정 구빈법이 제정되게 되는데, 이 법은 맬서스(Malthus) 이론주의자나 무정부주의 경제학자들이 주장하는 구빈법 자체 폐지 주장과의 타협의 산물이라고 하지만, 보다 현실적으로는 구빈세를 감축하고자 하는 것이 개정 동기 중의 하나이다. 신 구빈법이 정한 원칙에 따르면 수혜대상자 자격 기준을 더욱 엄격히 하여 근로 능력자는 시설수용자가 아닌 한 지원대상이 될 수 없고, 재정 운용 측면에서는 지방납세자들이 선출한 빈민구제위원들이 지방 차원의 구빈 활동에 수반되는 경비지출의 책임을 맡게 된다.

일련의 구빈법 들은 경제적, 사회적 변화에 따라 다소간의 차이를 보이면서 변화과정을 거치게 되지만 구빈법들이 제시한 일관된 원칙들을 보면 빈곤 문제가 정부 정책의 영역 속으로 포함되게 되었으며, 이에 따라 빈곤 문제에 대한 정부의 책임성을 강조하고 있다는 점이다. 이러한 발전은 국민국가가 출현하게 된 한 부분적인 요소라고 할 수 있는데, 국민국가 개념에 따르면 국가를 건설하고 도덕률을 유지하기 위해서는 국가가 나서서 자국민들을 잘 돌볼 필요성과 의무가 있다.

구빈법이 담고 있는 또 하나의 원칙으로서 지원 대상자의 적합성 판단을 위한 객관적 또는 도덕적 기준제시를 들 수 있는데, 이는 빈곤 상황이 초래한 위험을 해소해 줌에 있어서 빈곤 귀책 사유를 정밀히 따져보고 지원가치가 있는 대상자인지를 판단해야 한다는 생각을 반영한다.

구빈법의 원칙을 반영하는 파생 법률로서 정주법(residency laws)을 들 수 있다. 이법은 노동자들의 거주 이전의 자유를 철저히 제약하여 결과적으로 노동자들을 지주나 고용주들에게 예속시켜줌으로써 임금협상력을 약화시키게 되는데, 한편으로는 지역 내에서 생산노동력 가용의 풀을 유지하겠다는 중요한 경제적 목적도 가지고 있었다.

'처우제한의 원칙'이라고도 표현하는 '열등처우의 원칙'(the principle the less eligibility)은 1832년 활동 개시한 영국의 왕립 구빈법 조사위원회가 1834년 내놓은 보고서에 제시한 신 구빈법 (the New Poor Law)[50] 운영원칙 중의 하나인데 오늘날까지도 빈곤 대책에 있어서 가장 뜨거운 이슈가 되고 있다. 이는 빈곤층에 대한 지원수준은 거주 커뮤니티 내에서 고용되어 활동 중인 근로자의 최저 임금수준 미만이어야 한다는 원칙이다. 이 원칙이 의도하는 바는 인간은 경제적인 존재이기 때문에 열악한 처우를 함으로써 경제활동 참여의 동기부여를 할 수 있다고 가정하는 것이다. 그러나 현재와 같은 다국적 기술경제체제에서는 실업과 빈곤의 상황에 대한 개인의 귀책 사유만을 강조하기 보다는 사회적 위험이 발생하게 되는 구조적 차원의 속성도 인정하는 방향으로 방법론이 모색되어야 할 것이다.

이상의 빈곤 관련법 원칙들은 영국 내에서뿐만 아니라 미국으로도 건너가서 미국 사회복지 정책의 토대가 되어왔으며, 바로 이러한 점 때문에 미국의 사회보장 관련 법제들을 일컬어 '미국 구빈법'(American Poor Laws)이라고 부르기도 한다.

3) 구빈법과 공공부조

공공부조 제도의 기원은 엘리자베스 구빈법(1601년)을 비롯하여 신 구빈법(1834년)에 이르기까지 변천을 거듭해온 영국의 구빈법에서 찾을 수 있으며 복지국가의 발달에 따라 어디서나 볼 수 있는 제도가 되었지만, 공공부조가 갖는 보편성은 사회보험이나 수당제도 등에 비해 일정 한계를 가질 수밖에 없다.

공공부조 제도는 자본주의 사회보장체계에서 사회보험제도와 보완적 관계를 가지면서 수급자의 생계유지 기능인 '복지적 기능'과 자본주의 근간 유지 기능인 '노동 통제적 기능'이란 두 가지 상충된 기능을 담당한다. 오늘날의 공공부조 제도는 구빈법의 전통에 서 있는 관계로 대상자 선정이나 급여 수준 결정에 있어서 '복지적 기능'과 '노동 통제적 기능' 간의 갈등이 재현되고 있다.

복지국가 발달에 따라 공공부조 제도 또한 보편성이 대폭 확대되고 있기는 하지만 미국의 보충보장소득(SSI)과 빈곤 가정 임시지원(TANF)에서 보는 바와 같이 소득수준에 따른 통합기준 대신에 노동능력을 기준으로 대상자 선정을 달리하거나 노동능력이 부족한 노인, 아동, 장애인 등에 대해 추가 급여를 실시하는 등 구빈법의 차별적 빈민 구분이 이어지고 있다. 한편, 공공부조 제도는 구빈법 상의 "열등 처우의 원칙(less eligibility)"에 따라 빈곤층 급여 수준을 자본주의 노동시장 근로자의 최저임금 수준보다 낮도록 해서 노동시장에 주는 영향을 최소화하고자 하는 전통적 노동 통제적 기능은 남아있으면서도, 급여 제공 수준은 '육체적 생존'을 넘어 '사회적 생존' 까지 보장하는 차원으로 변해오는 등 복지적 기능이 점차 강화되고 있는 추세이다.

제4절
복지서비스 공급의 집권과 분권

1. 집권화와 분권화의 유형

1) 개관

오랫동안 복지에 있어서 논란이 되어왔던 뜨거운 이슈 중의 하나는 중앙 집권화(centralism)와 지방분권화(localism)이다. 이는 사회복지에 대한 중앙과 지방정부 간 책임성, 재원조달의 문제 등과 관계되며 모든 시민의 동등한 권리를 보호하면서도 지역적 특성을 어떻게 허용할 것인가 등에 관한 문제이기도 하다. 대부분의 나라에서는 건강, 사회, 교육, 의·식·주 등의 욕구를 적절하게 충족시켜 줄 수 있는 제반 정책과 프로그램을 갖추는 것을 포함하여 국민들의 일반복지에 대한 기초적인 책임성(bottom-line responsibility)을 중앙정부의 몫으로 간주한다. 그러나 이를 구체적으로 어떻게 수행하고 있는가는 뚜렷이 다른 양태를 보이고 있다. 이에 대한 핵심변수는 집권주의 대 분권주의로서 이는 두 가지 차원 즉, 지리적 차원(국가/지방)과 영역 차원(공공/민간)을 모두 아우르는 문제이기도 하다.

예를 들면, 지구상의 거의 모든 선진 산업 국가들은 국민들의 보편적 건강관리를 인간의 기본권으로 다룬다. 영국은 중앙정부가 직접 관리 운영하는 국민건강서비스 제도(NHS)를 채택한다. 스웨덴은 지방정부가 관리 운영하되 전국 네트워크를 갖추는 체제를 사용한다. 캐나다는 주(province) 정부가 지방소재 개인의료기관으로부터 서비스를 구매하는 공공의료보험기관 운영 시스템을 채택하고 있다. 독일은 고용주와 근로자가 공동으로 자금을 조달해서 비영리 보험조합을 만들도록 의무화시켜서 이 조합과 지역 내 민간 의료기관 단체가 집단 간 협상을 통해서 의료서비스를 공급받도록 하고 있다. 스위스는 주(canton) 정부 차원에서 연방 최저기준에 부합하는 민간 영리 의료보험을 의무화시키는 시스템을 운영한다.

복지서비스 재원조달과 전달을 위한 집권화/분권화의 선택을 이상의 국가별 사례를 통해서 유형화해보면 다음과 같은 다섯 가지 군락(cluster)으로 나눌 수 있다.[51]

①국가 차원의 직접 운영관리

②공공 대 공공 분권화

③공공 대 비영리 섹타 분권화

④공공 대 민간 영리 섹타 분권화

⑤정부 권한 위임받은 준공공 민간기관 설립

중앙정부 차원에서 직접적으로 관리 운영하는 대표적인 제도로서는 미국의 공적 연금인 '소셜 시큐리티'(Social Security), 영국의 '국민건강서비스'(NHS)를 들 수 있다. 대부분의 나라에서 국민연금제도는 중앙정부가 관리하고 있는데 미국도 예외가 아니다. 흔히 '소셜 시큐리티'라고 불리는 미국의 사회보장연금(Old Age, Surviver, Disability Insurance: OASDI)은 사회보장청(SSA)이 운영하는데 중앙 본부에서 연금 적립금 계산, 지급, 정보제공 등 제반 서비스를 담당하고 주민에 대한 근접 서비스를 제공하기 위해 지역사무소도 운영하고 있다. 영국의 NHS 또한 중앙정부에 의해 운영되고 있는데 이 제도는 1989년 영국 정부가 민영화 시도를 했지만 광범위한 국민적 반대에 부딪혀 좌절된 바 있으며, 특히 『1946년 국민건강서비스법』(National Health Service Act 1946) 제정 당시 이 제도의 도입을 극렬히 반대했던 '영국의료협회'(the British Medical Association)까지도 NHS 제도가 계속 존속되도록 로비활동을 펼친 바 있다.

2) 국가별 분권화 유형과 사례

공공기관 간의 역할 분권화는 미국과 같은 연방제 국가에서 분명하게 드러난다. 미국은 역사적으로 1783년 식민지 상태에서 새롭게 독립한 주(州)들 간의 협력체 형태로

느슨한 연합체(Confederation)가 설립되었는데, 6년 후 주들이 중앙정부에 일정 기능을 항구적으로 위임하는 연방 형태의 정부(Federal Government)로 대체된다. 그렇지만 미국 정부의 연방과 지방 관계에 있어서 연방정부의 권한은 원천적으로 조세, 외교, 국방 등 극히 제한적 역할만을 연방 정부에게 부여했다. 이후 분권이나 집권이냐 하는 연방정부(federal government)와 주 정부(state government) 간의 기능상의 책임성 정도에 대해서는 정치적 긴장 관계를 형성하면서 '썰물과 밀물'(Ebb and Flow)처럼 여러 차례의 진퇴의 변화를 겪게 된다.

미국에 있어서 복지 부문에 대한 정부 간 역할의 재정립 필요성에 대해서는 잘 알려진 바처럼 1929년 대공황(the Great Depression)을 계기로 촉발되었는데 당시의 대통령 루스벨트(F. Roosevelt)는 사회보장플랜 마련에 대한 연방정부 차원의 역할에 대해 언급하기를 "사회재건의 과제는 새로운 가치창조를 요구하는 것이 아니라(중략).... 수단과 구체적 방법론에 있어서는 일정부분 새로울지 모르지만, 목표는 인간의 본성만큼이나 항구적인 것이다(중략)..... 그것(사회재건)은 경제개발과정에서 잃어버렸던 가치로의 회귀이다."[52]라고 한다. 그 이후 연방정부는 복지서비스의 공급과 재원조달에 있어서 오늘날과 같은 일정 역할을 담당하게 되는데, 1930년대와 1940년대에 점차 확대되고 1950년대에는 대폭적인 확충과정을 거쳐 이 추세가 1960년대까지 이어졌으며, 반면에 1970년대에서 1990년대에는 다소간 축소되는 과정을 거치는 양상을 보인다.

연방정부 형태를 취하고 있지 않은 스웨덴의 경우에는 반(半) 자율권을 가진 지방정부 기관들을 통해서 건강, 긴급구호 등을 위시한 사회보장 프로그램들을 운영관리하고 있는데 소요 재원, 정책 결정, 그리고 기준 설정 등은 중앙정부가 맡아서 처리한다. 모든 종류의 복지서비스 처리는 단일 지방복지기관에 통합되어 있으며 각 개별 이용자들에게는 필요한 서비스를 찾아 이용하는 데 도움을 받을 수 있도록 항구적인 전담 상담요원을 제공한다. 이렇게 함으로써 다양한 서비스들을 통합 조정하여 제공할 수 있을 뿐만 아니라 일관성 있는 보호가 가능해진다.

분권화는 공공기관 간뿐만이 아니라 공공 대 민간 또는 공공 대 준 공공기관(para-public institutions) 형태로도 이루어진다. 공공 대 민간으로의 분권화는 민영화(privatization)로 표현되는데, 이는 자금은 정부가 조달하고 서비스제공은 민간기관이 담당하는 민간위탁(nonprofit privatization) 또는 이윤을 매개로 민간이 복지서비스 공급에 참여하는 상업화(commercialization) 형태로 구분된다. 상업화의 요체는 서비스 구매제(service purchasing)이다.

복지국가는 시민들의 권리와 편익을 보장해 주어야 하지만 반드시 정부가 직접적인 복지서비스 제공 당사자일 필요는 없으며 다른 기관들에 의해 수행되고 있는 서비스제공을 보장해 주고 감시할 수 있으면 된다[53]고 볼 수 있 다. 이 방식을 채택하고 있는 대표적인 나라로는 독일과 일본을 들 수 있다. 전술한 집권화/분권화 5개 유형 가운데 4개의 방식이 모두 정부 기관이 자금을 조달하는 방식을 채택하고 있는 데 비해서 제5의 방식인 준 공공기관 방식은 정부가 서비스 기능수행에 필요한 해당 액수만큼의 금액을 준 공공기관이 조달할 수 있도록 위임하는 방법을 취한다. 실제의 수입·지출구조 측면에서 본다면, 예컨대 의료보험세가 공공기관으로 가든지 정부 통제를 받는 민간기구로 가든지 별 차이가 없다는 논리이다.

독일과 일본은 미국보다도 훨씬 국민으로서의 연대감이 강할 뿐만 아니라 역사적으로 상부상조의 전통을 가지고 있어서 이러한 제5의 방식이 가능한 측면이 있다. 이러한 방법의 원천은 독일의 경우에는 '한자동맹 도시들'(Hanseatic League cities)에서 발달되었던 '길드 시스템'(guild system)에서 찾을 수 있으며, 일본의 경우에는 전통 봉건제를 뒷받침해온 충성(loyalty)과 '노블레스 오블리주'(noblesse oblige) 정신이 근세로 이어져 근로자와 고용주간에 쌍방향 충성으로 발전되면서 '기업복지' 형태로 발전된다. 일본에서의 '기업복지'[54]란 일본기업의 종업원에 대한 가족주의 경영 측면을 나타내는 용어로서, 사회 전체의 복지증진에 있어서 기업의 복리후생 제공역할을 강조하는 의미로 1970년대 들어서부터 널리 사용되기 시작한 개념이다.

2. 사회보장과 정부 간 역할

1) 정부 간 관계 일반론

정부 간 관계(Inter-governmental Relations: IGR)란 지방자치와 관련하여 형성된 개념으로서 이는 중앙정부(central government)와 지방정부(local government) 간의 통치권 배분이라는 정치 권력적 측면과 주민을 위한 행정의 효율성 확보라는 행정 기술적 측면이라는 두 가지 측면을 동시에 갖는다. "정부 간 관계"(IGR)라는 말은 일반적으로 1930년대 미국에서부터 널리 쓰이게 된 것으로 추정되고 있는데 미국과 같이 연방제를 채택하고 헌법 원리상 "비 중앙집권"(non-centralization) 통치구조를 취하고 있는 나라에서는 연방과 주·지방과의 관계가 계통형 상하 관계가 되지 않으므로 그야말로 "정부"와 "정부" 간의 관계가 협력적·상호의존적 개념을 전제로 자연스럽게 출발한다. 그러나 단일 주권국의 정부체계는 지방정부의 자치권의 범위나 정도가 연방제 정부와는 많이 달라서, 미국식 IGR을 바로 적용하기는 힘들지만, 지방자치를 실시해 오고 있는 대다수 국가들에서도 IGR 개념은 광범위하게 사용되고 있다. 일반적으로 정부 간 관계는 모든 계층과 모든 형태의 정부 간에 일어나는 상호작용과 행위의 총체라고 말할 수 있다. 물론 IGR을 연방제 국가에서만의 정부 간 관계로 국한시킬 필요는 없다.

정부 간 관계는 ①행정사무 처리 권한의 문제(Who has a authority) ②재정부담의 문제(Who pays) ③행정 책임의 문제(Who is accountable) 라고 볼 수 있다. 즉 정부 간 관계에서는 행정적 책임과 재정적 책임을 어느 정부가 지느냐가 매우 중요하다. 따라서 중앙정부와 지방정부 간의 사무 및 권한의 배분, 중앙정부와 지방정부의 재정적 관계 등에 관한 연구가 IGR 연구의 상당 부분을 차지하고 있다.

지방자치제도를 논함에 있어 거의 예외없이 언급되는 주요 초점들은 지방정부의 자율성 제고를 위한 전제조건으로서 분권화의 정당성과 자율성이라고 할 수 있다.[55] 공공서비스를 공급하는 행위 주체로서 중앙과 지방정부의 상호작용에 관한 이론적 토대로서 라이트(Wright, 1988)는 미국 연방제 시스템에 입각하여 다원주의(pluralism)를 가정하고 있는데, 다원주의적 입장에서 본 정부 간 상호관계는 국가조직의 분권화·분산화 현상에 따라 정책 결정은 중앙부처뿐만 아니라 지방자치단체 등에서도 이루어지며 이들의 관계는 상하 지휘 감독 관계가 아니라 상호 대등 관계를 이루게 된다. 한편 로도스(Rhodes, 1981)는 권력 의존형 모델(power-dependence model)을 영국 단일제 시스템에 대한 이론적 설명 기초로 삼는데, 그는 정책 네트워크라는 개념을 사용하여 조직 간의 상호관련성을 조직간 정책 네트워크 형성의 강도에 따라 유형화하여 조직간 상호관련성에 주목하고 있다.[56]

중앙정부와 지방정부와의 관계를 양자 간의 권력 관계가 어떠하냐에 따라 ①동반자형(Partnership Model)과 ②대리인형(Agent Model)으로 구분하는 입장에서 본다면, 라이트(Wright)나 로도스(Rhodes) 등은 동반자형에 가깝다. 대리인형 모델은 지방정부를 국가체계의 일부인 "지방 국가(Local State)"로 보고 있는데, 콕번(Cockburn, 1977) 같은 경우에는 자본주의 체제하에서의 지방정부는 중앙정부에 대리인에 지나지 않는다고 주장하기도 했다.[57] 그런가 하면 선더스(Saunders, 1984) 같은 학자는 "이중국가(dual state)" 이론을 내놓으면서 사회적 투자기능은 중앙정부가, 사회적 소비기능은 지방정부가 담당하는 것으로 유형화시킨다.[58]

라이트(Wright)는 상이한 정책 유형(분배정책과 발전정책 및 규제정책) 간에 존재하는 IGR의 함의를 다 각도로 제시하면서 정부 간 관계유형을 분석 시도하고 있는데, 이 점에서 선더스(Saunders)의 이중국가 이론상의 정부 간 기능분류 시도와 일맥 상통한다. 또한 라이트(Wright)는 정부 간 관계유형은 위치(designation), 관계(relationship), 권위 유형(authority pattern)에 따라 서로 다르게 나타난다고 하는데,[59] 이 세 가지 준거에 따라 중앙정부와 지방정부 간의 관계를 정부 간 관계를 ①지방분권형 ②분담형 ③중앙집권형 등 세 가지 이념형으로 분류할 수도 있다.

2) 정부 간 복지기능 배분

지방자치단체나 그 장은 국가와 지방자치단체 간의 기능 배분에 관한 일반이론에 따라 자치단체에 배분된 사회복지적 기능과 성질상 국가기능이지만 중앙정부가 지방자치단체나 그 기관에 위임한 사회복지에 관한 기능을 수행한다. 후자로는 개인의 최저 한도의 생활보장, 생활안정을 위한 사회보장정책, 대규모적인 사회보험사업, 실업대책사업, 근로 기준, 직업안정, 복지 수준에 관한 기능 등을 들 수 있다.

머스그레이브(Musgrave, 1980)는 정부기능을 ①자원배분의 조정(Allocation) ②소득분배(Distribution) ③경제 안정화 기능(Stabilization)으로 나누고 자원배분 기능과 경제 안정화 기능은 중앙정부가 수행하는 것이 바람직하고 소득분배 기능은 그 편익에 미치는 범위에 따라 중앙과 지방간에 상호 분담되는 것이 바람직하다고 본다.[60] 복지기능의 정부 간 배분 시 고려할 기준으로는 ①획일기준(통일성과 지역 특성) ②거리 기준(원격성과 근접성) ③비용 기준(규모의 경제와 현지 비용 절감) ④업무 성질(기획성과 집행성) ⑤전문성 여부(전문성과 단순성) ⑥효과 정도(간접효과와 직접효과) 등을 들 수 있다.

정부 기능이 중앙과 지방간에 효율적으로 배분되기 위해서는 정부가 공급해야 할 재화와 서비스의 성격에 따라 배분되어야 하는데, 소득 분배기능은 중앙정부 차원의 조세체계와 저소득층에 대한 이전 지출을 통해 전국적인 규모의 통일적 정책에 의해 수행되는 것이 효과적이므로 지방정부의 주된 역할로는 바람직 않다고 보는 것이 일반적이다. 특히, 지역 간 경제력의 차이가 상당히 큰 현실 또한 지역 간의 차별적인 재분배 정책으로 인해서 과세대상이 이동할 가능성 등을 고려할 때 지방정부 단계에서의 재분배기능이 과연 실효성이 있는가에 대해서는 비판적인 측면이 강하다. 그러나 주민구호 활동이나 사회보장비 지출과 같은 사무는 지방정부가 담당할 때 효과적으로 실시될 수 있다는 점에서 지방정부도 소득 재분배 기능의 일부를 담당할 수 있다고 할 것이다.

3) 공공복지의 정부 간 책임 유형

공공부조를 포함하여 공공복지제도는 국가의 공적인 책임 아래 도움을 필요로 하는 사람들에게 도움을 주는 제도인데, 이는 복지서비스의 내용구성과 제공방법의 문제, 복지서비스의 수요적 측면과 공급적 측면으로 나타난다. 이 가운데 공급적 측면에 대한 시행책임은 행정 책임과 재정 책임으로 나누어지며, 정부간 관계란 이 행정적 책임과 재정적 책임을 중앙 또는 지방정부 중 누가 어느 정도로 지느냐의 문제로 귀결된다.

정부 간 행정 책임을 결정하는 변수로는 ①우선 사무의 성격 구분에 따라 공공복지서비스의 내용이 국가 사무인지 위임사무인지 고유사무인지 ②그리고 또 하나는 공공복지서비스를 집행하는 행정체계 유형에 따라 중앙정부의 직접 지휘를 받는 중앙정부의 지방사무소 형태인지 또는 지방정부의 책임으로 이루어지는 지방정부의 일반 행정체계인 지방정부의 부서인지 등에 관한 것이다.

한편, 정부 간 재정 책임을 결정하는 대표적인 변수로는 복지서비스 재정분담비율을 들 수 있는데 이는 소요재정을 중앙정부가 전담하는지, 지방정부가 전담하는지 또는 중앙 및 지방정부가 분담하는지 하는 것이다. 중앙정부와 지방 정부가 분담하는 경우에도 분담비율을 어떻게 설정할 것이냐를 두고 첨예한 논쟁이 제기된다.

3. 정치환경과 공공복지

1) 집권화에 대한 인식: 미국과 영국

아마도 미국과 영국 정치체제의 차이점을 이해하는 키워드는 중앙집권화일 것이다. 미국에서는 역사적으로 준독립적 기관들을 하나로 응집하는 시도들이 있어 왔고, 반면에 영국에서는 중앙에 집중된 권한을 제약하려는 노력들이 있어 왔다. 물론, 양국의 경우 그 어떤 시도도 일관성을 가지고 있었거나 이론이 없었던 것은 아니다.

사실상 중앙집권과 분권화에 대한 미국의 반응을 가장 잘 표현하는 방법은 전반적으로는 중앙집권화로의 방향성을 유지하면서도 항상 양면성을 가진 채 지그 잭(zigzag) 행보를 보여 왔다는 것이다. 반면에 제2차 세계대전 이후 영국의 중앙집권적 힘 또한 지방분권화 힘보다는 훨씬 강해져 왔다.[61] 미국의 경우 주 정부와 연방정부 간의 계속된 긴장 관계는 자유주의와 보수주의(liberal-conservative) 틀 속에서 유지되어왔는데, 연방론자들은 자유주의적 성향이 강해서 연방정부가 주도하는 사회적 약자 보호 프로그램의 확대를 선호해 왔다. 그렇다고 미국에서 주 정부의 역할이 현저히 감소되는 현상을 보여 왔음에도 불구하고 미국은 연방제 국가라는 정부 시스템에서 볼 수 있듯이 주 정부들은 앞으로도 여전히 정부 정책에서 중요한 영향력을 발휘하게 될 것이다.

한편, 영국은 지방자치를 잘 실시하고 있는 대표적 국가로 인식되고 있지만 실제상으로는 중앙정부와 지방행정기관과의 관계가 매우 중앙집권적이다. 역사적으로 보더라도 영국에서 주민자치가 도입된 역사는 그리 길지 않은데 『1835년 지방자치법』(Municipal Corporations Act 1835)에 의해 도시민에게, 『1888년 지방정부법』(Local Government Act 1888)에 의해 기타 소규모 지역의 주민에게도 주민자치권이 부여되며, 그 이전까지만 해도 국왕이 임명한 치안판사(Justice of Peace)가 지역을 다스려왔다. 영국 중앙·지방간 관계에 있어서 가장 큰 특징은 월권금지원칙(the principle of ultra vires)에 따라 지방행정기관들은 영국의회가 부여한 권한만을 행사할 수 있으며[62] 이에 따라 특정한 금지조항들이나 부담사항들에 대해서 불만을 표시하기도 하지만 이러한 기본적인 통제구조는 폭넓게 받아들여지고 있다.

제2차 세계대전 이후 영국의 지방행정기관들은 그동안 수행해 온 기능이 매우 크게 감축되는 결과를 가져왔는데, 예를 들어 1945년 이후 전기 및 가스 서비스, 세금 사정,

생계보조사업, 병원 및 기타 건강서비스 등에 대한 책임이 지방행정기관의 관할 영역으로부터 삭제되었다. 중앙으로의 책임 집중은 지방행정기관들이 현대 정부가 수행해야 할 기능들을 감당할 능력이 부족하다는 비판을 토대로 하는 것이지만, 또 다른 측면에서는 지방행정기관들이 주민들보다는 자신들의 이해관계를 반영하는 압력집단화하고 있어 이에 대한 통제가 필요하다는 인식도 한몫으로 작용했다고 볼 수 있다.[63] 그러나 이러한 정부 간 관계는 시대 상황에 따라 다른 모습을 보이게 된다. 참고로 1997년 4월 지방정부연합회(Local Government Association)가 출범하면서 "파트너십을 위한 틀"(A Framework for Partnership)에 중앙정부와 지방정부가 함께 서명하면서 정부 간 관계를 상호 대등한 파트너십 관계로 바꾸는 작업을 추진해왔으며,[64] 이러한 중앙·지방정부 권한의 밸런스 유지를 위한 시도는 21세기에 들어서도 계속된다.[65]

2) 지방자치와 Community Minimum

지방자치단체는 헌법과 법 정신에 따라 스스로의 판단과 책임 아래에서 지역 특성과 복지 욕구 수준에 맞는 시책을 추진하고 이를 통하여 시민 최저(Civil Minimum)[66] 복지 수준이나 지역 최저(Community Minimum) 복지 수준 그리고 지역 최적(Community Optimum) 복지 수준을 충족시킬 수 있도록 노력해야 한다. 그렇지만 국민 최저(National Minimum) 복지 수준과 시민 또는 지역 최저(Civil or Community Minimum) 복지 수준은 반드시 일치하는 것이 아니며, 지방자치단체는 그 지역주민의 기초적인 욕구에 대응하는 지방 또는 지역 최저생활의 보장에 나서야 한다.

우리나라의 경우 헌법상에 국가와 지방자치단체의 복지 의무를 동시에 규정하고 있는데, 헌법 제34조는 "국가는 사회보장·사회복지의 증진에 노력할 의무를 진다"고 규정하고 있으며, 또한 헌법 제117조 1항은 "지방자치단체는 주민의 복리에 관한 사무를 처리하고"라고 규정하고 있다. 이러한 헌법규정에 따라서 지방자치법 제8조에서는 "지방자치단체는 그 사무를 처리할 때 주민의 편의 및 복지증진을 위하여 노력하여야 한다"고 함과 아울러 주민의 복지 증진에 관한 사무는 지방자치법 제9조에서 지방자치단체의 고유사무로 예시하고 있다.

한편, 분권화, 지역주민의 욕구와 행정수요의 증대, 주민의 참여의식과 지방정부의 책임성의 증대 등으로 특징지어지는 지방행정의 환경변화에 따라서 효율적인 공공서비스 제공을 통해 주민들의 증대된 요구를 충족시키고 지역사회의 삶의 질을 향상시켜야 하는 점에 대한 필요성이 더욱 강조되고 있다.

시민 또는 지역 최저(Civil or Community Minimum) 생활수준의 보장은 복지서비스의 양대 공급 주체인 민간복지기관(각종 사회사업기관)과 공공복지기관(중앙 및 지방정부) 가운데서 공공기관의 몫이라 할 수 있으며 공공기관 가운데서도 지방정부는 중앙차원의 복지정책의 틀 속에서 지역 특성에 맞도록 지역주민의 복지 수요를 감안하여 복지행정을 펴나가게 된다. 그렇지만 민간부문은 공적으로 대응하기 어려운 국민의 복지욕구를 충실히 충족시키는 부차적인 역할을 수행할 수 있기 때문에 공·사의 역할분담과 기능연계를 통해 지역복지를 추진하고자 하는 공·사 협동형 복지전략이 요청된다.

Community Minimum(지역 최저 복지 수준) 차원에서 최근 주목을 받고 있는 제도는 생활임금(living wage)이다. 생활임금은 물가와 상황을 고려한 최저생활비를 의미하는데, 최저임금(national minimum wage)이 국가 차원에서 근로자 개인의 '생존'에 필요한 최저임금 수준을 전국적·획일적 방식으로 '법'으로 정하는 것이라면, 생활임금 수준은 특정 국가 내에서도 지역 물가와 소득수준, 경제 상황 등을 고려하여 지방자치단체가 지역 특성을 반영하여 '조례'로 정하는 것이다. 이에 따라 지역별로 생활임금 수준은 각기 다르며, 실제 지역별 물가 등을 고려하여 저임금 노동자들의 기본적인 '생활'이 가능한 임금수준을 책정한다. 최저임금제가 전체 근로자를 적용대상으로 함과는 달리 생활임금제는 공공분야의 직·간접 고용근로자가 주된 적용대상이기 때문에 지역 차원에서 생활임금제가 민간부문까지 확대되기 위해서는 민간부문의 자발적 참여가 필요하다. 생활임금제는 미국의 경우 1994년 12월 볼티모어(Baltimore) 시에서 처음 도입하였으며, 우리나라에서는 2012년 11월 서울시 성북구, 노원구가 생활임금제를 처음 도입한 이후 서울시, 경기도 등 광역자치단체를 비롯해서 여타 지방자치단체로 점차 확산되어 왔다. 생활임금제는 전 세계적으로도 인식이 확산되고 정책 효과성 측면에서도 긍정적 반응을 얻고 있는데, 1999년 국가최저임금제를 도입했던 영국에서는 2016년부터 25세 이상 근로자를 대상으로 한 법정 최저임금인 '국가생활임금' 제도를 국가 차원에서 도입하고 있기도 하다.

제5절

복지서비스의 제공과 재정

1. 복지재정과 조세부담

1) 국가별 조세부담 수준

세금이 복지재원 조달의 유일한 장치는 아니지만, 그럼에도 불구하고 세금이 공공재원의 대부분을 차지한다는 것은 분명한 사실이다. 그러면 시민들에게 어느 정도의 세금을 부담시키는 것이 적정한 것인가? 그 한계는 어느 정도 수준이며 세금을 인상시킬 때 무엇이 문제되는가? 이 질문에 대한 해답을 구하기 위해서는 결국 정치경제학의 도움을 받아야 할 것이며 결정변수로는 그 사회구성원들의 수용 정도(acceptability)와 충격도(impact) 등을 들 수 있다.

주요 선진국들은 제2차 세계대전 이후 세금징수율을 계속해서 대폭적으로 높여왔지만, 1970년대 오일쇼크가 제동을 걸게 된다. 영국의 사례는 바로 이점에 대한 시사점이 매우 큰데, 영국경제는 1970년대 중반 몇 년 동안에 걸쳐 사실상 성장이 멈추었는데도 불구하고 세금은 상승하여 실질소득이 감소되었고, 이에 따라 세금부담에 대한 정치적 반응도 종전까지와는 달리 세금억제 쪽으로 크나큰 변화를 겪게 된다. 이러한 현상은 복지국가 위기 논쟁과 맞물려 미국, 덴마크, 스칸디나비아 국가들에 있어서도 유사하게 나타났다.

그럼에도 불구하고 <표 2-4>에서 보다시피 1970년대 중반 이후 몇몇 국가를 제외하고는 영국을 비롯한 대부분의 국가들의 GDP 대비 조세부담률은 일정 수준 이상을 안정적으로 유지하고 있다. 스웨덴은 45퍼센트 내외의 비교적 높은 조세부담국가로서 1975년 GDP의 38퍼센트 수준에서 1980년대 중후반에서 2000년대 초입에 이르기까지는 50퍼센트대까지 육박할 정도로 계속 상승해오다가 이후 다소 하향 조정기를 거쳐 20017년 44퍼센트 수준을 유지하고 있다. 미국과 일본은 GDP의 20 내지 30퍼센트의 낮은 수준을 일관되게 유지해 왔고, 프랑스 및 독일은 중간수준의 국가로서 40퍼센트 내외에서 조정 작업을 거쳐 왔다. 한국의 GDP 대비 조세부담률은 1975년 15퍼센트 수준에서 2000년대 들어 20퍼센트를 돌파하고 2017년 27퍼센트대를 보이는 등 그동안 상승 폭이 두드러진 것은 사실이나 다른 주요국가들에 비하면 여전히 낮은 수준에 해당된다.

<표 2-4> 조세부담률의 국가별 비교(GDP 대비 %)

국가/년도	1975	1985	1995	2005	2017
Sweden	38.9	44.8	45.6	46.6	44.0
Denmark	36.8	43.6	46.5	48.0	46.0
Finland	36.1	39.1	44.5	42.1	43.3
Norway	38.8	41.9	40.0	42.6	38.2
Netherlands	37.7	39.3	37.2	35.0	38.8
Belgium	38.7	43.5	42.6	43.2	44.6
France	35.0	42.0	42.3	42.9	46.2
Germany	34.3	36.1	36.2	33.9	37.5
Italy	24.5	32.5	38.6	39.1	42.4
United Kingdom	34.2	35.1	29.5	32.7	33.3
Spain	18.0	26.8	31.3	35.1	33.7
Canada	31.3	31.7	34.7	32.8	32.2
United States	24.6	24.6	26.5	25.9	27.1
Japan	20.1	26.4	25.8	26.2	30.6
Korea	14.9	15.8	19.1	22.5	26.9
OECD Average	28.7	31.6	33.1	33.4	34.2

주: 조세부담률은 사회보장기여금(social security contributions)을 포함한 수치이며, 2017년도 자료는 추정치로서 그 가운데 일본 자료는 2016년 수치인데 이 수치에는 사회보장기금(social security funds) 수입이 제외되어 있음.
자료: OECD. *Revenue Statistics*(https://stats.oecd.org)에서 발췌 정리.

<표 2-4>를 통해서 나타난 흥미로운 사실은 대부분의 국가들의 경우 GDP 대비 조세부담률이 역사적으로는 비록 다소간의 변동이 있었지만 일관되게 일정 수준을 계속

유지해 오고 있다는 사실이다. 이는 합리적 부담수준에 대한 사회적 합의가 국가별로 존재하고 있음을 의미한다고 해석된다.

2) 부문별 세원 비중

<표 2-5>는 세계 주요국가들의 경우 국가 및 지방을 포함한 국가 전체세입 중에서 각 부문별 세원이 차지하는 비율이 어느 정도인지를 비교해서 보여주고 있다. 영국은 그 어느 국가보다도 중앙정부 세금의 의존도가 높은데 총 세입의 5퍼센트만이 지방세로부터 조달된다. 미국과 독일은 주(state) 정부 세입 포함 시 각각 34퍼센트 및 32퍼센트이고 스웨덴도 약 35퍼센트가 지방 차원에서 조달되는 등 지방세 비중은 약 30퍼센트대이다. 한국의 경우에는 지방세 차지하는 비중이 17.5 퍼센트로서 이들 국가의 절반 수준이다.

<표 2-5> 총 국가세입 중 중앙 및 지방세입 비중 국가 간 비교(%)

구분	중앙(연방) 정부세입	주 정 부 세입	지방정부 세입	사회보장 기금	기타 (초국가)
연방국가					
Australia	79,5	16.9	3.6	-	-
Belgium	50.7	10.7	5.0	32.6	1.0
Canada	40.7	39.9	10.3	9.1	-
Germany	29.7	23.6	8.5	37.6	0.6
United States	42.1	19.4	14.5	24.0	-
단일국가					
Denmark	72.6	-	27.0	-	0.3
France	33.4	-	13.5	52.8	0.4
Italy	54.4	-	15.0	30.1	0.4
Japan	35.7	-	23.9	40.4	-
Korea	56.3	-	17.5	26.2	-
Netherlands	57.6	-	3.1	38.2	1.1
New Zealand	93.3	-	6.7	-	-
Norway	83.8	-	16.2	-	-
Sweden	52.3	-	35.4	12.1	0.3
United Kingdom	75.7	-	4.9	18.9	0.5

주: 2016년도 현재 자료임.
자료: OECD. 2018. *Revenue Statics 2018.* Paris: OECD에서 발췌 정리.

지방 차원에서 본다면 지역주민들이 자신들의 세금조달방식을 결정할 수 있다면 세금징수와 서비스 질 간의 연관성이 높아지게 되어서 지역정치인이나 서비스 제공자들로 하여금 서비스 질 향상을 도모하도록 촉구하는 것이 보다 용이해 진다.[67] 지방세 비중이 낮은 경우 지역주민들과 제공 서비스 간의 연계성 정도가 떨어질 수밖에 없다는 것은 놀라운 일이 아니다. 그렇다고 해서 완전히 모든 재원조달방식을 순수한 지방화 방식에 맡길 수는 없다. 왜냐하면, 저소득 지역은 세입원이 열악한 반면에 복지서비스 욕구는 높기 때문에, 이 경우 중앙정부는 국가 세입의 보다 많은 부분을 서비스 욕구가 높지만 재정이 열악한 지역에 재분배해줄 수 있도록 충분한 여력을 갖추어야 하기 때문이다.

여기서 특기할만한 사실은 주로 세금방식의 복지재원 조달방식을 채택하고 있는 영국, 호주, 뉴질랜드, 덴마크, 캐나다 등 몇몇 나라를 제외하고는 대부분의 나라들이 사회보장기금을 운영하면서 이 기금에서 조달하는 세입이 지방정부의 세입보다 훨씬 크다는 점이며, 독일, 프랑스 등 유럽대륙의 조합주의 유형의 복지국가들의 경우에는 사회보장기금 세입 비중이 중앙정부 세입비중보다도 높다. 이는 사회보장기여금을 토대로 하는 사회보험이 차지하는 비중이 사회보장체계에서 그만큼 크고 잘 발달되어 왔다는 반증이기도 하다.

2. 사회안전망과 공공부조

1) 공공부조의 역할

안전망(safety net)이란 용어는 서커스 연기자를 보호하기 위한 그물망을 떠올리게 하는데, 사회복지에 있어서 안전망이란 시장이나 기타 사적 자원만으로는 충분한 금전적 지원을 받지 못하는 사람들에게 국가가 나서서 제공하는 기본적 사회보호(basic social protection)를 의미한다. 안전망은 여러 형태를 띠지만, 일반적으로 개인적인 자원이 최소화되어 있는 사람들에게 금전이나 현물형태로 제공된다. 이러한 급여는 흔히 공공부조(public assistance) 또는 사회부조(social assistance)라고 불리며, 이머볼 등(Immervoll et.. al., 2015)[68]은 최소소득 급여(minimum-income benefit), 최소 안전망

급여(minimum safety-net benefits) 그리고 마지막 보루 급여(last-resort benefits) 등을 상호 교환적으로 사용하기도 한다.

유럽에서는 공공부조보다 사회부조 용어가 널리 사용되는데 이에 대해서는 명확한 정의가 없으며, 스칸디나비아 국가들에서는 소득보장뿐만 아니라 사회복지서비스까지도 연관된 개념으로 사용하고 있지만 광범위하게 사용되는 사회부조 개념은 '자산조사를 기초로 해서 최소한의 생존수준(minimum level of subsistence) 보장에 필요한 사회적 급여제공'을 일컫는다. 공공부조의 의미는 국제적으로 고정되어 있지 않은 관계로 대상자를 정함에 있어서 국가에 따라서는 고아, 이민자, 노인 등에 대한 범주적 지원(categorical assistance)을 할 경우 비 자산 조사방식을 사용하기도 하지만, 대부분의 OECD 국가들에서는 중심적인 자격조건으로 저소득 기준을 제시하면서[69] 이에 부합하는지를 광범위한 자산조사(또는 소득조사)를 거쳐 대상자 여부를 판단한다.

OCED 국가들은 여러 가지 형태의 공공부조 시스템을 가지고 있으며, 이 시스템은 초기 구빈법(the Poor Law)의 조항으로부터 출발하여 계속 발전되어 오면서 이제는 빈곤에 대처하기 위한 '마지막 보루'(last resort)로 일반화된 제도이기도 하다. 그렇지만 공공부조(또는 사회부조)가 사회보장 시스템에 있어서 차지하는 비중과 수혜 정도, 급여형태 등에 있어서는 나라마다 차이가 많다.[70] 한 국가의 광범위한 사회보장시스템에 있어서 공공부조가 재분배 수단으로서 차지하는 비중은 호주나 뉴질랜드 같은 국가에서는 가장 높은 1차 안전망 기능을 하나 대부분의 유럽대륙 국가에서는 사회보험이 사회보장에서 일차적인 역할을 수행하고 공공부조는 다른 사회보장제도에 보충적인 후순위로 작동한다.[71]

또한, 공공부조 정책수단들은 최소소득보장을 주된 목표로 삼기 때문에 최소소득 수준 이하를 대상으로 하는 일반적 지원(general assistance)이든 특정 그룹을 대상으로 하는 범주적 지원(categorical assistance)이든 현금급여가 대종을 이루나 특정 재화나 서비스(예: 주택, 의료 등)와 같은 부가적 연계지원의 경우에는 현금 또는 현물이 선택적으로 제공되기도 한다.[72]

2) 공공부조 레짐(regime)별 특성

전체 사회보장제도 내에서 사회보험이나 공공부조가 차지하는 역할과 비중은 국가

마다 다르고 심지어는 한 국가 내에서도 지역마다 다르게 나타난다. 그렇지만 사회보험은 기본적으로 본인의 기여(contributions)에 기반을 두기 때문에 수혜대상과 급여 수준이 한정적이며 이혼, 한 부모 증가 등 가족결속력의 약화 현상 가속화, 경기 악화에 따른 실업률의 증가 등 경제·사회적 상황의 변화는 자연스럽게 공공부조의 확충으로 이어지게 된다. 사회보험이 성숙되어 있는 국가들의 경우에도 공공부조는 최후의 안전망(last resort)으로서 기능하게 되며 공공부조마저 최저생활을 보장해 내지 못한다면 더 이상의 안전망은 없다고 할 수밖에 없다. 이런 측면에서 볼 때 자산조사형 복지급여를 탈 상품화(de-commodification) 정도가 낮은 것으로 평가하면서 사회보험에 초점을 맞춘 에스핑 안데르센(Esping-Andersen)의 복지국가 체제(welfare state regime)와는 또 다른 차원에서 공공부조를 중요변수로 한 복지국가 체제의 제시가 요청된다.

에스핑 안데르센(Esping-Andersen)의 복지국가 유형에 따르면 미국과 영국은 모두 자유주의 국가로 분류되지만 캐슬 & 미첼(Castles & Mitchell, 1993)은 이를 적절치 못하다고 보면서 이들 국가의 자산조사형 공공부조 프로그램을 고려치 않은 결과라고 비판한다.[73] 미국과 비교해 볼 때 영국에서는 사회보험이 제한적임에 비해서 공공부조제도가 훨씬 광역적이고 통합적으로 구축되어 있다. 이런 측면에서 본다면 영국과 미국을 단순하게 자유주의 국가라는 동일범주로 분류하는 것은 각국의 특성을 잘 반영하지 못하게 된다.

에들리 등(Eardley et al., 1996)은 공공부조예산 및 수혜범위, 급여의 상대적 수준, 규제와 행정관련 중앙·지방간 권한 범위, 자산조사의 운영방식, 급여결정시 관계관의 자율성 정도 등의 지표를 사용하여 각 국가의 공공부조 제도를 비교 분석하여 국가유형을 7가지 유형으로 분류하고 있다.[74] 이 분류에 따르면 스웨덴, 덴마크 등 노르딕 국가들은 잔여적 공공부조 국가(residual social assistance)로서 완전고용과 보편적 복지의 오래 전통을 가지고 있어 공공부조는 극히 예외적인 한계상황에서 작동한다. 프랑스와 베네룩스 국가들은 이중적 공공부조 국가(dual social assistance)로서 범주적 공공부조가 일반적 기초 사회안전망을 보완하며 국가규제체계 틀 속에서 지방정부의 재량성 또한 인정된다. 같은 유럽 국가라도 영국과 독일 등은 통합사회안전망 국가(welfare states with integrated safety nets)유형으로 분류되는데 국가별 차이는 있으나 공공부조 제도를 중앙정부가 주도하여 보편적으로 운영하는 공통점이 있다. 한편, 미국은 유일하게 공공부조 국가(public assistance state)유형으로 분류되는데, 이는 공공부조 시스템을 잘 갖추고 있다는 의미라기보다는 자산조사형 공공부조를 다양하고 광범위하게 제공하는 특성을 보여준다는 뜻이기도 하다. 미국에서는 대상자 선정을 위한 자산조사를 굉장히 엄격하게 실시하되 급여수준은 타 국가들에 비해 비교적 낮은 수준이다.

한국의 경우를 서구의 공공부조 체제(regime)의 유형과 비교하는 것은 쉽지 않다. 한국은 공공부조를 광범위하고 다양하게 제공하되 엄격한 자산조사규정 및 선정기준을 적용하고 있다는 점에서는 미국식 모델과 유사하지만, 중앙정부 주도하에 전국적인 프로그램들을 일반적으로 운영하고 있다는 점에서는 오히려 영국식 모델에 가깝다.

3) 국가별 운영실태

이머볼 등(Immervoll et. al., 2015)의 조사결과를 보면[75] OECD 주요 국가의 총 공공사회복지지출 가운데 소득테스트를 거친 현금성 급여지출이 GDP에서 차지하는 비중이 영국에서는 5퍼센트 대로서 소득테스트를 거친 현금이전 프로그램들이 중심적 역할을 하는 데 비해서 광범위한 사회보험제도를 갖춘 유럽 대륙국가들에서는 대부분이 2 내지 3퍼센트 대로서 다른 나라들에 비해 낮다. 스웨덴과 노르웨이, 미국 등은 모두 1퍼센트 대이나 노르딕 국가들은 보편적 복지제도가 잘 발달되어 있기 때문이며, 이와는 달리 미국의 경우에는 빈곤관이 매우 엄격하기 때문이다. 이러한 경향성은 그동안 국가에 따라서 다소 변동을 보여 온 것은 사실이지만 큰 골격은 지금까지도 그대로 유지되고 있다.

공공부조 급여제공수준이 최저생계 수준이 유지될 수 있도록 보장해야 한다는 압력이 계속 있어 왔지만, 공공부조가 근로활동에 대한 저해요소가 된다든지 또는 복지 의존성 증가라는 논쟁을 촉발시켜 오고 있는 것이 사실이다. 아울러 전 세계적으로 1990년대에서 2000년대에 이르는 복지개혁의 시기를 거치면서 한정된 자원을 가지고 빈곤가정의 '마지막 보루' 역할을 수행해야 할 공공부조의 성격 또한 바뀌고 있는데 이는 '근로복지'(welfare to work), 즉 '복지에서 근로로' 라는 새로운 복지 철학의 대두와 더불어 지원의 정도와 수준, 지원내용과 방법, 대상자들의 진입과 탈퇴, 지원유지 조건 등 전반적인 내용에 영향을 미치게 된다.

3. 재원조달과 서비스제공 양태

1) 라이프 사이클과 서비스 필요시기

개인이나 가족이 직면하게 되는 가장 힘든 문제는 가장 기본적이고 고비용의 지출이 필요한 시기가 우리 생애에 있어서 우리가 비용을 조달하기 어려운 바로 그 시기라는 점이다. 예를 들어 병들고 허약해질 때는 바로 근로가 불가능하고 수입 또한 얻을 수 없는 시기인데, 노인의 경우를 보면 근로활동을 할 수 없을 뿐만 아니라 비용 또한 평상시보다 훨씬 많이 지출된다.

라운트리(Rowntree, 1902)는 이러한 보호 필요성의 라이프 사이클과 전형적인 가계소득의 라이프 사이클이 불합치를 이루는 점에 주목하고 있는데[76] 오늘날에 있어서 이러한 불합치는 민간보험에 의해 보완될 수 있지만, 이 방법은 대부분의 노약자나 빈곤 그룹에는 잘 작동되지 않는 단점이 있다. 그럼에도 불구하고 대부분의 사회정책은 가계소득을 '근로 시기로부터 비 근로시기로', '고소득 시기로부터 제한된 소득 시기로' 배분하는 데 관심을 두게 되며 더 나아가 가족의 책임확대를 요구한다. 1980년대 영국에서는 재분배 복지지출의 약 4분 3이 이러한 형태(수평적 재분배)로 이루어졌으며 오직 4분 1만이 항구적 빈곤층에 대한 재분배(수직적 재분배)와 연관성을 가진 것으로 나타났다.[77]

2) 재원조달과 서비스제공의 차이

시민들의 기본욕구를 충족하기 위해서는 다양한 방법에 따라 재원조달이 이루어지고 있으며 국가가 이 모든 욕구에 대해서 주된 서비스 제공자 역할을 해야 한다고 생각하는 것은 잘못이라는 것이 주지의 사실이다. 일례로 식료품은 가장 기본적인 욕구 충족수단의 하나로서 이 이유로 인해서 일찍이 빈곤선(poverty line)을 측정하는 일차적인 토대가 되어왔고, 현재까지도 미국에서는 식료품비를 빈곤측정 수단으로 삼아오고 있다. 그렇다고 해서 재난 발생과 같은 극히 예외적인 경우가 아니라면 국가가 시민들에게 식료품을 직접 제공하지는 않는다. 즉 대부분 가정의 경우 자기 책임 아래에서 소요 재원을 조달해서 구매하며, 이는 또 다른 기본적 욕구인 주택서비스의 경우에도 마찬가지이다.

그렇지만 대부분의 선진국가에서는 빈곤층이나 소득 불안정 계층에 대해서는 이들이 기본욕구를 구매과정을 통해 충족할 수 있도록 국가가 개입하여 돕게 된다. 영국의 '통합공제'(Universal Credit), 미국의 '빈곤가정 임시지원'(TANF), 일본의 '생활보호' 등은 이러한 목적의 정책수단들이다.

기본욕구 충족을 위한 재원이 개인 자체적으로 조달되는가, 아니면 공공 부조방법에 의존하는가 여부를 떠나서 재원부담 주체(who pays for a service)와 서비스제공 주체(who provides it)가 반드시 일치하는 것은 아니다. **<그림 2-1>**은 영국의 사례를 들어 같은 국가 내에서도 재원조달이 공적으로 이루어지는 경우라도 반드시 공공기관 또는 국가 서비스 제공방식을 수반하지는 않는다는 점을 보여준다. 이러한 패턴은 각 국가별 여건에 따라서도 또 다른 양상을 보일 수밖에 없다.

<그림 2-1> 재원조달-서비스제공 양태 (영국)

		공공분야 조직			민간조직	
		중앙정부	공공수탁기관	지방정부	영 리	비영리
기 관 유 형		예) · 교도소 (HM Prisons)	예) · 국민건강서비스 (NHS) 병원 트러스트	예) · 지방교육청 관할 학교 (LEA Schools) · 임대주택 등	예) · 어학원 · 요양원	예) · 교회설립 학교 · 대학교 · 주택협회
재 정	공 공	· 내무부 (Home Office) 예산	· 지방보건기구와의 서비스 구매 계약 수입	· 중앙정부 보조금 · 지방 카운슬세	· LEA 또는 기타 공공 기관의 서비스 구매	· 정부 보조금 · LEA의 장소임차
	민 간	· 자체생산 및 기부 물품판매	· 환자의 사적 진료 대금	· 개인부담금 · 자선기금조성	· 개인이용 부담금	· 주택협회에 대한 임대료

자료: Glennerster, Howard(2003: 8).

영국 사례를 통해서 서비스 제공방식의 유형들을 살펴보면, 먼저 국립교도소와 같은 중앙정부 직접운영 형태를 들 수 있다. 또한, 보건 트러스트(health trusts)나 재단병원(foundation hospitals)과 같은 준 공공기관 형태가 있는데 이들 기관의 경우 자체 의사결정기구를 가진 준 독립기관들이다. 그리고 지방정부에 의해 운영되거나, 그렇지는 않더라도 지방정부의 최종 지도 감독을 받는 기구들이 있는데 이 경우로는 지방학교

(local schools)와 주택 단지(housing estates) 등을 들 수 있다. 여기서 지방학교들은 자체의사결정기구를 가지는 등 광범위한 독립성을 부여받아 왔으며 예산은 지방교육청들(local education authorities: LEAs)에 의해 조달받는다. 이상에서 살펴본 모든 기구들은 법률에 설립근거를 둔 법정기구들로서 의회법을 준수해야 하며 지방 및 중앙정부의 선출직들과 국가회계사무소(the National Audit Office), 회계위원회(the Audit Commission) 등의 감독책임을 받는다.

민간조직들은 이익을 추구하는 조직인지 또는 비영리 조직인지에 따라 각각 다른 법령상 근거와 자체규약 범위 내에서 활동하게 된다. 예를 들어 민간 요양원은 영리 기관에 해당되며 주택협회, 교회학교 등은 비영리기관의 범주에 속한다. **<그림 2-1>** 하단은 서비스제공기관 양태와는 별개로 재원조달방법이 공공, 민간 또는 이들의 혼합 등 다양한 형태로 이루어지고 있음을 보여준다.

영국의 지방학교(local schools)들은 주로 지방교육청(Local Education Agency: LEA)으로부터 재원 배분을 받는데, LEA 재정은 중앙정부 보조금과 지방세를 통해 조달된다. 주택협회(housing associations)는 비영리기관으로서 신규 건설된 거의 모든 사회주택(social housing)의 운영책임을 맡고 있는데, 이들 기관의 재정 원천은 정부로부터의 보조금, 민간 차입금, 임차인으로부터의 임대수입 등으로 구성된다.

영국의 NHS 병원 트러스트(NHS hospital trusts)들은 지방 보건기구(local health authorities)나 1차 진료 트러스트(primary care trusts)와 맺은 계약에 수입을 의존해야 한다. 또한, 사적 환자진료에 대해서는 개인에게 진료비용을 별도로 부담시킨다. NHS 병원들의 주된 재원 조달원은 정부와 납세자들이지만 기부금이나 매점운영 수입 등으로 소액이나마 자체적으로 수익을 조달하기도 한다. NHS 시스템상의 재원조달과 서비스 제공방식과는 달리, 한국을 비롯한 몇몇 국가들에서는 재원조달은 공공부문이 담당하지만, 대부분의 진료서비스는 민간 의료기관들이 담당한다.

Notes

1) 이현주 등. 2003. 『공공부조와 사회복지서비스의 체계분석 및 재편방안』. 한국보건사회연구원. p.60.

2) ILO. 1984. *Introduction to Social Security*. Geneva: ILO. pp.3-7.

3) Pincus, A. & A. Minahan. 1973. *Social Work Practice: Model and Method*. Itasca, Illinois: Peacock Publishers. pp.3-9.

4) Gilbert, Neil and Paul Terrell. 2014. *Dimensions of Social Welfare Policy. Eighth Edition*. Pearson. chapter 3.

5) Gilbert, Neil and Paul Terrell (2014: chapter 3)에서는 elements of an analytic framework를 dimensions of choice의 관점에서 분석하고 있다. 각 선택의 차원을 점검하기 위해서는 ① range of alternatives, ② social values, 그리고 ③theories 등 3가지 축이 사용된다.

6) Skocpol, Theda. 1991. Targeting within Universalism: Politically Viable Policies to Combat Poverty in the United States. *The Urban Underclass*. In Christopher Jencks and Paul Peterson(eds.). Washington D.C.: The Brookings Institution. pp.411-59; Garfinkel, Irwin et. al.(eds.). 1996. *Social Policies for Children*. Washington D.C.: The Brookings Institution. pp.33-82.

7) Schorr, Alvin. 1986. *Common Decency*. New Haven, C.T: Yale University Press. p.31.

8) Myrdal, Alva. 1968. *Nation and Family*. Cambridge, M.A.: MIT Press. pp.133-53.

9) 현금 혹은 현물 급여 가운데 어떤 형태가 바람직하며 국가사회 전체에 미치는 효과 등에 대한 자세한 논의는 Buchanan, James. 1968. What Kind of Redistribution Do We Want? *Economica, 35(138)*. pp.185-190. 그리고 Rein, Martin. 1971. Social Policy Analysis as the Interpretation of Beliefs. *Journal of the American Institute of Planners, 37(5)*. pp.297-310 참조.

10) 빈곤초래요소에 대한 보다 자세한 논의를 위해서는 Rein, Martin. 1970. *Social Policy*. New York: Random House. pp.417-45 참조.

11) Starobin, Paul. 1998. The Daddy State. *National Journal*. March 28.

12) Friedlander, W. A. & R. Z. Apte. 1980. *Introduction to Social Welfare, 5th ed*. Englewood Cliffs, New Jersey: Prentice-Hall. p.181.

13) Gilbert & Terrell (2014:170).

14) Perlman, Robert. 1975. *Consumers and Social Services*. New York: John Willy. pp.103-107.

15) Trecker, Harleigh B. 1971. *Social Work Administration: Principles and Practices*. New York : Association Press. p.18.

16) Payne, Malcolm. 1995. *Social Work and Community Care*. London: Macmillan. p.182.; Butcher, T. 1995. *Delivering Welfare: The Governance of the Social Services in the 1990s*. Open University Press. pp.139-141.

17) Wright, Deil S. 1988. *Understanding Intergovernmental Relations*. Belmont, CA: Wadsworth Publishing Company. p. 40.

18) White, Stuart. 2003. *The Civic Minimum on the Rights and Obligations of Economic Citizenship*.

Oxford: Oxford University Press. p.131.

19) *Ibid.* p.133.

20) Rowntree, B. S. 1902. *Poverty : A Study of Town Life*. London: Macmillan. p.87.

21) Field, Frank. 2000. *Making Welfare Work*. New Barnswick, New Jersey: Transaction Publishers. pp.80-82

22) *Ibid.* p.83.

23) Rowntree, B. S. (1902:107-108).

24) White, Stuart. 2004. Social Minimum. In *The Stanford Encyclopedia of Philosophy, Winter 2004(ed.)*. Stanford University.

25) Dolgoff, Ralph & Donald Feldstein. 2007. *Understanding Social Welfare : A Search for Social Justice*. New York: Pearson. pp.8-9.

26) Nussbaum, Martha C. 1999. *Sex & Social Justice*. New York : Oxford University Press. pp.39, 41.

27) Orshansky, M. 1965. Counting the Poor: Another Look at the Poverty Profile. *Social Security Bulletin 28*. pp.3-29.

28) Townsend, Peter. 1979. *Poverty in the United Kingdom: A Survey of Household Resources and Standards of Living*. Berkeley: University of California Press.

29) Rainwater, L. 1974. *What Money Buys*. New York: Basic Books..

30) Chakravarty, Satya R. and Amita Majumder. November 2005. Measuring Human Poverty: A Generalizes Index and an Application Using Basic Dimensions of Life and Some Anthropometric Indicators. *Journal of Human Development, Vol. 6, No. 3*. pp.275-278.

31) UNDP. 2018. Human Development Reports. Accessed http://hdr.undp.org/en/2018-MPI(2019.6.12).

32) DiNitto, Diana M. 2007. *Social Welfare : Politics and Public Policy*. New York: Pearson. pp.372-377 참조.

33) U.S. Bureau of Labor Statistics. 2018. Labor Force Statistics from the Current Population Survey. Accessed https://www.bls.gov/cps/tables.htm#minimum(2019.5.20).

34) 2017년 고용노동부 고용형태별 근로실태조사기준에 따르면 한국의 최저임금 이하 노동자 비율은 13.9퍼센트에 이른다.: 이재훈. 2018.7. 『미국 최저임금 현황과 인상효과』. 정책보고서 2018-03. 민주노총정책연구원. pp.7-8.

35) 미국 연방 노동통계국(BLS)에서는 주당 35시간 이상 근로자를 full-time 근로자로 분류한다.

36) 오상봉. 2015.4. "미국 최저임금제도의 최근 동향". 『국제노동브리프』. 한국노동연구원. pp.37-51.

37) United States Department of Labor. state and local web sites.

38) Epstein, G. January 23, 1995. A boost in the minimum wage doesn't always produce the expected result. *Barron's LXXV (4)*. p.42.

39) Butcher, Tim. 2016.4. "영국 최저임금의 과정, 영향 및 향후 전망". 『국제노동브리프』. 한국노동연구원. pp.17-24.

40) U.K. Low Pay Commission. 29 October 2018. Press release. "LPC welcomes acceptance of its 2019 minimum wage rate recommendation".

41) U.K. Low Pay Commission. March 2018. *The Minimum Wage in 2018.* pp.1-13.

42) U.K. Low Pay Commission, November 2018. *National Minimum Wage: Low Pay Commission Report 2018.* Crown. Chapter 5.

43) 고용노동부. 2019.1. "개정 최저임금법령 설명자료".

44) "2000-2017년 중소제조업의 노동생산성은 1.8배 증가했는데 비해서 같은 기간 동안 최저임금은 4배 정도 증가했다. 더구나 한국은 전체 취업자 가운데 자영업자가 차지하는 비율이 25% 정도로서 미국, 일본 등 선진국에 비해 2-3배나 많아 최저 임금인상의 충격 범위가 그만큼 넓을 수밖에 없는 여건이다"; 동아일보. "나라마다 다른 최저임금, 문제는 속도다"(2018. 7. 18.자 사설)

45) 세계은행(World Bank)은 2008년 이래 사용해 왔던 1.25달러(1인당 하루 기준 생활비)의 국제 빈곤선(International Poverty Line)을 2015년 10월부터 1.90달러로 상향 조정하였다. (자세한 내용은 http://www.worldbank.org/en/topic/poverty/brief/global-poverty-line-faq 참조, 2019.4.17. 인출)

46) Smeeding, Timothy M., Lee Rainwater and Gary Burtless. 2001. U.S. Poverty in a Cross-national Context. In Sheldon H. Danziger, Robert H. Haveman (eds.). *Understanding Poverty.* New York: Russel Sage Foundation. p.164.

47) Webb, Sidney and Beatrice Webb. 1963. *English Poor Law History.* London: Frank Case. pp.52-66.

48) Poynter, John R. 1969. *Society and Pauperism.* London: Routledge & Kegan Paul. p.50.

49) Dolgoff, Ralph and Donald Feldstein. 2003. *Understanding Social Welfare, 6th Edition.* Boston: Allyn and Bacon. p.49.

50) 영국의 구빈법은 거듭되는 개정에도 불구하고 비용의 증대와 비 인도적 처우 등 다방면에 걸친 비판이 제기 되어왔다. 이러한 문제점을 조사해결하기 위해 1832년 왕립 조사위원회가 설치되어 1834년 조사보고서를 내놓게 되는데 조사위원회가 제시한 건의사항들을 반영하여 1884년 이른바 신 구빈법이 탄생하게 되는데, 신 구빈법에는 ①열등처우의 원칙(principle of less eligibility) ②작업장수용의 원칙(principle of workhouse system) ③전국적 통일의 원칙(principle of national uniformity) 등 3대 원칙이 담겨져 있다. 이러한 신 구빈법의 내용과 정신들이 영국과 미국의 근대 공공부조제도에 미친 영향은 지대하다..

51) Burch, Hobart A. 1999. *Social Welfare Policy Analysis and Choices.* New York: The Haworth Press. pp.329-330.

52) Roosevelt, Franklin. June 8, 1934. *Message to Congress reviewing the broad objectives and accomplishments of the administration.*

53) Clasen, Jochen and Richard Freeman(eds.). 1994. *Social Policy in German.* New York: Harvester Wheatsheaf.

54) 김정한·박찬임·오학수. 2004. 『기업복지의 실태와 정책과제』. 정책연구 2004-08. 한국노동연구원. pp.111-114.

55) Sharpe, Lawrence J. 1970. Theories and Values of Local Government. *Political Studies, 18(2).* pp.153-174.

56) Rhodes, R.A.W. 1986. The Changing Relations of the National Community of Local Government, 1970-1983. In M. Goldsmith(ed.). *New Research in Central-Local Relation.* Vermont: Gower.

pp.13-15.

57) Cockburn, Cynthia. 1977. *Local State*. London: Plato.

58) Saunders, Peter. 1984. Rethinking Local Politics. In M. Boddy & C. Fudge(eds). *Local Socialism*. London: Macmillan.

59) Wright, Deil S.(1988:40).

60) Musgrave, R. .A and P. B. Musgrave. 1980. *Public Finance in Theory and Practice, 3rd. ed.* New York: McGraw-Hill Inc.

61) Richan, Willard C. 1981. *Social Service Politics in the United States and Britain.* Philadelphia: Temple University Press. p.15.

62) Benjamin, R. W. 1977. Local Government in Post-Industrial Britain. In V. Ostrom and F. P. Bush(eds). Comparing Urban Service Delivery Systems: Structure and Performance. *Urban Affairs Annual Reviews, Vol. 12.* Beverly Hills, California: Sage. p.152.

63) Scarrow, H. A. 1971. Policy Pressures by British Local Government. *Comparative Politics 4, No. 1.* p.22.

64) 김순은. 2005. "영국정부와 지방정부 간의 정부간 관계의 혁신적 모형". 『지방행정연구』, 제19권 제2호(통권 61호). pp. 16-24.

65) The Secretary of State for Communities and Local Government. September 2009. *Government response to the Communities and Local Government Select Committee report into the balance of power: central and local government. Cm 7712.* The Stationery Office Limited. pp.1-6.

66) 일본의 정치경제학자 Keiichi Matsushita에 의하면 시민최저수준(civil minimum)이란 각각의 도시 정부들이 도시지역 생활에 필요한 최소한의 보장기준을 의미하는데 그 기준은 각 도시마다 달라지며 국민최저수준(national minimum)보다는 높아야 한다. civil minimum은 생활권(the right to life)으로서 사회보장에다가 사회간접자본, 공공보건 등도 함께 고려한다.: Matsushita, K. 1973. Civil Minimum and Urban Policy. Contemporary Urban Policy X: Civil Minimum. Tokyo: Iwanami-syoten. pp.3-28.

67) *Ibid.* p.42.

68) Immervoll, H., S. Jenkins and S. Königs. 2015. Are Recipient of Social Assistance 'Benefit Dependent'?: Concepts, Measurement aqnd Results for Selected Countries. *OECD Social, Employment and Migration Working Papers, No. 162.* OECD Publishing. Paris. pp.11-12.

69) *Ibid.* p.12.

70) Eardley, Tony. 1996. From Safety Nets to Springboards: Social Assistance and Work Incentives in the OECD Countries. *Social Policy Review 8.* London: Social Policy Association. pp.265-268.

71) Immervoll, H., S. Jenkins and S. Königs(2015:.17).

72) Eardley, T., J, Bradshaw, J. Ditch, I. Gough, & P. Whiteford. 1996. *Social Assistance in OECD Countries.* Department of Social Security Research Report. London: HMSO. pp.2-3.

73) Castles, F. and D. Mitchell. 1993. Worlds of Welfare and Families of Nations. In F. Castles(ed.). *Families of Nations: Patterns of Public Policy in Western Democracies.* Aldershot: Dartmouth. pp.93-128.

74) Eardley, T., J. Bradshaw, J. Ditch, I. Gough and P. Whiteford. 1996. *Social Assistance schemes in OECD countrie*s. Department of Social Security Research Report No. 46. London: HMSO. pp.165-171. Eardley 등은 공공부조의 유형을 ①selective welfare systems, ②public assistance state, ③welfare states with integrated safety nets, ④dual social assistance states, ⑤rudimentary assistance, ⑥residual social assistance, ⑦highly decentralised assistance with local discretion 등 7가지 유형으로 분류한다.

75) Immervoll, H., S. Jenkins and S. Königs(2015:12-13).

76) Rowntree, B. S. 1902. *Poverty: A Study of Town Life*. London : Nelson. Reissued(2000) by The Policy Press for the Joseph Rowntree Foundation, Bristol.

77) Falkingham, J. and J. Hills. 1995. T*he Dynamic of Welfare: The Welfare State and Life Cycle*. Hemel Hempstead: Prentice Hall.

제3장
정치 이데올로기와 복지개혁

제1절

자유주의 정치 이데올로기와 복지

1. 미국의 정치 이데올로기와 복지

1) 미국의 복지체계와 자유주의

자유주의는 자본주의와 함께 미국의 공공복지정책에 영향을 미쳐온 중요한 신 개념체계라고 볼 수 있다. 자유주의의 본래적 의미는 미국에서 현재 정치적 측면에서 논의되고 있는 개념과는 상충되게 정의된다. 본래의 자유주의(liberalism) 이데올로기에서는 개인주의(individualism) 덕목과 제한된 정부기능을 강조한다. 그러나 정치적 관점에서 보면 현재의 자유주의에서는 정부의 역할로서 규제자와 분배자 기능도 담당하는 확장된 역할수행을 지지하고 있다.[1]

초기 자유주의는 개인적 자유를 가장 중요한 가치로 삼았기 때문에 개인과 정부의 관계가 중점 관심사였으며, 따라서 아담 스미스(Adam Smith)의 자유방임주의(laissez faire)까지는 아니더라도 국가 간섭의 최소화에 관심을 갖는다. 그러나 보이지 않는 손(invisible hand)에 의한 자정 기능 기대는 대공황(the Great Depression)과 같은 경제·사회적 대사건들에 의해 무너진다.

완전한 자유는 무정부주의를 초래할 위험성이 있기 때문에 전통적 자유주의자들은 사회질서 유지권을 가지는 정부 기능은 인정하되 이는 객관적이고 합리적인 법에 의해서만 가능하다고 본다. 이러한 전통적 자유주의 개념은 현재의 정치적 보수주의자들의 주장과 매우 흡사하다. 로위(Lowi, 1969)는 자유주의 논의를 완전히 배제한 채로 자유주의 또는 보수주의라는 라벨(label)을 사용하는 것은 혼란스러울 따름이며, 공적 이슈 처리 방향은 자유주의냐 보수주의냐에 따라 일관성을 가지고 있는 것이 아니고, 다만 차이가 있다면 전자는 공적 수단을, 후자는 사적 수단을 통해 시장에 참여한다고 본다.[2]

미국 복지체계와 자유주의(liberalism) 정치이념은 매우 밀접하게 연관되어 있다. 자유주의 논쟁이 심화 되었던 루스벨트(Franklin Roosevelt) 대통령의 뉴딜(New Deal)과 존슨(Lyndon Johnson) 대통령의 위대한 사회(the Great Society) 시기에 정치적 자유주의 논쟁이 화두가 되어 각종 정책토론을 지배하고 아울러 미국 복지시스템이 발전하면서 복지의 급격한 확장이 이루어졌는데 반해서, 자유주의 논쟁이 시들해진 1990년대에는 대폭적인 복지의 축소가 이루어진 것을 볼 수 있다. 자유주의가 내포하는 이상주의는 복지토론에 있어서 비판의 대상이 되어오기도 했지만, 또 한편으로는 복지정책의 번성과 영광을 가져온 원천이기도 한 것이 사실이다.

자유주의는 루스벨트(F. Roosevelt) 대통령이 빈곤 구제정책을 펼치면서 이 용어를 직접 사용하면서 미국의 자유주의 전통과 빈곤 구제가 연관성을 가지게 되었는데 1960년대 이전에는 자유주의자들의 정치, 경제적 신념은 전통적 사회관계를 존중한다는 점에서 보수주의자들의 생각과 일반적으로 다르지 않았다고 볼 수 있다. 그러나 자유주의는 복지국가 이념과 가족관계의 변화에 따라 변화과정을 거치게 된다. 특히나 이혼, 혼외출산 등 가족관계 해체 현상과 이에 따라 초래되는 사회불안 요소 대처방식에 있어서, 자유주의는 이를 개인적 차원의 선택사항으로 보아 관용하면서 아동부양가정지원(Aid to Families with Dependent Children: AFDC) 같은 국가 차원의 재정적 지원을 불가피한 것으로 받아들이게 되는데, 이러한 태도는 전통적 사회 가치의 울타리를 뛰어넘는 것이기도 하다. 그러나 실제로 무엇이 자유주의인가에 대해서는 워낙 의견이 분분해서 일치된 정의를 내리기가 쉽지 않다.

개인의 자유와 자주성을 강조하는 고전적 의미의 자유주의는 사적 영역에 대한 간섭을 금기시해 왔기 때문에 원칙적으로 자유주의와 빈곤 구제의 이념적 관계성은 미약한 것이 사실이다. 고전적인 자유주의는 정부 권력의 집중에 반대한다. 1931년 미국의 후버(Herbert Hoover) 대통령은 '정부가 시민들의 자유로운 생각과 영혼에 관한 지도자는 되지 않은 채 시민들의 일상생활에 대한 통제력만을 확장할 수는 없다'고 말한 바있다. 고전적 자유주의 관점에서 볼 때 사회는 수요와 공급원리에 따라 움직이는 자유시장 시스템을 통하여 가장 잘 작동하게 된다. 따라서 고전적 자유주의 개념에 따르면 복지성 급여가 불가피한 상황에서도 직접지원보다는 소비자의 선택과 공급자 간 경쟁을 극대화할 수 있도록 바우처(voucher)나 세금공제제도 같은 제도를 선호하게 된다.[3] 그렇지만 빈곤층에 대한 국가 차원의 책임 문제의 대두는 전통적 의미의 자유주의를 변화시켜서 국가의 개입을 촉발하게 되는데, 이에 대해서는 '고전적 자유주의' 개념과 대비시켜 '사회적 자유주의'라고 부른다.[4]

자본주의의 폐해를 치유하기 위한 모토로서의 '자유주의'(Liberalism)는 미국보다 훨씬 이전인 19세기 후반 영국 자유당 글래드스톤(William Gladstone) 정부 아래에서 복지정책의 기반을 제공하게 되며, 미국에서는 루스벨트(F. Roosevelt)가 그의 뉴딜정책을 자유주의적이라고 부르면서 자유주의와 복지국가와의 관계성이 전면에 부각 되었고, 존슨(L. Johnson) 대통령의 '빈곤과의 전쟁(the War on Poverty)'에 이르러 절정에 이르게 된다. 존슨(L. Johnson)은 소외계층과 중산층을 모두 이롭게 하는 이데올로기로서 '자유주의'를 제시하였다.

루스벨트(F. Roosevelt)는 정부란 새로운 사회문제에 대처해 나가기 위해서 자원과 권력을 사용해서 보통사람들의 정치 경제생활에 대한 권리를 확보해 주어야 한다고 말한다.[5] 루스벨트(F. Roosevelt)는 당시 뉴딜 개혁에 반대하는 사람들을 보수주의자(conservatives)라고 칭하면서 경멸했는데, 이는 1980년대 보수주의자들이 '자유주의'라는 용어를 부정적 의미로 사용했던 경우와 다름없다. 미국 정치의 양대 캠프인 '자유주의'와 '보수주의' 구분은 이러한 루스벨트의 구분에서부터 보편화 되었다고 볼 수 있다. 그러나 로위(Lowi, 1995)에 의하면 '보수주의'라는 개념 자체도 '자유주의'와 마찬가지로 명확한 이론적 기반이 있다고 볼 수 없고 용어 사용에 있어서도 매우 부적절한 경우가 많다고 하면서, 사실 1930년대까지만 해도 공화당이 진정한 '자유주의' 정당이고 1930년대 이전에는 '보수주의'는 민주당과 더 결부되어 있다고 말한다.[6]

2) 자유주의 복지체계에 대한 경고

자유주의 복지체계는 소위 신보수주의자들에 의해 경고를 받게 되는데 이들 대부분은 전직 자유주의자들로서 '신보수주의' 그룹의 대부라고 불리는 크리스트(Irving Krist)에 의하면 복지나 국가의 역할 자체를 훼손·부정하는 전형적인 보수주의와는 다르다는 의미에서 신보수주의자라 칭한다. 이들은 복지국가 자체는 수행해야 할 일정 부분 타당한 역할이 있지만, 수혜자들의 도덕적 해이와 온정주의 그리고 관료적 개입은 제거되어야 하며, 이를 극복하기 위해서는 시장경제를 보다 존중해야 한다고 주장한다.[7] 즉 정부가 모든 사회문제를 해결할 수는 없고, 해서도 안 된다는 것이 이들 주장의 요지이다. 1970년대 초반부터 태동하기 시작한 신보수주의는 자유주의적 복지정책이 사람들로 하여금 정부에 대한 의존성을 강화시키고 가족이나 지역사회기관을 통한 전통적인 문제해결 구조를 약화시켰다고 비판하는데[8] 이는 복지국가를 바라보는 신보수주의자들의 일반적 견해이기도 하다. 1970년대, 1980년대의 신보수주의자들은 전통적 보수주의자들처럼 복지국가 자체를 부정하는 것은 아니고 효과적으로 관리된 최소복지국가(Minimalist Welfare State)를 지지했다.[9]

자유주의와 복지개혁과의 관계를 살펴보면, 1970년대 이래로 레이건(Ronald Reagan) 대통령과 전 연방 하원의장 깅그리치(Newt Gingrich) 등에 의해 자유주의를 향한 공격이 거세지면서 보수주의자들은 자유주의를 가족의 가치나 법, 애국주의 등을 경시하는 상징적 용어로 풍자하는 데 성공하였으며, 그 결과 자유주의라는 용어와 결부된 그 어떤 운동이나 정책도 상처받지 않고 온전하게 살아남지 못하게 되는데, 이처럼 만연한 자유주의에 대한 냉소적 시각은 복지정책의 질과 타당성에 대한 불신으로 연결되어 1996년 개인책임과 근로기회조정법, 일명 복지개혁법(Personal Responsibility and Work Opportunity Reconciliation Act of 1996: PRWORA)의 탄생으로 이어진다.

자유주의적 복지국가에 대한 비판은 미국식 자유주의에 대한 대항 세력으로 1970년대에 등장하기 시작한 '뉴라이트'(New Right) 운동으로서도 나타나는데 이들은 기본적으로 보수주의적 시각을 가지고 미국식 복지국가의 정당성 자체를 부정한다. 미국의 뉴라이트는 영국의 뉴라이트와는 관심의 주안점이 다르다. 영국의 뉴라이트들은 경제학자나 기업가들로서 주로 경제문제에 관심을 둔 데 반하여, 미국의 경우는 경제문제보다는 사회적 이슈에 관심이 많다.

유럽의 보수주의자들은 복지국가를 노동과 자본의 불가피한 타협의 소산물로 받아들일 용의가 있는 데 반하여, 미국의 보수주의자들은 타협보다는 법과 질서에 의한 개선책 마련을 선호해왔다. 따라서 복지국가에 반대하는 정치적 흐름이 대세를 이루게 된 것을 영국을 포함한 유럽지역에서는 새로운 현상으로 보지만, 반 복지국가를 표방하는 미국의 뉴라이트 입장에서는 통상적인 보수주의 운동이 전면에 나선 것이지 새로운 아이디어나 아젠다가 등장한 것이라고 보지는 않는다.

신보수주의와 뉴라이트는 비록 정도의 차이는 있지만 모두 보수주의 브랜드를 가지고 자유주의에 대한 개혁을 지지한다는 점에서 공통점이 있으며, 1980년대에 태동한 '신자유주의'(Neo-liberalism)와도 맥을 같이 한다.[10) 즉, 신자유주의(Neo-Liberalism)는 신보수주의(Neo-Conservatism)와 상호 교환될 수 있는 개념이다. 양자는 개인주의와 자유시장에 대한 강조, 그리고 사회질서를 중시하는 가치들을 동시에 내포하고 있다. 즉, 이 두 가지 용어 가운데 신보수주의는 1979년 영국의 대처(M. Thatcher) 및 1981년 미국의 레이건(R. Reagan) 정부가 등장하여 펼친 사회개혁정책 기조를 지칭하여 사용되었던 반면에, 신자유주의는 1980년대 말 사회주의 국가의 몰락과 세계화의 급진전에 따라 자유경쟁 및 경제적 효율성과 같은 가치들이 더욱 존중받게 됨으로써 급부상하게 되었다.

자유주의와 보수주의의 혼합을 제안하고 있는 방식은 '제3의 길' 접근방식이라고도 할 수 있다. 물론 미국 클린턴(Bill Clinton) 대통령과 및 영국 블레어(Tony Blair) 수상 등의 제3의 길 노선 사이에는 자유주의와 보수주의 혼합 정도에 편차가 많은 것이 사실이다. 제3의 길이라는 용어는 미국보다는 영국에서 자주 사용된다. 제3의 길(the Third Way)은 미국에서는 클린턴(Bill Clinton)의 민주당, 영국에서는 블레어(Tony Blair)의 노동당으로 하여금 재집권을 가져다주었으며, 단순한 정당의 집권전략이 아니라 공공철학이 되었다.[11) 복지 수혜 기간 제한과 근로 조건부급여 등 보수주의 시각을 받아들여 입법화된 미국의 1996 복지개혁법(PRWORA)은 바로 '제3의 길'의 산물이라고 볼 수 있으며, 또 다른 측면에서 보자면 전반적으로 자유주의 복지시스템을 해체하여 보수주의적 대안들로 재정비한 것이기도 하다.

2. 영국의 정치 이데올로기와 복지

1) 영국의 복지체계와 자유주의

영국 '자유주의'(liberalism) 창시자는 로크(John Locke)로 일컬어지는데,[12) 그는 생명,

자유, 그리고 재산에 대한 인간의 기본권을 믿었지만, 이러한 권리는 법에 의해 주어지는 것이지 절대적이거나 비 조건적이라고 여기지는 않았다. 로크(J. Locke)는 인간의 다양성을 전제로 서구 다원주의(pluralism)의 철학적 골격을 제공했으며, 다원주의는 자유 사회에서는 하나의 기준을 가지고 모두를 만족시킬 수 없지만, 서로 다른 정치적 목표는 모두가 바람직한 방향으로 나아갈 수 있도록 서로 타협해야 한다는 점을 전제로 한다.[13] 로크(J. Locke)가 근대 자유주의의 철학적 기초를 제공했다면, 이를 뒷받침하는 정치 경제학적 이론가들로는 스미스(Adam Smith), 맬더스(Thomas Malthus), 리카르도(David Ricardo) 등을 들 수 있다. 이들은 무역자유화와 시장경제의 이점에 대한 이론적 틀을 마련했다.

영국에서 '자유주의'라는 용어는 1830년대에 들어서 자주 사용되게 되며, 1859년에는 자유당이 공식적으로 자유주의 정치이념을 표방하며 출범하게 된다. 그리고 19세기 후반 들어 개인과 국가, 사회 간의 관계를 재정의하는 사상가들과 정치가들이 나타나는데, 이들은 고전적 자유주의 전통 내에서 사회정의를 구현해 나가기 위해서는 보다 많은 국가적 개입이 정당화된다는 논거를 제공하게 된다. 이들의 주장에 따르면 개인적 자유를 공평하게 즐기기 위한 전제조건으로서 복지제공이 보다 공평하게 이루어질 때 비로소 사회적 정의실현이 가능하다고 본다. 영국에서 오늘날 신자유주의라고 알려져 있는 정치적 운동은 이러한 사고에 바탕을 두고서 복지서비스에 있어서 각 개인의 책임과 도덕성을 강조하는 점이 특징이다.

정치적 주의·주장들은 상호 간에 끊임없이 아이디어를 교환하고 영향을 주어 왔으며, 때로는 정당이란 벽을 뛰어넘기도 한다.[14] 영국에 있어서 오늘날 '구 자유주의'에 대한 진정한 의미의 계승자는 뉴 라이트(New Right)나 보수당(Conservative)이며, 노동당(Labour)이 '신자유주의' 전통을 어떠한 형태로 반영해 나갈 것인지는 단언할 수 없으나 영국 노동당의 복지 다원주의적 성향은 분명해 보인다. 자유주의가 보수주의에게 그러했던 것처럼 보수당 정부의 자유시장주의는 노동당의 정책에 심대한 영향을 주었으며, 노동당은 더 이상 노동조합운동과 특별한 관계를 유지하지 않게 된다.

2) 영국식 복지국가에 대한 우려

영국에 있어서 복지국가에 대한 우려는 다양한 형태의 보수주의적 사고에 기반을 두고 있다. 이러한 보수주의에 기반을 둔 비판적 시각은 전통적 보수주의, 뉴 라이트 (New Right), 신고전주의적 자유주의(Neoclassical Liberal) 등의 형태로 명명될 수 있는데, 이러한 아이디어들의 실체는 동일한 것은 아니지만 사회민주주의적 사고에 반대한다는 점에서는 지향점이 같다. 사실 영국의 전통적 보수주의자들은 빈곤층 지원에 적대적이지 않았고 심지어는 전후 복지국가 탄생에 적극적인 주장을 내놓기까지 했다. 예를 들어 복지시스템의 성장에는 이의를 제기하면서도 국민건강서비스(NHS)나 사회보험시스템에 대해서 공개적으로 문제를 삼지는 않았다.

신고전주의적 경제학자나 고전적 자유주의자들은 복지시스템상의 비용과 효율성에 주된 관심을 두는 데 반해, 보수주의자들은 관대한 복지시스템에서 초래되는 도덕성의 붕괴나 복지국가 성격 변화와 연관시켜 비판을 제기한다. 신고전주의적 자유주의들의 사고에는 '자유'(liberty)에 대한 신념이 자리 잡고 있기 때문에 복지시스템의 형태도 수급자들이 자신들에게 제공되는 급여의 사용에 대해서 완전한 선택의 자유를 가질 수 있도록 설계되는 것이 바람직하다고 본다. 즉, 신고전주의자들은 제공된 급여가 수급자 자신의 선택에 따라 어떤 복지 관련 목적으로 쓰여도 관계없다고 본다. 이러한 의미에서 급여의 형태는 현금이 최상이 된다. 이러한 주장의 근거에는 국가가 특정 재화를 공급하면 수급자는 본인의 선호에 관계없이 이를 의무적으로 사용해야 한다는 '복지 온정주의'(paternalism)에 대한 뿌리 깊은 불신이 깔려 있다. 그러나 바로 이점이 보수주의자들의 견해와 다른 점이기도 하다.

보수주의자들은 현금 위주 급여는 단순히 시장경제의 이익추구 원리를 공공의 영역으로 옮겨온 것에 불과하기 때문에 사회에 대한 의무감을 인식하지 못한 채 자기 이익만을 주장하는 균열된 사회가 초래되게 된다고 본다. 보수주의자들의 사고에는 모든 사람은 자신을 돌보아 준 사회에 대해 적절한 행동을 취해야 할 의무가 있다는 '상호주의'(reciprocity) 신념이 내재 되어있다. 이러한 생각이 바로 '근로 복지'(workfare) 정책의 기저에 깔려 있으며, 최근에는 미국에서는 이러한 점이 급여제공 조건으로서 의무화되었고 점차 영국 보수주의 복지정책의 목표가 되고 있다.

제2절
복지개혁 작업과 정책이동

1. 근로연계복지와 정책이동

1) 정책의 국제적 이동(policy transfer)

역사적으로 볼 때 사회정책에 대한 연구는 많은 나라들의 경우 각국의 사회행정 전통으로부터 강한 영향을 받아왔다. 즉, 사회행정적 접근방법은 점진적 개혁을 추구하고자 하는 구조적 틀 속에서 실용주의와 문제해결이라는 관점을 강조하고 있는데,[15] 이는 결과적으로 이론적인 사항보다는 실행에 옮겨진 정책사례들에 관심을 두게 되며 이 경우 각 국가들의 우수한 정책사례들은 비록 결론 그 자체가 될 수는 없겠지만 정책결정 시 중요한 참고사항인 것만은 분명하다.

존스(Jones, 1985)가 언급하고 있듯이[16] 국가 간 비교분석을 통한 연구는 이를 통해서 보다 많은 정책적 아이디어를 제공받을 수 있을 뿐 아니라 자국의 정책 환경을 보다 잘 이해할 수 있게 해 준다. 또한 비교분석 연구는 한 나라가 새로운 아이디어를 사전 테스트해 보는 것은 쉽지 않은 일이기 때문에 다른 나라에서의 경험을 살펴보는 것이 일정 형태의 정책시스템이 잘 작동할 것인지 여부를 미리 따져보는데도 매우 유용하다 할 것이다. 어떤 정책은 다른 나라의 정책을 그대로 복사해 놓은 것처럼 보이는 경우도 있는데, 물론 이 경우에도 도입한 정책이 항상 성공적이지는 못하다. 그러므로 비교분석적 접근은 관심 분야에 대한 정책이 어떤 나라에서 실행되어왔다는 사실 그 자체로부터 교훈과 시사점을 찾고자 하는데, 어떤 경우에는 당초의 정책의도와는 다른 방향으로 전개되고 때로는 원래의 제도 모습과는 변형된 형태로 시행되기도 한다는 사실을 발견하게 된다. 일례로 영국은 호주의 편부모 아동 보조금 정책을 차입했지만, 호주에서는 아동 보조금 업무를 세금 관리부서에서 취급한 반면에 영국은 이를 사회보장 부서에서 맡도록 했다.

1980년대, 90년대의 영국 정부는 정책을 입안함에 있어서 특별하게도 미국, 그중에서도 미국의 특정 주(state)에 주목하는 경우가 많았다. 당시에 클린턴 미국 대통령(President Clinton)과 블레어 영국 수상(Prime Minister Blair)간의 견해가 유사했던 관계로 영국의 정책입안자들은 근로연계복지(welfare to work)에 관한 정책 아이디어에 관심을 두고 미국의 복지개혁을 연구하고 특히나 위스콘신(Wisconsin) 주를 여러 차례 방문해서 위스콘신 주의 복지개혁(Wisconsin Works)의 접근방법을 참고하고자 하였다. 이러한 능동적 복지국가에 대한 강조는 여타의 유럽 국가들에게 있어서도 유사한 발전양상을 나타내고 있지만, 이들 나라에서의 복지시스템은 영국 시스템과는 매우 다른 점이 많다. 즉, 대륙 국가들에 있어서는 사회보험의 역할을 훨씬 강조하고 자산조사방식의 공적 부조제도 역할은 상대적으로 훨씬 축소되어 있다.

각 나라가 처한 특수한 상황을 들여다보면 문제는 훨씬 어려워진다. 일례로 근로조건부 급여(work-fare) 아이디어는 흔히 비취업자를 근로토록 하고 더 나아가 수급자 자격을 더욱 엄격하게 하는 수단으로 제안된다. 그러나 그 실행에 있어서 미국에서의 정책대상은 비취업자 일반이 아니라 주로 편부모에만 국한되며, 유럽의 경우에는 비취업자 일반에게 관심을 두면서도 급여 제공방식에 있어서는 최저임금제, 의무교육 훈련제공 등 노동조합 및 노동시장 시스템과 얽혀서 사뭇 다른 모습을 보이기도 한다.

국제화가 진전되고 경제적인 상호의존성이 증대함에 따라서 각 국가 간에는 관심사와 문제점들을 상호 공유하게 되는데, 이는 곧 한 국가의 문제가 다른 나라의 문제이기도 하고 전후 관계는 있을지라도 한 국가에서 발생하는 사회현상은 다른 나라에서도 고민거리가 될 가능성이 높다는 것을 의미한다. 따라서 이러한 문제들을 다루기 위한 정책은 한 국가의 영토에만 머물지 않고 다른 나라의 학습대상이 되곤 하는데 정책학습의 대표적인 형태가 바로 정책이동(policy transfer)이다.

정책학습의 범위는 정책의 목적이나, 내용, 제도 및 시행방법에 이르기까지 다양한데, 실제적으로는 위에 언급한 모든 것이 혹은 일부가 채택되기도 하고, 때로는 변형된 형태이거나 단순히 영감 수준에 머물기도 한다. 정책이동의 대표적인 사례로는 1980년대 중반부터 나타난 근로연계복지정책의 채택을 들 수 있는데, 많은 학자들이 미국의 정책 아이디어가 영국을 거쳐서 유럽 국가에 미친 영향에 대해서 거론하고 있다.17) 1980년대 및 1990년대 헤리티지 재단(Heritage Foundation)과 카토연구소(Cato Institute)와 같은 미국의 중도 우파 싱크 탱크와 영국의 경제문제연구소(Institute for Economic Affairs) 간에 벌인 공동연구 그리고 1997년에 들어선 영국 노동당 정부와 미국 클린턴 행정부가 보여준 관계 등은 한 국가의 정책이 다른 나라로 이동해서 퍼져가는 것을 보여주는 실제적 사례이다.18)

2) 근로연계복지의 세계적 추세

세계적 추세의 근로연계복지는 복지개혁의 대명사로 인식되곤 했다. 근로연계복지는 복지를 대가로 일할 것을 요구함으로써 복지수급자들을 노동시장으로 복귀시켜서 복지 의존성을 탈피하고 스스로의 소득으로 자립해 나가게 하는 것을 목표로 한다. 이러한 취지의 근로연계복지의 연원은 구빈법으로까지 거슬러 올라가기도 하지만, 시민권적 복지개념이 정착된 제2차 세계대전 이후로는 거의 자취를 감추다가 1980년대 전후를 시작으로 해서 2000년대에 이르기까지 미국, 영국 등 많은 선진국들은 사회보장에 대한 기본적인 접근방법을 단순히 금전적인 지원을 해주는 방식에서 벗어나 근로조건을 추가시키는 방향으로 변화를 추구해 오기 시작했다. 따라서 근로조건이 추가됨에 따라 수급자에게 있어서 공적 지원은 조건부가 될 뿐만 아니라 권리이자 의무로서의 양면성을 갖게 된다. 근로연계복지 프로그램들의 실시목적은 한마디로 '복지에서 노동으로(welfare to work)'라는 말 속에 함축되어 있는데, 장기 실업자들이 일자리를 갖도록 지원하는 것에 정책의 중점을 두면서 수십년 동안 계속되어 온 권리성 복지급여방식을 급여수급에 따른 의무이행을 전제로 하는 조건부급여로 전환한다는 점에서 수급자와 국가 간의 신종 사회계약이라고 할 수 있다.19)

영국의 경우 신노동당 정부(New Labour Government)에서는 근로야말로 '사회적 배제'(social exclusion)를 무너뜨리고 복지수급자들의 존엄성(claimants' dignity)을 증진시킬 수 있는 가장 좋은 방법이라고 믿는다. 그래서 신노동당 정부는 '근로 가능자에게는 일자리를, 근로 불가능자에게는 지원금을' 이라는 원칙을 정립하여 이 새로운 원칙을

실업급여 자격요건으로 적용하게 된다.[20]

미국의 경우를 보면 복지는 끊임없이 정부 정책개혁의 중심 아젠다로 자리 잡아 왔는데 1996 클린턴(Clinton) 행정부 당시에 통과된 복지개혁법(PRWORA)에서는 정부 지원을 받기 위한 전제조건으로서 근로 요건뿐만 아니라 지원 기간을 제한하는 내용이 도입된다. 따라서 빈곤가정 임시지원(TANF) 수혜자들에 대한 연방정부 지원은 일생동안 최장 5년까지로 제한된다. 그리고 TANF의 주요 지원요건을 결정할 수 있는 권한이 연방(federal) 정부에서 주(state) 정부로 이양됨에 따라 각각의 주들에서는 연방에서 제시한 근로요건(work requirements)과 수혜기간(time limit)에 대해 추가적인 제한조치를 할 수 있게 된다. 예를 들어 새로운 이주자들과 기존 장기 거주민들 사이에 지원내용 상의 차별을 둔다거나 지원 가족 수의 한도(family cap)을 설정하여 이미 지원받고 있는 어머니에게 새로운 아이가 태어날 경우 추가지원을 하지 않는 경우 등을 들 수 있다.[21]

미국의 경우 근로연계 복지프로그램(welfare-to-work)들은 인간의 존엄성(human dignity)이라는 용어를 사용하여 근로조건 부여를 합리화하기도 하는데, 따라서 근로행위는 단순히 복지 차원의 이슈가 아니라 근로를 통해서 모든 시민들의 인간 존엄성을 지켜내는 차원의 삶의 근본 이슈이기도 하다.

그러면 복지 수혜자들에게 있어서 존엄성이란 무엇을 의미하는가? 그 개념은 매우 모호하고 복잡하지만, 오늘날 인간의 존엄성(human dignity)을 실현하기 위한 실제적 수단으로서 쉬프만(Shipman, 1995)은 재정적 보장(financial security)을,[22] 윌슨(Wilson, 1994)은 최소한의 소득(minimum income)[23]을 제시하는 등 다양하지만 공통적으로는 경제적 측면에서 인간 존엄성의 기초를 찾고 있음을 알 수 있다. 또한, 정책 담당자들에게 있어서 인간의 존엄성이라는 용어는 단순히 도덕적이나 철학적 차원의 수사가 아니라 정책의 정당성 확보 근거로 작용한다.[24]

2. 미국의 근로연계복지 프로그램

1) 추진배경

미국 근로연계 복지프로그램들의 실제적 운용은 연방정부 차원이 아닌 주(state) 정부 차원에서 다양하게 실시되고 있다. 미국에서 근로연계복지프로그램들은 1980년대에 들어서면서부터 점차 중시되어 오다가 이후에 그 중요성이 점차 증가된다. 미국의 근로 연계복지정책의 연원은 1981년 옴니버스 예산조정법(Omnibus Budget Reconciliation Act: OBRA)으로 거슬러 올라갈 수 있는데, 이 법은 레이건(Reagan) 행정부가 출범한 직후에 제정되었다. OBRA는 주 정부가 공적 지원 즉, 아동부양 가정지원(AFDC) 대 상자들로 하여금 의무적으로 구직활동이나 직업훈련에 참여토록 하거나, 또는 지역사 회 근로체험프로그램(Community Work Experience Program)에 참가토록 조치할 수 있 도록 허용한다.

연방법상 아동부양 가정지원(AFDC) 프로그램들은 모든 주민들에게 같은 조건으로 적용하도록 되어 있었지만, 그러나 많은 경우 이러한 정책은 예산상의 이유 등으로 인 해서 모든 주(state) 전체에 걸쳐 동일한 내용으로 시행될 수는 없었다. 1988년까지는 AFDC가 오직 편부모 가정에게만 적용되었기 때문에 옴니버스 예산조정법(OBRA) 또 한 편부모 가정의 정상화에 관심을 두었다.

1988년 가족지원법(Family Support Act)은 근로복지 프로그램의 대상범위를 편부모 에서 양부모 가정까지로 확대하고 연방 차원의 직업훈련과 교육, 직업알선, 근로체험 프로그램 등을 새롭게 도입하게 된다. 특히 1996년 복지개혁법 입법에 따라 AFDC가 빈곤가정 임시지원(TANF)으로 대체되면서 주 정부에 대한 연방정부의 보조금이 정액 제로 바뀌게 되는데, 이 법은 각 주가 수행하는 복지 관련 업무의 상당 부분을 복지대 상자의 근로 관련 활동에 집중되도록 요구하고 있다.

복지개혁법에서는 대부분의 근로복지 활동들이 근로연계 활동으로 카운트되기 때문 에 법이 정한 엄격한 연방 교부조건을 충족시키기 위해서 각 주가 가동할 수 있는 핵 심장치는 근로복지 프로그램에의 참가자 수를 늘리는 방법이다. 더구나 복지개혁법은 연방 정액 보조금을 TANF 대상 가구에게 총 5년 이상 지원하는 것을 금지하고 있으 므로 근로복지 프로그램들은 TANF 가구들이 앞으로 지원이 중단된 경우에도 생활이 가능하도록 준비할 수 있도록 하는 핵심 수단적 성격도 가지고 있다.

2) 시행방법

미국의 근로복지 프로그램들은 수혜자들이 근로현장으로 복귀하고 결과적으로는 복지의 수레바퀴에서 벗어날 수 있도록 도와주기 위해 다양한 서비스와 인센티브들을 결합시키고 있다. 그러나 근로 복지프로그램 시행 효과의 크기나 정도는 이러한 프로그램 구성요소 말고도 대상자들과 지역적 특성에 영향을 받는다. 따라서 지역적 차원의 경제 사회적인 여건 또는 대상자의 타입에 따라 어떤 프로그램은 효과적일 수도 있고 그렇지 않을 수도 있다.[25]

앞에서 살펴본 바와 같이 미국의 근로복지 프로그램들은 주로 AFDC(지금은 TANF) 수혜를 받는 편부모 가정을 대상으로 해 왔는데, 프로그램 특징들을 그룹화해보면 구직활동(Job Search), 직업훈련(Vocational Training), 기초소양 교육(Basic Education), 무보수 근로체험(Unpaid Work Experience), 유급근로체험(Paid Work Experience) 그리고 이외에 의무 불이행 제재(Sanction)도 근로복지 프로그램의 한 구성요소가 되고 있는데, 제재 내용으로는 규정 위반 시 일정기간 동안 급여액을 감소시키거나 급여 자체를 중단시키는 등의 방법이 있다. 근로복지 프로그램들은 각 주별로 각각 대상과 여건을 고려하여 다양한 명칭과 프로그램 내용을 가지고 시행하고 있는데, 구체적인 사례를 들면 Virginia Independence Program(버지니아 주), Jobs First(커네티컷 주), Family Investment Program(아이오와 주), The Family Transition Program(플로리다 주), Vermont's Welfare Restructuring Project(버몬트 주), A Better Chance(델라웨어 주) 등을 들 수 있다.[26]

3. 영국의 근로연계 복지프로그램

1) 추진배경

영국의 경우 신보수주의적 이데올로기에 입각한 주장들이 사회보장제도개혁에 본격적인 영향을 끼치기 시작한 것은 1979년 대처(Margaret Thatcher) 정부의 등장과 궤를 같이 한다고 볼 수 있다. 대처(Thatcher) 정부는 1983년에서 1988년까지 일종의 공공근로 프로그램인 지역사회 프로그램(Community Programme)을 실시하다가 1988년 이후에는 취업 훈련(Employment Programme) 등의 프로그램을 도입해서 교육 훈련 쪽에 보다 강조점을 두게 되며, 1990년대에 들어와서는 실업자에게 정기적 구직 인터뷰를 의무화하거나 고용센터(Job Center)가 추천하는 일자리나 직업훈련을 거부하는 경우에는 급여를 삭감할 수 있도록 한다.[27] 이는 곧 당근(근로에 대한 유인책)과 채찍(급여의존에 대한 억제책)이라는 두 가지 정책수단을 동시에 사용한다는 점에서 통상적 의미의 적극적 노동시장정책(active labour market policy)과는 다른 점이 있다. 대처(Thatcher) 집권 이후에서부터 2000년대에 이르기까지 여러차례의 집권 정당의 변동에도 불구하고 비록 정책수단들은 다를지라도 '복지수급자를 일자리로(getting people into work)'라는 정책 기조는 계속 유지되고 있다.

2) 시행방법

보수당 정부에서의 근로연계복지 프로그램들에도 불구하고 영국에 있어서 근로연계복지가 본격적으로 추진되기 시작한 것은 1996년 노동당 블레어(Tony Blair) 정부가출범하고서부터라고 할 수 있다. 노동당 정부는 사회보장제도의 개혁과 관련하여 '복지에서 일자리로(from welfare to work)'라는 목표를 내세운다. 그렇지만 보수당 정부의당근과 채찍형과는 다른 접근방법을 채택한다. 블레어(Tony Blair)는 국가가 저소득층에게 할 수 있는 일은 소극적으로 소득을 재분배하는 데 있다기보다는 적극적으로 기회를 재분배하는 데 있으며, 이들 저소득층이 노동시장에서 잘 적응토록 하여 자활시키는 것이 최선의 복지라고 주장한다. 바로 이러한 생각은 자활을 지향하는 새로운 영국식 복지정책이자 분배정책으로 채택되어 '뉴딜(New Deal)'이라 이름 붙여진다. 뉴딜은 공적 지원의 주요 수혜집단인 청년실업자·장기 실업자·편부모·장애인 등을 대상으로 해서 이들의 직업능력개발을 통해 일자리로 유도하기 위한 여러 가지 뉴딜 프로그램들(New Deal Programs)을 실시한다.

제3절

미국과 영국의 뉴딜

미국과 영국의 사회복지역사를 살펴보면 '뉴딜'(New Deal)이라는 이름이 미국에서는 1930년대 루스벨트(F. Roosevelt) 대통령 시기에, 영국에서는 1990년대 블레어(T. Blair) 수상 시기에 각각 사용된다. 미국의 루스벨트(Roosevelt) 대통령이 주창한 뉴딜(New Deal)은 1929년 대공황으로 촉발된 경제 불황을 타개하고자 정부가 적극적으로 개입하여 기존의 자유주의 경제에 대한 수정을 가한 경제부흥과 사회보장 증진정책이라면, 영국의 블레어(Blair) 총리가 주창한 뉴딜(New Deal)은 보수주의는 아니지만 그렇다고 재래식 사민주의와도 구별되는 제3의 길 방식의 새로운 분배정책의 성격을 띠고 있다. 비록 이 두 가지 뉴딜(New Deal)은 도입 당시의 상황과 정책의 내용 면에서 서로 상이하지만 '새로운 분배', '새로운 거래'라는 의미에서 맥을 같이하고 있다.

1. 미국의 뉴딜(New Deal)

1) 대공황과 뉴딜

1929년 주식시장의 붕괴로 촉발된 1930년대의 경제 대공황은 시장경제에 대한 신뢰와 1920년대 미국경제의 호황에 종지부를 찍게 되며, 당시의 국가 사회 시스템과 자선기관들로서는 대공황으로 촉발된 믿을 수 없을 정도로 큰 사회적 수요를 충족시키기에는 전반적으로 속수무책일 수밖에 없게 된다. 참고로 1929년에 160만명, 1931년에

800만명, 1933년까지는 약 1,300만명이 직장을 잃었는데 이는 전체 민간 근로자의 25퍼센트를 초과하는 숫자에 해당하며, 1929년 1,300억 달러이던 GNP는 1933년 560억 달러로 추락한다.[28]

수백만의 가정이 가장의 실직으로 황폐화되는 등 심각한 경제적 위기는 새로운 생각을 가진 새로운 리더의 등장을 요청하게 되며, 대공황이 바로 루스벨트(Franklin Roosevelt)를 대통령이 되게끔 길을 닦아 주었다고 볼 수도 있다.[29] 루스벨트는 그 자신이 소아마비였던 경험도 있고 해서 신체적, 경제적 고통에 대한 이해심이 깊고 타인에 대한 순수한 배려와 노블리스 오블리제(Noblesse Oblige)정신을 가지고 있었다. 그는 대공황이 연방정부의 정책으로 해결될 수 있다고 믿었으며, '뉴딜'(New Deal)로 언급되는 그의 정책들은 경제적 위기상황을 반전시켜 놓을 수 있도록 디자인되었다.

'뉴딜'은 그야말로 경제·사회적인 문제에 대한 당시까지의 접근방식에서 벗어난 '새로운 처방'이자 경제사회 주체들 간의 '새로운 계약'이었는데, 그 대표적인 입법이 『1935년 사회보장법』(the Social Security Act of 1935)으로서 이 법이 제정됨으로써 미국의 사회복지정책과 프로그램은 중대한 변화를 맞이하게 된다.

대공황은 빈곤이 항상 개인적인 나태와 무능함의 소산이라는 생각을 바꾸어 놓았다. 수백만의 정상 근로자들이 직장을 잃게 됨에 따라 빈곤은 개인적 통제밖에 놓이게 된다. 케인즈주의(Keynesianism)에 입각한 국가 개입의 논거가 마련되면서 사회보장법은 오늘날의 두 가지 복지프로그램 즉, 사회보험과 공공부조제도를 확립시키게 된다. 사회보장법상의 사회보장프로그램들은 경제적 웰빙(well-being)에 이르기 위한 핵심요소로서 노동윤리를 강조하면서도 경제적 곤궁 시에는 연방 사회안전망 장치를 갖추어 구제조치가 필요하다는 루즈벨트(F. Roosevelt)의 뉴딜 노력 들을 반영하고 있다.

2) 사회보장법

1935년 사회보장법의 확립은 미국 사회복지정책에 있어서 새로운 시대의 개막으로 기록되며, 이 법의 제정으로 연방정부의 이데올로기적 위치에도 중대한 변화를 가져오게 된다. 사회보장법은 시간이 지남에 따라 여러 차례에 걸쳐 프로그램 수정과정을 거치면서 다른 급여들이 추가되기도 하는데, 1935년 이래 모든 중요한 사회복지정책은 사회보장법의 일부 또는 그 연장선상에서 입안되어 왔다.

뉴딜로 일컬어지는 개혁작업 가운데 가장 위대한 유산은 『1935 사회보장법』이다. 이 법은 사회보험과 공공부조라는 두 가지 차원을 통해 재정적인 의존성을 완화시키고자 하는데, 노령보험(Old-Age Insurance), 실업보험(Unemployment Insurance)을 포함한 사회보험 프로그램들과 노령 부조(Old-Age Assistance), 부양아동 부조(Aid to Dependent Children), 시각장애인 부조(Aid to the Blind) 등을 포함한 공공부조 프로그램들로 구성된다. 사회보장체계 내에 전 국민을 대상으로 의료보장제도를 도입하고자 하는 시도는 미국의료보험협회(the American Medical Association)의 반대로 채택되지 못하고 고령자 대상 의료보험인 메디케어(Medicare) 그리고 극빈자를 위한 메디케이드(Medicaid)가 1965년 사회보장법에 추가된다.

미국 사회보장법의 가장 중요한 약점은 전 국민 대상의 공적 의료보장제도가 갖추어져 있지 않다는 점인데 그럼에도 불구하고 이 법은 미국 사회보장시스템의 골격을 제공하고 있으며, 국민들이 급박한 위기상황에 처했을 때 국가가 나서서 국민들이 이를 헤쳐나갈 수 있도록 하는 국가 차원의 책임성을 보여주고 있다.[30]

2. 영국의 뉴딜(New Deal)

1) 영국 뉴딜의 내용

미국의 뉴딜(New Deal)이 국가의 전반적인 사회경제적 틀을 새롭게 짜고자 하는 광범위한 시도라면, 영국의 뉴딜(New Deal)은 복지영역에 집중하면서 이에 대한 전통적 사고와 접근방식의 전환을 시도한다.

국가의 정책은 국가에 의한 일방적 서비스공급 패턴에서 벗어나 국가와 국민이 각각의 권리와 책임성을 토대로 서비스공급자와 수혜자로서의 지위를 가지고 새로운 계약[31]의 방식으로 결정되는 것이라고 보는 시각이 나타난다. 이것은 하나의 '딜'(deal)로서, 나중에 '뉴딜'(New Deal)이 된다. 국가와 시민의 계약개념은 단순히 관념적인 것에 머무르지 않고 1996년 보수당 정부에 의해 입법화되는데, 그 일례를 들자면 실업수당(Unemployment Benefit)이 구직수당(Jobseeker's Allowance)으로 대치되면서 구직수당을 받기 위해서는 구직활동을 수당 지급조건으로 하는 내용의 협약서에 서명해야만 한다. 1997년 노동당 정부 출범 이후에는 이러한 협약 서명 대상과 프로그램 종류가 한층 확대되는데, 이 과정에서 개인 상담사(Personal Adviser)라는 새로운 사회보장 담당 공적 직책이 생겨서 수급자들의 구직활동을 도와주고 그들이 근로활동에 복귀할 수 있도록 추진하고 있다.

복지 의존성을 탈피시키기 위한 영국의 복지개혁 작업은 1980년대 보수당 정부에서도 추진되어왔지만 1997년 신노동당 정부가 들어서면서 일련의 노동시장과 복지를 포괄하는 개혁작업은 가속도를 받게 된다. 이는 1970년대에 노동당 정부가 번영과 사회적 연대감의 증진을 강조하면서 추진해 온 국가 개입 및 수요자 중심의 경제사회 정책을 폐기한다는 것을 의미한다. 따라서 연대감이 국가기관들에 의해 증진될 수 있다는 생각은 개인의 권리와 책임 즉, 시민들 각자에게 자신들 및 집단차원의 복지를 증진시킬 의무가 있다는 개념으로 대체된다.

영국의 뉴딜은 이러한 사고의 전환에 기반을 두고서 신노동당 정부가 'welfare to work'를 실행하기 위해 추진한 핵심프로그램으로서, 국가의 복지서비스 공급시스템에다가 복지서비스 대상자들의 책임성을 결합시키는 지원체계를 총칭하며 보다 구체적으로는 근로연계복지를 강조하는 뉴딜 프로그램들로 나타난다. 복지대상자들의 책임성에 대한 강조는 청년층과 장기 실업자를 대상으로 한 경우 더욱 분명해지는데, 이 경우 뉴딜 프로그램에의 참여가 의무적이 된다. 반면 편부모나 50세 이상 노·장년층 대상의 경우에는 뉴딜 프로그램에의 참여 여부가 비록 의무화되어 있지는 않지만, 자발적인 참여를 적극 권장한다.

또한, 구직자 취업상담 및 알선기관인 고용센터(Jobcenter)와 사회보장급여 관리기관인 급여청(Benefit Agency)의 기능을 통합하여 '고용 플러스센터'(Jobcenter Plus)를 설치하게 되며, 이러한 변화는 복지급여 제공 시에 근로 관련 인터뷰를 의무화하는 방향으로 정착되어 가면서 근로와 복지가 통합되는 현상을 보여준다.

<표 3-1>에서 보는 바와 같이 영국에서는 전국단위로 총 8개의 뉴딜 프로그램들이 시행되는데 이 가운데 청년뉴딜(New Deal for Young People)과 뉴딜 25플러스(New Deal for 25 plus)의 경우에는 근로활동 참여가 의무적이고, 편부모 뉴딜(New Deal for Lone Parents)의 경우에는 개인상담사와의 면담 참여는 의무적이되 직업훈련이나 직업 알선프로그램 참여는 자발적 판단에 맡기고 있다. 기타 뉴딜 프로그램들에 대해서는

제시조건에 대한 참여가 의무적이지 않지만, 근로 관련 인터뷰에는 전 근로연령 대상자들의 참여 의무화가 일반적이다.

<표 3-1> 영국의 뉴딜(New Deal) 프로그램

프로그램	대상그룹	의무화 여부
청년 뉴딜 (NDYP)	실업 중에 있으면서 6개월 이상의 구직자 수당을 청구하고 있는 18~24세 청년층	의무화
25 플러스 (ND 25 Plus)	18개월 이상 구직자 수당을 청구하고 있는 25세 이상의 개인	의무화
50 플러스 (ND 50 Plus)	6개월 이상 소득보조(IS), 구직자 수당, 장애자 수당 등을 받고 있는 50세 이상의 개인	비 의무
장애인 (NDDP)	장애관련 사회보장 급여 수급자	비 의무
편부모 (NDLP)	16세 미만 아동이 있으면서 주 16시간미만 근로하는 편부모	의무화
배우자	소득보조, 구직자수당, 장애수당 등의 수령자의 배우자	비 의무
자영업자	자영업을 희망하는 모든 뉴딜 참가자	비 의무
음악인	음악 산업에 종사하고자 하는 NDYP 또는 ND 25 plus 참가자	비 의무

주: 편부모 뉴딜 대상자는 개인상담사(PA)와의 최초 면담만 의무화되어 있음.
자료: Cebula, Andreas, Karl Ashworth, David Greenberg and Robert Walker(2005: 5).

뉴딜정책을 뒷받침하고 효과를 거둘 수 있도록 하기 위해서 근로 장려수단들이 속속 도입되어 왔는데, 우선 『1998년 국가최저임금법』(the National Minimum Wage Act 1988)이 제정되고, 저소득 근로자에 대한 소득세 경감 및 국민보험(National Insurance) 납부금 면제, 근로가족 세금공제 등이 시행된다.

2) 미국으로부터의 영향

뉴딜을 개념화하는 과정에서 영국은 스칸디나비아 국가들이나 호주 등 여러 나라들로부터 정책적 영감을 얻었으나, 미국의 근로연계복지(welfare to work) 프로그램으로부터 받은 영향요인이 가장 두드러진다고 할 수 있다. 복지개혁에 대한 주장과 실천은 1979년부터 1997년에 이르는 보수당의 '뉴 라이트'(New Right) 행정부 정책에서 실행되고 있었지만, 이후 집권한 영국 노동당 정부의 경우 영국 신노동당(New Labour)과 미국 신민주당(New Democrat) 복지 관련 정강 정책이 개혁성 측면에서 매우 유사하며 변모 과정 또한 흡사하다는 점을 알 수 있다.

영국의 노동당은 사회적 기회의 형평성, 개인의 사회적 권리와 의무를 강조하는 사회민주주의적 성향 일변도에서 벗어나서 복지의존성과 복지 수혜자들의 행태에 관심을 갖게 되는데, 이는 대서양을 사이에 두고 양 대륙에서 일어나는 '뉴 라이트'들의 생각을 반영하는 것이기도 하다.

영국 신노동당의 사회정책은 '뉴 라이트' 정부가 추진해온 감축된 정부 예산 범위 내에서 재원을 재분배하고 시장의 역할을 존중하면서, 제3의 길을 모색하기 때문에 '뉴 라이트' 정부와 차별성을 강조하고 있다고 보기보다는 연속선 상에서 개혁을 모색하고 있다고 볼 수도 있다.[32] 이는 미국 민주당 내부에서도 비슷한 과정을 거치게 되는데, 결국 영국의 노동당과 미국 민주당은 복지정책에 있어서 매우 흡사해지게 되며 클린턴 정부의 복지개혁법(PRWORA)의 근간을 이루는 근로복지주의(workfarism), 즉 사회보장급여 제공을 근로의무와 연계하는 정책 기조가 뉴딜 속에 영향을 미치게 된다.[33]

노동당은 복지예산을 늘리는 대신에 보수당 정부가 삭감해온 복지예산 범위 내에서 광범위한 근로복지 프로그램들을 운영하는 방안을 모색하게 되는데, 1980내지 90년대의 직업훈련프로그램들 즉, 대규모 직업 창출이나 장기직업교육 프로그램들보다는 단기 구직활동이나 직업알선이 훨씬 효과적이고 비용절감 효과도 거둘 수 있다는 평가[34]들에 주목하게 된다. 그래서 공공재정에 미치는 효과 및 경제성 등을 감안할 때 직업훈련(training)보다는 근로연계복지 프로그램(welfare-to-work)에 치중하게 되는데, 물론 민간분야에서 직업을 찾을 수 없는 실업자들을 위해 공공분야가 나서서 고용기회를 제공하게 된다면 이러한 재정 절감효과는 사라지게 된다.

3) 미국 근로복지 프로그램과의 차이

앞서 살펴본 바와 같이 영국의 뉴딜(New Deal)은 미국의 경험에서 상당 부분 영향을 받았음을 알 수 있다. 또한, 미국과 영국의 근로연계복지 프로그램의 발전과정을 보면 두 나라 모두 신자유주의자들의 대표주장으로 여겨져 온 근로연계 복지정책이 오히려 보수 정부의 뒤를 이어 등장한 진보적 성향의 정부들 즉, 미국 민주당의 클린턴 정부 또는 영국 노동당의 블레어 정부에 의해서 본격화되었거나 이들 정부의 대표정책이 되었다는 점에서 공통점을 찾을 수 있다. 그렇지만 두 나라 사이에 정책학습과정을 거쳤다거나 정치적 배경이 유사하다는 점에도 불구하고 **<표 3-2>**에서 보는 바와 같이 영국의 뉴딜은 미국의 근로연계복지 프로그램과는 몇 가지 측면에서 차이가 있다.

첫째, 영국의 뉴딜은 근로취약계층의 고용가능성을 증대시키는 직업훈련에 중점을 두면서 정책실행과정에 있어서 제재보다는 지원을 강조하는 특징을 가지고 있다. 즉, 청년실업자와 장기실업자에 한해서만 정당한 사유없이 뉴딜 참여를 거부할 경우 급여를 박탈하고 장애자나 편부모들의 경우에는 참여가 자발적이고 제제가 전혀 없다. 이에 반해서 미국의 경우에는 교육, 훈련에는 인색한 대신에 철저하게 취업을 우선시하면서 급여를 시한부화 할 뿐만 아니라, 부과된 노동의무를 이행하지 않을 때에는 급여를 삭감하거나 자격자체를 박탈한다. 근로연계복지의 수행전략은 교육중심적(education-centered) 접근 또는 취업우선적(employment-centered) 관점으로 나눌 수 있는데 전자는 인적자본 개발모델(human capital development strategy), 후자는 노동조건모델(labour force attachment strategy)이라고도 불리운다.[35] 영국의 경우 교육중심적인 인적자본개발 모델이라면 미국은 근로우선주의(work first strategy)에 입각한 노동조건모델을 채택하고 있다고 할 수 있다.

<표 3-2> 미국과 영국의 근로연계복지정책 비교

구 분	미 국	영 국
정책기반모델	노동조건 모델 (labor force attachment approach)	인적자본개발 모델 (human capital development approach)
수행전략	근로우선원칙 (employment-centered)	교육중심적 (education-centered)
주요정책대상	편부모	청년실업자
수행중점	자활의 개인 책임	국가 및 개인의 상호의무
관련법령	개인책임 및 근로기회조정법 (PRWORA, 1996)	구직자법 (Job Seekers Act, 1995)

자료: Theodore, Nik and Jamie Peck(2000: 84-86) 등을 참고하여 재작성.

둘째, 영국의 뉴딜은 실업자 전부를 상대로 한 전국단위의 프로그램인데 반하여, 미국의 경우에는 적용대상이 극히 한정적이고 지원내용도 국지적이다. 물론 영국의 뉴딜이 명목상으로는 정책대상이 매우 포괄적이지만 주된 정책대상은 청년실업자들임에 반하여, 미국의 경우에는 애초부터 주된 정책대상이 부양 아동을 둔 독신 편모 즉,

AFDC 수혜자들이 주요 정책대상이 되었다.

　셋째, 영국의 뉴딜에는 연대감(solidarity)의 원칙이 살아 있어서 국가와 개인의 동반 책임을 강조하는데, 미국의 경우에는 연대감에 대한 인식은 높지 않고 복지수급자의 의무 쪽을 더 강조하면서 복지급여가 수반하는 비용에 대해 정책적 관심이 많다. 더 나아가서 영국의 뉴딜은 각종 공공정책을 통합해서 종합적인 복지정책을 수립하고자 하는 작업의 일환이기도 한데, 종합적인 복지정책 수립을 위한 수단으로서는 국가 최 저임금제(National Minimum Wage) 등을 들 수 있다. 이러한 통합적 특성에서 미국식 복지모델과는 매우 현격한 차이가 있음을 발견할 수 있으며, 영국의 경우와 대비해 볼 때 미국의 복지개혁 작업은 매우 다양하게 전개되어왔음에도 불구하고 지원대상자가 편부모 중심으로 극도로 분화되어 있어서, 보다 광범위하고 보편적인 지원시스템 구축 이 어렵게 되어있음을 알 수 있다.[36]

제4절
미국 정부의 복지개혁

1. 복지개혁법과 입법 과정과 주요 내용

1) 복지개혁법 입법 과정

미국에서는 정부가 들어설 때마다 복지개혁작업이 끊임없이 이루어져 왔지만 연방 차원에서 법령제정을 통해 포괄적인 개혁이 이루어진 것은 1935년 사회보장법이 제정된 이후 60년 만에 이루어진 1996년의 『개인책임 및 근로기회조정법』(Personal Responsibility and Work Opportunity Reconciliation Act of 1996: PRWORA)이 제정되고 부터이다. 이 법은 이러한 상징성으로 인해 일반적으로 '복지개혁법'으로 알려져 있는데, 이 법 제정은 그동안 정치인들뿐만 아니라 대다수 국민들 사이에서 꾸준히 제기되어 온 미국 복지개혁 필요성에 대한 공감대의 산물이기도 하다.

기존제도에 대해 제기되어 온 주요 문제점으로서는 기존 제도가 빈곤퇴치에 큰 성과를 거두지 못했으며 저소득층의 근로의욕을 저하시키고 또한 미혼모 증가에 영향을 끼치는 등 전통적 가치관이 상실되었으며, 연방정부 제도가 지나치게 획일적이어서 지역특성을 잘 반영할 수 없었다는 점 등을 들 수 있다.

1996년 연방 복지개혁법(PRWORA)은 복지급여의 제공방식을 종전까지 주 정부가 행정적으로 관리해 온 연방정부 주도의 수급자격부여 프로그램(entitlement program) 방식에서 주(state) 정부에게 급여제공에 관한 재량적 판단권을 부여하는 정액보조금(block grant) 방식으로 전환시켰다. 여기서 수급자격부여 프로그램이라 함은 일정 기준에 부합하는 특정 그룹에 한정하여 급여수급자격을 부여해서 복지혜택을 제공하는 정부프로그램을 말한다.

좀 더 구체적으로 살펴보면, 1996년의 복지개혁법(PRWORA)이 제정됨에 따라 종전 까지의 연방정부와 주 정부 간 매칭펀드 방식의 아동부양가정지원(Aid to Families with Dependent Children: AFDC) 프로그램이 정액보조금 방식의 빈곤가정 임시지원 (Temporary Assistance for Needy Family: TANF) 프로그램으로 바뀌면서 연방보조금 교부조건에 주 정부가 자체조달해서 지출하는 관련예산 규모는 당시 수준의 75내지 80퍼센트 수준을 유지하도록 하는 재원조달 노력조건(Maintenance of Effort: MOE)이 부여된다.

1996년 복지개혁법은 2002년 9월까지 효력을 가진 한시적 법안이었는데 10월 이후 에도 지속적으로 시행되기 위해서는 재승인이 이루어져야 했다. 그러나 민주당과 공화 당 간의 견해 차이로 의회에서 재승인이 이루어지지 못한 채 2006년 9월까지 기존 법 안연장을 3개월 또는 6개월 단위로 13차례나 실시하였다. 복지개혁 재승인은 2006년 2월 부시(George W. Bush) 대통령이 『2005년 적자감축법』(Deficit Reduction Act of 2005)에 서명함으로써 2010년까지 시행이 연장되고, 그 이후부터는 매년 예산심사를 통해 집행이 자동 연장된다. 2005 적자감축법은 정부의 복지지출 억제, 복지대상자의 근로참여 판정기준 강화, 주 정부의 책임성 강조 등 근로연계복지 정신이 한층 강화된 여러 가지 방안을 포함하고 있다.[37]

2) 1996년 복지개혁법의 주요 내용

『복지개혁법』(PRWORA)은 급여 제공방식과 설계에 있어서 연방정부의 역할을 축 소하고 주 정부에게 결정 권한을 광범위하게 위임하여 주 정부가 복지정책과 예산을 탄력적으로 운용할 수 있도록 하고 있다. 복지개혁법 시행으로 미국의 대표적인 공공 부조 프로그램인 AFDC는 TANF로 전환되는데 <표 3-3>은 두 제도의 비교를 통해 복 지개혁법의 특징을 보여준다.

TANF를 비롯한 미국의 복지개혁프로그램들이 담고 있는 근로 요건(work requirements), 수혜기간 제한(time limits), 근로 인센티브(work incentives) 등의 원칙은 공공부조 프로 그램이 초래해 왔던 근로의욕 저하 방지, 복지 의존성 탈피를 위한 근로문화 증진, 정

부 차원 자원배분의 우선순위 조정 등을 추구하는 데 목적을 두고 있다.[38]

　프로그램 운영에 대해서 주 정부가 탄력성을 갖게 됨에 따라 어느 하나의 일관성 있는 구조적 틀을 가지고 이들 프로그램들을 비교하기가 점점 어렵게 되었다. 이를 빈곤가정 임시지원(TANF) 프로그램을 중심으로 살펴보면 현금지원액 수준뿐만 아니라 근로 관련 요건도 주별 정책에 따라 상이하다. 연방정부는 주 정부들로 하여금 수급자들을 단순히 직업훈련프로그램에 참가토록 하기보다는 어느 직업이든 간에 직업을 바로 갖도록 하는 것이 바람직하다는 근로우선원칙(work first)을 강조해왔는데, 이에 따라 플로리다(Florida), 뉴저지(New Jersey), 위스콘신(Wisconsin) 등의 주에서는 수급신청 요건을 갖추기 위해서는 신청 시점 이전에 구직 또는 근로관련 활동에 참여하고 있어야 한다. 반면에 캘리포니아(California), 뉴욕(New York), 텍사스(Texas) 등 나머지 대부분의 주에서는 신청 직후 또는 그 이후에 근로관련 요건을 갖추면 되도록 하고 있다.[39]

<표 3-3> AFDC와 TANF의 특징 비교

내용	AFDC	TANF
운영	연방정부 주도	주 정부 재량 부여
재정	연방정부와 주 정부 매칭	주 정부에 대한 정액 보조금
선정기준	한부모 가정 아동 또는 빈곤 가정 아동	주 별로 지정된 빈곤가정 아동, 미혼모는 부모와 함께 거주하고 학교 교육을 받아야 함.
지원형태	현금지원	주에 따라 서비스나 비 현금급여지원에 차이 존재
소득 기준	가구소득이 총소득기준 초과 금지	조건 없음(자체 기준)
자산 기준	연방 기준선	조건 없음(자체 기준)
근로의무	3세 미만 아동이 없는 부모는 근로활동(JOBS) 참여조건	엄격한 근로의무 부과, 구체적인 근로활동 명시

자료: Ziliak, J. 2015. Temporary Assistance for Needy Families. NBER Working Paper No. 21038; 황정하 (2016:172) 재인용.

　TANF의 수혜기간 제한은 복지개혁 내용의 또 다른 특징 중의 하나인데 캘리포니아(California), 뉴욕(New York) 주 등 대부분의 주가 미국 연방기준인 최장 60개월로 수혜기간을 제한하고 있는데 반하여, 연방기준보다 기한이 짧은 경우로는 조지아(Georgia) 48개월, 아칸소(Arkansas) 24개월, 아리조나(Arizona) 12개월 등이다. 그러나 이러한 수혜기간 제한원칙에도 불구하고 대상자의 근로활동노력, 장애여부 등을 고려하여 수혜기간 연장 또는 기간제한 면제 등의 조치를 선택적으로 취하기도 한다. 2018 회계년도 기준 미국 전체 TANF의 수혜자 가운데 수혜기간별 현황[40]을 보면 1-24개월이 24.6퍼센트로 가장 많고, 그다음이 25-48개월이 11.4퍼센트, 그리고 60개월 초과도 3.4퍼센트에 이른다.

2. 복지개혁의 평가와 시사점

1) 복지개혁의 성격

복지개혁법의 실시에 따라 종전의 요건 충족자에 대한 당연 급여제공방식이 사실상 종말을 고하고 주 정부의 판단에 따라 설령 자격을 갖춘 대상자라 하더라도 지원을 거부할 수 있도록 하고 있다. 이러한 입법은 만일 경기가 침체되어 복지급여가 필요한 사람들이 증가한다면 주 정부가 제한된 정액보조금시스템 아래에서 어떻게 효과적으로 대응해 나갈 수 있을 것인지에 대한 우려를 낳게 된다.

1996년 연방 복지개혁법에 근원을 둔 주 정부의 복지개혁 작업들을 한 가지 방향으로 정형화시키는 것은 매우 어렵다. 그 이유는 복지개혁이 연방정부(federal)뿐만 아니라 주(state) 정부, 지역(local) 정부 등 각급 정부 차원에서 각자 경제적, 행정적 딜레마를 내포하고 있고, 또한 수혜자들에게 미치는 영향 또한 매우 다양한 형태로 나타나고 있기 때문이다. 따라서 대다수 주의 복지프로그램들은 정치적 아이디어가 보수적이면서도 자유주의적이기도 하고, 몇몇 기능들은 주 정부에 매우 집중되어 있기도 하지만 기타 기능들은 지역 정부에 분산시켜놓기도 한다.[41] 그렇지만 1996년의 연방 복지개혁법이 지방 정부에 보내는 분명한 시그널은 근로 우선주의(work first)라고 할 수 있는데, 사실 그 이전에도 이러한 목표와 원칙은 미시건(Michigan) 또는 위스콘신(Wisconsin) 등 여러 주에서 이미 채택되어온 것이 사실이다.

역설적인 이야기지만 미국의 복지개혁 필요성이 제기된 시기는 경제가 침체되고 정부의 재정적 부담 능력이 약화된 시기였지만, 복지개혁이 성공적으로 이루어진 시기는 미국경제가 회복기에 접어든 시기였다. 그리고 주(state) 정부 중에서도 복지비 지출부담이 적고 경제 능력이 좋은 주에서 훨씬 복지개혁 작업이 원활하게 진행되는데, 이는 정치적 저항을 줄이면서 근로연계 프로그램을 시행하는 것이 상대적으로 용이했기 때문인 것으로 판단된다. 그 일례로 위스콘신(Wisconsin) 주가 미국 복지개혁의 리더로 나설 수 있었던 것은 1996년 당시 미국의 실업률이 5.4퍼센트인데 반하여, 위스콘신은 3.5퍼센트에 불과한 것에서 보듯이 다른 주에 비해서 경제여건이 탄탄했기에 가능했다고 볼 수 있다.

미국의 복지개혁 시도와 성과는 해외에서도 지대한 관심을 끌었다. 유럽에서도 그들의 복지국가의 지속가능성에 대해 회의가 일어나면서 지금까지의 복지정책 전반에 대해 재고하기 시작하게 된다. 전통적 복지 옹호론자들은 그들의 사회보장정책이 미국화되는 것을 반대하지만, 상당수 국가들의 복지정책 책임자들은 미국식 사회보장정책을 선호하는 방향으로 나아가게 된다. 특히나 동구권 국가들은 전통적인 서유럽 국가 모델을 택할 경우 똑같은 전철을 밟지 않을까 우려하면서 미국식 모델에서 대안을 찾으려는 시도가 나타나기도 했다. 미국의 복지개혁은 전 세계 산업화된 국가들의 복지정책에 지대한 영향을 미치게 된 것이다.

2) 지방정부의 복지개혁 추진

(1) 주 정부의 운영 시스템

복지개혁법(PRWORA) 실시에 따른 주(state) 정부의 행정운영 시스템을 TANF를 예로 들어 살펴보면, 미시간(Michigan), 캔사스(Kansas) 주의 경우에는 주 정부가 감독 및 운영 책임을 갖는 시스템인데 반하여, 오하이오(Ohio), 위스콘신(Wisconsin), 미네소타(Minnesota) 주의 경우에는 주 정부는 감독책임만 갖고 운영은 산하 지역(local) 정부 단위에서 이루어진다. 오하이오(Ohio) 주는 프로그램 운영이 분권화된 대표적인 주에 해당되는데, 각 카운티(county)는 임무 상으로 공통적 목표를 가지고 있다고 할 수 있지만, 운영은 각 카운티 별로 독자적인 방식으로 수행한다. 이때 카운티의 위원들은 주 정부의 해당 부서들과 업무수행을 위한 파트너십 협약을 체결하게 되는데 이 협약에 따라 각 카운티(county)들은 복지서비스프로그램 수행에 필요한 자금을 통합해서 정액보조금 형태로 주 정부로부터 받아 집행한다.

연방 복지개혁법에 따라 TANF 프로그램 같은 경우 연방 보조방식이 정액보조금 방식으로 바뀌었지만, 그렇다고 주 정부에 전적인 운영책임을 맡긴 것이라고는 볼 수 없고 연방정부의 감시 평가기능은 여전히 남아 있게 된다. 일례로 수급자의 근로 관련 활동 참여비율이 연방 기준을 충족시키지 못하게 되면 주 정부는 재정적 페널티를 받게 되어서 연방보조금 삭감대상이 된다. 반면에 10대 임신률을 가장 성공적으로 낮춘 주, 수급자들이 직업을 갖도록 함에 있어서 가장 높은 성과를 거둔 주 등에 대해서는 연방 보너스를 별도로 지급하기도 한다. 연방정부는 연방 차원에서의 성과관리가 가능하도록 하기 위해서 각 주(state)로 하여금 연방 보건복지부(DHHS)에 근로유형, 참여율, 근로시간, 수급자 탈피 사유 등에 관한 상세한 자료를 분기별로 보고토록 하고 있다.

(2) 지역 정부의 실천사례: BASSC의 혁신 프로그램

복지개혁법(PRWORA) 입법 이후 연방정부 프로그램에 대한 개혁조치들과 아울러 각 주(state) 정부나 지역(local) 정부에서도 이러한 복지개혁 입법 정신에 맞추어 자체적인 개혁 프로그램들을 준비해 나가게 된다.

캘리포니아(California) 주 같은 경우에도 예외가 아니어서 CalWorks라고 알려진 각종 프로그램들이 주 법률들에 가시화되게 되고, 지역 정부의 각종 프로그램들로 구체화된다. 이들 작업의 공통사항으로는 '복지'에서 '일터'로 라는 정신을 기저에 깔고 시행되고 있다는 점이다. 캘리포니아 주 샌프란시스코 만 지역(San Francisco Bay Area)의 사회복지서비스 기관들 간 연합체인 사회서비스 콘소시움(the Bay Area Social Service Consortium: BASSC)이 지역 내에서 시행된 복지서비스 작업들을 평가한 바에 의하면,[42] 공·사 조직을 막론하고 연방 복지개혁법에 부응하여 실질적 성과를 거두기 위해서는 극복해야 할 도전적 과제들이 많지만, 그 가운데서도 우선적인 과제로는 서비스 기관들의 조직적 변화를 들고 있다.

이러한 조직적 변화에 대한 강조는 각 기관들의 주요임무가 단순히 수급자격을 결정하는 수준에서 벗어나 대상자의 취업능력과 자족 능력을 배양하는 것으로 이동함에 따른 당연한 현상인데, 이는 조직문화가 클라이언트 중심으로 좀 더 개별적이고 지역사회 밀착형으로 바뀌어야 한다는 의미일 뿐만 아니라 조직 자체의 재정비와 함께 지역사회 내의 각종 공·사조직이 광범위한 파트너십과 협력관계를 유지해야 한다는 것이다. 이러한 조직적 변화 노력을 근본 토대로 하여 다양한 혁신적 프로그램들이 지역

정부 차원에서 시도되고 있는데 공통된 목표는 궁극적으로 저소득 개인과 가족들로 하여금 자족 능력(self sufficiency)을 갖출 수 있도록 보다 광범위한 사회복지시스템을 갖추고자 하는 것이다.

지역 정부 차원에서 실시되고 있는 혁신 프로그램들을 보면 우선 복지전달 시스템상의 새로운 접근방법으로서 작업장 참여 장벽 제거(셔틀버스 운행, 출·퇴근 교통수단 보장, 보육서비스) 사업 등을 들 수 있다. 개인발달계좌(Individual Development Account: IDA)는 지역사회 기관들의 참여하에 특별 저축계좌를 만들어서 저소득층이 자신들이 목적하는 바를 실행하는데 필요한 자산을 형성할 수 있도록 도와주는 지역사회 프로그램이다.

또 하나 유형의 혁신 프로그램 방식으로는 지역사회와의 공적·사적 파트너십 증진을 통해 저소득층 지원시스템을 보강해 나가는 프로그램들을 들 수 있다. 이 범주에 해당하는 프로그램들로는 지역사회 자립능력증진센터, 커뮤니티 칼리지(community college) 연합체 구성 등을 들 수 있다.

마지막 유형의 혁신 프로그램 방식으로는 사회복지서비스 기관의 조직개편 및 업무 재설계를 들 수 있다. 이 범주에 속하는 프로그램들로는 가족개발 자격증(Family Development Credential: FDC) 프로그램 운영, 고용과 복지서비스 기관의 통합, 각종 개별 사회복지기금 통합운영 등을 들 수 있다. 가족개발 자격증(FDC) 프로그램이란 복지기관 소속 직원들이 가족 중심의 취업능력 배양이라는 과제를 잘 수행할 수 있도록 이들을 재훈련 시키고자 마련한 프로그램이다.

3) 복지개혁의 영향평가

미국의 복지개혁은 한마디로 복지제도에 대한 의존성을 감소시키고 개인 책임과 근로를 통한 자활을 추구하고자 하는 공공부조체계의 일대 개편작업을 의미한다. 복지개혁 이후의 변화를 TANF를 중심으로 보면 각각의 주에서는 종전과 같은 연방정부의 통제에서 벗어나 개별 주(state)들의 특성을 반영하여 자율적이고 차별적인 집행체계를 갖출 수 있게 된다. 이에 따라 각 주 정부는 지역 내의 자원을 활용하기 위해 교육 및 직업훈련 프로그램들을 시행해 나감에 있어서 지역(local) 정부나 비영리 민간기간들과의 협력체계를 다양하게 구축해나가게 된다. 또한, 일선 지역사무소(regional office) 중심의 수급자 대면접촉을 강화해서 체감도를 높이는 작업들도 꾸준히 시도되어왔다.

미국 복지개혁의 초기 성과로는 일반적으로 복지수급자 규모의 감소, 복지급여 의존비율의 감소, 근로활동 참여의 증가, 빈곤율의 감소 등을 들고 있다. 그러나 2000년대 초에 들어서면서 미국경기가 전반적으로 나빠짐에 따라 복지수급자 규모를 제외하고는 다른 지표들이 점차 반전되는 현상을 보이게 된다. 이는 바로 복지수급자들이 고용안정성이 낮은 서비스 및 판매부문에 고용되어 있어서 경기상황에 민감하고 그만큼 실직위험이 클 수밖에 없기 때문이기도 하다.[43] 참고로 단지거(Danziger, 2010)에 따르면 1994년에서 2008년 기간 중 AFDC/TANF 수급자 수는 14.2백만명에서 3,8백만명으로 급감했으나, 반면에 보충영양지원제도(SNAP) 수급자 수는 27.5백만명에서 28.4백만명으로 오히려 증가해서 정규적인 지원대상은 줄어든 반면에, 보충적인 지원 규모는 늘어나는 현상이 나타났다. 복지개혁 초기에 두루 성과를 거둘 수 있었던 이유로는 1996 복지개혁 조치들뿐만 아니라 당시의 높은 경제성장률과 낮은 실업률, 그리고 뒤이어 도입된 저소득 가구들에 대한 추가적인 개혁 정책들 즉, 최저임금(Minimum Wage Rate) 인상, 근로소득 세금공제(EITC) 확대, 아동지원집행제도(Child Support Enforcement)[44]의 폭넓은 적용, 아동건강보험제도(CHIP) 도입 등을 들 수 있다.[45] 따라서 복지개혁이 지속적으로 소기의 성과를 거두기 위해서는 특정 프로그램 하나로가 아니라 경제 상황, 그리고 다양한 조치들이 실효성 있게 함께 뒷받침되어야만 함을 알 수 있다.

미국의 복지개혁은 주 정부의 재량성을 확대했기 때문에 복지개혁의 영향은 지역별로 많은 차이가 날 수밖에 없다. 농촌 지역이나 빈곤집중지역 등에서는 일자리 자체의 문제로 근로연계복지의 실천이 어려운 경우가 발생하게 된다. 앞에서도 언급했듯이 미국의 복지개혁은 경제 호황기에는 작동 여지가 크지만, 불황기에는 오히려 노동시장을 악화시켜서 복지 수준을 오히려 낮추는 부작용을 초래한다는 사실을 보여준다. 따라서 복지수급자 감소 자체만으로는 바람직한 변화라고 할 수 없으므로 보다 진일보한 보완책이 필요하다는 주장이 설득력 있게 제기되고 있다.

복지개혁의 비판자들은 복지개혁법 상의 의무조항들 적용만으로서는 고용이나 경제적 웰빙을 개선시키기 어려우므로 이들을 복지로부터 탈출시켜나가기 위해서는 복지시스템 바깥에 있는 노동시장이나 경제 상황 개선이 중요한 작용을 하게 된다는 점을 지적한다. 따라서 낮은 교육수준, 근로 경험 부족이나 교통, 보육 등 개인적 또는 가족적인 장애 요소들을 비롯해서 국가 차원의 경제 상황 악화가 복지로부터 탈출을 가로막는 장애물이 되는데, 이는 복지수급자뿐만 아니라 일반 근로자들에게도 마찬가지로 적용되는 현상이기도 하다. 따라서 이러한 문제를 해소하기 위해서는 복지기관들이 나서서 복지수급자들이 이러한 장애물들을 잘 헤쳐나갈 수 있도록 사전 교육 훈련, 적극적 직업알선, 근로활동이 가능하도록 각종 편의를 제공하는 등의 방법으로 도움을 주어야 할 뿐만 아니라, 경제 활성화와 같은 구조적인 부분도 매우 중요한 요소로 강조된다.

총체적으로 1990년대 초반과 중반을 거쳐 시작된 복지개혁 이후 미국 사회보장제도의 획기적 변화는 20여년이 훌쩍 지난 시점에서 저소득 가구들에게 어떤 영향을 주었다고 판단할 것인가? 이에 대해서 답하기를 타흐와 에딘(Tach & Edin, 2017)[46]은 "총괄적으로 근로 빈곤층 부모들에 대한 각종 지원들은 대폭적으로 늘려왔지만, 반면에 비근로 빈곤층에 대한 현금지원방식 사회보장은 거의 붕괴되어 왔다"고 말한다. 따라서 근로 빈곤층 가구들은 경제적인 상황 개선에 일정 부분 도움을 받아 온 반면에, 상당수의 빈곤 가구들은 적정 임금소득이나 현금지원으로부터 단절되는 균열상태에 빠지게 되었다는 것이다. 이에 따라 현실을 직시하고 시대 상황에 맞게 진화를 거듭할 수 있도록 사회안전망에 새로운 활력소를 불어넣기 위한 토론들이 계속되고 있다.

미국의 복지개혁은 미국뿐만 아니라 유럽을 비롯한 우리나라 등에도 상당한 영향을 끼쳐왔는데, 근본적으로 빈곤의 원인에 대한 미국적 시각은 극히 개인주의적이어서 사회 구조적인 측면에 대한 고려는 매우 유보적이다. 즉, 복지제도를 빈곤 문제에 대한 대응으로 보기보다는 복지제도 자체가 사회문제라는 인식하에 복지개혁을 추진한 측면이 강하다고 볼 수 있다.

제5절
영국 정부의 복지개혁

1. 복지개혁법 입법 과정과 주요 내용

1) 복지개혁법 입법 과정

영국은 서구 선진 복지국가들 가운데서도 가장 먼저 보편적인 복지제도를 갖춘 나라이다. 1942년 베버리지(W. Beveridge)가 작성한 보고서를 토대로 후속 관련 정책들이 현실화되고 관련 입법들이 제정되면서 현재의 영국 복지제도의 기본 틀이 확립된 것이다. 그러나 정치적, 경제적 상황변동에 따라 끊임없이 정책수정과 관련 입법들의 제정, 개정을 반복해 오게 된다.

복지개혁(welfare reform)이란 명칭으로 처음 입법이 이루어진 것은 『2007년 복지개혁법』(Welfare Reform Act 2007)을 들 수 있다. 이 법의 제정 취지는 2006년 1월 작성한 「복지 뉴딜: 국민들의 근로능력 강화(A New Deal for Welfare: Empowering People to Work)」라는 근로연금부(Department for Work and Pensions)의 법안 기초를 위한 녹서(green paper)에 잘 나타나 있는데, 이 법의 주된 목적은 고용증대로서, 이를 위해서 이 법에서는 무능력수당(Incapacity Benefit) 수급자 수를 줄이고 고령자의 고용증진 및 홀로 된 부모 취업 지원 등의 조치를 취한다. 이 법은 16개 장과 71개 조항으로 구성되어 있는데 그중에서도 핵심적인 내용은 4가지로 나누어 볼 수 있다; ①무능력 급여(Incapacity Benefit)와 소득보조금(Income Support)을 대체한 고용·지원수당(Employment and Support Allowance) 도입 ②주택급여(Housing Benefit)를 사적 임대 영역에도 확대적용

③사회보장 정보의 관련 기관 간 공유 ④급여 사기(Benefit Fraud)에 대처할 수 있도록 지방 당국에 조사·기소권 등 부여.[47]

2010년 5월 보수-자유 연립정부는 13년 만에 노동당으로부터 정권을 가져오게 되는데 당시 영국의 국내·외 상황은 2008년 세계 금융위기의 여파로 위축된 국내경제 활성화와 정부의 구조조정 등 과제에 직면해 있었다. 이에 따라 연립정부는 정부재정을 안정화시키기 위해서 세수증대를 도모함과 아울러 정부지출에 대한 대대적 수술에 들어가게 된다. 2011년 2월 발표된 복지개혁법안(Welfare Reform Bill 2011)은 바로 정부지출의 효율성을 강화하기 위한 사회정책 재구조화 작업의 산물로 볼 수 있다. 실제적으로는 영국 순수 정부지출이 GDP에서 차지하는 비율이나 정부 부채 등의 지표가 독일, 프랑스, 미국 등에 비해 더 심각한 수준이 아님에도 불구하고 개혁이 추진되는 배경으로는 문제를 보는 영국의 상황인식이 보수-자유 연립정부의 출범, 과거의 정책 경험으로부터 얻은 구조개혁 필요성 판단 등이 복합적으로 작용한 것이라는 지적이 있다.[48]

보수-자유 연립정부는 전면적인 복지제도 개혁을 위해 다양한 사전 연구를 진행해 왔는데 2010년 7월 「21세기 복지국가(21st Century Welfare: Cm 7913)」와 같은 해 11월 「통합급여(Universal Credit: welfare that works: Cm 7957)」 라는 백서, 같은 해 12월 「장애생활수당 관련개혁 자문서(Public Consultation Disability Living Allowance Reform: Cm 7984)」, 그리고 이듬해인 2011년 1월 「가족관계 강화, 부모책임감 증진: 아동부양의 미래(Strengthening Families, Promoting Parental Responsibility: the Future of Child Maintenance: Cm 7990)」 에 관한 자문서 등이 발간되었는데 이들이 담고 있는 주요 내용은 고용장려, 고용환경개선, 연금제도의 일원화 및 복지관리비용 절감, 복지혜택 가구 단위 통합, 아동 양육에 대한 부모 책임 강화 등으로 요약된다.

2) 2012년 복지개혁법의 주요 내용

『2012년 복지개혁법』(the Welfare Reform Act 2012)은 다양한 논의를 거쳐서 2012년 3월 하원 통과와 국왕 재가를 받아 발효된다.[49] 이 법은 1940년대 이래 영국 복지시스템에 있어서 가장 실질적으로 변화가 많이 담긴 입법으로서,[50] 보수-자유 연립정부가 급여시스템과 세금공제 혜택들을 보다 공평하고 단순화시키고자 하는 제안들을 실행하는데 기여하게 된다. 이를 위해 근로장려 인센티브 시스템 구축, 복지급여 상한

제, 근로 능력자의 근로 조건부급여 등을 시도한다. 그러나 이 법은 국민건강서비스(NHS)를 통해서 제공되고 있는 국민건강 관련 이슈들을 다루지는 않는다.

<표 3-4>는 2012년 복지개혁법의 핵심내용을 정리한 내용을 보여준다.[51] 『2012년 복지개혁법』(the Welfare Reform Act 2012)에서 가장 중점을 둔 내용으로는 통합공제(Universal Credit) 제도의 도입이라고 할 수 있다. 통합공제는 일자리 진·출입을 도와 수월하게 근로활동에 임할 수 있도록 하는 의도와 함께 근로소득이 상승하면 복지급여의 손실이 생겨서 금전적으로 근로활동에 부정적 영향을 주게 되는 현상을 제거하려는 목적을 가지고 있다.

<표 3-4> 2012년 영국 복지개혁법의 핵심내용

주요 항목	변경내용
통합공제(Universal Credit)의 신규 도입	소득지원(Income Support) 등 다양한 기준에 따른 개별 급여들을 Universal Credit으로 통합·대체
총 급여지급 한도액(Benefit Cap) 설정	개인 혹은 부부 단위로 근로 가구의 평균 순 수입을 기준으로 설정
근로 능력 있는 수급자의 수급조건 강화	구직활동 요건 미충족 시 금전적 제재 강화
개인 독립급여(Personal Independence Payments) 신규 도입	재평가를 거쳐 장애인 생활수당(Disability Living Allowance)을 개인 독립급여로 전환
주택급여(Housing Benefit) 자격요건 제한	임차숙소의 규모가 임차인의 필요 이상으로 넓은 경우 자격요건 강화
지역 주택수당 인상(Local Housing Allowance)	소비자 물가지수(Consumer Price Index) 적용
아동부양 법적 제도 수정	부모 책임 강화
기여형 고용·지원 수당(Contributory Employment and Support Allowance) 지급 기간 제한	12개월 한도 설정
지방 카운슬세 공제(Council Tax Benefit) 운영제도 변경	중앙집중형에서 제한 규정 없는 지방정부기관에 보조금 제공방식으로 변경

자료: UK Parliament(https://services.parliament.uk/bills/2010-11/welfarereform.html)와 『Welfare Reform Act 2012』 자료를 중심으로 재정리.

통합공제(Universal Credit)는 2012 복지개혁법에 따라 자산조사를 거친 가장 중추적인 사회보장급여로서 등장하게 되는데, 기존의 소득지원(Income Support), 소득기반 구직자 수당(income-based Jobseeker's Allowance), 소득연계 고용·지원수당(income-related Employment and Support Allownce, 주택급여(Housing Benefit), 아동 세금공제(Child Tax Credit), 그리고 근로 세금공제(Working Tax Credit) 등을 하나로 통합하여

대체하고자 한다. 통합공제(Universal Credit)를 받고자 하는 개인 또는 부부는 새로운 수급자 협약에 서명해야 하고, 이 협약에는 수급자에 대한 기대치와 요구사항, 그리고 이를 달성하지 못했을 경우 제재 사항들이 기재된다.[52]

2. 복지개혁의 평가와 시사점

1) 복지개혁의 성격

2012 복지개혁법은 수십년 간에 걸친 영국 사회보장제도 개혁 가운데서 가장 급진적이라는 평가를 받는다. 여야를 불문하고 이 정책의 주요원칙에는 기본적으로 동의하면서도 복지시스템을 단순화하고 일하는 복지를 추구해 나간다는 내용을 주요 골자로해서 추진해 온 복지개혁의 구체적 실천을 둘러싸고는 기대와 우려가 교차하고 있다.

영국 정부는 사회보장프로그램 통합을 통해 이용하기 쉽고 이해하기 쉬운 사용자 중심의 사회보장체계를 만들게 되고, 추가 근로소득에 대한 절감률 적용으로 근로 의욕 및 빈곤의 함정을 제거하게 되며 높은 고용률 달성으로 세수증가와 공공부문 지출 감소를 도모할 수 있게 되는 등 여러 측면에서의 장점을 강조하고 있지만, 또 한편으로 새로운 제도 시행은 급여감소, 복지의존 감소, 그리고 재정 긴축을 동반함에 따라 부정적 우려 또한 많은 것이 사실이다. 테일러 구비(Taylor-Gooby, 2012)는 복지개혁을 「위험한 삭감」, 「복지국가의 재구조화」로 해석하기도 하는데, 그만큼 비판적 견해가 강하다는 의미이기도 하다.[53] 제도 변화로 인한 영향은 속단하기 어려운 것이 사실이지만 생활형편이 어려운 계층은 더욱더 어려움을 겪게 될 수도 있음을 시사한다.

복지개혁에 대한 판단은 열등처우원칙의 강한 부활 관점에서도 볼 수 있다. 근로를 대폭 강화해서 공공부조를 축소해 나가고자 하는 전략은 수치적으로는 수급자 감소라는 성과로 연계될 수는 있겠지만 빈곤층의 실질적 삶의 질에 미치는 영향에 대해서는 우려가 제기된다. 다시 말해서 사회보장제도가 갖는 보장성의 측면이 훼손되어서는 안된다는 의미이기도 한다. 이는 영국의 베버리지 이후 발전되어 온 보편주의적 사회보장정책이 21세기 들어서서 선별주의가 강화된 방향으로 진전되고 있음을 의미한다.

영국의 사회보장급여 행정체계는 고도로 중앙집권화되어 있다. 즉, 다른 국가와는 달리 국가가 사회보험을 직접 통제하는 관계로 독립적인 사회보험기금이 없을 뿐만 아니라 보험제도에 편입되지 못한 계층에 대한 급여설계 및 실시도 중앙통제적이며, 이에 대한 지방 정부의 역할이 극히 제한적이다. 즉 영국은 중앙정부가 제도 창출이나 급여계획 설계를 주도한다는 시스템인 것이다.[54] 지방 카운슬세 공제(Council Tax Benefit) 제도를 기존의 중앙집중형에서 중앙정부의 제한 규정이 없는 지방정부기관 보조금 제공방식으로 바꾼 것은 지방 정부의 권한과 책임을 확대하겠다는 시그널로 볼 수 있다.

2) 활성화 전략

최근 복지 국가들이 공통적으로 관심을 두고 강조하고 있는 특징적인 경향 중의 하나는 바로 '활성화'(activation)이다. EU 회원국들은 '유럽고용전략'(European Employment Strategy)의 고용 가이드라인에 기반하여 국가행동계획들(National Action Plans)을 개발하도록 하고 EU 차원에서 정책수행 검토한 결과를 공표하도록 하고 있기도 하다.[55] 1990년대 신노동당의 뉴딜정책, 최저임금 도입이나, 그리고 2010년대 보수-자유 연립 정부가 추진한 복지개혁법의 근로연계 복지정책 내용들은 바로 활성화 정책들과 맥을 같이하고 있다. 영국 활성화 정책(activation policy)[56]은 근로 의욕을 강화하고 비용 및 복지의존을 감소시키는 효과적인 급여체계 창출이 전략적 목표이다.

활성화 정책은 넓은 의미에서 실업자 등 근로능력있는 사람들의 '고용 가능성을 증진시켜서 노동시장 진입 및 재진입을 원활하게 하는 정책'[57]으로서 '이들의 노동시장으로의 통합과 더불어 경제·사회적 통합을 향상시키는 일련의 정책, 프로그램, 제도들'[58]로 정의할 수 있다. 그러나 영국의 활성화 정책은 근로연계복지의 연장 선상에서 근로능력있는 공공부조 수급자들을 대상으로 급여에 대한 대가로서 근로의무를 강제하거나 근로유인을 위해 인센티브를 제공하는 등 좁은 의미의 소극적 노동정책 마련에 중점을 두다 보니 저소득 실업자를 대상으로 직업훈련, 임금보조 등 재취업을 촉진하는 적극적 노동정책으로까지는 본격적인 영역확장이 되지는 못한 것으로 평가된다.

3) 복지개혁의 영향평가

영국 지방정부협의회(Local Government Association)는 2010년 출범한 캐머런 총리 (David Cameron, 2010.5~2016.07)의 보수-자유 연립정부가 2012년 복지개혁법 제정 후에 2013년부터 본격 추진하기 시작해서 보수당 정부인 메이 총리(Theresa May, 2016.07~2019.7)에 이르기까지 계속되어 온 영국의 복지개혁작업들이 영국 전역에 끼친 누적 영향평가를 전문조사연구기관인 'Policy in Practice'에 맡겨서 '복지개혁 누적영향평가보고서'(이하 영향평가보고서, 2017)로 내놓은 바 있다.[59] 앞에서도 언급했 듯이 복지개혁은 복지비용뿐만 아니라 복지 의존성을 줄이고 국민을 일터로 나가게 해 서 고용을 증진시키고자 하는 데 주된 목적이 있다.

'영향평가보고서'에 의하면 영국 전 가구의 3분의 1 이상이 각종 복지급여를 받는 저소득 가구로서 그 숫자는 9백10만 가구에 이른다. 이 가운데 약 7백만이 근로가능 연령층이고 나머지 2백10만은 연금수령 연령층이다. 분석에 의하면 2017년 이전 시행 된 주요 개혁조치들이 가져온 근로가능 가구당 명목 소득감소는 한 주당 23.01파운드 로 나타나는데 2020년에 이르러서는 인플레이션, 민간 임대료 상승, 복지급여 지급률 동결 등을 감안한 실질 소득감소는 국가 생활임금(National Living Wage)이나 개인소 득 공제 등 소득보전 장치들의 완충효과에도 불구하고 한 주당 40.62파운드에 달할 것 이라고 본다. 이러한 사실은 복지개혁으로 인해 많은 가구들이 실질적으로 소득감소를 겪게 됨을 의미한다.

'영향평가보고서'는 모든 정책들이 그러하듯이 복지개혁이 미친 효과는 가구 규모나 유형, 장애 여부, 특히나 개별 개혁 프로그램의 성격 등에 따라 영향력이 다를 수밖에 없다는 점을 지적하고 있다. 일례로 국가가 주도해 왔던 지방 카운슬세 공제(Council Tax Benefit)의 지방화 조치는 많은 가구들에게 비교적 소규모 금액으로, 급여상한제 (benefit cap)는 비교적 적은 수의 가구들에게 많은 금액으로 혜택이 증가 또는 감소하 는 영향을 미쳤다.

영국의 복지개혁이 가져온 영향들을 좀 더 구체적으로 살펴보면 ①사회주택의 신규 공급 부족으로 비싼 임대료의 민간주택으로 내몰리는 저소득층 증가 및 정부의 주택보 조액과 임차 비용 간의 격차확대로 인한 민간주택임차인의 위기감 고조, ②정부 지원 은 줄어드는 데 비해서 근로 가구에 대한 취약한 인센티브 제공으로 인한 높은 소득감소, ③지방 카운슬세 공제(Council Tax Benefit)의 감축, 사회기금(Social Fund) 가운데 지방에서 자율집행이 가능한 카테고리의 기금 폐지 등의 사례에서와 같은 지방 사회안전망의 약화, ④장애급여 수급가구 또는 아동이 있는 가구 등 취약계층 가구들이 다른 유형의 가구들에 비해 소득감소가 크게 나타나는 등 훨씬 커다란 영향을 받았다는 사실 등을 들 수 있다. 이에 대해서 영향평가보고서는 ①임대료와 주택보조액과의 연계성 회복, ②근로활동 참여 인센티브 확대, ③적절한 수준의 지방 자율지원자금 확보, ④ 아동 및 장애인 부양 등 취약가구 중점지원 등을 강조한다.

Notes

1) Dobelstein, Andrew W. 1986. *Politics, Economics and Public Welfare*. Englewood Cliffs: Prentice Hall, Inc. p.89, pp.88-91.

2) Lowi, Theodore J. 1969. *The End of Liberalism: Ideology, Policy and the Crisis of Public Authority*. New York: W. W. Norton & Co. p.66.

3) Trattner, Walter. 1994. *From Poor Law to Welfare State: A History of Social Welfare in America*. New York: Free Press. p.278.

4) O'Connor, Brendon. 2004. *A Political History of the American Welfare System*. Lanham: Rowman & Littlefield Publisher, Inc. pp.20-27.

5) Roosevelt, Franklin. quoted in Commentary. September, 1976. "What Is a Liberal - Who Is a Conservative". p.47.

6) Lowi, Theodore J. 1995. *The End of the Republican Era*. Norman: University of Oklahoma Press. p.23.

7) Kristol, Irving. 1976. What is a Neoconservative. *Newsweek*, 19 January. p.87.

8) Glazer, Nathan. 1988. *The Limits of Social Policy*. Cambridge, M.A.: Harvard University Press. p.3, p.7.

9) Dorrien, Gray J. 1993. *The Neo-conservative Mind: Politics, Culture, and the War of Ideology*. Philadelphia: Temple University Press. p.16.

10) O'Connor, Brendon (2004: 98)

11) Etzioni, Amitai. 25 June, 2001. The New Statesman Essay-The Third Way is a Triumph. *New Statesman*.

12) Cranston, M. 1969. John Locke and Government by Consent. In D. Thompson(ed.). *Political Ideas*. Harmondsworth: Penguin. pp.67-68.

13) Pinker, Robert. 1999. New Liberalism and the Middle Way. In Robert Page and Richard Silburn (eds.). *British Social Welfare in the Twentieth Century*. London: MacMillan. p.80.

14) *Ibid.* pp.103-104.

15) Mishra, R. 1977. *Society and Social Policy: Theoretical Perspectives on Welfare.* London: Macmillan.

16) Jones, C. 1985. *Patterns of Social Policy.* London: Tavistock.

17) Walker, R. 1998. The Americanisation of British Welfare: A Case of Policy Transfer. *Focus, 19(3).* pp.32-40; Peck, J. 2001. *Workfare States.* New York: Guildford Press.

18) White, M. 2000. Evaluating the Effectiveness of Welfare-to-Work: Learning from Cross- National Evidence. In C. Chitty and G. Elam(eds.). *Evaluating Welfare to Work.* London: Department of Social Security. pp.57-70.

19) Paz-Fuchs, Amir. 2008. *Welfare to Work.* Oxford University Press.

20) Chan, Chak Kwan & Graham Bowpitt. 2005. *Human Dignity and Welfare Systems.* Bristol: University of Bristol. pp.4-5.

21) Cochrane, A., J. Clarke and S. Gewirtz (eds.). 2001. *Comparing Welfare States.* London: Sage in association with the Open University. p.140.

22) Shipman, W. August 14, 1995. Retiring with Dignity: Social Security vs. Private Markets. *Social Security Privatization, No. 2. Accessed* https://object.cato.org/sites/cato.org/files/pubs/pdf/ssp2.pdf (2019.8.16).

23) Wilson, J. 1994. *Dignity not Poverty: A Minimum Income Standard for the U. K.* London: Institute of Public Policy Research.

24) Stefson, B. 1998. Human *Dignity and Contemporary Liberalism.* London: Prager. p.10.

25) Cebulla, Andreas, Karl Ashworth, David Greenborg and Robert Walker. 2005. *Welfare to Work.* Barlington, Vermont:: Ashgate Publishing Company. p.73.

26) *Ibid.* pp.60-61.

27) Philpott, John. 1997. "Lessons from America: Workfare and Labour's New Deal." In Alan Deacon(ed.). *From Welfare to Work: Lessons from America.* London: Institute of Economic Affairs.

28) United States Bureau of Census. 1975. *Historical Statistics of the United states.* Washington, D.C.: U.S. Government Printing Office.

29) Segal, Elizabeth A. 2007. *Social Welfare Policy and Social Programs: A Value Perspective.* Belmont: Thomson Brooks/Cole. pp.35-39.

30) Van Wormer, Katherine. 2006. *Introduction to Social Welfare and Social Work : The U.S. in Global Perspective.* Belmont, C.A.: Thompson Brooks/Cole. p.101.

31) Giddens, A. 1998. *The Third Way.* Cambridge: Polity Press.

32) Jones, Chris and Tony Novak. 1999. *Poverty, Welfare and the Disciplinary State.* New York: Routledge. pp.176-181.

33) Cebulla, Andreas et al. (2005:19-20).

34) White, M. and J. Lakey. 1992. *The Restart Effect. Does Active Labour Market Policy Reduce Unemployment?* London: Policy Studies Institute.

35) Theodore, Nik and Jamie Peck. 2000. Searching for Best Practice in Welfare-to-Work: The Means, the Method and the Message. *Policy & Politics, 29(1).* pp.84-86.

36) Cebulla, Andreas et al. (2005: 31).

37) 박대식. 2008.3. "미국의 복지개혁과 농촌복지". 『연구자료 D242』. 한국농촌경제연구원.

38) Falk. Gene, Maggie McCarty and Randy Alison Aussenberg. November 8, 2016. Work Requirements, Time Limits, and Work Incentives in TANF, SNAP, and Housing Assistance. *CRS Report*. Congressional Research Service. pp.6-15.

39) State Policy Documentation Project. 2000. Financial Eligibility for TANF Cash Assistance. Washington, D.C.: State Policy Documentation Project.

40) U.S. Office of Family Assistance. May 20, 2019. Temporary Assistance for Needy Families[TANF] Federal Five-Year Time Limit Fiscal Year[FY] 2018. Table 2C. Accessed https://www.acf.hhs.gov/sites/default/files/ofa/timelim_2018_web_508_compliant.pdf(2019.8.18).

41) Weissert, Carol S. 2000. *Learning from Leaders: Welfare Reform Politics and Policy in Five Midwestern States*. Albany, N.Y.: The Rockefeller Institute Press. pp.1-2.

42) Carnochan, Sarah and Michael J. Austin. 2004. Implementing Welfare Reform and Guiding Organizational Change. In Michael J. Austin(ed). *Changing Welfare Services: Case Studies of Local Welfare Reform Programs*. New York: The Haworth Social Work Practice Press. pp.4-8.

43) 박대식. *op. cit.* pp.19-21.

44) 아동지원집행(Child Support Enforcement) 제도는 1975년 연방 사회보장법상의 연방과 주 정부 합동 프로그램으로 도입되었다. 이 제도의 주된 목적은 비 양육 부모(noncustodial parents)로부터 양육비를 지속적이고 안정적으로 받아내서 공적인 복지지출을 줄이고, 아동가정의 자립과 복지대상으로부터의 탈출도 가능해지도록 하는 데 있다.; U.S. Congressional Research Service. July 25, *2019. Child Support Enforcement: Program Basics*. CRS Report. Accessed https://fas.org/sgp/crs/misc/RS22380.pdf (2019. 8. 5.).

45) Danziger, Sandra. K. August. 2010. The Decline of Cash Welfare and Implications for Social Policy and Poverty. *Annual Review of Sociology 36(1)*. pp.528-531.

46) Tach, Laura and Kathryn Edin. July 2017. The Social Safety Net after Welfare Reform: Recent Developments and Consequences for Household Dynamics. *Annual Review of Sociology, Vol. 43*. pp.541-561.

47) 홍성수. 2007. "영국 복지개혁법(Welfare Reform Act 2007)". 『외국법제정보』, v.2007-4. 한국법제연구원. pp. 71-72.

48) 노대명 등. 2014. 『각국 공공부조제도 비교연구: 영국』, 연구보고서 2014-10-1. 한국보건사회연구원. pp. 175-176.; Taylor-Gooby, P. June 2012. Overview: resisting welfare state restructuring in the U.K. *Journal of Poverty and Social Justice, vol 20, no. 2*. pp. 122-124.

49) 2012 복지개혁법(Welfare Reform Act 2012)은 총 7개 파트에 151개 조항 그리고 7개 부속서로 나누어져 있다.

50) LGIU. Welfare Reform Act 2012. *Policy Briefing. Accessed* https://www.lgiu.org.uk/wp-content/uploads/2012/03/Welfare-Reform-Act-20121.pdf (2019.5.10).

51) UK Parliament. Welfare Reform Act 2012. Accessed https://services.parliament.uk/bills/2010-11/welfarereform.html(2019.2.10).

52) LGIU. *op. cit.*

53) 노대명 등(2014:202-203); Taylor-Gooby(2012:119-132)

54) Finn, Dan. 2009. "영국의 활성화 정책". 『국제노동브리프』. 2009년 10 · 11 · 12월호. 한국노동연구원. pp.38-39.

55) 여유진. 2011. "영국 활성화 정책(Activation Policy)의 주요 내용 및 시사점".『보건복지 Issue & Focus』, 제69호(2011-01). 한국보건사회연구원. pp.1-2.

56) 활성화 정책은 영미권 국가들의 노동연계 복지정책과 대비되어 유럽대륙 국가들에서 사용하는 개념으로 본 이들도 있고, 노동연계 복지정책의 대상과 범위가 시간의 흐름에 따라 확대된 결과로 보는 이들도 있다; 백승호. 2012. "노동수급 측면에서 본 우리나라 저소득층 활성화 정책 연구".『보건사회연구』, 32[3]. p.331.

57) 백승호(2012:332).

58) Geldof, D. 1999. New Activation Policies: Promises and Risks, In Heikkila, M.(ed). *Linking Welfare and Work*. Dublin: European Foundation for the Improvement of Living and Working Conditions. p.13.

59) Policy in Practice. August 2017. *The Cumulative Impacts of Welfare Reform - A National Picture.* pp.1-26. *Accessed https://www.local.gov.uk/cumulative-impacts-welfare-reform-national-picture (2019. 5.17);* 이 보고서는 전문 조사연구기관인 "Policy in Practice"가 영국 지방정부협회(the Local Government Association)의 위탁을 받아 보수-자유 연립정부와 이를 이어받은 보수당 정부가 발표한 복지개혁들의 영국 전역에 거친 영향분석결과를 보여준다.

제4장
미국의 사회보장체계와 공공복지

제1절
사회보장제도의 발달과 구성체계

1. 사회보장제도의 역사적 전개

1) 역사적 개관

역사적으로 볼 때 1930년대 이전까지 미국에서의 대부분의 사회복지사업은 노동조합, 공제조합, 커뮤니티센터, 사회복지관과 같은 민간 지원단체들에 의해 주로 수행되었으며, 점차적으로 지방정부 차원에서의 참여가 이루어지게 되었고, 몇몇 예외적인 경우를 제외하고는 연방정부가 개입하는 일이 거의 없었다.

미국인들의 빈곤에 대한 시각은 기본적으로 동정과 멸시라는 이중적 태도를 보여 왔으며, 빈곤의 원인은 사회·경제적 환경의 문제라기보다는 빈곤 당사자의 개인적인 문제로 보는 전통이 매우 강하다. 아울러 빈곤층에 대한 지원시스템 체계가 빈곤 탈피보다는 오히려 의존성을 높여 빈곤을 조장한다는 우려가 계속 제기되어 왔다.[1]

19세기까지의 미국의 빈곤 대책은 전반적으로 1834년 영국의 '신 구빈법'을 포함한 영국식 빈곤 문제 접근방법을 취해 왔으며, 구빈법 정신에 의하면 도움을 받는 사람은 그 이유야 어떻든간에 근로활동을 하는 사람보다 경제적으로 더 풍요로워서는 안 된다는 윤리성을 강조한다.[2] 그리고 이러한 구빈법 원칙을 기초로 해서 공적 지원 규모는 제한을 받게 되고 지원행위는 전적으로 지방 차원에서 이루어진다. 지방 차원에서 제정된 빈곤 관련법들은 개인이 곤경에 처한 원인은 바로 개인의 정신적, 도덕적, 신체적 취약점에서 비롯된다는 생각을 반영하고 있는데, 이러한 생각의 극단적 예는 빈곤을

사회 부적격의 징후로 보는 1800년대 중반의 사회적 다원주의 해석을 들 수 있다.[3]

대부분의 유럽 국가들과는 달리 미국은 국가 차원의 사회복지시스템 설립에 소극적이어서 복지급여 도입 시기가 늦고 또한 지원내용도 부분적인데 그 이유는 전통적으로 사적 영역을 존중하는 데서도 찾을 수 있지만, 그 외에도 지방 차원에서 이미 복지프로그램이 시행되고 있고 또한 분권화된 연방 시스템을 가지고 있었기 때문이다.[4] 그러나 19세기와 20세기 초에 발생한 급격한 산업화와 도시화 그리고 이민자들의 증가는 국가·사회로 하여금 빈곤 문제를 전통적인 개인적인 문제로 해석하는 차원에서 더 나아가 경제 사회적인 요인도 고려하도록 압박하게 된다. 그 결과로 1900년대 초반 공적 지원과 복지기관 숫자가 배가 되고 보다 전문성을 갖추게 되었다.[5]

1929년 발생한 대공황(the Great Depression)은 이러한 기존 시스템에 일대 전환을 초래했으며, 『1935년 사회보장법』(Social Security Act of 1935)의 제정과 더불어 연방정부가 미국 사회정책의 광범위한 부분을 떠맡게 되었고 연방정부의 이러한 역할은 그 이후 수십년 간에 걸쳐 계속 성장하는 추이를 보이게 된다.

1960년대에 이르러서는 그 어느 때보다도 정책결정권이 워싱턴으로 집중되는 현상을 보이게 되었는데 이러한 연방정부로의 집중현상은 1970년대 들어서면서 점차 퇴조하기 시작하여 특히 1980년대 레이건 행정부가 들어서면서 연방정부가 빈곤층 지원예산을 삭감하면서부터 대폭 완화되기 시작했다. 이러한 취지를 반영한 사회 전반적인 공감대 형성은 1990년대 중반 획기적인 복지개혁을 이끌어 낼 수 있는 토대를 제공했다.[6]

2) 사회복지의 확장

미국의 근대 사회정책은 두 가지 빅뱅(big bang)을 경험하게 되는데, 첫 번째 빅뱅은 루스벨트(Franklin D. Roosevelt) 시기의 '뉴딜'(New Deal)이고 그 다른 하나는 케네디(John. F. Kennedy) 및 그의 계승자 존슨(Lyndon B. Johnson) 시기의 '위대한 사회'(the Great Society)이다.[7]

1932년 루스벨트 대통령 당선 이전까지는 정부 간 관계에 있어서 연방정부의 활동 영역은 협소한 수준에 머물러 왔으나, 루스벨트는 당시의 대공황 상황에서 공공의 지지를 받아 중앙정부가 빈곤 구제활동을 함에 있어서 광범위한 영향력을 행사할 수 있게 되었다. 1935년 사회보장법 제정이라는 획기적 사건이 대표적인 사례인데, 기본적으로 뉴딜 프로그램들은 빈곤 문제의 해결을 위한 장기적 처방을 목표로 하지는 않았다. 그 이유는 당시 초래된 경제 상황이 근본적으로 치유되어야 할 구조적 불평등의 소산이라기보다는 임시적 상황이라고 취급되었기 때문이다. 그 일례로 당시 도입된 '부양아동지원'(Aid to Dependent Children: ADC)을 보면 임시적 긴급구제에 주안점을 두고 있는데 이는 수혜자들이 곧 자립할 수 있다는 가정을 전제로 하는 것이다.

사회보장정책이 정부 차원의 주요임무로 대두된 것은 『1935년 사회보장법』(the Social Security Act of 1935)이 제정되고 나서부터인데, 사회보장법은 연방, 주 및 지방정부 모두를 포함한 정부 간 관계 측면에서도 공공복지정책의 기본 틀을 제공하고 있다. 이 법은 주(state) 및 지역(local) 정부가 대공황(the Great Depression) 기간 중에 저소득층 지원을 감당할 수 없는 상황에 직면하게 됨에 따라, 연방정부가 실업으로 인한 소득손실을 최소화하기 위해 국가 차원의 사회보험 제도를 도입하고 아울러 사회보험 혜택 대상이 아니면서도 기초생계지원이 필요한 사람들을 돕기 위해 연방정부가 주 정부에 보조금을 주어 시행토록 하는 방안을 도입하였다. 이 법이 도입됨에 따라 '고령자지원'(Old Age Assistance), '부양아동지원'(Aid for Dependent Children), '맹인지원'(Aid to the Blind) 프로그램들이 연방정부 책임 아래 실시된다.

또 하나의 빅뱅은 존슨 대통령이 주창한 '위대한 사회'(the Great Society)이다. 1964년 존슨 행정부는 '빈곤과의 전쟁'(the War on Poverty)을 선포하면서 헤드스타트(Head Start) 등 도시 빈민층 자녀들의 성장과 발달을 돕기 위한 다양한 프로그램들을 시도하였는데, 빈곤퇴치에 대한 접근방법은 뉴딜식 접근방식과 본질적으로 차이를 보이게 된다. 우선 피상적인 경제적 측면의 단기 구제정책이 아니라는 점을 들 수 있는데 새로운 정책들은 궁극적으로 빈곤의 원인을 종식시키는데 중점을 두고 있다. 즉, 정책의 중점이 단기 소득보조 정책유형이 아니라 교육·훈련서비스 제공 등에 있고 저고용 문제와 같은 빈곤과 경제와의 관계성에 관심을 둔다.[8]

'빈곤과의 전쟁' 기간에 추진한 핵심사업은 『1964년 경제기회법』(the Economic Opportunity Act of 1964)에 담겨져 있는데, 이 법의 핵심요소는 '지역사회 행동 프로그램'(the Community Action Programs: CAP)으로서 이 제도는 연방정부가 저소득층의 욕구를 해소할 수 있도록 자금을 지방정부나 비정부기구에 제공하면 빈곤층이 정책 결정에 참여해서 자신들의 욕구를 반영한 프로그램들을 수립하여 시행토록 하는 방식을 취한다.

CAP의 목적이 단순히 경제적 측면의 빈곤퇴치가 아니라 경제적 측면에서의 공민권(civil rights) 운동이라고 보는 견해도 있다.[9] 그러나 CAP는 빈곤층의 목소리를 높인다는 당초의 도입 취지로 인해서 정치적 논란거리가 되고 또한 사실상 각종 프로그램들이 정부 기관의 통제 아래에서 시행됨에 따라 당초 의도한 바와 달리 오래가지 못했으며, 1960년대 말에 이르러서는 빈곤과의 전쟁 프로그램들은 대부분 폐기되었는데, 그럼에도 불구하고 당시 도입된 푸드스탬프(Food Stamp) 프로그램(1961년)이나 메디케어(Medicare) 및 메디케이드(Medicaid) 같은 프로그램(1965년)들은 지금도 중요한 위상을 확보하고 있다.

미국의 사회보장제도는 2차 세계대전 후 경제발전에 힘입어 1960년대를 거쳐 1970년대 초에 들어서도 발전을 거듭하게 된다. 일례로 닉슨(Richard Nixon) 행정부 시절 1972년 사회보장법을 개정해서 노인, 맹인, 장애인 등의 최저수준의 생계를 보장해 주고자 '보충소득보장'(Supplemental Security Income for the Aged, Blind, and Disabled: SSI)을 연방 프로그램으로 신설한다. 이로써 현행 미국 공공복지제도의 근간은 1960년대와 70년대를 거쳐 형성되었다고 볼 수 있다.

3) 복지정책의 재정비

미국의 복지정책을 정부 간 관계의 역사적 흐름 측면에서 보면 세 시기로 구분할 수 있는데, 1935년 뉴딜 이전까지는 주(state) 및 지역(local) 정부 자치 시대라고 한다면 뉴딜 이후 1970년대 초반까지는 국가주의 대두 시기, 그리고 1980년 레이건 정부 출범 이후는 주 및 지역 정부 회귀 시기라고 볼 수 있다.[10] 이러한 분권적 복지정책의 틀은 1996 복지개혁법(PROWRA) 통과 이후 2000년대에 들어서도 미국 복지정책의 기조가 되고 있다.

그러나 분권화는 지방정부의 능력에 따라 수혜의 정도가 달라질 수 있다는 불공평성의 문제를 야기되고 있는 실정이다. 또한 복지정책이 분권화가 되면 국가차원에서 논의될 때보다 가시성이 낮아져서 사회로부터 주목을 덜 받게 되기 때문에 충분한 토론과 참여 그리고 기본적인 검토가 결여된 채 시행되는 경향이 발생한다는 점이 지적된다. 아울러 지방 단위로 내려갈수록 빈곤층에 대한 지지층이 엷어지고 영향력도 약화되어 정책결정과정에 빈곤층의 이해관계를 반영하기가 더욱 어려워지게 된다는 단점이 있다.

1980년대 들어서 레이건(Ronald Reagan) 행정부는 신연방주의 (New Federalism)를 표방하면서 연방정부의 재정부담을 줄이고 대신 주(state)와 지역(local) 정부의 책임을 강화하고자 하는 정책을 시도하게 되는데, 이에 따라 사회복지프로그램은 축소 위기를 맞게 되었다. 이후 미국경제 침체와 재정적자를 탈출하기 위한 절박감에서 1990년대 들어 복지개혁에 대한 논의가 가속화되는데 1996년 복지개혁법(PRWORA)이 제정됨에 따라 1935년 이래 지속되어 온 미국 공공복지제도의 기본이념은 큰 변화를 가져왔다. 미국 복지개혁의 완성판인 『1996년 개인책임과 근로기회조정법』(Personal Responsibility and Work Opportunity Reconciliation Act of 1996: PRWORA), 일명 '복지개혁법'이 갖는 의미를 정부 간 관계 측면에서 보면, 뉴딜 이후 강화되어 온 연방정부 권한 집중 현상에서 벗어나 정부의 역할과 기능을 재조정하여 연방정부의 복지 책임을 지방 정부에게 되돌리려는 시도로 해석된다.

앞에서도 살펴본 바와 같이 1990년대 미국 복지개혁의 초점은 '아동부양 가정지원'(AFDC)에 맞추어졌다. AFDC 프로그램은 일터에 나가는 저소득 모자가정의 홀어머니를 돕고 그들이 자녀교육을 잘 해나갈 수 있도록 하는 목적으로 준비되었는데, 당초 취지와는 달리 미혼모를 양산하고 재정지출이 과다하게 증가하는 등 심각한 부작용을 초래하였다. AFDC 운영재정은 연방정부와 주(state) 정부가 분담했던 관계로 주(state) 정부 차원에서도 정비 필요성에 공감하고 있었으며, 1996년 복지개혁법(PRWORA)이 제정되면서 AFDC는 빈곤가정 임시지원(TANF)으로 대체되고 재정도 연방운영지침을 적용받지 않는 정액보조금제도로 바뀌게 된다.[11] 또한 복지프로그램에 '일하는 사람을 위한 복지', 즉, "근로복지(workfare)"적 요소를 강화하고 대상자들이 스스로 자신을 책임질 수 있도록 하는 복지 의존성의 감소, 그리고 가족해체 현상의 감소 등이 복지개혁의 명확한 목표가 된다.

이처럼 거듭된 복지의 확장과 개혁작업에도 불구하고 미국은 OECD 국가들 가운데서도 하위그룹에 속할 만큼 복지정책의 수준이 낮고 정부예산에서 차지하는 사회지출비의 비중도 작은 것으로 평가되고 있다. 사회복지학자들은 미국의 경제적 규모로나 국제적 위상에 걸맞지 않는 이러한 현상을 가리켜서 '복지 느림보'(welfare laggard) 또는 '예외주의'(exceptionalism)로 규정한다.

2. 사회보장체계의 구성

미국의 사회보장제도는 크게 사회보험과 공공부조로 구성되어 있다. **<그림 4-1>**에서 보는 바와 같이 사회보험은 노령, 유족, 장애연금제도(Old-Age, Survivors and Disability Insurance: OASDI), 메디케어(Medicare), 실업보험, 산재보험 및 기타 특수직역 연금제도 등으로 구성되어 있다. 주요 공공부조 프로그램으로는 SSI, TANF, SNAP(구 Food Stamp), Medicaid, GA 등이 운영되고 있다. 그리고 조세제도를 통하여 저소득 근로자의 소득을 보전하는 '근로소득 세금공제'(EITC) 제도가 있다.

미국의 사회보장체계에서 가장 중심적인 소득보장제도는 '소셜 시큐리티' 또는 'OASDI'로 불리는 노령, 유족, 장애연금제도이며, 공공부조제도 중에서 포괄적 수혜대상자가 가장 많은 제도는 지금까지 '푸드스탬프'(Food Stamp)로 잘 알려져 온 '보충영양지원제도'(SNAP)로 나타나 있다.

OASDI로 대표되는 공적 사회보장 연금제도는 미국의 사회보험제도 중에서 가장 잘 발달되어 있는 제도인데 누진적 방식으로 소득 이전에 중요한 역할을 수행하기는 하지만 빈곤 완화에 초점을 맞춘 저 급여형 성격을 지닌 관계로 국제적 기준에서 볼 때 급여 수준이 매우 낮고, 다른 사회보험의 경우에도 국제적 기준에 훨씬 못 미친다고 평가된다.[12]

미국은 다른 선진국과 달리 일반 국민을 대상으로 하는 공적인 건강보험제도가 없고 65세 이상 노인과 특정범주의 장애인에 대해서만 공적인 건강보험제도인 메디케어(Medicare)를 운용한다. 사회보험 중에서 사회보장연금(OASDI)과 메디케어(Medicare)는 연방정부가 운영하는 프로그램인데 반하여, 산재보험과 실업보험은 주(state) 정부 차원에서 운영된다. 산재보험과 실업보험은 1935년 사회보장법이 입법화 됨으로서 법적 기초가 마련됨에 따라 연방정부의 관리 감독 아래 각 주(state)가 실시하고 있는데, 운영방식과 내용은 주 법과 주 정부에 맡겨져 있어서 각 주별로 수급자격과 급여 수준 등을 별도로 정해서 운영한다. 미국에서 연방 공무원은 일반 국민을 대상으로 하는 사회보장연금제도(OASDI)와 연방 공무원 연금제도(Federal Employees Retirement System: FERS)를 동시에 적용받는 이중구조로 되어있는 점이 특징이다.

미국은 지방정부 차원에서 운영하는 '일반지원'(General Assistance: GA)을 제외하고는 빈곤에 대처하기 위한 일반 국민 대상의 보편적인 공공부조제도를 운영하지 않고 있다. 즉, 미국 공공부조제도는 연방 및 주 정부 차원에서 특정 집단을 대상으로 운영하는 범주별, 선별적 공공부조제도를 특징으로 하고 있다.

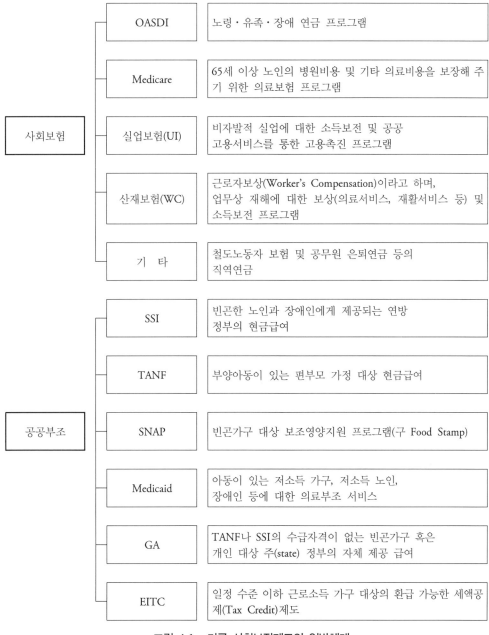

사회보험	OASDI	노령·유족·장애 연금 프로그램
	Medicare	65세 이상 노인의 병원비용 및 기타 의료비용을 보장해 주기 위한 의료보험 프로그램
	실업보험(UI)	비자발적 실업에 대한 소득보전 및 공공 고용서비스를 통한 고용촉진 프로그램
	산재보험(WC)	근로자보상(Worker's Compensation)이라고 하며, 업무상 재해에 대한 보상(의료서비스, 재활서비스 등) 및 소득보전 프로그램
	기 타	철도노동자 보험 및 공무원 은퇴연금 등의 직역연금
공공부조	SSI	빈곤한 노인과 장애인에게 제공되는 연방 정부의 현금급여
	TANF	부양아동이 있는 편부모 가정 대상 현금급여
	SNAP	빈곤가구 대상 보조영양지원 프로그램(구 Food Stamp)
	Medicaid	아동이 있는 저소득 가구, 저소득 노인, 장애인 등에 대한 의료부조 서비스
	GA	TANF나 SSI의 수급자격이 없는 빈곤가구 혹은 개인 대상 주(state) 정부의 자체 제공 급여
	EITC	일정 수준 이하 근로소득 가구 대상의 환급 가능한 세액공제(Tax Credit)제도

<그림 4-1> 미국 사회보장제도의 일반체계

개별 공공부조제도는 노인, 장애인, 아동 등 특정 인구 집단만을 대상으로 삼는 범주별 제도를 운영하며 인구학적 요소만을 지급요건으로 하는 보편적 수당제도는 존재하지 않는다. 다만 SNAP(구 Food Stamp)의 경우에는 전국적 차원에서 동일한 기준 아래 운영되고 범주적 제한도 비교적 적어서 보편적 공공부조 제도로서의 성향이 강하다. 그리고 미국의 공공부조체계에서는 저소득 근로계층의 소득을 세액환급 형태로 보장하는 근로소득 세금공제(EITC) 제도를 운영하는 점이 특징적이다.

미국에서 소득지원 욕구를 지닌 저소득 계층에 대한 공공부조제도는 근로능력 유무에 따라 크게 두 개 집단으로 나누어 관리되는데, 그 하나는 고령자와 장애인 등 노동시장 참여가 어려운 SSI 체계 대상집단이며 또 다른 하나는 TANF 지원대상인 빈곤가정과 그 가정의 아동집단이다. 이 두 개 대상집단은 삶의 여건과 전망 등에서 차별성을 갖고 있기 때문에 급여의 내용과 수준·기간과 조건 등에서 프로그램의 차별성으로 연결된다.[13]

제2절

소셜 시큐리티의 내용과 장래

1. 사회보장법의 내용

『사회보장법』(Social Security Act)은 1935년 제정된 이래 약 80여년 이상 동안 여러 차례의 개정작업을 거치면서 계속 보완되어 왔는데 **<표 4-1>**에서 보는 바와 같이 그 내용은 크게 두 가지 유형의 소득보조 프로그램 즉 사회보험 프로그램과 공공부조 프로그램을 담고 있다.[14]

사회보험 프로그램으로는 노령·유족·장애인보험(the Old Age, Survivors, and Disability Insurance: OASDI)과 실업보험(the Unemployment Insurance: UI) 등이 있으며 공공부조 프로그램은 노인, 맹인, 장애인, 아동부양 가족들을 대상으로 하는 프로그램 등이 있다. 그리고 소득보조는 아니지만 노인대상 의료보험인 메디케어(Medicare)와 빈곤층 대상 의료부조제도인 메디케이드(Medicaid), 근로빈곤층 가정 자녀 대상 아동건강보험 프로그램(Children's Health Insurance Program: CHIP) 또한 사회보장법에 따라 제공되는 의료보장 프로그램이다. 이처럼 사회보장법에는 여러 가지 사회보험 프로그램과 공공부조 프로그램이 혼재되어 있지만, 일반적으로는 대표 프로그램인 'OASDI'를 의미하며, 건강보험(Health Insurance)까지 포함해서는 'H'를 추가하여 'OASDHI'라고 칭하기도 한다. 건강보험은 65세 이상 노인을 주 대상으로 하는 메디케어(Medicare)를 지칭한다.

사회보장법은 1939년 근로자 부양가족과 유족까지 수혜대상 확대, 1956년 장애보험 내용 추가 등 진화를 거듭해 왔지만 1996년의 복지개혁(PRWORA)으로 급격한 변화의 전기가 마련되고 2001년 부시 행정부의 등장에 따라 개혁압력이 가중되어 왔다. 여러 차례에 걸친 사회보장법의 보완작업에도 불구하고 빈곤층 노인 가족들과 친족이 없는 개인들의 약 12퍼센트는 아직도 사회보장법상의 사회보험성 소득지원을 받지 못하고 있는데, 이들에게는 공공부조 프로그램상의 '보충소득보장'(SSI)이 주된 소득원이 된다.[15]

<표 4-1> 사회보장법상 주요 프로그램 운용현황

사회보험 프로그램	공공부조 프로그램
고령자・유가족・장애인 보험 (Old-Age Survivors Disability Insurance: OASDI)	보충소득보장 (Supplemental Security Income for the Aged, Blind, and Disabled: SSI)
실업보험 (Unemployment Insurance: UI)	빈곤가정 임시지원 (Temporary Assistance to Needy Families: TANF)
산재보험 (Worker's Compensation)	메디케이드(Medicaid) 아동건강보험 프로그램 (Children's Health Insurance Program)
메디케어 (Medicare)	사회서비스(Social Services by block grants to states)

자료: U.S. Social Security Administration. 2018. *Social Security Handbook 2018*. Bernan Press.

2. 소셜 시큐리티의 개혁

미국에서 '소셜 시큐리티'는 사회보장제도 전반을 의미하기보다는 통상 '소셜 시큐리티 급여'(social security benefits)를 지칭하는 것으로서, 좀 더 구체적으로는 미국 사회보장법상의 '사회보장연금'(OASDI)을 말하는데 이는 크게 '은퇴자 연금'과 '장애인 연금' 두 파트로 나누어진다. '소셜 시큐리티'는 대부분의 미국인들의 은퇴 후 생활을 보장하는 가장 기본적인 재원으로서 소셜 시큐리티 즉, OASDI의 구체적인 운영방식에 대해서는 제4절에서 별도로 설명하기로 한다.

2018년 6월 현재 '소셜 시큐리티' 급여자 수(은퇴자, 장애자, 유족 포함)는 약 62백만명에 이르는데 이 가운데 46백만명은 은퇴연금 수령자들이다. 그렇다고 소셜 시큐리티가 은퇴자 소득의 유일한 소득원이라고는 것을 의미하지는 않고 근로 활동기 소득에 대한 연금소득 대체율은 납입개시기간과 소득에 따라 25퍼센트에서 75퍼센트에 이르기까지 달라진다. 금융전문가들은 소셜 시큐리티를 포함하여 개인저축, 투자수익 등을 포함하여 근로활동기 소득 대체율이 70퍼센트 정도는 되어야 은퇴 후 생활을 편안하게 보낼 수 있을 거라고 조언한다.[16]

'소셜 시큐리티'에 대한 논쟁은 상당히 이데올로기적이고, 정치적인 동시에 기술적인 것이기도 하다. 최근에는 '소셜 시큐리티'의 파산 가능성에 대해 정치적 관심이 쏟아지고 있다. 소셜 시큐리티 연금신탁보고서에 따르면 수입과 지출 상의 잉여금은 2008년부터 줄어들기 시작해 왔는데, 현재의 운영체계를 유지할 경우 2018년부터는 지출이 수입을 초과하게 됨에 따라 신탁기금 총 잔고 또한 줄어들기 시작하여 2034년 이전에 고갈될 것이라고 예측된다.[17]

'소셜 시큐리티' 개혁을 위한 논의는 레이건 대통령의 사회보장개혁 국가위원회, 클린턴 대통령의 '사회보장자문위원', 부시 대통령의 '소셜 시큐리티 강화위원회' 활동 등을 비롯해서 지금까지도 계속되어 오고 있다. 참고로 부시(George W. Bush) 대통령은 2001년 7월 '소셜 시큐리티' 시스템을 점검하고 민영화 방안을 강구해보기 위해 '소셜 시큐리티 강화 대통령위원회'(the President's Commission to Strengthen Social Security)를 구성하였다. 이 위원회의 공동위원장에는 전 상원의원 모이니한(Patrick Moynihan)과 AOL Time Warner사의 파슨스(Richard Parsons)가 맡고 공화당원 및 민주당원도 함께 참여했다. 이 위원회는 출발단계에서부터 '소셜 시큐리티' 개인구좌제도의 창설을 선호해왔으며, 앞으로 75년 동안 '소셜 시큐리티'를 떠받치는데 2조 내지 3조 달러의 신규재원이 필요하다고 판단했다. 이러한 재원은 차입금 증가, 세금증가 또는 기타 프로그램의 지출감소를 통해 조달이 가능하다. 따라서 이에 대한 해답으로서는 현재 계획된 급여를 감소시키고 정부의 일반재원 투입을 늘려야 한다는 결론을 제시하게 되는데 이러한 제안들은 정치적으로 볼 때 어느 것도 달갑지 않은 내용들이다.[18]

2005년 부시 대통령은 '소셜 시큐리티'가 20세기의 위대한 도덕적 승리의 소산물이고 21세기에서는 그 목적을 존중해나가야 하지만, 현재의 제도가 파산의 길로 가고 있다면서[19] 소셜 시큐리티 기여금의 일부를 개인 구좌로 만들거나 민영화하는 제도도입을 주창했다. 소셜 시큐리티 기여금 일부를 각 개인이 민간 프로그램에 맡겨 운영할 수 있도록 하는 소셜 시큐리티 개선안에 대해 옹호론자들은 보다 많은 개인적 책임감과 수익증대 효과를 거둘 수 있다고 주장함에 반해서, 반대론자들은 민간투자는 그만큼 위험요인에 노출되고 기금운용 행정비용을 증가시킬 것이라고 걱정한다. '소셜 시큐리티'의 민영화는 시장상황이 불안정할지라도 노인, 장애인, 유족 등 취약계층에게 보장된 급여를 제공하고자 하는 원칙을 세운 뉴딜(New Deal)의 근본정신으로부터 벗어나는 것이라는 점도 주된 반대 논거이기도 하다.

3. 소셜 시큐리티의 장래

미국 사회보장법은 도입 당시에도 법 제정과정에서 지지와 반대가 매우 격렬했던 것이 사실이다. 그러나 오늘날에는 보수·자유 진영 모두로부터 제도 자체에 대해서는 지지를 받고 있으며, 다만 현재 실시되고 있는 사회보장 프로그램들을 강화하기 위해서 어떤 방법이 최선인지에 대해서는 다양한 견해가 있다.

특히, '소셜 시큐리티 급여'는 수백만의 미국 노인들에게 절대적인 소득원 역할을 하고 있는데, 거의 50퍼센트에 이르는 노인들이 소셜 시큐리티 급여를 받기 전에는 빈곤선 이하 그룹에 해당되지만 급여를 받음으로써 그 비율은 12퍼센트 미만으로 떨어지게 된다는 보고가 있다.[20]

'소셜 시큐리티'는 오늘날 전 소득계층의 미국인들로부터 항구적인 제도로 존속되어야겠다는 기대를 받고 있는 것으로 보인다.[21] 그러나 이 프로그램이 계속되기 위해서는 몇 가지 어려운 정치적 결정이 내려져야 하는데, 그 가운데서 중요한 현실적인 문제가 현재의 '소셜 시큐리티' 시스템을 운영하면서 어떻게 하면 재정적 지불능력을 유지해 나갈 수 있을 것인가에 관한 사항이다. 그 선택으로서는 급여의 삭감, 급여대상의 제한, 세금인상, 아니면 노년기를 대비한 새로운 형태의 투자개발 등을 들 수 있다. 그러나 이러한 선택들은 유권자들로부터 지지를 받을 수 있는 전형적 방법이 아니기 때문에, 선출직 공무원들은 가급적 이 문제로부터 벗어나 있고 싶어 한다. 미국의 '소셜 시큐리티' 지불능력에 대한 위험성 경고 때문에 '소셜 시큐리티'의 미래에 대한 논란은 더욱 가중되고 있기도 하다.

제3절

사회보장 운영체계와 사회보장 기준선

1. 사회보장서비스 공급 및 행정체계

1) 정부 시스템 개관

오늘날 미국의 사회보장서비스 공급시스템에 있어서 사적 서비스와 공적 서비스를 완전히 분리하는 것은 불가능하며, 정부는 직·간접으로 사회보장서비스 공급을 규제하고 후원하며 또한 재정적 기여를 하고 있다. 즉, 정부와 민간기관은 복잡하게 얽혀서 상호작용을 하고 있는데, 예를 들어서 저소득층에 대한 의료부조 사업인 메디케이드 (Medicaid)의 경우 연방정부가 주(state) 정부와 파트너십을 형성해서 자금을 조달하지만, 의료서비스의 실제적인 공급은 다양한 공공 또는 민간기관들에 의해 제공된다. 따라서 미국의 복지 공급시스템을 이해하기 위해서는 민간부문과 공공부문의 관계설정을 이해하는 것이 중요하다.

사회보장서비스에 대한 정부의 공적인 관여행위는 워낙 다양하게 이루어지고 있는데 미국의 공공복지시스템을 이해하기 위해서는 먼저 미국의 정부시스템을 이해하는 것이 필요하다. <표 4-2 >에서 보는 바와 같이 미국은 연방제 국가로서 연방(federal) 정부, 주(state) 정부 그리고 지역(local) 정부 등 여러 레벨(level)의 정부가 위계를 이루면서 존재하고 기능에 따른 특별 자치정부까지 합치면 정부 형태별 숫자 또한 수만에 이르고 있다. 이들 각각의 정부는 관할 지역 또는 기능적 역할에 따라 사회보장서비스 공급시스템에 다양한 방법으로 직·간접적인 관여를 하고 있다.

<표 4-2> 미국 정부의 레벨별, 유형별 현황(개소)

연방정부	주 정부	지 역 정 부				
		소 계	카운티	시 및 타운	교육구	특별구
1	50	90,056	3,031	35,879	12,880	38,266

자료: U.S. Bureau of Census(2017).

2) 정부 간 역할과 복지행정체계

각급 정부들 가운데서 연방정부가 사회보장영역에서 가장 큰 역할을 수행하며, 주 정부는 연방 자금보조를 받아 프로그램을 직접 집행하거나 민간기관과 계약을 맺어서 서비스를 제공하게 되는데, 이러한 형태가 미국 복지서비스 전달체계의 가장 전형적

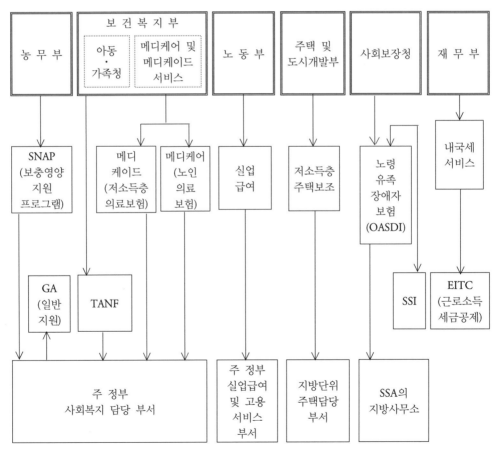

<그림 4-2> 미국의 공공복지 행정체계

유형이며 연방정부, 주 정부, 지역 정부들은 민간기관들과 함께 정책결정, 자금조달, 서비스 전달 등을 해나가는 혼합체계를 구성하고 있다.

<그림 4-2>는 미국의 공공복지 행정체계가 실제적으로 어떤 시스템을 갖추고 있는지를 보여주고 있는데, 연방정부 차원에서 복지서비스를 담당하는 부처로는 우선 보건복지부(Department of Health & Human Services) 및 사회보장청(Social Security Administration)을 들 수 있지만, 이외에도 농무부(Department of Agriculture), 노동부(Department of Labor), 주택 및 도시개발부(Department of Housing and Urban Development), 재무부(Department of Treasure) 등에서도 독자적인 사회보장 프로그램들을 마련하여 시행하고 있다. 일례로 보충영양지원제도(SNAP, 구 Food Stamp)는 농무부가, 그리고 근로소득 세금공제(EITC)는 재무부가 관장하고 있다.

연방정부가 제공하는 프로그램들의 대부분은 주(state) 및 지역(local) 정부의 사회복지 담당부서를 통하여 집행되지만, 사회보장청이나 재무부 소관 프로그램들은 자체 직할 지역사무소를 설치하여 직접 처리하기도 한다.

2. 공적 사회보장 기준선

1960년대 이래 미국 정부는 절대빈곤 개념에 따라 빈곤을 정의해 왔다. 1964년 존슨(Lyndon Johnson) 행정부가 빈곤과의 전쟁(War on Poverty)을 선포하면서 이 전쟁에서 이기는가의 여부는 절대적 빈곤 기준에 따라야만 결국 객관적인 판정이 가능하다는 전제 아래, 당시 새로 설립된 미국 경제기회청(the U.S. Office of Economic Opportunity)은 통계처리 및 예산처리 목적의 빈곤측정방법으로 오샨스키(Molly Orshansky)의 절대적 척도 방법을 채택한다. 아울러 이듬해인 1965년 현재는 예산관리처(the Office of Management and Budget)이지만 당시의 예산국(the Bureau of the Budget)은 오샨스키식 방법을 모든 행정부 내에서 통계적으로 사용하도록 채택하였으며, 그 이후 몇 차례의 경미한 방법론상의 변화가 있었지만 오샨스키식 측정방법의 골격은 계속 유지되어 오고 있다.

미국의 빈곤관련 연방 통계자료는 빈곤경계선(Poverty Thresholds)과 빈곤 지도선

(Poverty Guidelines) 등 두 가지 유형으로 나눌 수 있다. 빈곤경계선은 연방통계국(the Bureau of Census)이 통계적 목적으로 생산하는 일차 자료인데, 예를 들면 전국 단위의 빈곤인구 추계, 거주 지역별 또는 인종 등 사회·경제적 및 인구학적 특성을 분석하여 제공하는데 주요 목적이 있다.

<표 4-3> 미국 각 주의 빈곤지도선 (Poverty Guidelines)

(단위:달러)

가구 규모	48개 주 및 D.C	Alaska	Hawaii
1	12,490	15,600	14,380
2	16,910	21,130	19,460
3	21,330	26,660	24,540
4	25,750	32,190	29,620
5	30,170	37,720	34,700
6	34,590	43,250	39,780
7	39,010	48,780	44,860
8	43,430	54,310	49,940
1인당 추가액	4,320	5,530	5,080

주: 2019년 현재 자료임.
자료: NARA. *Federal Register, vol. 84, No. 22.* February 1, 2019.

한편, 연방 보건복지부(DHHS)는 행정적 목적, 예를 들어 연방 프로그램을 제공받을 자격 기준에 적합한지 등을 판정하기 위한 기준 등으로 사용하기 위해 매년 빈곤 지도선을 발표한다. <표 4-3>은 보건복지부(DHHS)가 공식적으로 발표한 미국 각 주의 빈곤 지도선을 보여주고 있는데, 이는 절대빈곤 개념에 입각하여 작성된 것이며 가구 규모별로 달라지고 동일가구 규모 내에서도 아동 비율에 따라 빈곤선이 다소 변동된다.

연방통계국(the Bureau of Census)은 사회보장청의 빈곤통계자료와 매년 3월 조사되는 인구현황조사(Current Population Survey: CPS)를 기초로 빈곤률을 매년 산정하여 발표하는데 1980년 이후 2000년에 이르기까지의 미국의 빈곤 인구비율은 11.3퍼센트 내지 15.2퍼센트 사이에서 변동해 왔다. 이 기간 중 미국의 빈곤률은 1981년 14.0퍼센트였으나 1993년에 15.5 퍼센트로 최고점에 도달하였다가 다시 하락하기 시작하여 2000년에 가장 낮은 빈곤률인 11.3퍼센트를 기록한 후 재차 증가하여 2012년 및 2012년에는 15.0퍼센트에 이르렀다. 그렇지만 그 이후부터는 점차 감소세를 보이면서 2017

년에는 12.3퍼센트까지 떨어지고 있다.

소득보장을 위한 미국의 사회보장체계 중에서 사회보험제도는 빈곤선과 직접적인 연관을 맺고 있지 않으나 공공부조제도는 자격조건과 급여 수준이 빈곤선과 직·간접적으로 연관을 맺어 결정된다. 특이사항으로는 어떤 공공부조 프로그램도 연방정부가 발표하는 빈곤선의 100퍼센트 수준을 급여기준선으로 채택하고 있지 않으며, 자신의 소득과 몇 개의 공공부조급여를 결합하면 빈곤선 이하에서 벗어나는 경우가 있기도 하다. 결국, 미국은 일상소득이 전혀 없는 가구의 경우 사회보험에 의한 급여가 없다면 공공부조만으로 빈곤에서 탈피할 제도적 장치가 마련되어 있지 않은 나라이다.

연방 빈곤선과는 별도로 워싱턴(Washington)이나 로드 아일랜드(Rhode Island) 주 (state)처럼 각 주 정부에 따라서는 '욕구 기준(Need Standard)'이라고 불리는 자체 빈곤선을 운용하기도 한다. 이는 연방 빈곤선이 다양한 지역의 다양한 기초욕구 충족비용을 제대로 반영하지 못하고 있다는 인식에서 출발한다. 따라서 주 정부 차원의 '욕구 기준'은 연방 빈곤 수준보다도 당해 지역 주민들의 기본욕구와 사회보장 필요수준을 훨씬 현실에 부합하도록 측정하게 하는 장점이 있다. 또한, '욕구 기준'은 흔히 사용되어 온 연방 빈곤선보다 지역 차원에서 주민 욕구 변화를 제 때에 정확하게 반영할 수 있다.

'욕구 기준(Need Standard)'은 실제 생활비용과 물가상승률 등을 감안하여 매년 산정되는데, 빈곤가정 임시지원(TANF), 일반지원(General Assistance) 등 주 정부의 재량이 인정되는 프로그램들에 있어서는 '욕구 기준'에 따라 대상자 선정, 지원수준 등 프로그램 내용이 달리 설계된다. 그렇지만 연방정부 프로그램인 보충소득보장(SSI)과 같은 경우에는 연방 빈곤선을 적용하여 통일적으로 프로그램 운용기준을 정하게 된다.

제4절

주요 사회보장 프로그램

1. 사회보장연금(OASDI)

1) 프로그램의 배경과 성격

미국의 대표적 사회보장연금인 노령·유족·장애인보험(the Old Age, Survivors, and Disability Insurance: OASDI), 일명 '소셜 시큐리티'는 빈곤대책 프로그램은 아니라고 설명되기도 하는데, 그 주된 이유로는 미국 65세 이상 노인은 다른 연령대에 비해 가장 낮은 빈곤률을 나타내고 있기 때문이다.

'소셜 시큐리티'는 빈곤 감소에 상당한 효과를 거두고 있다고 보여지는데 미국 사회보장청 자료[22]에 따르면 2017년 기준으로 볼 때 미국 총인구의 19.0퍼센트(61.9백만명)가 OASDI 지원혜택을 받았으며, 65세이상 인구 중에서는 90.1퍼센트(45.8백만명)가 수혜자이다. 총 수혜자들 가운데 약 73.5퍼센트(45.5백만명)가 은퇴근로자와 그 가족이고, 약 16.8퍼센트(10.4백만명)는 장애근로자 및 그 가족, 그리고 약 9.7퍼센트(6.0백만명)는 사망근로자의 유족(배우자 및 자녀)으로 나타났다.

또한 2017년 년간 OASDI 총 지급액은 9,415억달러로서 이 가운데 노령 및 유족(Old-Age and Survivors) 연금은 약 85퍼센트인 7,987억 달러이고, 나머지 15퍼센트가 장애자(Disability) 연금인 1,428억 달러이다. 2017년 12월 기준 OASDI 월간평균 지급액을 대상자의 유형별로 보면 은퇴근로자의 경우 1,404달러, 장애자는 1,197달러, 장애가 없는 사망근로자의 배우자는 1,338달러이다.[23]

'소셜 시큐리티' 급여는 은퇴소득자의 유일한 소득원으로 기대된 바는 전혀 없으며, 다른 소득원과 함께 은퇴소득의 보편적 토대가 될 수 있도록 하는 것이 정책 의도였지만, 현실적으로 미국인들에게 있어서 매우 중요한 소득원인 것은 분명하다.

OASDI는 두 가지 방향으로 소득 재분배에 영향을 미치고 있다. 그 첫째는 고임금 근로자보다는 저임금 근로자에게 있어서 은퇴 후 상실된 임금을 대체시켜주는 비중이 훨씬 높다. 또 다른 측면으로는 일정 금액 이상(2019년도 OASDI 최대 세금부과 한도 소득은 132,900달러)에 대해서는 사회보장 임금소득세(payroll tax)를 부과하지 않기 때문에 저소득 근로자에게 비교적 높은 세금을 부담시키는 결과를 가져온다. 따라서 연방의회는 인플레이션과 임금상승 수준 등을 고려하여 정기적으로 부과 대상 임금수준을 높여왔다.

또한 OASDI를 비롯한 각종 사회보장급여는 소비자 물가지수 등을 감안한 생활비조정제도(Cost of Living Adjustment: COLA)를 도입해서 매년 현실화 조치를 취한다.

2) 급여행정

OASDI 가입은 의무화되어 있으며, 가입 혜택을 받고 있는 전체 사업장 근로자의 96퍼센트 가운데 극히 일부는 자발적 가입이 가능하다.

OASDI 프로그램의 혜택을 받기 위해서는 일정 기간 이상 근로자로서의 고용 기간 조건을 충족시켜야 하는데, 최소 10년 이상 사회보장 임금 소득세(payroll tax)를 납부한 경우에는 영구적인 보험혜택을 받게 된다. 은퇴 근로자나 영구 장애근로자에게 지급되는 기본 급여는 은퇴연령 및 소득수준에 따라 결정되며, 유족급여는 18세 이상 자녀, 부양 부모, 부양 배우자 등에게 지급된다. 실질적인 근로소득 활동을 할 수 없는 경우 지급하는 장애급여 대상자가 되기 위해서는 최소 5년 이상 근로경력을 갖추어야 한다.

은퇴연금을 받기 위해서는 필요 근로기간 충족과 함께 최소 62세 이상이어야 하며, 만약 65세 이전 은퇴의 경우에는 감소된 급여가 지급된다. OASDI의 급여는 각 개인의 은행 구좌로 매월 지급되고 급여 수준은 근로자의 보장소득 구간에 따라 달라진다. 급여산정방식은 수시로 변하지만 일반적으로 납부 기여금액에 관련되어 있으며, 1975년부터는 소비자 물가지수(the Consumer Price Index: CPI)에 따라 급여증가액을 연동시키고 있다.

OASDI 프로그램의 재원은 『연방 보험기여금법』(the Federal Insurance Contribution Act: FICA)에 따라 근로자, 고용주, 그리고 자영업자로부터 세금형태로 징수되고 세율은 임금의 일정 퍼센트로 고정되어 있다.

1937년 출발 당시에는 OASDI 세금만 부담하다가 1966년부터 메디케어(Medicare) 건강보험 세금이 추가되었으며, 세율은 고용주 및 근로자부담률을 합쳐 당초 2퍼센트에서 출발하여 계속 증가해 오다가 1990년 OASDI 12.4퍼센트, 메디케어 건강보험 2.9퍼센트로 정해진 이후 큰 변동 없이 유지되어 왔다. 2019년도의 경우에는 총 15.3퍼센트로서 이 가운데 근로자가 부담하는 세율은 7.65퍼센트로서 6.2퍼센트는 OASDI 등 소셜 시큐리티 프로그램에, 그리고 1.45퍼센트는 메디케어에 배분된다. 자영업자의 경우에는 15.3퍼센트(소셜 시큐리티 12.4퍼센트, 메디케어 2.9퍼센트)의 세율이 적용된다 (**표 4-4** 참조).

<표 4-4> OASDI와 메디케어 세율구조(2019년)

구분	대상별	적용세율(%)	적용 한도 소득(달러)
OASDI	근로자/사용자 (각각)	6.2	132,900
	자영업자	12.4	
메디케어	근로자/사용자 (각각)	1.45	모든 소득
	자영업자	2.9	

자료: SocialSecurity.gov(January 2019).

OASDI 세금부과 적용 한도 소득은 13만2천900 달러까지로 제한되어 있으나 메디케어(Medicare) 세금부과에 대한 적용소득에는 제한이 없다. OASDI는 연방 사회보장청(the Social Security Administration: SSA)이 각 지역별로 자체사무소를 두고 운영하고 있으며, 자산조사과정이 없고 운영방식이 중앙집권적이어서 운영비용이 연간 급여액의 1퍼센트 미만(2017년도의 경우 0.7퍼센트)인데서 보듯이 비용효과 측면에서 볼 때는 매우 능률적이라고 말할 수 있다.

급여청구 관련 업무는 연방 사회보장청(SSA)의 각 지역사무소가 담당하며, 연방 재무성(the Treasury Department)이 세금징수, 신탁기금관리 등의 업무를 담당한다. 장애(disability) 해당 여부 결정은 주(state) 정부가 하고 사회보장청이 적격 여부를 확인한다.

2. 빈곤가정 임시지원(Temporary Assistance for Needy Families)

1) 프로그램의 배경과 성격

빈곤가정 임시지원(Temporary Assistance for Needy Families: 이하 TANF)은 미국의 대표적인 공공부조 프로그램으로서 1996년 제정된 복지개혁법(PRWORA)에 의거하여 기존의 '아동부양 가정지원'(Aid to Families with Dependent Children: AFDC)을 대체하여 시행 중이다. AFDC는 1935년 당시 사회보장 입법 중의 하나로 도입된 '부양아동지원'(Aid to Dependent Children: ADC)에 기원을 두고 있는데, 1962년에 AFDC로 이름을 바꾸어 편모가정의 자녀뿐만 아니라 자녀를 가진 부모가 실업 상태에 있는 경우 소득보조를 통해 생계유지와 아동 양육이라는 두 가지 부담을 덜어주고자 실시되었다. AFDC는 주 정부가 AFDC의 구체적인 수급자격(소득 및 가족 기준)과 급여수준을 결정, 시행하고 연방정부는 주 정부가 시행하는 AFDC 재정의 일정 비율(급여비용은 각 주의 소득수준에 따라 50 내지 70퍼센트, 행정비용은 50퍼센트)을 지원하는 매칭펀드(Matching-Fund) 시스템으로 운영되었다.

AFDC는 시행과정에서 많은 비판이 제기되어 왔는데, 그 주된 내용으로는 AFDC 급여체계가 소득 기준상 근로소득을 포함한 전체소득이 일정 소득수준 이하여야 하고 근로소득이 증가할수록 급여액이 감소하도록 되어 있어서 저소득층의 자활 의욕을 약화시키며, 또한 급여대상이 편모가정에 집중되어 있어 이혼을 증가시키고 미혼모를 양산하는 등 가족해체를 촉진한다는 것이다.

AFDC는 『1988년 가족지원법』(the Family Support Act of 1988) 입법내용 속에 주요한 개정조항들이 반영되고, 1996년에는 '복지개혁법'(PRWORA) 제정으로 프로그램 자체가 '빈곤가정 임시지원'(TANF)이라는 새로운 프로그램으로 재설계 되었다.[24] AFDC는 그 시작부터 수급자격부여 프로그램(entitlement program)으로 출발하여 일단 자격을 갖추면 계속해서 급여를 받을 수 있었지만, PRWORA(1996)는 이 프로그램의 핵심적인 운용방향을 변화시키게 되는데, 그 결과 AFDC는 '빈곤가정 임시지원'(TANF)으로 대체되면서 그 성격도 지금까지 유지되어 온 권리성 프로그램이 아니라 한시적이고 비보장성 프로그램으로 바뀌게 된다.

TANF 제도 아래에서는 주 정부에 대한 연방 자금지원방식이 정액보조금(block grant)으로 바뀌면서 주 정부들은 연방자금에다가 주 정부의 자금을 보태서 TANF를 주 정부의 자체 프로그램으로 운영하게 된다.

2) 급여행정

복지개혁법(RRWORA)에 의해 도입된 TANF 프로그램은 네 가지의 현실적인 목표를 가지고 출발하였는데 첫째, 빈곤 가정의 아동들이 자신들의 가정이나 친척의 가정에서 돌봄을 받을 수 있도록 도움을 제공하는 것이며 둘째, 근로활동을 조장함으로써 정부에 대한 의존성을 종결시키는 것이고 셋째, 혼전임신을 방지하고 줄여나가는 것이며 넷째, 부모가 모두 있는 건전가정 형성을 조장해 나가고자 하는 것이다.

TANF 급여는 현금으로 제공되는데 구체적 급여내용은 소득, 가족규모 등을 고려하여 결정된다. 급여 적격성 여부를 판단하기 위해서는 주(state) 정부가 우선 일차적으로 수혜자의 지원 필요성, 소득, 재산, 기술 정도 등을 평가하게 되며 그리고 나서 필요한 교육훈련과 직업알선 서비스들을 알아내서 관리에 들어가는 '개인 책임계획'(personal responsibility plan)을 개발해 나가게 된다. 소요 재원은 연방정부의 일반 세입에서 조달되며 보조금 규모는 종전의 AEDC 지출액에 기초를 두되 빈곤률이나 인구성장률에 비해 보조금 수준이 낮은 주(state)들에 대해서는 별도로 자금을 보충 지원한다. TANF는 주(state) 정부 책임 아래 연방정부가 제시한 조건을 따르면서 운영해나가게 되며, 주 정부는 법률에 따라 TANF 서비스를 민간 또는 종교조직들과 계약을 맺어 공급할 수도 있다. 종교조직을 통한 서비스를 원치 않는 수혜자들에게는 다른 기관을 통해 서비스를 공급해 주어야 한다.[25]

TANF 프로그램의 수급자격은 18세 미만의 미성년 자녀를 둔 저소득층 가구이며 급여는 매월 현금형태로 지급되고 구체적인 소득 기준과 급여 수준은 각 주 정부가 자율적으로 결정한다. 수급대상자의 근로 요구사항(work requirements)은 주에 따라서 수급 신청 이전에 갖추도록 하는 경우(Florida, New Jersey 주 등)가 있는가 하면, 즉시(New

York, California 주 등), 2개월 후(Michigan, Massachusetts 주 등) 또는 24개월 후(Kansas, Colorado 주 등) 등의 다양한 형태로 운영된다. 그렇지만 수급기간 제한 면제 사유에서와 같이 장애, 일시적 질병, 장애 가구원 보호, 고령, 가정폭력 피해자, 임신 등의 경우에는 근로의무 조항이 예외적으로 면제되기도 한다.

TANF는 프로그램 참여자에게 임시적인 현금지원과 더불어 근로기회를 제공한다. 근로 요구사항으로는 일정 시간 이상의 근로를 하도록 하는데, 근로의 범주에는 보조성 또는 비 보조성 고용, 직업교육, 지역사회서비스 등이 해당된다. 이에 따라 1세 미만 아이가 있는 경우가 아니라면 프로그램 참여자들은 더이상 아이와 함께 가정에만 머물러 있을 수는 없게 된 상황이 되었다.

TANF 수혜 기간은 평생동안 총 5년 이상을 초과할 수 없지만 각 주(state)에 따라서는 기간을 더욱 단축시키거나 혹은 보호건수(caseload)의 20퍼센트까지는 5년 수혜기간 제한을 면제할 수도 있다. 기간 제한을 면제하는 사유는 각 주별로 다양하게 나타나지만, 수급대상 가구가 처한 특수한 상황에 따라 이를 카테고리화 해 보면 부모나 보호자의 고령, 부모나 보호자 또는 가구원의 장애, 가정폭력 피해자, 유아의 보호, 임신 등을 들 수 있다.

이와는 별도로 5년 기간 경과 후 각 주(state)는 자체 판단에 따라 수혜 기간을 연장할 수도 있는데, 이 경우에는 연방보조금을 받을 수 없게 된다. TANF 수혜가정들은 현금급여 이외에도 보육서비스를 받을 수 있고 메디케이드(Medicaid)를 통한 의료보호서비스를 받기도 한다. TANF의 목표달성 여부는 궁극적으로는 수혜대상 가구가 얼마나 감축되었느냐에 관한 사항이기도 한데, 수치상으로 볼 때 제도도입 초기인 1996년 4.4백만 가구, 12.3백만명이던 수혜자 수는 2017년 1.4백만 가구, 3.4백만명의 수혜자 수준으로 감소되었다.[26]

3. 보충소득보장(Supplemental Security Income)

1) 프로그램의 배경과 성격

1935년 사회보장법에 따라 각각 제공되어왔던 '고령자 지원'(Old Age Assistance:

OAA), '맹인지원'(Aid to the Blind: AB) 그리고 '영구 전신장애자 지원'(Aid to the Permanently and Totally Disabled: APTD) 프로그램들은 새로운 '보충소득보장'(Supplemental Security Income: SSI) 프로그램으로 합쳐져서 1974년부터 시행되었다. SSI 수혜대상자는 빈곤선 이하에 있는 65세 이상 노인·맹인·신체 장애인이며 신체장애인과 함께 생활하는 아동의 경우에도 프로그램 혜택을 받을 수 있다.

이 연방 프로그램은 특히 신체장애가 있는 빈곤가정들에게 매우 중요한 소득지원 효과를 제공하는데, 장애로 인한 수혜대상으로 근로활동이 불가능한 성인, 특별 보호가 필요한 장애아동을 들 수 있다. 2017년도의 경우 약 8.2백만명이 수혜를 받았으며, 월평균 지원액은 525달러이다.[27] SSI 연방 표준급여 기준액보다는 실제 급여대상자 평균 수령액이 낮은 것이 보통인데 이는 상당수의 수혜자들이 '소셜 시큐리티 급여' 등 인정소득(countable income)이 있어서 이에 상당한 액수가 SSI 급여로부터 차감되기 때문이다.

일반적으로 신체장애(disabled) 또는 맹인(blind) 수혜자들의 급여액은 고령자 등 다른 수혜자에 비해서 많다. 그 이유는 이들의 경우 OASDI 같은 '소셜 시큐리티 급여' 등을 거의 받지 않기 때문이다. OASDI와 마찬가지로 SSI도 인플레이션에 따라 지급기준액이 조정되며, 일부 주(state)에 따라서는 지역 여건에 따라 별도의 추가 보충급여를 제공하고 있어서 SSI 실제 지급수준은 전국의 모든 지역에서 동일하지는 않다.

2) 급여행정

보충소득보장(SSI)은 연방정부 차원에서 운영하는 자산조사형 소득지원 프로그램으로서 빈곤 노인·맹인·신체 장애인을 대상으로 전국적으로 통일된 선정기준을 적용하여 수혜 대상자에게는 매월 현금지원을 실시한다. 자격요건을 갖추기 위해서는 신체 및 연령 요건뿐만 아니라 소득 및 재산 기준을 충족시켜야 한다. 아동의 경우를 예로 들면 18세 미만, 미혼, 신체장애 판정 기준, 소득 및 재산 기준 등을 충족시켜야만 한다. 복지개혁법(PRWORA)은 18세 아동에 대한 기준을 더욱더 엄격하게 적용토록 하였는데 새로운 기준에 따르면 의학적 판단으로 심각한 기능상 장애를 초래할 정도의 신체적·정신적 장애를 가져야만 수혜대상이 될 수 있도록 하였다.

2017년도의 경우 8.2백만명이 매월 평균 525달러의 연방 SSI 급여를 받았으며, 이 가운데 14.3퍼센트는 65세 이상 노인, 0.8퍼센트는 맹인, 84.9퍼센트는 장애인으로 나타났다. SSI 수혜자 수는 도입 초기인 1974년에 4백만명 수준이었으나 2017년 8.2백만명 수준으로 두 배 이상 늘었는데, 이에 따라 총 지급액 또한 1974년 2백억 달러 수준에서 2017년 545억 달러 수준으로 대폭 증가하게 된다.[28]

SSI 급여수준은 '소셜 시큐리티' 생계비 수준이 높아질 때마다 자동적으로 인상된다. SSI 수혜대상자인 경우 다른 사회복지 프로그램도 받을 수 있는데, 메디케이드(Medicaid) 프로그램의 경우 SSI 수혜대상자는 자동적으로 자격요건을 갖추게 되며 이때는 SSI 신청과는 별도의 신청절차를 거쳐야만 한다. 또한 보충영양지원(SNAP, 구 Food Stamp)을 현금급여로 전환시킨 캘리포니아(California) 주를 제외하고는 모든 주에서 SSI 대상자에게 SNAP 프로그램 수혜자격을 준다.

연방 SSI 프로그램의 급여와 행정에 소요되는 재원은 연방정부 일반세입으로부터 조달되며 주 정부 차원의 자체 보충급여 부분에 대해서는 주 정부가 부담한다. 그리고 SSI 프로그램 관리업무는 TANF에서와 마찬가지로 연방사회보장청(SSA)의 각 지역사무소를 통해 수행하며, 때로는 지방정부기관과 계약을 통해 SSI 프로그램 업무를 맡기기도 한다. 몇몇 주에서는 주 정부가 자체적으로 추가 제공하는 보충급여 프로그램 관련 행정업무에 대해서는 이를 직접 수행하기도 하지만 대부분의 주에서는 이 부분 관련 행정업무까지도 모두 연방 정부에게 맡기고 있다.

TANF가 근로 능력자를 대상으로 한 데 반하여 SSI는 노인과 장애인 등 근로 무능력자를 대상으로 1974년부터 실시하고 있는 공공부조 프로그램이다. SSI는 연방정부의 통일된 기준 아래에서 실시되므로 수급자격과 급여 수준에서 각 주들 간에 차이는 없으나 주 정부가 보충적인 급여를 제공하는 경우가 있어 실제 급여액에는 차이가 발생할 수 있다. SSI 급여대상으로는 65세 이상의 노인 또는 노동이 불가능하다고 인정되는 정도의 맹인과 장애인으로서 소득과 재산이 일정 기준 이하여야 한다. SSI 급여는 매월 현금으로 지급되는데 소득이 있으면 그만큼 급여액이 감소되지만, 월 65달러까지의 기본공제와 초과분 50퍼센트의 근로소득은 급여액 산출에서 고려하지 않는 등 노동 동기를 유발하기 위한 장치를 마련하고 있기도 하다.[29]

4. 일반지원(General Assistance)

1) 프로그램의 배경과 성격

'일반지원'(General Assistance: GA)은 역사적으로 지역사회 내에서 일정 수준의 생활 영위를 가능케 하는 최전선 역할을 해 왔다. 연방정부 소득지원 프로그램들은 비노인, 비장애 남성들에게는 거의 혜택을 주고 있지 않는 실정이다. 노인, 장애인인 경우라도 '소셜 시큐리티 급여' 자격을 갖추지 못했거나, 설령 자격을 갖추고 있더라도 급여개시 기간까지는 상당 기간이 소요되는 경우도 있다. 이러한 사람들의 상당수는 빈곤 상태에 계속 머물러 있을 수밖에 없는데 이러한 상태를 해소하기 위한 목적으로 대부분의 주(state)들은 연방 소득지원 프로그램들과는 별도로 주 자체 프로그램인 '일반지원'(GA) 프로그램을 제공하고 있다.

빈곤가정 임시지원(TANF)이나 보충소득보장(SSI) 프로그램들은 연방정부가 직·간접으로 개입하여 수급자격이나 급여수준을 결정하게 된다. 그렇지만 부양 아동이 없다거나 또는 노인이나 장애인이 아닌 경우에는 TANF나 SSI의 수급자격 자체를 갖지 못하는 등 일부 저소득층의 경우에는 연방정부 차원의 어떤 소득보장 프로그램의 수혜자도 되지 못하는 경우가 생긴다.

이처럼 연방정부의 공공부조 프로그램에서 제외되어 있는 저소득층에 대해서는 각 주에서 자율적으로 저소득층 소득지원대책을 마련하여 시행하고 있다. 이러한 목적을 달성하고자 시행하는 프로그램을 통칭하여 일반지원(GA)이라고 하며, GA는 그 실시 여부에서부터 수급자격과 급여 수준 등 전반에 걸쳐 주 정부 또는 그 하위 지역 정부가 전적으로 재량을 가지고 있다.

연방정부는 1996년 복지개혁법(PRWORA)이 제정되면서 복지지출예산 규모를 단계적으로 축소하게 되는데, 이러한 감축된 연방보조금 예산환경 내에서는 지방정부는 민간부문이나 비영리단체 등과 더불어 이에 대한 대처방안을 강구해야 하는 선택의 상황에 처하게 된다.[30] 이는 연방 프로그램 수혜자 수에 큰 변화가 없다면 지방정부와 민간부문에서 감축 보조금 상당액을 충당해야 할 것이고, 지방정부 독자 재원조달 프로그램인 GA의 운영에도 상당한 영향을 줄 수밖에 없게 된다. 바로 이러한 재정적 요인이 지원 필요성 증대에도 불구하고 1980년대 이후 수십년에 걸쳐 GA 프로그램들을 계속 약화시켜 온 주된 원인이 된다. 그 약화양상을 보면 GA 프로그램 폐지, 재정 규모 감축, 자격요건 강화, 수혜 기간 제한, 급여축소 등 다양하다.

GA 프로그램은 연방 프로그램이 아니고 완전히 지방 차원에서 관리 운영되는 프로그램이기 때문에 전국차원에서 정기적으로 자료를 관리하거나 운영지침을 마련하고 있지 않다. 따라서 급여내용에 대한 자료접근이 쉽지 않고, 학문적 연구 또한 많지 않은 실정이다. 2015년도 현황보고서[31]를 살펴보면, 워싱턴 D.C.를 포함한 26개 주들에서 GA 프로그램을 운영하고 있는데 이는 1989년 38개 주에 비해서 줄어든 숫자로서 최근 수십년간 경제침체에 따라 계속적인 지원이 필요함에도 불구하고 GA 프로그램들이 약화되고 있다.

GA 프로그램을 시행하는 26개 주들에서는 일반적으로 미성년 아동이 없거나, 장애 요건을 갖추지 못하거나, 또는 노인이 아니어서 SSI나 TANF와 같은 연방 자금지원 현금성 사회안전망 프로그램 혜택 대상이 될 수 없는 빈곤층을 대상으로 하고 있다. 따라서 이들에게는 주(state) 정부 혹은 지역(local) 정부가 운영하는 GA 프로그램들이야 말로 유일한 현금성 정부지원 프로그램인 것이다. GA를 운영하는 26개 주 가운데 18개 주는 통일된 기준을 가지고 주 전 지역에 실시하고 있고, 8개 주는 전 지역에 실시가 의무화되어 있고 가이드라인이 있기는 하지만 지역(local) 정부별로 프로그램 내용은 다양하다. GA는 각 지방정부마다 General Relief Assistance. Township Poor Relief, Municipal General Assistance, Local Welfare, Safety Net Assistance, Disability Financial Assistance 등 다양한 명칭으로 시행된다.

2) 급여행정

일반지원(GA)은 전적으로 주(state) 정부와 지역(local) 정부가 자금조달 책임을 맡게 되기 때문에 자격요건, 급여내용, 행정절차 등이 주(state)마다 다르고 심지어는 같은 주(state) 내에서도 지역(local) 정부마다 다르기도 하다. 더 나아가서 지원대상인 노인 (elderly), 장애인(disabled), 고용 불가능자(unemployable) 등에 대한 용어에 대해서도 달리 정의하기도 한다.

GA 프로그램은 SSI, TANF와 같은 연방 프로그램 자격요건이 안되는 개인이나 가구를 대상으로 한다. 예를 들면 SSI 급여대상이 될 만큼 심각한 근로 무능력자는 아니지만, 직장생활 하기에는 애로가 많은 것으로 판단되는 빈곤 성인에 대해서는 GA 프로그램 대상으로 편입시킬 수 있다. 개인 환경상 TANF 자격요건을 갖추지 못했지만, 부양 아동이 있는 부모의 경우 GA 프로그램으로부터 도움을 받기도 한다.

GA의 수혜자 범주로는 주마다 매우 다양할 수밖에 없는데, 장애 또는 고령자, 저소득 아동, 아동부양 부모, 첫째 아이 임신 여성, TANF 수혜 제한 기간 도달자 등이 대상자로 고려될 수 있다. 주에 따라서는 근로 능력자에 대해서는 GA를 제공하지 않는다. 수혜대상자가 되기 위해서는 경제적으로 곤궁 상태에 있어야 하며 재산 기준을 충족해야 한다. 상당수의 주에서는 급여제공 조건으로 알콜 및 마약 치료를 요구하고 있으며 또한 근로 조건부로 급여를 제공한다. 다른 소득지원 프로그램의 자격을 갖춘 해당자의 경우에는 우선 그 프로그램에 신청할 때까지는 GA 프로그램 혜택을 받을 수 없다.

GA의 급여형태는 현금급여 이외에도 식료품을 살 수 있는 바우처(voucher) 및 긴급 상황 시 이용할 수 있는 쉘터(shelter) 등으로 다양하게 구성되며, 최대 급여 수준 및 수급 기간도 주(state)에 따라 격차가 심하다. GA 급여는 극히 낮은 수준의 현금 지급 방식을 취하는데 일반적으로 기본생필품을 구매할 수 있을 정도로 충분치는 않는 수준이다. 대부분의 GA 수혜자들은 SNAP 프로그램(구 Food Stamp) 혜택도 받게 되며, 경우에 따라서는 귀향 교통수단이나 무료 장례서비스 등도 제공받을 수 있다.

쇼트와 힐(Schott & Hill, 2015)에 따르면, 대부분의 주들에서는 최대지원수준에 대한 가이드라인을 정하고 있는데, 뉴 햄프셔(New Hampshire) 주를 제외하고는 모두 연방 빈곤선의 반절 이하로 정하고 있으며 그 가운데서도 연방 빈곤선의 4분의 1수준이 대부분이다. 참고로 고용 불가능자(unemployable)만을 대상으로 하는 주의 월 최대지원수준은 최저 90달러(Delaware 주)에서 최대 735달러(New Hampshire 주)에 이르기까지 다양한데 중앙값은 월 211달러이다. 반면에 고용가능자(employable)만을 대상으로 하는 주의 월 최대지원수준은 최저 120달러(Alaska 주)에서 430달러(Iwoa 주)에 이르는데 이 그룹의 중앙값은 월 374달러이다. 수혜 기간 제한 여부 등도 주에 따라 달라지는데, GA를 시행하는 총 26개 주 가운데 7개 주가 개인별 수혜 기간 제한을 두고 있다. 예를 들어, 뉴 저지(New Jersey) 주는 평생 총 누적 5년, 매릴랜드(Maryland) 주는 매 36개월 단위로 12개월, 캘리포니아(California) 주는 매년 9개월 등으로 각기 달리 수혜 기간을 제한한다.

GA는 연방정부 프로그램이 아니기 때문에 소요 재원은 전액 주(state) 또는 지역(local) 정부 재원으로 충당한다. GA 운영관리는 주 정부 복지 관련 부서, 주 정부의 지역출장소 또는 완전히 county, city, town 등 지역 정부(local government)에 의해서 수행되기도 하고 경우에 따라서는 각 기관 간 혼합형태로 나타나는데 가장 일반적으로는 카운티(county) 등 지역 정부 차원에서 운영·관리되고 있다.

5. 보충영양지원제도(Supplemental Nutrition Assistance Program)

1) 프로그램의 배경과 성격

보충영양지원제도(Supplemental Nutrition Assistance Program: SNAP)는 지금까지 잘 알려진 푸드스탬프(Food Stamp) 프로그램의 새로운 명칭이다. 연방 푸드 스탬프 프로그램 명칭은 2008년 10월부터 영양과 수혜량 확대를 강조하고자 보충영양지원제도(SNAP)이라는 명칭을 사용하게 되는데, SNAP은 근로요건(work requirements)을 수급자격에 포함시켜서 근로연계복지적 요소를 강조하고 있다. SNAP은 주(state) 정부에 따라서는 다른 프로그램 명칭을 사용하기도 한다.

미국의 푸드스탬프(Food Stamp) 프로그램은 경제불황으로 인해 곤궁에 처한 빈곤계층에 대해 도움을 주고자 1939년 처음 실시되었으며 현대적인 모습을 갖추고 본격적으로 실시된 것은 1964년부터이며 1974년 이후에는 모든 주로 확대되었다. SNAP 프로그램은 저소득층 가구의 식품구매를 지원하여 이들 가구의 빈곤퇴치에 도움을 주고 아울러 영양개선과 건강을 증진하고자 하는 목적으로 시행되어 왔는데, 이 프로그램은 농산물의 소비를 확대함으로써 농업부문에도 비록 간접이기는 하지만 일정 부분 기여한 것으로 평가된다.

SNAP 프로그램 사업주관은 연방정부의 농무부(USDA) 산하 식품영양국(Food and Nutrition Service: FNS)에서 담당하며, 관할구역을 설정하여 직할 SNAP 지역사무소(Local SNAP office)를 두고 있다. FNS와 SNAP 지역사무소는 각 주(state) 정부와 일선 지역(local) 정부가 협조하여 프로그램을 시행한다.

FNS는 관련 운영규정을 제정함과 더불어 각 주 정부가 작성한 SNAP 프로그램 계획서를 검토하여 승인하며, 주 정부가 프로그램을 운용하는데 드는 행정비용의 50퍼센트를 지원한다. 즉, 주 정부는 매년 SNAP 프로그램 운영계획서를 작성하여 FNS 승인을 받아서 시행하게 된다. FNS의 직할 지역 사무소(Local SNAP Office)에서는 SNAP 가맹점 승인 등의 업무를 담당하며, 실제적인 수급대상자의 심사·선정 및 관리 등의 일선 업무는 카운티(county) 등 지역(local) 정부의 담당 부서가 주(state) 정부와 협조하여 수행한다.

2) 급여행정

SNAP 프로그램으로 혜택을 받은 사람은 2018 회계년도의 경우 전국적으로 총 19,726천 가구 39,705천명에 이르며 1인당 월평균 급여액은 126.78달러, 가구당으로는 255.20달러로 나타났다. 이는 50여년 전인 1969 회계년도 푸드 스탬프 프로그램의 총 수혜인원이 2,878천명, 1인당 월평균 급여액이 6.63달러임에 비해볼 때 그동안 놀라운 성장을 보여왔다. SNAP 프로그램은 대상자들에게 식료품점에서 현금처럼 쓸 수 있는 전자식 급여지불(Electronic Benefit Transfer: EBT) 카드를 제공한다.

SNAP 수급자격을 갖추기 위해서는 소득과 재산이 법정기준 이하여만 하는데, 총소득합계는 연방정부 빈곤지도선(Federal Poverty Guideline) 130퍼센트 이하, 순 소득합계는 연방 빈곤지도선의 100퍼센트 이하를 기준으로 삼고 있다. 대부분의 가구는 총소득(gross income)과 순소득(net income) 모두를 충족시켜야 하나 가구원 중에 노인이나 장애인이 있는 경우에는 순소득 기준만을 충족해도 된다. <표 4-5>은 2018/19 회계년도의 SNAP 수급가능 가구규모별 총소득 및 순소득 기준이며, <표 4-6>은 2018/19 회계연도의 가구규모별 SNAP 최대 배분 한도액을 보여준다.[32]

<표 4-5> 가구규모별 SNAP 수급가능 소득(달러)

가구원 수	1	2	3	4	5	6	7	8	1인 추가
월 총소득 (빈곤지도선의 130%)	1,316	1,784	2,252	2,720	3,188	3,656	4,124	4,592	468
월 순소득 (빈곤지도선의 100%)	1,012	1,372	1,732	2,092	2,452	2,812	3,172	3,532	360

주: 2018/19 회계연도 적용기준임.
자료: USDA Food and Nutrition Service(2019).

<표 4-6> 가구 규모별 SNAP 배분 한도액(달러)

가구원 수	1	2	3	4	5	6	7	8	1인 추가
최대지원 한도액(월)	192	352	504	640	760	913	1,009	1,153	144

주: 2018/19 회계연도 적용기준임.
자료: USDA Food and Nutrition Service(2019).

일반적으로 SNAP의 수급자격을 갖추기 위해서는 근로활동 요건을 충족시켜야 하는데, 근로능력이 있는 성인의 경우 구직등록을 하거나 실제 근로에 종사 또는 직업훈련을 받는 경우 등에는 요건충족으로 간주되며, 그렇지 않는 경우에는 자격이 박탈될 수 있다. 부양가족이 없는 성인 근로능력자는 구직활동 말고도 고용활동중이거나 또는 훈련 프로그램에 참여하고 있는 경우가 아니라면 36개월 기간 중에서 오직 3개월간만 SNAP 혜택을 받을 수 있다. 아동, 노인, 임신부, 육체적 혹은 정신적 질환자 등은 근로요건 면제혜택을 받을 수 있다. TANF 또는 SSI 등 공공부조 대상자인 경우에는 별도의 요건심사 절차를 거치지 않고 자동적으로 수혜자격을 갖게 된다.

급여비용의 전액은 연방정부의 일반 세입으로부터 충당되는데 다만 각 주(state)가 자체적으로 별도의 SNAP 프로그램을 마련해서 법정 자격을 갖추지 못한 비시민권자(non-citizens)에게나 또는 부양가족이 없는 성인 근로능력자가 근로요건을 충족시키지 못하는 경우에도 SNAP 급여를 제공하는 경우에는 연방정부 재정지원이 되지 않는다. 연방 SNAP 프로그램에 대한 재원조달에 대해서는 연방정부가 급여비용의 일체를 부담함과 아울러서 주(state) 정부 관련부서가 상담활동을 포함한 행정활동을 하는데 필요한 운영비의 50퍼센트를 부담하는 것이 통상적인 예이다.

연방 차원에서의 SNAP 프로그램 운영은 농무부(USDA)의 FNS가 주도하여 수혜자격, 급여수준, 행정규칙 등을 정하지만, 기타 연방 기관에서도 역할수행을 하는데 연방준비제도(Federal Reserve System)는 전자식 급여지불(EBT)내역을 상환 결제해 주고, 사회보장청(Social Security Administration)은 수급자들이 가지고 있어야 할 사회보장번호(Social Security Numbers)에 대해서 책임지며, 국세청(Internal Revenue Service)은 대상자들의 재산 및 소득을 검증해주는 역할을 수행한다. 그리고 앞에서 언급했듯이 주(state) 정부 차원에서는 지역(local) 정부의 복지 부서를 통하여 수혜자격 결정, 급여산정, EBT 카드 발행 등의 집행업무를 연방정부가 정한 기준에 맞추어 수행한다.

SNAP도 여타 공공부조 프로그램들이 그러하듯이 낙인감(stigma) 문제가 제기되면서 고 스탬프 방식 대신에 현금으로 지급하자는 주장들도 있지만, 이러한 문제점에도 불구하고 이 프로그램은 장점이 더욱 두드러진다고 여겨진다. 이 프로그램은 빈곤층들이 기초적인 영양 상태를 충족시킬 수 있도록 모든 주에 연방정부 자금을 지원하여 전국적으로 균일한 급여 수준(uniform national benefit levels)이 이루어지도록 하고 있다는 점에서 한편으로는 소득보조적 프로그램이기도 하다.[33]

SNAP 이외에도 연방 차원에서 자금지원이 이루어지는 저소득층 대상의 영양개선 프로그램으로는 여성·유아·아동 영양개선 특별프로그램(Special Supplemental Nutrition Program for Women, Infants, and Children: WIC)과 여름방학 아동 급식지원 서비스 프로그램(Summer Food Service Program), 학교 점심지원 프로그램(National School Lunch Program), 학교 조식 프로그램(School Breakfast Program), 아동 특별 우유지원 프로그램(Special Milk Program for Children), 아동 및 성인 급식지원 프로그램(Child and Adult Care Food Program) 등이 있다. 이들 프로그램의 혜택을 받기 위해서는 일정 소득수준 이하여야 하는데, 예를 들어 2018/19년도 기준으로 보면 WIC의 경우에는 참여자 가구소득이 가구 규모별 빈곤선의 185퍼센트 이하여야 하며, 학교 점심지원 프로그램을 비롯한 아동 영양지원프로그램들(Child Nutrition Programs)의 경우에는 가구소득이 해당 가구 빈곤선의 130퍼센트 미만이면 급식비가 전액 면제되고 130에서 185퍼센트 사이이면 감액을 받는다.[34]

6. 근로소득 세금공제(Earned Income Tax Credit)

1) 프로그램의 배경과 성격

근로소득 세금공제(Earned Income Tax Credit: EITC)는 1975년 내국세법(the Internal Revenue Code)에 추가되어 제도화된 소득세 환급프로그램이다. EITC는 연간 상시 근로활동을 통해 세금을 납부하고 있는 아동부양 저소득 근로자들을 주된 대상으로 하여 이들을 빈곤선 이상으로 끌어 올리고자 하는 목적으로 도입되었다. 이 프로그램 도입의 원래 취지는 공적 소득지원 프로그램에서 제외되어온 부양 아동이 있는 저소득 근로자들에게 인센티브를 제공하여 노동시장에 계속 머물도록 함과 아울러 공공지원 대상 빈곤 그룹으로 편입되지 않도록 하는 것이었다. EITC를 도입하게 된 동기들로서는 우선, 사회보장세의 세율체계 상 세율이 고정되어 있으며 사회보장세가 적용되지 않고 종료되는 한계 소득수준이 비교적 낮아서 이로 인해 사회보장세가 저소득 근로자에게 역진성(regressivity)을 가진다는 비판제기, 또한 1970년대 중반 근로소득 세금공제(EITC) 도입 당시 경제 상황의 악화로 초래된 생계비 상승에 대한 근로자들의 불만 고조 등을 들 수 있다.

EITC는 근로자가 부담하는 사회보장세를 상쇄시켜 주고 소득을 보충해주는 것이 사실이지만, 또 한편으로는 고용주들로 하여금 근로자 세금 환급분을 고려하게끔 만들어 근로자들의 임금수준을 오히려 낮추도록 하는 가능성도 있다는 우려가 제기된다. 또한 빈곤대책 측면에서 바라볼 때 세금환급은 오직 고용관계가 성립되었을 때만 제공되므로 실업자 등에게는 혜택이 전무하고 그리고 혜택 자체가 소득에 대한 부산물에 불과하다는 비판적 견해가 있다.

EITC는 현금 환급성 부의 소득세(refundable negative income tax) 프로그램으로서 잔여적 자산조사형 프로그램 형태를 취하고 있지만, 연방소득세 시스템을 통해 신청절차가 이루어지는 관계로 다른 복지급여에서 흔히 나타나는 스티그마(stigma)가 없는 것이 장점이다. EITC는 바로 세금을 환급해 주어 납부책임을 경감시켜 주기 때문에 부과 가능 소득액(taxable income)을 감소시켜 주는 일반적 세액공제 제도와는 다르다.

EITC의 구조는 점진 구간(phase-in area), 고원 영역(plateau area), 점퇴 구간(phase-out area) 등 크게 3단계 구간으로 나누어진다. 점진구간에서는 일정한 공제율을 적용하지만, 소득이 증대할수록 공제 규모 또한 커진다. 고원영역에서는 소득수준에 관계없이 공제액이 불변으로서 납세자 입장에서는 정액 이전과 유사하다. 점퇴 구간에 들어서면 적용 종료 소득에 도달할 때까지 소득증가분에 따라 공제액이 계속 감소하게 된다. EITC 프로그램 운영과 관련하여서는 몇 가지 우려가 제기되고 있는데, 주요 내용으로는 점퇴 구간 설정으로 인해 추가적인 근로를 기피하게 한다는 지적과 아울러, 기혼자에 대해 아동부양 여부 등 여러 조건을 부과하고 있어 오히려 결혼 방해요인 되고 있다는 점, 그리고 EITC의 확대에도 불구하고 아동부양 가정들이 빈곤 소득수준을 벗어나게 될 것이라고는 확신할 수 없다는 점 등을 들 수 있다.

2) 급여행정

EITC 신청대상이 되기 위해서는 부양아동이 있는 가정의 경우에는 가족 구성원 중 근로활동을 하는 사람이 있고 가구소득이 일정 소득 이하이어야 하며, 부양아동이 있는 경우에는 연령제한이 없으나 부양아동이 없는 경우에는 연령이 25세에서 64세 사이로서 일정소득 미만 근로자이어야 한다. 환급을 받기 위해서는 신청주의에 따라 개인별로 환급신청을 해야 하지만 부부의 경우에는 공동으로 신청해야 한다.[35]

참고로 2018 세금년도 EITC 기본 적용기준을 살펴보면 다음과 같다.

① 부양아동의 경우 6개월 이상 미국 내 가정에서 납세자와 함께 살아야한다. 부양아동은 19세미만(풀타임 학생의 경우에는 24세 미만) 연령이거나, 영속적 또는 총체적인 장애요건을 필요로 한다.

② 납세자는 당해년도 소득이 있어야 한다. 소득에는 임금, 팁, 자영업 소득 등이 해당되나, 연금이나 기타 사회보장 급여 등은 해당되지 않는다.

③ 공제소득액은 근로소득 규모, 부양아동의 수 또는 혼인 여부 등의 요인에 따라 달라진다. 다른 조건이 같다면 부양아동의 수가 많아짐에 따라 증가하도록 되어 있다. 참고로 2015년도 EITC 총액의 97%가 부양아동을 가진 가족에게 주어진 것으로 나타난다.[36]

④ 근로자 본인, 배우자 및 부양아동들은 모두가 사회보장번호(Social Security Numbers)를 부여받아야만 한다.

⑤ 허위청구가 있게 되면 10년, 무분별하거나 의도적인 규정 위반 시에는 2년간 청구자격이 정지된다.

혜택을 받는 형태는 총 환급금액의 90퍼센트 이상이 소득세 환급신청에 따라 일시불 형태로 받게 되지만 부과된 세금을 감면하는 형태를 취하기도 한다. 환급금액은 특정 소득수준까지는 연간소득의 일정 비율에 따라 누적되어 증가하고 그 이상에서는 없어진다. 2018 세금년도의 경우 3인 이상 부양아동 가정의 가구당 최대 환급가능액은 6,431달러, 두 자녀 부양 근로가구 최대 환급가능액은 5,716달러, 한 자녀 부양 근로가구 최대 환급가능액은 3,461 달러이고 부양아동이 전혀 없는 납세자의 최대 환급가능액은 519달러이다. 환급혜택 가능액은 매년 물가상승률과 연동하여 조정된다.

<표 4-7>은 EITC 단계별 세금환급 규모(2018년도)가 부양아동수와 근로소득액수에 따라 다르게 적용되는 것을 보여주고 있는데, 2자녀 가정의 경우를 보면 점진구간에서 14,290달러까지는 환급률은 근로소득의 40퍼센트, 그리고 14,291달러에서 18,660달러 까지인 고원영역에서는 최대환급액 4,716달러 수준에서 일정하게 유지되다가, 18,660 달러 초과하는 액수에 대해서는 매 달러당 21.06퍼센트 해당 금액이 최대환급액에서 삭감되고 총 근로소득액이 45,802달러에 도달하게 되면 환급 혜택이 완전히 사라져 EITC는 제로(EITC= $0)가 된다.

<표 4-7> EITC 단계별 세금환급 규모(2018 세금년도)

단 계	근로소득(X)	환급액(부양아동 3명 이상)
점진구간(phase-in)	$0 - $14,290	45% × X
고원영역(plateau)	$14,291 - $18,660	$6,431(최대 환급금액)
점퇴구간(phase-out)	$18,661 - $49,194	$6,431 - 21.06% × (X-$15,399)
단 계	근로소득(X)	환급액(부양아동 2명)
점진구간(phase-in)	$0 - $14,290	40% × X
고원영역(plateau)	$14,291 - $18,660	$4,716(최대 환급금액)
점퇴구간(phase-out)	$18,661 - $45,802	$4,716 - 21.06% × (X-$15,399)
단 계	근로소득(X)	환급액(부양아동 1명)
점진구간(phase-in)	$0 - $10,180	34% × X
고원영역(plateau)	$10,181 - $18,660	$3,461(최대 환급금액)
점퇴구간(phase-out)	$18,661 - $40,320	$3,461 - 15.98% × (X-$15,399)
단 계	근로소득(X)	환급액(부양아동 0)
점진구간(phase-in)	$0 - $6,780	7.65% × X
고원영역(plateau)	$6,781 - $8,490	$519(최대 환급금액)
점퇴구간(phase-out)	$8,491 - $15,270	$519 - 7.65% × (X-$8,489)

주: 고원영역 구간에서는 소득과 관계없이 환급 가능한 최대 액수에서 환급 규모가 유지된다.
자료: Falk, Gene & Margot L. Crandall-Hollick. April 18, 2018. *The Earned Income Tax Credit(EITC): An Overview.* Congressional Research Service.

AFDC에서 TANF 체제로의 변환 원인 가운데 하나로 거론된 것처럼 전통적인 공공부조 프로그램들은 소득이 증가함에 따라 정부로부터의 급여 또한 감소하여 근로 의욕을 감퇴시킨다는 비판이 계속 제기되어 있다. 이에 대해 EITC는 저소득 근로자의 근로 의욕을 고취하기 위하여 근로소득이 증가할수록 정부로부터의 급여 혜택도 증가하도록 설계되어 있다. EITC 옹호론자들은 EITC 환급금액 수준이 현재보다 훨씬 높아

져야 하고 해당 근로자 임금수준 또한 훨씬 증가되어야 한다고 주장한다.[37]

EITC는 감면 산출액이 납부의무 세금액을 초과할 경우에는 그 차액을 되돌려 주는 환급성 공제급여(refundable credit)로서 현금급여의 소득보장제도와 유사한 효과를 갖는다. EITC의 급여는 1년간의 소득세 신고를 받은 다음에 해당 금액을 현금으로 환급해서 지급하는 방식을 취하고 있으며, 급여액은 결혼 여부, 자녀의 수와 근로소득 수준에 따라 달라지고 ①일정 소득상한액에 이르기 전까지는 근로소득의 일정 공제율(credit rate)을 적용하고(점진구간) ②그 이상의 일정 소득에 대해서는 소득 단계별로 환급액수를 유지하거나(고원영역) ③최대 환급금액에서 일정 비율로 점차 감소(phaseout rate)시켜 나가게 된다(점퇴구간).

역사적으로 볼 때 EITC의 공제율은 1975년 시행 당시부터 1990년까지는 자녀가 있는 경우에만 그 수에 관계없이 14퍼센트가 적용되었으나 그 이후부터는 아동자녀 유무 및 자녀 수에 따라 그 자격조건과 공제율이 달라지는데 2인 자녀 가정의 경우 1991년 17.3퍼센트에 불과하던 것이 1996년부터는 40퍼센트로 크게 증가하여 2000년 이후에도 이를 계속 유지하고 있다.

EITC는 1994년 이후 부양가족이 없는 가정에까지 적용이 확대되었는데 그 혜택은 부양아동이 있는 가족에 비해 미미하다. 2018년도 EITC 연방 공제율은 3명 이상의 자녀를 가진 경우는 45퍼센트, 2명의 자녀를 가진 가정의 경우 40퍼센트, 1명의 자녀를 가진 가정의 경우 34퍼센트임에 반하여 자녀가 없는 가정의 경우 7.65퍼센트에 불과하다.

EITC 환급액은 연방 공공복지프로그램에서 소득으로 산입되지 않으며 TANF, 메디케이드(Medicaid), SSI, 보조영양지원 프로그램(SNAP) 등 제반 프로그램의 자격이나 급여내용에 영향을 주지 않는다. 또한, 환급액을 저축하는 경우에도 수령 후 1년간은 자산으로 취급되지 않는다.

프로그램 관련 재원은 전적으로 연방정부의 일반 세입으로부터 조달된다. 프로그램 운영책임 기관은 연방 국세청(the Internal Revenue Service)으로서 이 프로그램은 소득세 부과 시스템을 통해 직접 관리되기 때문에 복지행정조직과는 별개로 운영된다. 한편, 관련 정보는 연방 재무성(the Treasury Department)과 주 및 지역 정부(state and local governments)들의 아동지원 관련 부서들이 공유하고 있다.

2018 세금년도 현재로 New York, California 등 29개 주 및 워싱턴 D.C.에서는 저임

금 근로자의 빈곤 갭을 줄여나가고 그들 부양아동의 기본욕구를 충족시켜 나가기 위하여 연방 프로그램에 추가하여 자체적인 EITC 프로그램을 운영하고 있다. 이 경우 세금환급 적용대상은 지방소득세가 된다.

3) 평가 및 전망

1975년 도입된 미국의 EITC는 저소득 근로자들로 하여금 근로를 촉진시키고 근로 활동 시간을 늘리는 데 있어서 매우 성공적인 성과를 거두어 왔으며, 아울러 1998년 도입된 자녀장려세제(Child Tax Credit: CTC)와 결합되어 아동빈곤을 포함한 저소득 가정들의 빈곤문제 해소에 있어서 '사회보장법'상의 제도가 아닌 정부 프로그램들 가운데서는 가장 괄목할만한 효과를 가져온 것으로 평가받는다. 자녀장려세제(CTC)는 17세 미만의 자녀가 있는 저소득 근로자들에게 자녀 1인당 최고 2000달러까지 연방소득세 공제 혜택을 주는 제도이다(2018 세금년도 기준). 연방정부와는 별도로 주 정부에 따라서는 자체적으로 주 EITC 또는 주 CTC 제도를 도입·운영하고 있다.

미국의 EITC는 정파를 떠나 폭넓은 지지를 받고 있음에도 불구하고, 실제적인 시스템 운영에 있어서는 강점과 약점을 모두 보여주고 있다. 강점으로는 앞에서 언급했듯이 저소득 근로자들에 대한 중점적인 혜택 설계, 저소득 가구 특히, 편모 가구의 근로활동 참가에 대한 강한 유인효과를 들 수 있다. 이에 반하여 약점으로는 복잡한 수급기준과 이에 따른 높은 수급자 선정 오류발생(complexity and error), 일정 소득 이상 구간(점퇴 구간)에서 EITC 혜택 삭감에 따른 근로 저하 효과(work disincentives), 결혼으로 인해 각각의 소득 합산으로 가구소득 증가에 따라 EITC 혜택에 불리한 여건 조성(marriage penalty), 그리고 아동부양 근로자에 비해 현격히 낮은 무자녀 근로자 혜택의 불공평성(disparity between workers) 등을 들 수 있다.

이러한 내용 들에 대해서는 현행제도를 완화하여 EITC를 확대하고 활성화하는 방향으로 개혁 논의가 지속되고 있지만, 각 정책들 사이에는 상충효과가 있기 때문에 이에 대해서는 면밀한 평가가 필요하다는 신중론도 제기된다.

제5절

의료보장제도

1. 의료보장제도의 발달과정 및 특징

미국은 선진국의 대명사라 할 정도로 다방면에서 국가적 위상이 높음에도 불구하고 사회보장제도에 있어서만큼은 국가의 역할을 제한적이고 잔여적으로 설정함으로써 여타 선진국가들에 비해서 매우 낮은 수준의 사회보장시스템을 갖추고 있으며, 이에 따라 전국민대상의 공적 의료보장제도가 없는 유일한 나라이기도 하다. 또한 연방국가라는 특성에 따라 주 정부는 연방정부와의 관계에 있어서 폭넓은 자율성을 가지고 의료체계를 운영하고 있다. 한마디로 미국의 의료보장체계는 공적 의료보장제도와 민간의료보험으로 구분할 수 있는데, 민간의료보험이 중추적 기능을 담당하고 '메디케어'(Medicare), '메디케이드'(Medicaid), '아동건강보험 프로그램'(Children's Health Insurance Program: CHIP) 등 공적 의료보장제도는 보완적 역할을 수행해 오고 있다.

미국에서도 20세기 초부터 전 국민 대상의 공적 의료보장제도를 도입하려는 시도가 꾸준히 있어 왔지만 성공을 거두지는 못했다. 1930년대 대공황 시기에도 사회보장의 양대 축이라고 할 수 있는 연금보장과 의료보장을 도입하려고 하였지만, 의료계의 거센 반대로 연금보장만이 1935년 사회보장법에 반영되고 공적 의료보장은 제외된 채 사적 영역에서 의료보험을 도입하는 방안을 발전시켰다. 1960년대 들어 존슨(Johnson) 대통령의 위대한 사회(the Great Society) 프로그램에 따라 비록 제한적이기는 하나 65세 이상 노인대상의 '메디케어'(Medicare), 빈곤층 대상 '메디케이드'(Medicaid)가 도입된다. '아동건강보험'(Children's Health Insurance)은 1997년 클린턴(Clinton) 대통령 시절 도입된 의료부조 프로그램이다.

닉슨(Nixon), 카터(Carter), 클린턴(Clinton) 정부 등도 전 국민 의료보장제도 도입을 지속적으로 시도하였으나 성공을 거두지 못하다가 오바마(Obama) 대통령에 이르러서야 진일보한 개혁을 이루게 되는데, 2010년 3월 대통령이 서명한 이른바「오바마 케어」즉,『환자보호 및 적정의료법』(The Patient Protection and Affordable Care Act of 2010: ACA)」이 바로 그것이다. 이 법은 건강보험의 보장성 강화, 일차 의료 및 예방서비스 강화, 의료비 증가 억제 및 질 향상 등 여러 내용을 담고 있는데 연방정부의 재정위기, 극심한 정치적·이념적 갈등 등으로 인해 2013년 11월에는 몇몇 핵심 조항 시행이 1년 연기되는 등 진통을 겪은 바 있다.[38] 한편 트럼프(Trumph) 대통령 취임 이후 오바마 케어에 대한 공격이 거세지면서 제도 정착에 어려움을 겪고 있기도 하다.

앞에서 살펴본 메디케어, 메디케이드, 아동건강보험, 그리고『환자보호 및 적정의료법』의 관련 부분들은 미국 보건복지부의 '메디케어와 메디케이드 서비스센터'(The Centers for Medicare and Medical Services)에서 관리운영 책임을 맡고 있다.

2. 오바마 케어 vs. 트럼프 케어

일명 '오바마 케어'(Obama Care)라고 불리는『환자보호 및 적정의료법』은 입법 과정에서 국가가 운영하는 공공보험 옵션을 도입하자는 논의가 있었지만 극심한 반대로 해당 조항을 포기하고 민간 의료보장제도를 중심으로 한 미국의 오랜 의료보장제도의 구조를 유지한 채 시행하게 된다. 대신에 여러 가지 다양한 장치들을 도입함으로써 2009년 오바마 행정부가 모든 미국을 위한 '오바마 플랜'(The Obama Plan: stability & security For All Americans)에서 밝힌 안정성, 보장성, 보편성의 보건의료개혁 가치를 상당 부분 담아내게 된다.

2010년 제정된『환자보호 및 적정의료법』은 총 10개의 장(Title)으로 구성되어 있는데 대부분의 핵심조항들은 2014년 1월부터 시행되었으며, 주요 내용 들은 다음과 같다.

첫째, 모든 미국 내 합법적 거주자들은 건강보험에 가입해야 하고, 고용주의 건강보험 제공의무도 강화하여 50인 이상 고용 사업장의 고용주는 피고용인들에게 건강보험을 제공해야 하며 위반 시 벌금이 부과된다. 저소득층의 건강보험 가입을 지원하기 위해서는 본인 부담 총액 제한, 보험료 및 본인부담 비용지원 등을 시행한다. 각 주(state)로 하여금 '건강보험거래소'(Health Insurance Marketplace)를 설립하도록 하여 개인의 건강보험 구매를 돕는다.

둘째, 공적 프로그램의 보장성을 강화하기 위하여 메디케어(Medicare)의 본인부담률이 높은 구간에 대한 부담률 감소, 메디케이드(Medicaid)의 적용대상의 범위확대, 아동건강보험(Children's Health Insurance)에 대한 연방정부의 주 정부 지원금확대 등을 연차적으로 시행한다.

셋째, 민간 보험회사로 하여금 과거 병력이나 건강상태를 이유로 보험가입을 거부할 수 없도록 하고, 건강거래소에서 판매하고자 하는 민간보험회사의 보험상품에 대하여는 각 주의 인증을 받고 보험상품에 반드시 포함되어야 할 필수급여패키지를 규정하도록 하는 등 민간보험에 대한 규제도 강화한다.

이외에도 『환자보호 및 적정의료법』은 일차 의료 개선 및 취약계층 보호를 강화하기 위해 메디케어와 메디케이드 진료비 인상, 환자중심 메디컬 홈(Patient-Centered Medical Home) 진료체계도입, 노인들을 위한 지역생활보조서비스(Community Living Assistance Services and Supporters) 등을 시행한다.

미국에서 2014년부터 본격 시행하기 시작한 관계로 기간이 비록 짧음에도 불구하고 이 제도에 대한 평가는 엇갈린다. 긍정적인 평가로는 건강보험 가입률 개선, 취약계층 보호 강화, 민간보험회사에 규제강화로 의료의 질 개선 등을 들고 있는데 반하여, 비판적 평가로는 재정적자 증가, 민간의료보험 위축, 고용악화 등을 지적한다. 비판의 선봉에는 일명 '트럼프 케어'(Trumph Care)라고 불리는 『미국 건강관리법』(The American Health Care Act: AHCA)이 있는데, 이 법안 원안의 핵심은 오바마 케어의 전 국민 의무가입규정을 폐지하고, 메디케이드의 범위를 대폭 축소하는 내용 등이다. 그러나 이 법안은 의회 논의 과정에서 법안 통과에 필요한 지지를 받지 못해 폐기된다.

오바마 케어를 완전폐지하는 대신 최대한 수정하고자 하는 쪽으로의 시도가 계속되고 있다.[39] 2017년 10월 트럼프 대통령은 '단기건강보험'(Short-Term, Limited Duration Insurance: STLDI)의 이용범위를 확대하고 보장 기간 연장과 갱신 허용을 검토하라"는 행정명령을 내리는데, 이에 따라 '건강보험의 선택과 경쟁'을 증진한다는 원칙에 따라 2018년 8월 새로운 연방 규제규정을 공표했다. 수정 규정은 단기건강보험(STLDI)[40] 적용 기간을 종전 3개월에서 12개월까지로 확대하고 최대 3년까지 갱신연장이 가능하도록 했다. STLDI 연방 규제규정은 개별시장에서 판매되고 있는 건강보험상품에 대하여 필수 건강보험급여 범위, 연간 또는 평생 보장 한도, 보험 보장 혜택 등에 관한 규제적용을 면제해 주고 있는데, 이번 규정개정으로 오바마 케어의 핵심조항 적용이 그만큼 완화되는 효과를 가져온다.[41]

3. 공공의료 프로그램 관리운영체계

1) 메디케어(Medicare)

1965년 입법화된 '메디케어'는 연방정부가 관할하는 공적 건강보험프로그램으로서 65세 이상 사람들, 그리고 65세 미만이나 일정한 장애를 가진 사람들, 말기 신장 질환자들을 대상으로 하는 사회보험이다. 메디케어는 사회보험이지만 상당한 정도의 정부 재정지원이 이루어지는데 2019 회계년도 연방예산에서 메디케어 관련 지출이 14.3 퍼센트를 차지할 정도이다.[42]

메디케어는 파트A(입원서비스), 파트B(외래서비스), 파트C(파트A 및 파트B에 의해 커버되는 모든 서비스 포함하며 보통은 파트D도 포함), 파트D(외래 처방약 커버리지) 등 4개 부문으로 구성된다. 파트A는 근로활동 시 메디케어 세금을 냈다면 별도 보험료를 내지 않아도 되며, 무료보험료 수혜자격이 없다면 따로 파트A를 구입하고 보험료를 낼 수 있고, 파트B는 소득수준과 가입자 특성에 따라 월 보험료를 지불해야 한다.

파트C는 메디케어 어드밴티지 상품(Medicare Advantage Plan)이라고도 하는데 급여 종류를 의미하는 것이 아니라 메디케어와 계약한 민간보험회사에 의해서 운영되는 관리방식을 의미한다. 원하는 대상자들의 경우 여기에 등록이 가능하며, 이렇게 되면 파트A와 파트B 모두를 민간보험회사에서 제공하게 된다. 대부분의 파트C 플랜에서는 파트D도 포함하여 서비스하며, 파트D의 경우 소득과 재산이 일정 수준 이하라면 정부 지원을 받을 수 있다.

2) 메디케이드(Medicaid)

'메디케이드'는 '메디케어'와 함께 1965년 입법화되면서 도입되었다. 메디케이드는 미국 전역에서 저소득층과 취약계층을 대상으로 건강보장을 실시할 수 있도록 고안되었으며, 연방정부와 주(state) 정부의 매칭펀드로 재정을 조달하는 의료부조 프로그램이다. 비록 연방정부가 모든 주(state)들이 따를 수 있도록 일정 기준을 정해서 제시하고 있기는 하지만 실제적인 운영주체는 각 주들로서 각 주의 결정에 따라 메디케이드 프로그램 운영방식과 내용이 서로 다르다.

연방법은 각 주들로 하여금 일정 그룹의 개인들을 대상에 포함시키도록 의무화하고 있는데, 저소득 가구, 임신부와 아동, 보충소득보장(SSI) 수급자 등이 의무적 포함 대상자들이다. 각 주들은 이들 외에도 추가적 대상자 확대하거나 혜택 범위를 정함에 있어 실정에 맞는 선택이 가능하다.

『적정의료법』은 각 주로 하여금 65세 이하의 거의 모든 저소득 시민들까지로 메디케이드를 확장할 수 있는 기회를 주게 되는데, 이에 따라 연방빈곤수준(Federal Poverty Level) 133퍼센트 미만의 저소득 가정 내 65세 이하 개인들에게도 메디케이드 자격을 확대 부여할 수 있는 권한을 갖게 되면서 대부분의 주들이 대상 범위를 확장하게 된다.

메디케이드를 운영하는 각 주들은 일정 그룹의 메디케이드 등록자들에게 할증료나 등록비를 부과할 수 있으며, 진료비 본인부담금(copayments), 공동보험료(coinsurance), 공제금(deductibles), 기타 부과금 등 등록자 비용분담에 관한 정책을 선택할 수 있다. 이때 부담금액은 대상자의 소득에 따라 달리 부과되며 부담금액은 각 주들의 서비스비용지출액에 근거해서 산정된다.

3) 아동건강보험(Children's Health Insurance Program)

'아동건강보험'(Children's Health Insurance Program: CHIP)은 1997년 도입되었으며 메디케이드와 마찬가지로 연방정부와 주 정부의 매칭펀드(mstching fund)로 재정을 조달하지만, 실질적인 운영은 주 정부 소관이다. 따라서 아동건강보험 운영에 관한 구체적 정책은 각 주별로 다르게 결정된다. 아동건강보험의 대상은 메디케이드 자격을 갖추기에는 소득이 너무 높지만 사적으로 감당하기는 어려운 가정 내 아동들에게 건강보장 혜택을 제공하고자 하는 것이다. 모든 주들이 CHIP 혜택의 대상 범위를 늘려왔는데, 대부분의 주들에서는 가구소득 기준을 연방 빈곤 수준(Federal Poverty Level: FPL)의 200퍼센트를 넘을 정도에 이르기까지 늘려잡고 있다.

비용분담정책은 메디케이드에서처럼 각 주의 선택에 따라 프로그램 등록자들에게 등록비(enrollment fees), 할증료(premiums), 공동보험료(coinsurance), 공제금(deductibles), 진료 본인부담금(copayments) 등을 부과할 수 있지만, 일반적으로 이들 비용분담금액은 연간 가족 소득의 5퍼센트를 초과하지 않도록 하는 제한을 둔다.

4. 앞으로의 과제

잘 알려진 바와 같이 미국은 전 국민 대상의 공적 의료보장시스템을 가지고 있지 않다. 하지만 미국에서의 의료보험 관련 지출은 연방 예산의 25퍼센트(2015년 기준)를 차지할 정도로 사회연금과 함께 사회보장제도의 주축을 이루고 있는 것이 사실이다. 미국 정부는 노인과 장애인 대상 '메디케어', 빈곤층 대상 '메디케이드'와 같은 의료보험을 제공하거나, 정부가 저소득층에 대한 민간보험 가입보조금을 지원하는 형태로 국민 의료보장에 관여하고 있다. 그러나 이러한 3가지 형태의 프로그램에 참여하지 않고 일반 민간시장에서 의료보험을 가입해야 하는 대다수 계층들은 여전히 공적 의료보장 영역의 바깥지역에 남아 있다..

『적정의료법』(ACA, 일명 오바마 케어) 시행으로 메디케이드 수혜자가 증가하고 저소득층이 연방보조금을 지원받아 민간보험에 가입할 수 있게 된 것은 1965년 메디케어와 메디케이드가 시행된 이후 가장 큰 의료보험의 확장 사건으로 받아들여진다. 그러나 『건강관리법』(AHCA, 일명 트럼프 케어)를 비롯한 일련의 후속 조치들은 메디케이드 확장을 축소 또는 종결하고자 하고, 저소득층 민간 보험료 지원 혜택도 줄여나가고자 한다.

이러한 취지의 정책들은 사회 취약계층에 대한 정부 지원을 축소함으로써 저소득층과 건강 고위험군에 대한 의료보장 혜택에 부정적인 영향을 미치게 될 것이다. 따라서 재정압박문제 해결과 사회보장의 원칙 적용을 어떻게 조화롭게 수렴해 나갈 것인가에 대한 토론이 계속되고 있다.

Notes

1) Winston, Pamela. 2002. *Welfare Policy Making In the States: The Devil in Devolution.* Washington, D.C.: Georgetown University. p.23.

2) Patterson, James T. 1994. *America's Struggle Against Poverty 1900-1994.* Cambridge, Mass.: Harvard University Press. pp.20-21.

3) Trattner, Walter I. 1994. *From Poor Law to Welfare State: The History of Social Welfare in America, 5th ed.* New York: Free Press. pp.90-91.

4) Skocpol, Theda. 1992. *Protecting Soldiers and Mothers.* Cambridge, Mass.: The Belknap Press of Harvard University Press. p.4.

5) Trattner, Walter I. 1994. *op. cit.* chapter 11.

6) Winston, Pamela. (2002:21).

7) Weir, Margaret, Ann Shola Orloff and Theda Skocpol. 1988. *The Politics of Social Policy in the United States.* Princeton, N.J.: Princeton University Press. p.16.

8) Weir, Margaret. 1992. *Politics and Jobs: The Boundaries of Employment Policy in the United States.* Princeton. N.J.: Princeton University Press. pp.69-71.

9) Piven, Frances Fox and Richard A. Cloward. 1979. *Poor People's Movements: Why They Succeed, How They Fail.* New York: Vintage Books. p.179.

10) Winston, Pamela (2002:55).

11) 이정관. 1998. 『미국 지방정부의 이해: 정부 간 관계와 운용시스템』. 사사연. pp.181-183.

12) 구인회 등. 2018.12. 『미국의 사회보장제도』. 한국보건사회연구원·나남. pp.76-77.; Bonoli, G., T Shinka(Eds). 2005. *Ageing and Pension Reform Around the World: Evidence from Eleven Countries.* Cheltenham. UK: Edward Elgar.

13) 이현주 등. 2003. 『공공부조와 사회복지서비스의 체계분석 및 재편방안』. 한국보건사회연구원. pp.87-88.

14) Dobelstein, Andrew. 2009. *Understanding the Social Security: The Foundation of Social Welfare for America in the Twenty-First Century.* Oxford University Press.

15) Levitan, Sar A., Garth L. Mangum, Stephen L. Mangum and Andrew M. Sum. 2003. *Programs in Aid of the Poor, 8th. ed.* Baltimore: The Jones Hopkins University Press. p.43, p.45.

16) U.S. Social Security Administration. 2019. *Understanding the Benefits.* pp. 1-2. Accessed https://www.ssa.gov/pubs/EN-05-10024.pdf(2019.3.10).

17) USA FACTS. "IS Social Security Sustainable?" Accessed https://usafacts.org/reports/is-social-security-sustainable(2019.2.19).

18) Dolgoff, Ralph & Donald Feldstein. 2007. *Understanding Social Welfare: A Search for Social Welfare,* 7th. ed. Boston: Pearson Education. p.201.

19) Balz, D. 2005. Soothing Words: Assuring older Americans, Bush makes case for social security

changes. *Washington Post National Weekly Edition* 22(16). p.6.

20) U.S. Social Security Administration. 2005. *Annual Statistical Supplement, 2004*. Washington, D.C. Social Security Administration.

21) Segal, Elizabeth A. 2007. *Social Welfare Policy and Social Programs: A Values Perspective*. Belmont: Thompson. pp.153-157.

22) U.S. Social Security Administration. 2018.7. *OASDI Beneficiaries by State and County, 2017*. SSA Publication No. 13-11954.

23) Social Security Administration. 2019.5. *Supplement to the Social Security Bulletin, 2018*. SSA Publication No. 13-11700.

24) Segal, Elizabeth A. (2007:170-171).

25) Dolgoff, Ralph & Donald Feldstein (2007:215-216).

26) U.S. Congress. *The Temporary Assistance for Needy Families(TANF) Block Grant: Responses to Frequently Asked Questions*. Updated January 28, 2019. Congressional Research Service. p.4.

27) U.S. Social Security Administration. *Annual Statistical Supplement, 2018.*. Table7.B3.

28) Social Security Administration. *Ibid*. Table 7.B1, 7.B3.

29) Social Security Administration. August 2017. Supplemental Security Income(SSI). Publication No. 05-11000.

30) BASSC. January, 1997. *Getting Beyond General Assistance, Welfare Reform and the Local Self-Sufficiency Design Project*. Berkeley, C.A.: U.C. Berkeley,

31) Schott, Liz, Misha Hill. July 9, 2015. *State General Assistance Programs Are Weakening Despite Increased Need*. Center on Budget and Policy Priorities.

32) USDA Food and Nutrition Service. 2019. SNAP Eligibility. Accessed https://www.fns.usda.gov/snap/recipient/eligibility(2019.8.18).

33) Dolgoff, Ralph & Donald Feldstein (2007:245-247).

34) U.S. GPO. *Federal Register, Vol. 83, No. 89*. Tuesday, May 8, 2018.

35) Dolgoff, Ralph & Donald Feldstein (2007:224).

36) Falk, Gene & Margot L Crandall-Hollick. April 18, 2018. *The Earned Income Tax Credit(EITC): An Overview*. Congressional Research Service,

37) Llobrera, J. & Zahradnik, B. 2004. *A Hand Up : How State EITC Helps Working Families Escape Poverty in 2004*. Washington. D.C.: Center on Budget and Policy Priorities.

38) 김계현 등. 2015.9. "미국 「환자보호 및 적정의료법」의 현황과 과제". 『이화여자대학교 법학논집』(제20권 제1호). pp.70-72.

39) 김태근. 2017. "오바마 케어 대체에 실패한 트럼프 케어: 미국 의료보험정책의 정치사회사적 함의". 『국제사회보장리뷰』, 2017 가을호 Vol. 2. pp.37-48.

40) STLDI는 직장이동과 같은 사유로 장기보험에 가입할 수 없는 사람들을 위해 고안된 임시 보험상품으로서 『공중보건서비스법』(The Public Health Service Act)이 정한 '개별 건강보험 적용범위(individual health insurance coverage)' 정의에 부합하지 않기 때문에 『환자보호 및 적정의

료법』상의 많은 조항에서 적용 예외가 된다. STLDI 정책의 지속 여부는 법률이 아니라 연방정부 소관 부처들(재무부, 노동부, 보건복지부)이 만든 규제규정(federal regulations)에 의해 정해진다.

41) Huth, Erik and Jason Karcher. August 2018. The short-term/limited-duration insurance rule and the potential impact on health insurance markets. *Milliman White Paper*. Accessed https://us.milliman.com/uploadedFiles/insight/2018/The_STLDI_rule.pdf (2019.8.20).

42) U.S. Office of Management and Budget. 2018.2. *Fiscal Year 2019 An American Budget: Budget of the U.S. Government*. Accessed https://www.whitehouse.gov/wp-content/uploads/2018/02/budget-fy2019.pdf(2019.8.9.).

제5장
영국의 사회보장체계와 공공복지

제1절

사회보장제도의 발달과 구성체계

1. 사회보장제도의 역사적 전개

1) 역사적 개관

영국의 복지국가는 1945년 제2차 세계대전 종료 직후 형성되어서, 이후 30여년 동안 군건해지고 확장의 길을 걷게 되는데 노동당 정부의 출범과 함께 설립된 복지국가의 틀은 전후 정착작업의 한 부분을 이루었을 뿐만 아니라 19세기와 20세기 초까지 이어져 온 자발적이고 자선적인 기구의 활동에 의존해 왔던 기존 복지제도의 틀로부터의 탈피를 의미한다.

제2차 세계대전 후 노동당 정부는 국가와 행정기구를 사회변혁의 주요수단으로 삼았으며,[1] 사회보장서비스의 전달기관으로서 행정기관 즉 중앙정부 기관, 지방기관 그리고 새로 설립된 국민건강서비스(NHS) 등이 중심역할을 하게 된다. 전후 영국 복지국가의 특징은 이처럼 복지 공급체계상 행정기관의 역할을 중시하는 '공공행정모델'(the public administration model of welfare delivery)에서 찾을 수 있다. 그러나 이러한 정부 주도의 사회복지정책은 1979년 대처 수상이 이끄는 보수당 정부가 등장하면서 비판의 대상이 된다.

복지국가에 대한 비판그룹의 스펙트럼(spectrum)은 이를테면 '뉴 라이트'(New Right)에서부터 '신 도시좌파'(New Urban Left)에 이르기까지 광범위한데 실제적인 면에서는 '뉴 라이트'(New Right)가 가장 크게 영향력을 행사해왔다. 이들이 복지국가 시스템에 대해 제기하는 비판의 주요 의제는 전통적인 복지국가 체제는 비효율적이고 반사회적일 뿐만 아니라 공급자 위주이고 책임성도 결여되어 있다는 것이다.

전후 수십년 동안 영국 복지공급체계의 근간을 이루어 온 이 '공공행정모델'의 주요 특징으로는 ①관료주의적 조직구조(bureaucratic structure) ②전문가 중심 운영주의(professional domination) ③공적 책임성(accountability to the public) ④공평한 업무처리(equity of treatment) ⑤재원조달 및 서비스공급 주체 일원화(self-sufficiency) 등을 들 수 있다.[2] 이 가운데 관료주의적 시스템이 전후 영국 복지공급체계의 주된 특징인데 당시 사회보장부(the Department of Social Security: DSS)에 의해 운영된 사회보장시스템이 그 대표적인 예라고 할 수 있다.

복지국가의 대두 이전에는 재원 조달자와 서비스 공급자가 항상 일치하는 것은 아니었다. 즉, 19세기에는 중앙정부가 자금을 민간이나 자선단체 등에 맡겨서 이들로 하여금 복지서비스를 공급하기도 하였으나, 전후 복지공급체계는 재정적, 정치적 책임성을 강화하고 형평성을 높이기 위해 재원조달 주체와 서비스 공급체가 정부 기관으로 일원화하게 된다.

1980년대와 1990년대 걸쳐 보수당 정부에 의해 도입된 복지 개혁조치들은 이른바 '신 공공관리'(new public management) 이념을 적용한 사례로 볼 수 있다. 노동당은 이러한 조치들에 대해 처음에는 적대적이었지만, 1990년대 노동당과 보수당 정당 정책 가운데 복지전달조직 정비에 관한 문제에 있어서는 점점 일치점을 보여주게 되며, 1997년 총선에서 승리한 노동당의 정당정책에도 반영되어 이후 개혁작업이 추진되게 된다. 2000년대에 들어서도 이러한 기조의 복지개혁 작업들은 정파를 가리지 않고 계속되고 있다.

2) 사회보장제도의 정립

오늘날 영국 사회보장제도의 골격은 1942년 베버리지(Beveridge) 보고서에 기초하고 있으며, 공공부조는 베버리지(Beveridge) 보고서에서 사회보험, 자발적 보험과 함께 사회보장의 한 방법으로 처음으로 범주화된다.

베버리지는 이 보고서에서 영국의 재건을 가로막는 5대 거인(five giants)으로 빈곤(want), 질병(disease), 무지(ignorance), 불결(squalor), 나태(idleness) 등을 지목하면서 우선 빈곤 예방책으로서 사회보험제도의 재정확충과 국민 부조 및 아동수당 제도의 도입을 제안함과 더불어 이러한 제도의 도입이 갖는 소득보장적 의미를 강화하기 위하여 국민건강서비스(질병), 교육서비스(무지), 주택개선정책(불결), 완전고용유지(나태) 등이 병행되어야 함을 강조하였다.[3] 이러한 주장은 영국 사회보장제도의 3대 입법이라 불리는 가족수당(1945), 국민보험법(1946), 국민부조법(1948) 등으로 제도화되었다. 이 가운데 국민부조법(the National Assistance Act)은 생존위기에 빠진 빈곤층에 대한 정부의 사회적 책임을 강조함으로써 350여년간 지속된 구빈법을 폐지시켰으며, 공공부조의 기본원칙으로 National Minimum의 원칙을 채택함으로써 국민부조가 최후의 사회안전망 기능을 가진 대표적 공공부조제도로 등장하게 된다.

엘리자베스 1세의 『1601년 구빈법』(the Elizabethan Poor Law 1601)은 당시까지 제정된 제 법령의 집대성으로서 영국 구빈법의 기본토대라 할 수 있다. 1601년 구빈법의 현대적 의의는 구빈의 책임이 국가에 있다는 점을 인식하고 그 재원 확보를 위해 구빈세를 징수해서 충당했다는 점이다. 이 법은 『1834년 신 구빈법』(the Poor Law Amendment Act 1834)으로 대체된 바 있다. 국민부조법 등이 시행된 이후 1960년대 내지 70년대에 들어서서 영국의 공공부조 제도는 더욱 확대되는 과정을 밟게 된다.

버지 등(Budge etc. 1998)은 전후 영국에서 복지국가의 성공적 운영이 가능했던 조건으로 ①전후 재건 활동으로 빠른 속도의 경제성장이 가능했던 시기라는 점 ②지원수준과 범위가 현재보다 현격히 낮아 사회복지비용이 재정에 주는 부담이 상대적으로 작았다는 점 ③복지국가에 대한 높은 수준의 사회적 합의가 당시에 존재했다는 점을 든다.[4] 국민부조는 1966년 보충급여(Supplementary Benefits)로, 1970년에는 가족수당(Family Allowance)이 가족소득보조금(Family Income Supplements)으로 바뀌고 1977년 아동수당(Child Benefit)이 생기는 등 수급자의 요구에 적극적으로 대처해 나감과 아울러 이외에도 40여 개의 자산조사형 공적급여제도를 도입·시행하였다.

3) 복지정책의 재정비

1979년 보수당 대처(Margaret Thatcher) 총리의 등장과 더불어 전개된 신자유주의 정책은 국가가 나서서 복지서비스의 직접적인 관리·제공자로 기능하며 사회문제를 해결하던 과거의 복지국가 형태에서 탈피하여, 이제 국가개입의 축소, 시장 중심의 문제 해결 방식으로 정책 기조를 바꾸게 된다. 이에 따라 대처 정부는 사회보장제도의 체계적인 개혁을 단행하기 위하여 『1986년 사회보장법』(the Social Security Act 1986) 을 제정하였으며, 이 법 시행에 따른 대표적 조치로서 1980년부터 보충급여 (Supplementary Benefits)를 소득보조(Income Support)로 명칭을 바꾸고 자산조사를 보다 엄격하게 강화하여 사회부조 혜택을 더욱 선별적으로 제공해 나가게 된다.

자조와 개인 책임을 강조하는 자유주의적 복지정책 기조는 메이저(John Major)로 이어지는 1990년대 보수당 정부에서뿐만 아니라 1997년 집권한 블레어(Tony Blair) 노동당 정부에서도 계속 이어져 왔는데 다만, 블레어(Tony Blair) 노동당 정부는 복지에 대한 권리와 의무의 균형을 강조하는 입장이라는 점이 특징적이다. 블레어의 신노동당 정부에서는 복지개념으로 권리뿐만 아니라 시민적 의무를 함께 포함하여 강조한다. 따라서 복지혜택은 당연히 청구할 권리가 아니며, 일을 통해 자활하려는 노력이 선행되어야 한다는 변화된 인식을 보여주고 있는데 이는 '복지에서 노동으로(welfare to work)'라는 용어 속에서 잘 나타난다. 이러한 측면에서 신노동당 정부의 복지정책이 과거 복지국가가 야기했다고 비판받아 온 '빈곤의 덫' 문제를 줄인 것은 분명하다는 지적이 있는 반면에 시장주의를 강조하는 대처리즘(Thatcherism)의 연속으로 보는 평가도 있다.[5]

노동당 정부에서의 복지정책 기조는 2010년 보수·자유 연합정부에서 개혁작업이 가속화되는데, 연합정부는 복지개혁 정책백서인 「통합공제: 일하는 복지(Universal Credit: Welfare that Works)」에서 '더욱 공평하고 재정적으로 부담 가능하며, 빈곤, 무노동, 복지 의존성 문제에 더욱 잘 대처할 수 있도록 급여체계를 개혁'하겠다고 선언한다.[6] 이러한 복지개혁작업은 『2012년 복지개혁법』(Welfare Reform Act 2012)으로 입법화되어서 보수당 메이(Theresa May, 2016.7-2019.7 재임) 수상 정부에서도 연차적 계획에 따라 추진되어 오게 된다.

'요람에서 무덤까지'를 표방한 베버리지 보고서를 토대로 2차 세계대전 후 애틀리(C. Atlee)를 수상으로 한 노동당 정부는 이를 제도화하는 사회입법들을 본격적으로 추진해왔지만, 대처(M. Thatcher) 수상의 집권과 함께 베버리지 원칙 이탈이 본격화되기 시작한다. 자조와 자립을 강조하고 민간부문을 활용하고자 하는 대처 정부의 정책 기조는 노동당의 블레어(Blair), 브라운(Brown) 수상, 뒤이어 집권한 보수당의 캐머런

(Cameron), 메이(May), 존슨(hohnson) 수상에 이르기까지 정파를 불문하고 계속 진행되고 있는데, 프레이저(Fraser, 2009)는 이러한 현상에 대해 '사회정책의 장기적 연속성'을 보여주는 것이라고도 평가한다.[7]

영국의 복지개혁작업은 여전히 진행 중이고 그 중심에는 재정의 효율화가 자리 잡고 있다. 참고로 영국 정부는 「2015 하계 예산서」(Summer Budget 2015)에서 2016/17 회계년도부터 2019/20 회계년도까지 '4개년 복지급여 동결계획(four-year freeze)'을 마련해서 발표하고 이 내용을 『2016년 복지개혁 및 근로법』(Welfare Reform and Work Act 2016)에서 입법화하는데, 이 제도의 추진 목적은 2008년 세계 금융위기 이후 평균 소득증가율 11퍼센트에 비해 월등히 높은 21퍼센트의 복지급여 증가로 인해 초래된 문제점을 해소해서 재정 건전성을 확보하기 위해서였다. 이 동결조치는 2013/14 회계년도에서 2015/16 회계년도까지 복지급여증가율을 1퍼센트 이내로 제한하는 3개년 제한조치에 대한 후속 조치이기도 하다.[8]

2. 사회보장체계의 구성

1) 사회보장제도의 일반체계

영국의 사회보장제도는 수십 개의 급여체계를 통하여 복잡하게 운영되고 있는데 급여자격 부여방법(the rules of entitlement)을 기준으로 전반적인 복지 급여체계를 정리해 보면 기여형 급여(Contributory Benefits)와 비기여형 급여(Non-Contributory Benefits)로 대분되며, 비기여형은 다시 자산조사 급여(Means-Tested Benefit)와 비자산조사 급여(Non-Means-Tested Benefit)로 구분할 수 있다. 비 자산조사·비기여급여는 데모그란트(demogrant) 또는 부가성 급여(contingent benefits)라는 이름으로도 언급된다.

기여형 급여로는 국민보험(National Insurance) 제도가 대표적이며, 많은 나라에서 사회보험은 연금보험·의료보험·실업보험 및 산재보험의 4가지로 각각 별도 운영되는 경우가 대부분이지만, 영국은 국민보험 속에서 노령·장애·사망·상병·출산·실업·노동재해 등의 위험을 모두 국가가 일괄 관리하도록 하고 있다. 비기여 보편급여로는 국민건강서비스(National Health Service: NHS), 법정 모성급여(Statutory Maternity

Pay), 개인독립급여(Personal Independence Payment), 아동수당(Child Benefit), 보호자수당(Guardian's Allowance), 산재급여(Industrial Injuries Benefit), 간병수당(Attendance Allowance)등이 있다. 비기여 자산조사 급여로는 통합공제(Universal Credit), 지방세 감면(Council Tax Reduction) 등이 있다(**그림 5-1** 참조).

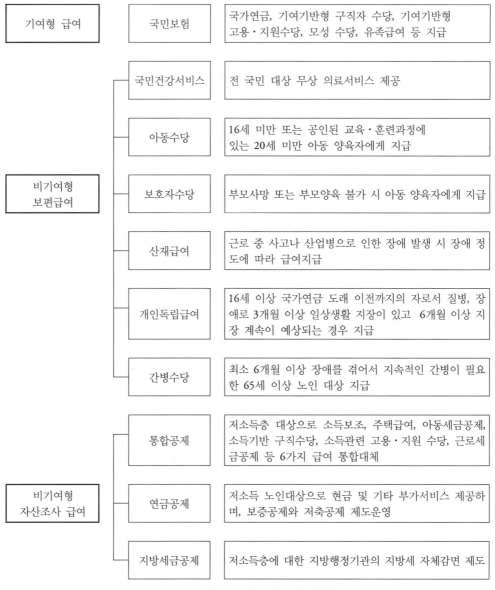

기여형 급여	국민보험	국가연금, 기여기반형 구직자 수당, 기여기반형 고용·지원수당, 모성 수당, 유족급여 등 지급
비기여형 보편급여	국민건강서비스	전 국민 대상 무상 의료서비스 제공
	아동수당	16세 미만 또는 공인된 교육·훈련과정에 있는 20세 미만 아동 양육자에게 지급
	보호자수당	부모사망 또는 부모양육 불가 시 아동 양육자에게 지급
	산재급여	근로 중 사고나 산업병으로 인한 장애 발생 시 장애 정도에 따라 급여지급
	개인독립급여	16세 이상 국가연금 도래 이전까지의 자로서 질병, 장애로 3개월 이상 일상생활 지장이 있고 6개월 이상 지장 계속이 예상되는 경우 지급
	간병수당	최소 6개월 이상 장애를 겪어서 지속적인 간병이 필요한 65세 이상 노인 대상 지급
비기여형 자산조사 급여	통합공제	저소득층 대상으로 소득보조, 주택급여, 아동세금공제, 소득기반 구직수당, 소득관련 고용·지원 수당, 근로세금공제 등 6가지 급여 통합대체
	연금공제	저소득 노인대상으로 현금 및 기타 부가서비스 제공하며, 보증공제와 저축공제 제도운영
	지방세금공제	저소득층에 대한 지방행정기관의 지방세 자체감면 제도

<그림 5-1> 영국 사회보장제도의 일반체계

영국의 경우 국민보험제도는 기여형 급여이기는 하지만 소득 빈곤으로 인해 기여금 납부가 어려운 경우에는 이를 면제해 줌으로써 나중에 연금수급이 가능하도록 하는 최저소득보장제도(Minimum Income Guarantee)를 실시하여 사실상 전 국민 대상의 사회보험이라고 할 수 있다. 몇몇 사회보장 급여들은 특정 그룹만이 수혜대상인데, 예를 들어 개인독립급여(Personal Independence Payment)는 신체장애자들이 수혜대상자가 될 수 있다.

영국에는 의료서비스가 국가 주도로 비기여 보편급여형태로 제공된다는 점이 특징적이며, 다른 나라와는 달리 수당형 비기여 보편급여가 매우 발달되어 있다. 이 형태의 급여는 개인의 국민보험(National Insurance) 납부기록이나 가족 단위 자산조사 결과와는 무관하다.

2) 급여유형의 변동

제2차 세계대전 후의 영국 사회보장시스템 확립의 기초가 된 베버리지(Beveridge) 시스템은 국민들이 실업·질병·은퇴 등 위험에 스스로 대비할 수 있도록 하기 위해 기여형 급여(National Insurance: 국민보험)를 사회보장시스템의 중심에 놓고 있는데 결과적으로 자산조사형 급여(National Assistance: 국민부조)의 역할은 최소한에 그쳐야 한다고 생각했다. 그러나 제2차 세계대전 이후 수십년간 계속된 구조적이고도 장기적인 실업 현상, 편부모 가정의 증가, 은퇴자에 대한 연금 부족 발생 등 사회·경제적 여건이 변화됨에 따라 자산조사형 급여의 중요성이 증가하게 된다. 이러한 현상은 기여형 보험급여가 자산조사형 공공부조에 비해 재정상의 이점을 갖지 못하게 되었음을 반영하며, 역대 정부들이 자산조사형 공공부조가 자원을 실제로 필요로 하는 사람들에게 제공할 수 있는 가장 최선의 방법이라는 방향으로 정책 인식 상의 변화가 있어 왔음을 감지할 수 있다.

그러나 이렇게 정책전환을 심사숙고하게 된 주된 동기로는 기여형 급여가 자산조사형 급여에 비해 지급수준이 높게 나타나기 때문에 기여형 급여보다는 자산조사형 급여가 오히려 소요 재원을 절약하는 측면에서 효과가 있겠다는 점을 들 수 있다. 일례로 기여형 실업급여(Unemployment Benefit)는 자산조사형 소득보조(Income Support)가 실업자에게 지급하는 금액보다 높은 것이 일반적이었다. 따라서 기여형 급여 자격조건을 엄격히 함에 따라 국민들은 보다 비용이 저렴한 자산조사형 급여로 옮겨가게 되었으며, 또한 이들 가운데 일부는 고소득 배우자가 있으면 어떤 자산조사형 급여자격도 갖추지 못하는 경우도 생기게 되었다.

기여형으로부터 자산조사형 급여로의 전환은 금전적 부담을 줄이는 장점이 있겠지만, 자산조사형 급여는 또한 그 자체에 많은 문제점을 안고 있다. 예를 들어, 자산조사형 급여는 자격을 갖추고 있더라도 청구를 하지 않는 등 급여청구에 소극적인 경향이 있으며, 부부의 경우 한 사람이 직업을 구한 경우 자산조사형 급여를 받지 못하게 될까 봐서 근로를 기피하는 부정적 영향을 가져올 수도 있다. 또한 자산조사형 급여의 행정비용은 다른 여타 급여 행정비용보다 훨씬 많이 소요된다.

한편 기여형 급여는 빈곤층으로는 간주되지 않는 근로계층 부부가 주된 타겟이 되는데, 급여자격을 갖춘 경우 급여청구에 적극적일 뿐만 아니라 행정비용이 비교적 적고 근로활동에 미치는 영향 또한 미미하다. 또한 기여형 급여는 과거에 기여금에 대한 보상금적 성격이 강하기 때문에 급여시스템 전반에 대한 참여도가 자산조사형 급여에 비해서 훨씬 높다.

참고로 미국의 경우에는 자산조사형 급여(일명 'welfare')와 기여형 급여(일명 'social security') 간에 공공 인식상의 차이가 훨씬 심하게 나타나는데, '복지'(welfare)가 부정적으로 인식되고 있는데 반해서 공적 연금인 '소셜 시큐리티'(social security)는 권리성이 훨씬 부각된다. 대부분의 유럽대륙 국가들의 경우 보험에 기초한 기여형 급여들은 중앙집중적 시스템상의 엄격한 규정에 따라 움직이는 데 반해서, 자산조사형 급여는 지급 관련 규정적용에 있어 임의성이 강하고 또한 실제적인 관리·운영은 지방 차원에서 이루어진다.[9]

제2절

베버리지 보고서와 영국의 사회보장

1. 베버리지 보고서의 주요 내용

베버리지 보고서(Beveridge Report)는 2차 세계대전 중이던 1940년대 초 당시 영국이 직면한 실업과 차별적 의료보험제도 등 전반적인 국가사회 문제를 점검해서 돌파구를 마련하기 위해 윌리암 베버리지 경(Lord William Beveridge) 경이 주도한 위원회의 연구활동 수행을 통해 나온 결과물이다. 1942년 발간된 이 보고서의 정식명칭은 '사회보험과 연계서비스에 관한 정부부처 간 위원회 보고서'(Report of the Inter-Departmental Committee on Social Insurance and Allied Services)로서 주요 내용은 다음과 같다.

1) 사회보험제도의 일원화

영국에서는 1911년 이래 특정 근로 직업군 종사자를 대상으로 실업보험과 건강보험이 시행되어 왔으며, 1920년대에는 미망인 및 고아 대상 급여와 연금제도가 추가되었다. 실업급여는 노동부(the Ministry of Labour)에 의해서 그리고 건강급여는 비록 정부규제 아래이기는 하지만 보험회사, 노동조합, 사용자 기금 등에 의해 운영되었다. 베버리지(Beveridge)는 이 모든 다양한 급여 관리체계(Byzantine system)를 중앙정부가 관리하는 단일체계로 통합하는 방안을 제안했다. 이렇게 함으로써 보험가입자는 여러 가지 보험급여를 한 번의 청구로 제공받을 수 있으며, 사회보장부(Ministry of Social Security) 같은 통합관리부서 창설을 통해서 보험급여와 공적 지원서비스를 지근거리 내에서 함게 받을 수 있게 된다고 주장한다.

2) 위험의 통합관리

베버리지 보고서 수립 당시 영국 건강보험의 경우를 예로 들면, 여러 단체 및 기관에서 관리운영을 담당하고 보험료는 동일하며 지출 사유 발생 시 보험급여를 제공하게 되는 시스템이었다. 그렇지만 보험운영기관 또는 단체에 따라 장기질환자가 있거나, 또는 단체별 재정상태 차이 등에 따라 급여대상자 개인별 급여 혜택이 달라질 수밖에 없게 된다. 물론 근로자들은 이러한 상황을 원치 않았다. 따라서 베버리지는 위험을 전국적 차원에서 통합시키고 모든 사람이 기여금을 납부하며 급여 혜택은 동일하게 제공되어야 한다고 주장한다. 그 결과 일반적인 건강보험은 다른 사회보험 시스템과의 통합대상이 아니라 별도의 시스템으로 관리되어야 한다는 논리가 성립된다. 다만 근로자상해보험은 통합시스템으로 편입하여 비용과 시간 낭비 요소를 제거해야 한다고 제안하였다.

3) National Minimum

베버리지 보고서는 '사회보장제도는 반드시 정부와 개인의 협동에 의혜 달성되어야 한다'는 점을 강조한다. 이에 따라 국가는 근본적으로 국민들의 생활수준이 최저수준 이하로 내려가지 않도록 National Minimum(국민최저) 보장에 나서야 함을 주장하면서도 베버리지는 빈곤의 제거를 위해 국가의 개입은 개인의 자발적 영역을 침해하지 않을 정도로 최저수준이어야 한다고 하면서 National Minimum(국민최저)의 보장방법은 기존의 사회보험방식을 주축으로 하고 국민부조와 임의보험을 보충적 수단으로 삼는다.

그의 구상에 의하면 사회보험 체제하에서 모든 근로자는 기여금을 납부하고 실업, 장애, 은퇴 등에 대한 주요 현금급여는 수요가 계속되는 한 자산조사과정을 거치지 않고 계속 지급되게 되며 이를 위해 근로자와 고용주 그리고 경우에 따라서는 국가로부터도 기여금을 받아 사회보험기금(Social Insurance Fund)을 설립한다. 국민부조(National Assistance)는 전체적인 사회보장 틀에서는 필수 불가결한 보조장치이긴 하지만 자산조사형 공공부조의 범위와 역할은 점차 축소되길 기대한다.

4) 균일요금 원칙

소득에 관계없이 모든 사람이 같은 액수를 지불하고 같은 액수의 급여를 지급받도록 하는 방식은 보험제도 도입 초기부터 영국 보험제도의 근간을 이루어왔는데 다른 나라의 경우는 이러한 패턴을 따르고 있지 않다. 미국 근로자의 경우는 근로소득의 일정 퍼센트를 기여금으로 납부하고 이전소득(previous earnings)의 일정 퍼센트를 연금이나 다른 형태의 급여로 지급받는다.

베버리지에게 있어서는 사람들이 기본연금 수준을 높여 받고자 하는 경우에는 민간보험 등을 자발적으로 개별 가입하도록 하되, 반면에 사회보험 급여 수준은 빈곤 구제가 가능한 최소수준에 맞추어 주는 것이 매우 중요했다. 바로 이 점을 뒷받침하는 보험원칙이 균일요금원칙(flat rate principle)이다.

2. 베버리지 보고서의 반영

전 세계적으로 베버리지(Beveridge)라는 이름은 영국의 사회정책 그 자체를 연상하게끔 하며 또한 베버리지 보고서(Beveridge Report, 1942)는 영국 사회보장제도의 창설과도 곧바로 연관 지어지곤 한다. 이 보고서는 의심할 나위 없이 당시의 사회정책에 거대한 영향을 미쳤으며, 제2차 세계대전 직후 출범한 노동당 정부는 그 이전까지 세금 의존적인 정책보다는 사회보험제도에 대해 적대감을 가졌던 태도를 바꾸어서 이 보고서를 시행하기로 했고, 심지어 1950년 총선에서는 노동당의 최대업적은 바로 이 베버리지 보고서를 실행해 왔던 점이라고 주장하기도 했다.

그러나 전후 노동당 정부가 베버리지(Beveridge) 플랜을 실제 정책으로 얼마나 반영했느냐에 대해서는 힐(Hill, 1990)은 상당 부분이 사실이라고 한 반면에, 로우(Lowe, 2004)는 대부분 바로 거절되거나 그 이후에 폐기되었다는 등 견해가 엇갈리며, 마니콜(Manicol, 1998)은 베버리지 보고서 자체의 일관성 부족을 비판하기도 한다.[10] 그렇지만 전반적인 면을 살펴볼 때 베버리지 보고서가 담고 있는 중요한 구조적 변화 구상들은 채택되었다고 볼 수 있다.

먼저 종전의 복잡한 급여체계와 다양한 운영기관들은 중앙정부로 일원화되면서 하나의 국민보험제도로 대체된다. 국민보험제도(National Insurance Scheme)는 베버리지 (Beveridge)의 균일요금 원칙에 따라 전후(戰後) 정부에 의해 1946년 도입되었는데 급여 수준은 라운트리(Rowntree)가 전전(戰前) 영국에서 도출한 자료를 토대 설정하여 최저생계수준에 맞추어졌다. 그러나 국민보험이 추구하는 이상 실현은 청구자들이 근로활동 기간 중에 기여금을 적립함으로써 급여 청구자격을 갖추느냐에 달려있게 된다.11) 이러한 요소들은 오늘날에도 계속 남아있으며 그동안 소득연관 요소들은 다소 수정 보완되어 왔지만, 급여와 기여금의 균일요금 체제는 여전히 현 시스템상의 중요 특징이기도 하다. 그리고 보험과 공공부조를 통합관리하는 사회보장부(Ministry of Social Security)는 창설되지 않았지만 국민보험부(Ministry of National Insurance)가 만들어져 보험업무를 맡고, 이와는 별도로 '국민부조위원회'(National Assistance Board)가 설립되어 자산조사형 급여와 National Minimum 시행 관련 업무를 맡게 된다.

베버리지 구상의 시행상 문제점으로는 자체 체계상의 혼란성과 비현실성이 거론된다. 혼란성의 사례로서 베버리지는 그가 상정하는 보험급여가 모든 사람을 빈곤선 이상으로 끌어올리는 데 충분하다고 주장하지만, 그 수준에 대해서는 명확히 정의한 바 없다. 급여 수준 결정에 있어서 주택임대료 부분을 제외하면서 라운트리가 주장하는 별도의 주거급여 도입 아이디어를 베버리지는 받아들이지 않았는데, 주거급여는 베버리지 보고서 발표(1942년) 후 25년이 지난 후에야 도입된다. 또한 그는 연금대상자들이 충분한 실질연금을 받기 위해서는 20여년 이상을 더 기다려주길 바랬지만 유권자들은 매우 조급해서 기다리질 못했으며, 급여 액수 또한 당초 계획보다 그 이상이 되기를 바랐지만 실제 시행된 내용은 그가 구상했던 적정수준을 따라잡지는 못했다.

많은 학자들, 심지어 일반 대중까지도 영국이 베버리지 보고서에 기반을 둔 보편적 보험시스템의 본거지라고 믿고 있다. 그렇지만 역설적이게도 현실은 정반대이다. 오히려 유럽대륙 국가들이 기여형 사회보험시스템을 열성적으로 채택한 데 반해서, 영국은 구빈법에서 직접 유래된 세금조달형 자산조사 사회보장시스템을 실질적으로 계속 유지해 오고 있다고 말할 수 있다.

또한 베버리지는 그의 보고서에서 부양 아동이 있는 부모에 대한 경제적 지원책인 가족수당(Family Allowances)의 필요성과 아울러 국민건강서비스(NHS)의 도입을 강조하고 있다. 이와 관련하여서는 『1945년 가족수당법』(the Family Allowances Act 1945)

이 제정(1946년 시행)되는데, 이 법은 영국 최초로 아동수당(child benefit)을 제공하는 근거 법률이 되었으며 가족수당의 도입은 가장 근로활동이 왕성한 시기가 한 편으로는 아동부양으로 인한 경비지출이 많은 시기여서 이들 가정의 아동 빈곤 문제를 해결하고 노동시장 참여가 더욱 자유롭게 이루어질 수 있도록 하기 위한 절실한 필요에서 출발 하였다. 정부가 일반조세로 소요 재원을 마련하는 베버리지 방식의 국민건강서비스 (NHS) 시스템은 1946년 관련 입법이 제정(1948년 시행)되어 오늘에 이르고 있는 매우 독특한 방식의 영국식 의료보장 시스템이다.

3. 베버리지 보고서의 평가

베버리지 보고서를 보다 정밀하게 살펴보면 외형적으로는 내용상의 통일성이 있어 보이지만 이에 비해서 일관성이라는 측면은 매우 부족한데, 특히 사회보장기여금의 균일요금제(flat rate)는 장기적으로는 사회보험제도의 기본정신을 훼손하는 측면이 있다.[12]

유럽대륙 국가들이나 미국 사회보험제도와는 달리 영국의 균일요금(flat rate)이나 '최소 기대주의자'(minimalist)적인 특징은 영국의 사회보험제도가 사회의 근간을 이루는 중산층 그룹으로부터는 폭넓은 지지를 받을 수는 없는 구조라는 것을 의미한다. 즉, 중산층 그룹들은 영국식 사회보험급여가 노년기 보장책으로서 중요한 의미를 가질 수 있는 수준이 못 되어서 결국, 좀 더 여유 있는 연금보장을 원하는 경우에는 민간 연금 제도에 가입하는 것이 더욱 바람직하다는 점을 깨닫게 되었다. 그러나 이점에 있어서 유럽이나 미국은 영국의 경우와 다르다.

베버리지 생각의 중심에는 상호 모순적인 요소들이 존재하고 있는데, 그것은 바로 모든 사람과 모든 위험요소를 대상으로 급여 혜택을 제공하고자 하면서도 그가 택한 방법은 고용을 통한 기여금 형태의 보험제도를 확립하고자 했다는 점이다. 즉, 베버리지는 모든 사람들에게 가족수당과는 별개의 사회보장 급여를 제공하되 이는 노동시장에 참여한 사람을 기초로 하는 것이지 일반적 시민권(citizenship base)을 기초로 하지는 않았다. 이는 유럽대륙 국가들이 사회보험 급여대상자로서 보편적 시민권을 기본으로 하고 있는 점과는 대비된다.

베버리지식 보험제도에서는 만약 노동시장에 참여하고 있지 않는 여성 또는 기타 그룹들의 경우에는 기여금 납부자와 일반 시민권 개념이 일치하지 않게 된다. 베버리지는 이들 그룹 중 위험에 처한 자들에 대하여는 공공부조 시스템에 의존할 수밖에 없다는 점을 상정하고 있으면서도 그의 기여형 급여논리에 따르면 자산조사형 공공부조 시스템을 관대하게 수용하는 것에 대해서는 평가 절하한다. 즉, 보험급여에 대한 보충급여가 필요하거나 또는 예외적인 경우에 해당하여 자금 수요가 필요한 사람들 등이 점차 늘어나고 있음에도 불구하고 베버리지는 보험이 실질적으로는 거의 모든 범주의 욕구를 커버할 수 있다고 믿으면서 공공부조를 평가 절하하고 이 제도가 갖는 낙인감을 강조하게 된다. 바로 그 시기는 『1941년 욕구결정법』(the Determination of Needs Act 1941)에 따라 제2차 세계대전 이전 엄격하게 적용해 왔던 자산조사 기준을 완화하기 시작했던 시기에 해당된다.

가구 자산조사제도의 폐지, 그리고 새로운 공공부조위원회의 등장으로 자산조사에도 더욱 인간적인 측면이 도입되기 시작했다는 점을 잘 알면서도 베버리지는 기여원칙이 근본을 이루어야 한다는 기본적인 주장을 바꾸지 않았다. 결국 균일요금(flat-rate) 기여원칙은 소액급여로 이어지는데, 마니콜(Manicol, 1998)이 언급하고 있듯이[13] "보편성(universality)이 보험원칙(insurance principle)을 정당화시켰으며, 보험원칙이 부적당한 연금을 합법화시켰다"는 반론이 제기된다.

제3절

사회보장 운영체계와 사회보장 기준선

1. 사회보장서비스 공급 및 행정체계

1) 정부 시스템 개관

영국은 역사적으로 잉글랜드(England), 스코틀랜드(Scotland), 웨일즈(Wales), 북아일랜드(Northern Ireland) 등 4개 지역(region, country, kingdom 등 여러 명칭으로 불림)으로 구성된 다 국가(multinational)체제 요소가 있어 왔지만, 이제는 미국의 연방국가체제(federal system)와는 달리 입헌군주를 국가의 원수로 하는 단일국가체제(unitary system)를 형성하고 있다.

영국은 중앙정부가 중심기능을 수행하는 단일 국가체제로서 중앙과 지방정부 간의 균형추가 중앙 쪽으로 기울어져 왔다. 특히나 이러한 현상은 제2차 세계대전 이후 더욱 심해졌는데, 이러한 균형추를 바로잡기 위해 2007년 중앙과 지방간 상호관계 재설정을 위한 중앙·지방간 협약(concordat)을 맺는 등 2000년대 들어서 지방정부의 권한과 기능을 확대해 나가는 조치들을 취해오고 있다.[14] 영국에서는 영국의회가 정하는 바에 따라 주민자치의 정신을 살려서 지역 및 지방정부를 구성하고 이들 지방자치단체들은 위임받은 권한을 토대로 활동하게 되는데, 영국의 중앙·지방정부 간 관계를 보면 국왕 및 수상, 내각 등을 중심으로 구성된 중앙정부와 스코틀랜드, 웨일스, 북아일랜드 등 3개 지역(regional) 정부, 그리고 지방(local) 정부 등 3층으로 구성된다(표 5-1 참조).

<표 5-1> 영국 정부의 레벨별, 유형별 현황(개소)

중앙정부 (central)	지역 정부 (regional)	지방 정부(principal local councils)			
		소 계	카운티	디스트릭트	통합시
1	3	408	26	192	190

주: 영국 내 총 지방정부 숫자는 표에서 제시한 중심 지방정부(principal local councils)와 기타 타운(town),
　　패리쉬(parish), 커뮤니티(community) 등을 포함해서 2019년 기준 총 11,930개에 이름.
자료: https://www.lgiu.org.uk/local-government-facts-and-figures/(2019. 5. 1. 인출).

　　영국 중앙과 지방정부 구조에 있어서 특이한 점은 잉글랜드에는 지역(regional) 정부
가 구성되어 있지 않아서 영국의회가 잉글랜드지역을 직접 통제하는 중앙 및 지방정부
의 2층 구조이다. 따라서 영국 중앙정부의 정책은 대체적으로 잉글랜드(England) 지역
에 해당되고 기타 지역(region)들은 중앙정부로부터 부여받은 지역별 자치영역에 따라
제도상 차이가 있게 된다.

　　영국의 사회보장 급여행정은 중앙과 지방에 걸친 여러 조직에 의해 이루어지는데 그
대표적인 조직으로는 근로연금부(Department for Work and Pensions: DWP), 고용플
러스센터(Jobcenter Plus), 그리고 지방행정기관들을 들 수 있다. 영국의 DWP는 사회
보장 정책을 마련하고 발전시키는 임무를 수행하는 중앙정부 부처로서 실제적인 정책
의 집행책임은 고용플러스센터 등 몇몇 하위단계 기구들(Next Steps Agencies)이 맡아
서 수행하고 있다.

　　하위단계 기구들은 1980년대 보수당 정부에 의해서 다양한 공공기관들을 반(半) 민
영화하고 또 한편으로는 정책과 집행의 구별을 명확히 하기 위해 도입되었는데, 비록
이들 기구들은 아직도 공적인 통제를 받고 있기는 하지만 이들 기구의 책임자들은 종
전에 중앙부처의 매니저들이 역할수행을 했던 때에 비해서 훨씬 더 많은 자율성을 가
지고 있다.

　　가장 대표적인 하위단계 일선 기구로는 근로계층을 위한 고용사무소이자 사회보장
사무소인 고용플러스센터(Jobcenter Plus)를 들 수 있다. 고용플러스센터는 근로연금부
의 하위단계 집행기구로서 고용플러스센터가 도입되기 이전에는 고용서비스사무소
(Employment Service)에서 고용센터(Jobcenter)들을 운용하고 사회보장 급여를 제공하
는 사회보장급여사무소(Benefits Agency)가 별도로 존재했는데, 2001년 4월 고용서비스
사무소는 사회보장급여사무에 통합되어서 이듬해인 2002년 4월 고용플러스센터

(Jobcenter Plus)로 다시 명명된다.

최근 영국 정부의 공무원 감축 계획과 맞물려서 Jobcenter Plus는 그동안 구직자를 돕기 위해 광범위하게 수행해 온 서비스 제공 활동을 더 이상 할 수 없게 됨에 따라 DWP에서는 통합공제(Universal Credit) 수급자 등 이른바 우선 지원대상자 그룹에 국한하여 도움을 제공하도록 지침을 마련하고 있다. 아울러 Jobcenter Plus 일부 업무의 아웃소싱, 더 나아가 Jobcenter Plus의 민영화가 제안되고 있기도 하다. 지방행정기관들은 지방세 감면(Council Tax Reduction) 업무 등을 처리한다.

2) 정부 간 역할과 공공복지 행정체계

지방자치가 잘 발달된 나라들에서는 시스템 운영에 관한 핵심적 내용을 지방정부가 결정할 수 있도록 하고 있는데 반해서, 영국은 오랜 지방자치의 역사를 가졌으면서도 유럽의 다른 국가들에 비추어 볼 때 사회복지 행정시스템을 비롯한 많은 기능이 매우 중앙집권적으로 되어있다. 물론 영국에서도 중앙정부 프로그램과는 별도로 지방행정기구들은 독자적인 사회복지 서비스를 운영하기도 하며, 지역주민들의 복지급여 청구를 돕기 위해 자체 복지전담 부서를 만들기도 한다.

영국 공공복지시스템은 중앙집권적이라는 특징에도 불구하고 주요 복지서비스 조직상의 특징은 서비스 대부분이 중앙정부 조직에 의해서 직접 제공되는 것이 아니고, 또 다른 형태의 공공조직에 의해 제공된다는 점이다. 즉, 사회보장급여시스템을 제외하고는 중앙정부 부처 이외의 조직 즉, 지방조직이나 국민건강서비스(NHS) 부서 등이 공급책임을 맡고 있다. 그렇지만 앞에서도 언급했듯이 영국의 사회보장시스템은 매우 중앙집중적이고 정형화된 틀 속에서 운영되고 있는데, 실제로 모든 사회보험과 공공부조 급여업무는 중앙정부 부처인 근로연금부(DWP)가 거의 전적으로 책임을 맡아서 집행업무는 하부기관을 통해 처리하고 있다.

따라서 영국의 공공복지 공급기관은 두 가지 모습을 가지고 있는데, 그 하나는 소수의 복지 관련 중앙부처로서 이들은 복지공급기능을 직접 담당하지 않고 정책 결정, 자원 배분 및 감독 기능을 담당한다. 또 하나의 다른 모습은 실질적인 복지공급수행기관으로서 앞서 열거한 지방조직이나 국민건강서비스(NHS) 기관들이 이에 해당한다. 근로연금부(DWP)는 이러한 시스템상의 예외로 간주되지만, 근로연금부에서도 핵심적인 정책결정권은 중앙에 유보한 채 복지공급은 준 자율성을 부여한 하부조직에 맡겨 시행하고 있다. 근로연금부는 2001년 제2기 노동당 정부가 들어서면서 종전의 사회보장부(Department of Social Security: DSS)가 담당하던 연금이나 고용서비스 기능 등을 통폐합하는 조직기능 재정비 작업을 거쳐 새롭게 탄생하였는데, 근로연금부는 사회보장, 고용서비스, 직업훈련 등 복합적인 기능을 담당하고 있다.

영국 정부의 복지기능은 사회보장, 의료, 주택, 교육 그 외에 개별적 사회복지서비스 등 5개 핵심기능으로 분류할 수 있는데,15) 이 가운데 DWP의 사회보장기능 재정 규모는 관련 정부 부처들 가운데 가장 크며 준 자율성을 가진 대표적인 DWP의 하부 집행기관으로는 Jobcentre Plus를 들 수 있다. 앞서 살펴 본 바와 같이 Jobcentre Plus는 근로계층의 구직활동을 돕거나 사회보장급여 제공 등의 기능을 담당한다. 사회보장기능 이외에 교육, 주택, 사회복지서비스 기능 등은 지방조직이, 그리고 의료는 NHS 조직이 담당하고 있다.

구빈법(the Poor Law)의 정신에서도 볼 수 있듯이 역사적으로 빈곤 구제기능은 지방조직의 복지공급기능 중 매우 중요한 기능이었으며, 지방정부가 핵심역할을 수행해 왔다. 즉, 빈곤 구제를 포함한 일체의 사회보장 책임은 궁극적으로 지방정부의 몫이었다. 그러나 1945년 노동당 정부가 출범하면서 국가 차원의 사회보장시스템을 확립하기 위한 작업의 일환으로 『1946년 국민건강서비스법』(National Health Service Act)을 제정함에 따라 의료기능은 새로 설립된 NHS 기관에, 그리고 1948년에는 『사회보장법』(Social Security Act)과 『국민부조법』(National Assistance Act)이 제정됨에 따라 사회보장기능은 국가기관인 국민부조위원회(National Assistance Board)에 넘겨진다. 이에 따라 비로소 사회보장과 의료기능은 지방정부의 몫으로부터 자유로워지게 된다.

<그림 5-2> 에서 볼 수 있듯이 영국의 공공복지 행정체계 상 영국의 사회복지 프로그램은 근로연금부(DWP)가 주로 전반적인 복지관련 핵심프로그램들을 입안하고 관장하는 중추 기관이지만 이외에 재무부(HM Treasury), 기업·에너지·산업전략부(Department fo Business, Energy and Industrial Strategy), 교육부(Department for Education) 등에서도 아동급여 신청 및 지급, 출산·입양 시 법정 공동부모 지불금 지급, 교육 보조수당 등에 대해 독자적인 프로그램을 시행하고 있다. 이 가운데 연금, 국민보험 및 공적급여 등 사회 보장성 프로그램에 대해서는 중앙부처의 직접 지도 감독

을 받는 별도의 하부조직을 설치하여 이들 조직이 집행하도록 하고 있으며 교육, 주택 등에 관한 프로그램들에 대해서는 지방정부 차원의 기관이 집행업무를 맡아서 처리한다.

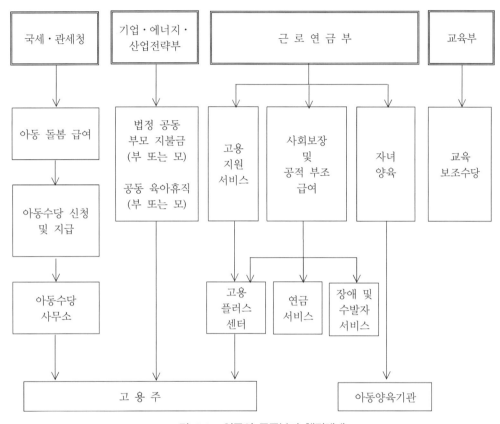

<그림 5-2> 영국의 공공복지 행정체계

2. 공적 사회보장 기준선

영국에는 미국에서와 같은 공식적인 빈곤선이 없다. 그러나 영국 근로연금부(DWP) 가 저소득층에 대한 공식통계자료로 매년 발간해 온「평균소득 미만 가구」(Households Below Average Income: HBAI)는「가계자원조사」(Family Resources Survey: FRS)의 자료를 기초로 해서 가계소득 분포, 소득 불평등도, 빈곤실태 등 영국민들의 생활 수준에 대한 광범위한 자료를 제공한다.[16] <표 5-2>는「평균소득 미만 가구(HBAI)」자료에 의한 영국의 가구소득 분포 및 빈곤실태 관련 통계수치이다. 저소득층에 대한 빈곤선은 중위소득의 50, 60, 70퍼센트 등을 기준으로 산정하는데, 이 가운데 60퍼센트가 가장 일반적으로 빈곤률 측정에 사용되곤 하지만 이러한 기준들은 단순히 통계적 차원에서 선택된 기준일 뿐이다. 이처럼 영국에서는 공식적인 빈곤선이 설정되어 있지 않고 빈곤개념 또한 다양한데, 이는 최근 영국에서의 빈곤선 개념 속에는 상대적 관점을 포함하고 있고 절대적 최저생계 수준에 구애받지 않는 관대한 수준을 보여주고 있기 때문이기도 하다.

<표 5-2> HBAI 가구소득 분포 및 빈곤실태(2017/2018)

구분	중위소득 (주, 파운드)	소득 불평등 (지니 계수, %)	빈곤률 (중위소득 60% 기준, %)
주거비 지출 이전	507	34	17
주거비 지출 이후	437	39	22

자료: Department for Work and Pensions. 28 March, 2019. *Households Below Average Income: An Analysis of the UK income distribution: 1994/95-2017/18.*

한편 정부 기관은 아니지만 라운트리 재단(Joseph Rowntree Foundation: JRF)의 후원을 받아 러프버러 대학(Loughborough University)의 사회정책연구센터(Center for Research in Social Policy: CRSP)와 요크대학(University of York)의 가계연구소(Family Budget Unit: FBU)는 상호 협력을 통해서 2008년부터 매년 최소소득 기준(Minimum Income Standard: MIS) 조사결과를 발표해오다가 현재는 CRSP에서 전담하고 있다. 라운트리 재단(JRF)의 최소소득 기준(MIS) 정의[17]에 의하면 "최소소득 기준(MIS)은 의·식·주뿐만이 아니라 사회생활을 하는데 필요한 각종 기회(opportunities)와 선택(choices)을 취득하기 위해 필요한 비용도 포함한다."

MIS는 영국 정부의 각종 정책 수립, 집행 및 분석 등에 광범위하게 활용되고 있는데, 일례로 최저임금, 에너지 빈곤 수준, 아동양육비 등의 계산에 활용되고 있다.[18] MIS는 일반 국민(general public)들의 생각을 기초로 해서 영국에서 수용 가능한 최소한의 생활비수준이 얼마인지에 대한 금액을 산출하기 때문에 상당히 주관적이고 또한 상대적이기도 하다. 참고로 **<표 5-3>**은 2019년도 4개 가구 유형별 최소소득 기준(MIS)과 주요 지출 비목들에 해당하는 금액들을 보여준다.

<표 5-3> 가구 유형별 최소소득 기준(파운드)

구분		단독(single) (근로 연령대)	부부(couple)	한 부모 (lone parent) (0-2세 한 자녀)	부부(couple) (2-4세와 초등학교 연령대 두 자녀)
총액		313.68	393.17	641.72	788.99
주요 비목	식료품비	49.64	74.45	60.03	106.32
	카운슬 세금	17.29	23.06	20.19	26.91
	보육비	0.00	0.00	239.77	209.11
	사회문화참여비	42.27	78.04	52.40	98.76
	집세	92.49	83.28	83.28	89.23

주: 2019. 4월 기준 자료임.
자료: Joseph Rowntree Foundation. July 2019. 7. *A Minimum Income Standard for the United Kingdom in 2019.*
    p.7 을 토대로 재작성.

<표 5-4> 복지급여 총액 상한선(파운드)

가족 상황	대 런던(Greater London) 밖 거주	대 런던(Greater London) 안 거주
부부(자녀 유무와 무관)	384.62/주(20,000/년)	442.31/주(23,000/년)
한부모(자녀와 동거)	384.62/주(20,000/년)	442.31/주(23,000/년)
단독(자녀 없는 성인)	257.69/주(13,400/년)	296.35/주(15,410/년)

주: 2019/2020 회계년도 적용기준 자료임.
자료: GOV.UK(https://www.gov.uk/benefit-cap/benefit-cap-amounts). 2019. 7. 20.인출.

<표 5-4>는 2013년부터 시행된 공공부조 성격의 복지급여 총액에 대한 상한선(benefit cap)을 보여주고 있다. 급여총액 상한선은 처음 시행 당시에는 평균 가계소득 수준으로 설정되었으나 현재는 그보다 하향조정된 수준으로서 이는 영국 정부의 빈곤층 판단기준이 더욱 엄격해지고 있음을 뜻한다. 복지급여 총액 상한선은 대 런던(Greater London) 지역 안 또는 바깥 지역 거주 여부, 단독(single) 혹은 부부(couple) 여부 등에 따라 달라진다. 통합공제제도(Universal Credit)의 도입에 따라 각종 급여의 총액은 이 상한선을 넘지 못하며. 이 상한선은 16세 이상이거나 국가연금 연령 도달 이전인 사람들에게 적용된다.

제4절
주요 사회보장 프로그램

1. 국민보험(National Insurance)

1) 도입배경 및 자격

영국의 국민보험(National Insurance: 이하 NI)은 일종의 세금과 사회보장급여가 결합된 시스템으로서 처음 도입된 것은 『1911년 국민보험법』(the National Insurance Act 1911) 제정에 따라서였으며 제2차 세계대전 직후인 1945년 7월 애틀리(Clement Atlee) 노동당 정부 출범과 더불어 크게 확장되었다. 이 제도의 세금적 요소는 고용주와 근로자가 주 단위 수입(weekly earnings)에 따라서 내는 기여금을 소득세와 함께 징수하는 데서 찾아볼 수 있다. 따라서 이러한 제도상의 특수성 때문에 영국 정부의 국세·관세청(HM Revenue and Customs)에서 기여금 징수업무를 포함한 관리운영 업무를 담당하고 있다.

국민보험(NI)은 근로 중인 사람들이 나중에 보험급여를 받을 것을 전제로 하여 기여금을 내도록 하는 사회보장시스템이다. 기여금으로 조성된 자금은 대상자가 기여금 납입실적들을 충족시킨 경우 국가 연금(state pension)이나 구직수당(Jobseekers' Allowance)과 같은 급여형태로 지불되며, 기여금의 일부는 국민건강서비스(NHS) 비용으로 쓰이기도 한다.

기여금 납부대상자가 되기 위해서는 영국에 거주하는 연령이 16세 이상 국민으로서 피고용 혹은 자영업 상태에 있으면서 소득이 일정 수준 이상이어야 한다. 기여금의 종류와 납부수준은 소득수준과 더불어 피고용자인지 아니면 자영업자인지 등에 따라 달라지며 국가 연금연령에 도달할 때 기여금 납부가 중단된다. 이 연령에 대해서는 재정적으로 충당가능하고 공평한지 여부를 주기적으로 검토하게 되는데 종전 남성의 경우 65세, 여성의 경우 60세로 되어있는데 여성의 경우 연금연령은 2010년부터 2020년까지 점차적으로 65세까지 상향조정 중이다. 현재 법령에서는 국가연금(State Pension)의 연금 개시 연령을 2044년과 2046년 사이에 68세까지로 늘어나도록 설계되어 있는데 수명연장에 따른 재정부담을 완화하기 위해 2037년과 2039년 사이로 시기를 앞당기는 작업이 진행되고 있다.[19] 이는 수명연장에 따라 연금 수령권자가 급격히 증가한 데 따른 조치이다.

2) 유형과 혜택

국민보험(NI)의 기여금 유형에는 고용상태에 따라 다섯 가지가 있는데, 그 유형으로는 Class 1(주당 162파운드 이상 소득 근로자), Class 1A 혹은 1B(고용주), Class 2(연간 6,205파운드 이상 소득 자영업자), Clsaa 3(자발적 가입자), Class 4(연간 8,424파운드 이상 소득 자영업자) 등이다(2018/2019 회계년도 기준). 이 가운데 몇몇은 정액제이고 나머지들은 소득수준과 연계되어 있다. 국가 연금연령 이하인 피고용 근로자라면 1등급(class 1) 기여금 대상자이다. 이 경우 고용주 또한 1등급 해당 기여금을 납부해야 하는데 근로자 12.0퍼센트, 고용주 13.80퍼센트가 일반적이다.

<표 5-5> PET/UEL/LEL(파운드)

구분	PET	UEL	LEL
주	162	892	116
월	702	3,863	503
년	8,424	46,350	6,032

주: 2018/2019 회계년도 적용 기준임.
자료:GOV.UK(https://www.gov.uk/guidance/rates-and-thresholds-for-employers-2018-to-2019).

<표 5-5>에서 볼 수 있듯이 피용 근로자 대상 Class 1 기여금은 정부에 의해 정해진 세 가지 수준의 소득수준 즉, 최소기본소득(Primary Earnings Threshold: PET), 하위소득한계(Lower Earnings Limit: LEL) 그리고 상위소득한계(Upper Earnings Limit: UEL) 등에 의해 산정된다.

2018/19 회계년도의 경우 1등급 기여금은 소득이 최소기본소득(PET)와 상위소득한

계(UEL) 사이에서는 임금소득의 12퍼센트를 납부하고 그 이상의 소득에 대해서는 2퍼센트만을 납부하며, 소득이 하위소득한계(LEL)과 최소기본소득선(PET) 사이라면 기여금을 납부하지 않아도 되지만 국민보험 수급자격은 주어진다. 소득이 하위소득한계선(LEL) 미만이라면 피고용 근로자는 기여금을 한 푼도 내지 않고 국민보험(NI) 급여자격도 주어지지 않는다.

<표 5-6> 국민보험(NI) 가입유형별 혜택의 종류

구분	Class 1	Class 2	Class 3
기초 국가연금 (Basic State Pension)	O	O	O
추가 국가연금 (Additional State Pension)	O	X	X
신 국가연금 (New State Pension)	O	O	O
기여형 구직수당 (Contribution-based Jobseeker 's Allowance)	O	X	X
기여형 고용·지원수당 (Contribution-based Employment and Support Allowance)	O	O	X
모성수당 (Maternity Allowance)	O	O	X
유족급여 (Bereavement Support Payment)	O	O	X

주: Class 4 유형 가입자는 통상적으로 연금 외의 혜택은 적용받지 않음.
자료: GOV.UK(https://www.gov.uk/national-insurance). 2019.8.12. 인출.

각 등급별 기여금은 어떤 종류의 급여를 위해 납부하게 되는 것인가?

<표 5-6>은 국민보험(NI)의 각 가입유형별로 받게 되는 혜택의 종류를 보여준다. 우선 1등급 기여금은 국가연금, 기여형 구직자 수당, 모성수당, 유족급여 등을 위해서이고, 2등급 기여금 적립대상은 대부분 1등급과 같지만 추가 국가연금이나 항상 기여형 구직수당은 해당되지 않는다는 점에서 다르다. 3등급 기여금은 기초국가연금과 신 국가연금 적용을 받는 등 유형별로 혜택이 다양하다.

국민보험(NI)에 대하여는 절도세(stealth tax)라고 비판이 있어 왔는데 정부에서는 이에 대하여 소득세율은 변동시키지 않는 대신에 국민연금의 기여율과 부과범위를 증대

시킴으로써 수입을 확대해 왔다고 강변해 왔다. 또한 기여금이 모든 근로자의 임금소득에는 부과된 데 반하여 배당금이나 이자소득에는 부과되지 않은 점은 매우 불공평하다는 비판도 계속되어 오고 있는 것이 현실이다. 이점에 대해서는 극단적으로 피고용 근로자 대상 국민보험을 모두 폐지해서 하나의 소득세 체계로 통합시켜야 한다는 주장도 제기되어 왔다.

국가연금 시스템에 대해서는 장기적 관점에서의 보험운영평가를 5년 단위 또는 급여나 기여금 징수율 체계에 어떤 변동이 있을 때마다 하도록 되어 있는데 이는 정부재정심사평가국(Government Actuary's Department: GAD)이 수행하여 영국의회에 평가보고서를 제출하도록 하고 있다.

2. 통합공제(Universal Credit)

통합공제(Universal Credit)제도는 2012 복지개혁법에 따라 도입된 제도로서 기존의 6가지 급여를 하나의 급여로 통합하는 급여체계이다. 통합공제제도는 아동세금공제(Child Tax Credit), 주택급여(Housing Benefit), 소득보조(Income Support), 소득기반 구직수당(income-based Joseeker's Allowance: JSA), 소득관련 고용·지원 수당(income-related Employment and Support Allowance: ESA), 근로세금공제(Working Tax Credit) 등을 대체하게 된다. 이 제도개혁의 중심에는 현재의 사회보장제도가 높은 한계세율로 인해 근로의욕 감퇴시키고 있다는 믿음과 함께 현재의 사회보장급여제공시스템이 매우 복잡하고 경직되어 있어서 문제가 더욱 심화되고 있다는 인식이 깔려있다. 이에 따라 통합공제제도 도입으로 다양한 급여시스템을 단순화하면서 동시에 유연성을 증가시키고자 하는 것이다.[20] 이 제도는 아직 영국 전역에 걸쳐서 전면적으로 시행되고 있지는 않고 2013년 10월부터 연차별·단계적으로 그 적용지역을 확대해 나가고 있다.

1) 자격요건과 수당구성

통합공제(Universal Credit) 자격을 갖추기 위해서는 기본적으로 5가지 조건을 갖추어야 한다. 첫째 저소득 요건을 갖추거나 실직상태에 있어야 하며, 둘째 18세 이상이어야 하며, 셋째 본인이나 배우자가 연금공제(Pension Credit) 연령대 이하여야 하며, 본인과 배우자의 저축액이 16,000파운드 이하여야 하고, 마지막으로 영국 내에 거주해야한다(2018/2019 회계년도 기준). 연령요건은 16 혹은 17세의 경우에도 신청할 수 있는 예외조항이 있는데 근로 능력 제한 또는 의학적 증빙을 가지고 있으면서, 근로능력 평가(Work Capability Assessment) 대기 중인 경우, 중증장애인을 보호 중인 경우, 또는 아동 양육책임이 있는 경우 등이 이에 해당된다. 연금공제 연령대는 성별과 생년월일에 따라 65세, 66세, 67세 등으로 달리 적용된다.

통합공제(Universal Credit)는 표준수당과 추가수당으로 구성되는데, 추가수당을 적용받기 위해서는 부양 아동이 있거나, 근로활동을 할 수 없을 정도의 장애나 건강상태가 좋지 않거나 주택임대료 보조를 받을 필요가 있을 때 등이 해당된다(**표 5-7 참조**).

<표 5-7> 표준수당(standard allowance)

대상자 조건	월 표준수당(파운드)
25세 미만 미혼	251.77
25세이상 미혼	317.82
본인 및 배우자 모두 25세 미만 기혼	395.20(2인 합계)
본인 및 배우자 중 1인 25세 이상 기혼	489.89(2인 합계)

자료: GOV.UK(https://www.gov.uk/universal-credit). 2019. 7. 5. 인출.

급여 액수는 대상자의 소득에 따라 달라진다. 만약 피고용 상태라면 통합공제(Universal Credit) 수령 액수는 매 1파운드(pound) 소득 당 급여액은 63펜스(pence)씩 줄어들게 된다. 만약 대상자 본인이나 배우자가 아동 부양의무가 있거나, 근로활동에 영향을 미칠만큼 장애가 있거나 건강상태가 안 좋은 상태라면 통합급여 액수가 줄어들기 이전에 일정 수준의 근로수당(work allowance)을 받을 수 있는데, 이미 주택보조를 받고 있는 경우라면 근로수당은 더 낮아진다(**표 5-8** 참조).

<표 5-8 > 근로수당(work allowance)

대상자 조건	월 근로수당(파운드)
주택보조를 받는 경우	198 파운드
주택보조를 받지 않는 경우	409 파운드

자료: GOV.UK(https://www.gov.uk/universal-credit). 2019. 7. 5. 인출.

2) 급여신청 절차 및 기타 혜택

통합공제(Universal Credit) 혜택을 받기 위해서는 일명 '급여청구 협약(Claimant Commitment)'을 본인 담당 근로 상담사(work coach)와 작성해야 한다. 급여 청구자가 무엇을 해야 할지에 대한 내용은 당사자의 상황에 따라 달라지는데 이력서를 작성하거나, 직장을 찾아보고 지원하거나, 직업훈련 과정 참여하는 등이 이에 해당된다. 첫 번째 급여를 청구하고 대기 중에 생활여건이 어렵다면 사전급여(advance payment)를 청구할 수 있는데 이 경우 통합급여가 지급되면 상환해야 한다. 또한, 주택임대료 문제로 재정적 어려움을 겪을 때는 대체지불제도(Alternative Payment Arrangement)를, 긴급 가계자금이 필요할 경우에는 사전예산제도(Budgeting Advance)를 신청할 수도 있다. 사전예산제도의 경우 최소 차용금액은 100파운드로서 미혼인 경우 348파운드, 기혼인 경우 464파운드, 부양아동이 있는 경우 812파운드 등 청구자의 상황에 따라 달라진다. 통합공제(Universal Credit) 대상자가 받을 수 있는 기타 재정지원 제도로는 통신요금 감면(BT Basic), 혹한기 급여(Cold Weather Payment), 장애인 주거시설 개량보조(Disabled Facilities Grants), 무료 아동보육(free childcare). 무료 학교급식(free school meals), 장례비용지원(Funeral Expense Payment), 임신 중 혹은 4세 이하 아동에 대한 건강 스타트 바우처(Healthy Start vouchers) 등 다양한 프로그램들이 있다.

<표 5-9> 통합공제제도와 기존제도의 비교

구분	종전	통합공제제도
지원대상	실업 빈곤층 (총재산 16,000파운드 이하)	실업 빈곤층 및 근로 빈곤층
운영기관	개별 급여 담당기관	노동연금부(DWP)
절감률	급여별, 소득 기준별 상이	65퍼센트
급여신청	Jobcentre Plus 방문 신청	온라인 신청
급여지급	은행 계좌를 통해 1-13주 간격으로 지급(급여별 상이)	은행 계좌를 통해 매월 급여지급(후불)
급여 상한	X	O
수급자의무	X	O
취업여부에 따른 급여제공	X	O

자료: GOV.UK(https://www.gov.uk/). 2014. 9. 8 인출.; 노대명 외(2014: 193)에서 재인용.

<표 5-9>는 통합공제제도와 기존제도와의 특성 비교를 보여주는데 지원대상, 운영기관, 절감률, 급여지급 등에서 내용변경이 있을 뿐만 아니라 급여 상한, 수급자의무, 취업 여부에 따른 급여제공제도를 적용한다는 점이 달라진 점이다. 참고로 절감률(withdrawl rate)이란 근로소득이 늘어날 경우 복지급여 및 세액공제 감소비율을 의미하는데 기존제도에서는 급여별, 소득 기준별로 상이하게 적용해 왔다. 반면에 통합공제제도에서는 65퍼센트로 단일하게 적용하여 급여수급 대상자들로 하여금 근로활동에 따른 인센티브를 쉽게 이해하고 더 많은 인센티브를 받을 수 있도록 설계하였다.[21]

3. 고용 및 지원수당(Employment and Support Allowance)

고용 및 지원 수당(Employment and Support Allowance: 이하 ESA)은 종전의 중증장애인 수당(Severe Disablement Allowance) 및 이를 이어받은 근로 무능력급여(Incapacity Benefit)를 대체한 사회보장 프로그램으로서 장기간의 질병과 장애로 인해 직장을 찾기 힘든 사람들에게 제공하는 복지급여이다. ESA의 원칙은 모든 사람들이 근로활동을 할 수 있는 기회를 가져야만 하고 질병이나 장애를 가진 사람도 근로가 가능하다면 적절한 근로활동을 할 수 있도록 지원을 받아야만 한다는 것이다. 현재 이 프로그램은 통합공제(Universal Credit)로 대체되고 있는 중인데, 기여기반 ESA는 '신형 ESA'로 존치되고 소득기반 ESA는 더 이상 신규 신청은 안 되지만, 종전 대상자가 원하면 계속해서 혜택을 받을 수 있다.[22]

1) 자격조건

질병이나 장애로 인해 근로 능력에 영향을 받는다면 ESA를 신청할 수 있다. 이때 나이는 16세 이상으로서 국가 연금연령 도달 이전이어야 하고 법정 상병급여(Statutory Sick Pay)나 법정 모성급여(Statutory Maternity Pay), 구직수당(Jobseeker's Allowance) 등을 지급받고 있지 않아야 한다.

ESA에는 서로 다른 두 가지 유형이 있다.

① 기여기반 ESA(Contribution-based ESA)

기여기반 ESA를 받기 위해서는 근로능력에 영향을 주는 질병 또는 장애를 가진 고용주 또는 자영업자로서 최근 2-3년간의 국민보험료 납부실적이 있어야 한다. 본인이나 배우자의 소득이나 저축액은 기여기반 ESA 지급액에 영향을 미치지 않는다. 기여기반 ESA는 '신형 ESA(New style ESA'로 이름을 바꿔 운영되고 있다.

② 소득기반 ESA(Income-based ESA)

소득기반 ESA 또한 근로능력에 영향을 미칠 정도의 질병 또는 장애를 가지고 있는 경우 신청할 수 있으며, 국민보험 기여금 납부실적이 충분치 않고 자산조사 기준을 충족해야 한다. 다른 조건은 기여기반 ESA와 동일하다. 소득기반 ESA는 통합공제(Universal Credit)로 통합되고 있는 중이다.

2) 급여 혜택

ESA를 신청한 경우에는 근로능력 평가(Work Capability Assessment: WCA)를 받아야 하며 평가결과 근로능력이 있는 것으로 발견되면 ESA 수급자격이 상실된다. ESA를 통해서는 금전 지원과 근로 관련 지원을 받을 수 있다. 근로능력 평가결과 ESA 수급자격이 주어지게 되면 '근로 관련 활동그룹(work-related group)' 혹은 '지원그룹(support group)' 두 가지 중 하나로 배치된다. '근로관련 그룹(work-related group)'으로 편성되면 구직이나 기술향상 등과 같은 일들을 개인 상담사와 정기적으로 인터뷰해야 한다. 질병이나 장애 정도가 심한 경우에는 '지원그룹(support group)'에 편성되는데 이 경우 정기적 인터뷰는 필요 없다. 대상자들은 표준급여(standard rate) 이외에도 특별한 사유가 있는 경우에는 부가급여(premiums)를 신청할 수 있는데 그 내용으로는 주거, 장애 또는 보호(care) 특별비용 등을 들 수 있다. 그러나 기여형 ESA에서는 부가급여가 제공되지 않는다.

각각의 ESA 유형은 두 단계에 따라 급여를 지급하게 된다. 평가단계로 알려진 첫 13주 동안에는 기본급여액(basic rate)이 제공되는데 이 기간 동안에 대상자들은 근로능력 평가(WCA) 과정을 거치게 되며 그 이후부터 ESA 자격이 주어지게 되면 본격 급여제 공단계로 이동하게 된다. 근로능력 평가 단계에서는 대상자들이 사업장에서 근로활동을 할 수 있는지와 급여액수를 결정하게 된다.

2019년도 기준 ESA 급여 수준을 살펴보면 평가단계에서의 개인별 기본급여는 정률원칙에 따라 25세 이상인 경우 73.10 파운드(주당)이고 25세 미만인 경우 57.90 파운드(주당)이며, 13주가 지난 본격급여단계에서는 연령에 관계없이 앞에서 살펴본 2개 그룹에 따라 급여를 받게 된다. 즉, '근로관련 그룹'에서는 73.10파운드(주당), '지원그룹'에서는 110.75파운드(주당)을 받게 되며 기본급여 이외에 개인별 사정에 따라 보호자 수당, 중증 장애수당 등 부가급여가 제공된다.

4. 아동수당(Child Benefit)

1) 도입과정

아동수당은 자녀가 있는 가구들에 대하여 일정 소득을 지원함으로써 아동들이 잠재역량을 제대로 발휘하고 빈곤에서 벗어나서 건강하게 성장할 수 있는 환경을 조성하는 데 주된 목적을 둔 사회보장제도이다. 국제노동기구(ILO, 2017)[23]는 아동수당 운영체제 유형을 기여형과 비기여형으로 대분하면서 비기여형에는 비기여 자산조사형과 비기여 보편형으로 나누며, 그리고 기여형과 비기여 자산조사형의 혼합형 등 4가지 유형으로 구분한다. 전 세계적으로는 ILO 조사대상 186개국 가운데 63퍼센트의 국가가 정기적 현금지원 형태의 아동 및 가족수당 제도를 도입하고 있으며, 서구 선진국가들의 경우 대부분이 2차대전 후 1950년대까지 도입해서 일반적인 사회보장제도의 하나로 자리잡고 있다.

영국의 아동수당 시스템은 『1945년 가족수당법』(the Family Allowances Act 1945)에 기초하여 '가족수당'(family allowances)이라는 이름으로 처음 도입되었는데 첫째 자녀는 대상에서 제외되었다. 1977년 가족수당(family allowances)과 아동세금공제(Child Tax Allowance)가 통합되어 오늘날과 같은 아동수당(Child Benefit) 제도가 나타나게 되면서 첫째 자녀도 지원대상에 포함된다. 영국의 아동수당제도는 2010년 보수-자유연합정부 출범 시기와 『2016년 복지개혁 및 노동법』(Welfare Reform and Work Act 2016) 제정 등 두 차례에 걸쳐 개혁을 단행하는데 그 내용은 '급여액 동결'과 '지급대상 축소'로 요약할 수 있다. 이로써 영국 아동수당의 '보편적' 성격은 '선별적'으로 변화하고 있음을 알 수 있다.[24] 현재 아동수당 관리운영은 국세·관세청(HM Revenue and Customs)에서 맡고 있다.

2) 지급내용

영국의 아동 양육 가정에 대한 지원제도들은 아동수당(child benefit), 보호자 수당(guardian's allowance)과 그밖에 법정 모성수당, 부성수당, 입양수당, 공동 부모수당(statutory maternity, paternity, adoption, shared parental pay) 등 다양한 제도들이 운영되고 있다. 이 가운데 아동수당은 비과세, 비기여, 자산조사형 급여인데 반하여, 보호자 수당은 비과세, 비기여, 비자산조사형 급여이고, 나머지 법적 모성수당 등은 과세, 기여, 비자산조사형 급여이다. 이들 급여에 비교해서 아동수당은 대상자 숫자나 금액 면에서 월등히 높다.[25] 아동수당의 선별적 성격은 고소득자에 대한 급여제한 규정 도입에서 비롯된다.

① 지급대상

아동수당(Child Benefit) 지급대상은 반드시 부모여야 할 필요는 없으며 근로 여부나 저축액보유 여부에 관계없이 대상 아동의 양육에 책임이 있는 사람이으로서 부모 또는 보호자 가운데서 오직 한 사람만이 신청할 수 있다. 입양아동의 경우 입양절차 완료 전이라도 해당 아동과 함께 거주하기 시작하면 바로 수당신청이 가능하며 아동의 국적 또한 수급자격에 영향이 없다. 친구나 친척의 아동을 돌보는 경우에도 아동수당 수당 신청이 가능하다. 현재 운영중인 영국의 아동수당은 16세 미만 아동을 부양한 경우(공인된 교육·훈련기간중에 있을 경우엔 16세 이상에서 20세 미만)에 혜택을 받을 수 있으며 자녀 수에는 제한을 두지 않고 있다. 아동수당은 다른 사회보장프로그램이나 세금공제 혜택 자격 산정 시 소득으로 간주되지 않는다.

② 지급금액

2019년도 기준으로 본 아동수당 금액은 주(weekly) 단위로 첫째 자녀는 20.70파운드이고 둘째 자녀부터는 13.70파운드이다. 지급주기는 통상 4주 단위로 월 또는 화요일에 지급되지만 한 부모이거나 소득보조(Income Support)와 같은 다른 복지급여를 수령하고 있는 경우에는 주 단위로 지급받을 수도 있다(표 5-10 참조).

부모 가운데 한사람이라도 연간 개인별 소득이 5만 파운드를 초과하는 경우에는 아동수당은 과세대상이 되는데 이를 '고소득자 아동수당 세금부과'(High Income Child Benefit Tax Charge) 제도라고 한다. 이 경우 대상자는 아동수당 수령과 정지 가운데 하나를 선택하게 되는데 아동수당을 받는 경우 5만파운드 초과소득의 매 100파운드마다 아동수당의 1퍼센트를 반납해야 한다. 그리고 연간 개인별 소득이 6만 파운드를 초과하는 경우에는 아동수당 전액을 환불해야 하므로 지급대상으로서의 실익이 없다. 연간소득 5만 파운드 초과 사유로 아동수당 수령정지를 선택한 경우에도 아동수당 신청자격은 상실되지 않고 계속 남아 있다.

<표 5-10> 아동수당 지급대상 및 금액

지급대상	액수(weekly)	지급주기
첫째 혹은 외동 (Eldest or only child)	20.70 파운드	4주 단위(월 또는 화요일). 단, 편부모나 다른 복지급여 수령자의 경우 주 단위 수령도 가능.
추가 자녀 (Additional children)	13.70 파운드(한명당)	

자료: GOV.UK(https://www.gov.uk/child-benefit). 2019. 8. 24.인출.

5. 연금공제(Pension Credit)

연금공제급여(Pension Credit: 이하 PC)는 영국에 거주하는 저소득 노인들에게 제공되는 급여로서 보증공제(Guarantee Credit)와 저축공제(Savings Credit) 두 가지로 구성되어 있으며 연금공제급여 수령액에는 세금이 부과되지 않는다. 연금공제급여 제도는 2003년 10월에 도입되었는데 그 이전에는 저소득 노인들의 경우 소득보조(IS) 대상에 포함되었었다. 연금공제급여 대상 자격요건을 갖추기 위해서는 국민보험(National Insurance) 기여금 납부실적이 있어야 할 필요는 없다.

보증공제는 법에서 정한 일정 소득 이하의 저소득 노인층에 대하여 제공하는 금전적 지원으로서 대상자들이 처한 상황에 따라 적용되는 지원수준은 적정 최소보장(appropriate minimum guarantee) 또는 적정급여액(appropriate amount)이라고 불린다. 보증공제급여 수령액은 대상자의 저축 또는 다른 연금수령 등을 포함한 실제소득 규모에 따라 달라지는데 보증공제는 대상자의 실제 소득과 적정 최소보장의 차액을 보전해준다.

저축공제는 저축이나 자체연금 등 특정 소득원이 의회가 정한 일정 기준을 넘어서는 노인들을 대상으로 해서 이들로 하여금 개별적으로 별도의 연금가입과 저축 등을 장려하기 위해 도입한 추가 급여이다. 저축공제제공 기준선은 저축공제 개시선(Savings Credit threshold) 또는 저축공제 출발선(Savings Credit starting point)이라고 불린다. 저축공제는 보증공제와 함께 받을 수 있으며 보증공제 대상이 아니더라도 저축공제대상이 될 수 있는데 즉, 대상자의 소득이 보증공제에서 정한 적정 최소보장 수준 이상이라 하더라도 저축공제요건을 갖추면 저축공제 혜택을 받을 수 있다.

연금공제를 받기 위한 두 가지 기본적인 자격요건은 연령요건과 거주요건으로서 우선 연령이 국가연금 개시연령에 도달해야 하고 영국에 거주하여야 한다. 연금 개시연령은 국가연금의 경우 성별과 출생 일자에 따라 달라지는데 통상 65세 이상으로서 계속 상향조정 중에 있고, 개인연금 또는 직장연금은 개별적인 연금설계에 따라 달라지나 55세 이상이 일반적이다. 이러한 자격요건을 갖춘 다음에는 소득과 재산이 일정 수준 이하여야 한다.

<표 5-11> 연금공제(PC) 지급액 수준(파운드/주)

구 분	보증공제	저축공제
독 신	163파운드 상한	13.40 파운드 상한
부 부	248.80 파운드 상한	14.99 파운드 상한

주: 2018/2019 회계년도 기준 자료임.
자료: GOV.UK(https://www.gov.uk/pension-credit). 2019.7.5. 인출.

연금공제 자격을 갖추면 현금지원 공제 혜택 이외에도 지방세 감면, 국민건강서비스(NHS) 치과 무료치료, 혹한기 급여, 주거급여, 주택구입 이자 지원, 보호자 부가수당 등을 추가로 함께 받을 수 있게 된다. 보증공제 급여액은 적정 최소보장기준과 가구소득과의 차액에 개인 사정을 고려한 부가급여를 추가하여 산정하며, 저축공제를 받기 위해서는 보증공제요건과는 별개로 가구소득이 저축공제 개시선 이상이어야 하는데, 보증공제급여액은 가구소득과 공제개시선 차액의 60퍼센트이며, 최대급여액은 상한선이 있어서 그 이상을 초과할 수 없다. 그러나 본인이 중증장애인이거나 20세 미만의 아동을 부양하거나 하는 경우에는 상한선 이상의 추가 급여를 받을 수 있다. <표 5-11>은 연금공제의 두 가지 유형인 보증공제와 저축공제 지급수준을 보여준다.

6. 지방세 감면제도(Council Tax Reduction)

1) 카운슬세 공제(Council Tax Benefit)제도 도입

영국의 지방의회(local council)는 관할구역 내에서의 지방행정에 대한 모든 책임을 지는 기관으로서 중앙정부 조직이 내각책임제인 것처럼 의결기관인 동시에 집행기관으로서의 통합적 성격을 가지고 있다. 지방 카운슬세(Council Tax)는 1992년 『지방정부 재정법』(the Local Government Finance Act 1992)이 제정됨에 따라 1993년부터 시행된 지방세 시스템으로서 주요 세원은 주거용 재산이다. 카운슬세(Council Tax)는 지방정부가 채택한 세금으로서는 유일한 것이지만 지방정부 실제 세입에서 차지하는 비중은 25퍼센트 내외에 불과할 정도로 그리 크지 않고 대부분의 지방세입은 중앙정부로부터의 지원금(grant)과 중앙정부가 징수하는 사업용 재산세(business rates)의 지방배분금이 차지하고 있다.

영국의 지방 카운슬(council) 들에서는 저소득층에 대해서 세액공제 제도를 운영해왔는데, 이 제도는 자산조사를 통해서 자산이 일정 기준 이하인 자에게 제도의 혜택을 부여한다. 공제액은 소득과 자산, 부과된 지방세액, 개인적 상황에 따라 차등 적용되며 최대 100퍼센트까지도 감면이 가능하다. 그러나 공제액은 신청자가 부담해야 할 카운슬세(Council Tax) 총액을 넘지 않게 되어 있다. 공제 혜택은 현금이 직접 대상자에게 지불되는 것이 아니고 당초 고지서상의 세액을 감면해 주는 것으로서 중앙정부의 근로연금부(DWP)가 제도운영에 필요한 소요 자금을 마련하여 각 지방정부의 카운슬세(Council Tax) 계정을 보조하는 형태를 취하게 된다.

통합공제(Universal Credit) 대상자의 경우 급여수령 사실로 인해 모든 지방세 청구가 이루어지지 않기 때문에 세금을 낼 일이 없고 따라서 지방세 공제대상이 아니다. 그러나 다른 성인 가족이 함께 생활하고 있는 경우 카운슬세(Council Tax) 공제 적용 여지가 발생할 수 있다. 이 경우 비 부양가족 공제(non-dependent deductions)라고 부르는데 예를 들어 한 가정 내에서 성인 친척이나 성인 자녀와 함께 기거하는 경우에는 비 부양가족 공제를 신청할 수 있다. 비 부양가족의 범주에 속하더라도 그들이 연금공제(Pension Credit) 대상자에 해당하는 경우에는 카운슬세 공제(Council Tax Benefit)) 혜택을 받지 못한다.

2) 제도의 변경

카운슬세 공제(Council Tax Benefit) 제도는 2013년 4월 이후 보수당 정부에 의해 스코틀랜드(Scotland)를 제외한 영국 대부분의 지역에서 폐지되고 있는 중이어서, 이들 지역에서는 더 이상 종전의 카운슬세 공제(Council Tax Benefit)를 신청할 수가 없다. 대신에 잉글랜드(England) 지역 지방행정기관들은 카운슬세 감면(Council Tax Reduction: CTR) 제도를 자체적으로 운영하고 있는데 이 제도들은 카운슬세 지원(Council Tax Support)이라고도 알려져 있다.

CTR 대상이 되기 위한 요건은 지방마다 다르지만, 일반적으로는 우선 저소득자여야 하며 자신 소유의 건물 거주요건, 지방 카운슬 세금 납부요건 등을 갖추어야 하며 이러한 규정들은 신청자가 근로 연령대인지 또는 연금수령 연령대인지를 가리지 않고 적용된다. CTR 제도에서는 지방세 감면 대상 여부 판단 요건이나 감면 정도에 대해서 지방행정기관들이 독자적 권한을 갖게 되므로, 이 권한을 지방행정기관의 '자의적 권한(discretionary power)'이라고도 부른다.

제5절

의료보장제도

1. 의료보장제도의 발달과정 및 특징

1) 제도도입 배경과 특징

영국의 의료보장제도는 『1946년 국민건강서비스법』(National Health Service Act 1946)에 의해서 1948년 도입된 '국민건강서비스'(National Health Service: 이하 NHS)가 대표적이다. NHS 도입 이전의 보건의료서비스는 『국민보험법』에 의한 국민질병보험제도 그리고 자선, 공중보건서비스 등이 혼재된 상태였다. 영국 NHS는 역사적으로 1942년 베버리지(Beveridge) 보고서 즉, 「사회보험과 관련 서비스(Social Insurance and Allied Services)」에서 출발하고 있는데, 베버리지는 모든 국민의 의료서비스는 국가조직에 의해 제공되어야 함을 강조한다. 국민건강서비스(NHS)는 모든 영국 국민들에게 광범위한 의료서비스의 무료제공을 목적으로 도입되었으며, 유럽연합(EU) 주민들도 국가 간 협약이 정하는 바에 따라 혜택이 제공된다.

국민건강서비스(NHS) 제도는 '의료보험'(National Insurance) 모델과 더불어 전 세계적으로 의료보장제도의 양대 모델로 자리 잡고 있다. NHS 제도가 가지고 있는 세 가지 특징으로는 ①포괄적인 의료서비스 제공, ②모든 국민에 대한 이용권리 부여, ③의료서비스의 무상 이용 등을 들 수 있는데. 이 기본 틀은 최초 도입 이후 70여년 이상이 지난 현재까지도 계속 유지되고 있다.

국민건강서비스(NHS)는 스코틀랜드, 북아일랜드, 잉글랜드, 웨일즈 등 영국의 네 개 지역(region)[26] 모두 독자적으로 운영하는데 잉글랜드가 인구 규모나 NHS 지출 규모 면에서 독보적으로 가장 크다. 참고로 2016/17 회계연도의 경우 잉글랜드의 NHS 총지출은 119,856백만 파운드로서 영국 전체 NHS 총지출의 83,4퍼센트를 차지한다.[27]

2) 제도개혁 추진 경과

전통적으로 국민건강서비스(NHS) 제도는 모든 국민으로 하여금 포괄적인 의료서비스 접근이 가능하도록 접근성을 보장해 왔다. 즉 개개인의 지불 능력보다는 계층간 형평성 확보가 핵심가치로 추구되어 온 것이다. 따라서 국민들의 불만은 의료비용 증가보다는 국민건강서비스의 질 저하, 긴 환자 대기시간 등 제도의 비효율성 개혁에 관심이 높아지게 된다. 보수당 정부 시절인 『1990년 국민건강서비스 및 지역사회보호법』(NHS and Community Care Act 1990) 통과에 따른 '내부시장(Internal Market)' 제도 시도는 이에 대한 대응이기도 하다. 1990년 보수당 정부의 '내부시장' 제도는 보건의료서비스 시장에서 구매자와 공급자를 구분해서 공급자들 간 경쟁을 시키고자 하는 것이 핵심이다. 공급자들 간 경쟁은 일차 의료부문의 '예산보유 일반의'(GP fundholding) 도입으로 촉진되었는데, 그러나 '예산보유 일반의'(GP fundholding) 제도는 불필요한 서비스 중복 초래 등 경쟁 확산의 부작용을 이유로 1997년 노동당 정부의 집권과 더불어 폐지된다.[28]

노동당 정부에서 개정한 『1999년 보건법』(Health Act 1999)에서는 1차 의료그룹(Primary Care Group)과 1차 의료트러스트(Primary Care Trust)를 도입하는데 이는 '예산보유 일반의'(GP fundholding) 제도 폐지에 따른 후속 조치로서 영국 의료정책의 주류인 1차 의료중심으로 NHS를 재정비하기 위한 방안이다. 보수·자유 연합정부에서의 『2012년 보건 및 사회복지법』(Health and Social Care Act 2012)은 지금까지와는 다른 대대적 개혁작업을 담고 있는데, 이 법은 경쟁을 통해 NHS를 보다 시장 중심적으로 개선하고자 하는 목적을 가지고 있으며 이에 따라 기존의 NH 트러스트(Trust)는 독립적 기관으로 운영되는 재단 트러스트(Foundation Trust)로 전환하게 된다. NH 트러스트는 정부의 직접규제를 받는데 반해서, 재단 트러스트는 지역주민이 회원 및 이사로 참여하는 일종의 협동조합으로서 의사결정권이 중앙정부에서 지역사회로 옮겨오는 구조적 특징이 있다.[29]

영국 정부는 계속해서 양질의 공공의료 시스템을 갖추어 나가기 위해서 변화하는 보건·의료환경과 국민들의 기대수준에 부응할 수 있도록 의료보장제도에 대한 다양한 개혁들을 시도해 오고 있다. 최근에는 영국의 유럽연합 탈퇴(Brexit) 추진도 NHS에 영향을 미치고 있다. 우선 지금까지 유럽경제구역(European Economic Area)에서 유럽 건강보험카드를 사용한 무료진료가 제한될 수 있다. 또한, 영국 거주 유럽연합(EU)국가의 의사 및 간호사 등 의료인력들이 영국 출국을 실행에 옮기고 있어 건강서비스 전반에 위기가 발생할 것이라는 경고도 제기된다

2. 국민건강서비스 관리운영체계

1) 관리운영 구조

영국 전역에 걸친 국민건강서비스(NHS) 정책 총괄은 보건·사회복지부(Department of Health and Social Care)가 맡고 있지만, 건강서비스 제공에 대한 궁극적 책임은 앞에서도 살펴보았듯이 잉글랜드, 웨일즈, 스코틀랜드, 북아일랜드 등 각 지역(region) 자치정부에게 있으며 이들 자치정부들은 국민건강서비스(NHS)담당부처를 별도로 가지고 있다. 따라서 NHS의 운영원칙은 기본적으로 동일하면서도 특정 서비스나 NHS 관련 구체적 의사결정 방식에 대해서는 지역적 차이가 발생하게 된다. 따라서 각 지역(region) 자치정부의 NHS 관리운영구조는 다를 수밖에 없는데, 그럼에도 공통적인 추구 방향으로는 첫째는 임상위탁그룹(Clinical Commissioning Groups) 또는 건강위원회(Health Boards)와 같은 건강서비스 지역조직들에게 예산의 상당 부분을 할당해서 이들로 하여금 지역 의료수요를 충족시키는 책임을 지워주는 것이다. 또 하나는 전국적으로 동일한 위험에 대해서는 동일한 건강서비스가 제공될 수 있도록 하는 원칙 아래에서 지역주민의 욕구 기반에 의한 자금 배분 공식에 따라 지역조직들에 대한 자금 배분이 이루어진다는 점을 숙지시켜주는 것이다.

2) 재원조달

국민건강서비스(NHS)의 재원은 세금, 환자부담금, 기타 시설사용료 등으로 구분할 수 있다. NHS 재원의 대부분은 중앙정부의 세금으로부터 조달된다. 각 지역(region) 자치정부에 자금이 정액 교부금(block grant) 형태로 배분되면, 각 자치정부는 NHS에 얼마를 쓸 것인지는 자유롭게 판단해서 결정한다. NHS 서비스의 대부분은 사용 시점에 무료로 제공되는 것이 원칙이지만 경우에 따라서는 환자분담금(co-payment)을 부과할 수도 있다. 이러한 결정들은 지역 자치정부 수준에서 이루어진다.

각 지역(region)별 정책의 차이를 보면, 잉글랜드에서는 각종 처방의 10퍼센트 정도에 대해 처방료(처방 항목당 8.60파운드)를 부과하지만, 다른 지역에서는 처방료가 없다. 치과 치료에 대해서는 모든 지역에서 환자분담금을 부과하고 있다. 치과 치료비 환자부담수준은 치료작업 복잡도에 따라 잉글랜드(England)의 경우 20.60파운드에서 244.30파운드까지, 그리고 웨일스(Wales)의 경우에는 13.50파운드에서 185파운드에 이르기까지 분담 액수 범위가 각각 다르다(2016/2017 회계년도 기준). 기타 수입원으로는 해외여행객 치료비, 주차료, 환자 전화 사용료 등 다양하다.[30]

3. 앞으로의 과제

영국은 2000년대 들어 많은 국민건강서비스(NHS) 개혁조치를 취해 왔지만, 국가의료제도의 건강 성과측정 결과를 보면 비교 가능한 여타 국가들에 비해 여전히 뒤떨어진다는 분석이 있다.[31] 그럼에도 불구하고 영국 여론조사 기관의 조사 결과(Lord Ashcroft Polls, 2015.1)에 따르면 '75퍼센트에 이르는 대다수의 영국 국민들은 NHS 서비스를 가족과 친구들에게 권하면서, 유럽 어느 국가의 의료제도보다도 우수한 제도'라고 믿고 있다고 하는데, 이는 NHS가 '영국의 영혼(the soul of Britain)'이라는 표현에서 보듯이 이 제도에 대한에 대한 영국민의 자부심이 대단하기도 하지만, 반면에 그만큼 새로운 개혁이 만만치 않음을 보여주는 것이기도 하다.[32]

국민건강서비스(NHS)는 정부 주도의 보건의료서비스가 갖는 태생적 한계를 가질 수밖에 없다. NHS 제도의 오랜 숙제로 내려온 의료의 질 저하 초래, 입원 대기 환자 급증, 의료비 재정부담 증가 등에 대한 적절한 대응은 여전히 영국 정부가 직면해 있는 과제이기도 하다. 영국 의료체계의 특징 가운데 하나는 1차 진료 기능을 담당하는 일반의 제도가 잘 발달되어 지역사회 의료수요의 대부분을 있다는 점이다. 이들은 지역사회에서 지속적으로 환자의 건강 동반자이자 주치의로서 역할을 수행한다. 그러나 각 지역(region)별 NHS의 정책 차이로 서비스접근 차별이 일어나지 않도록 하는 일도 중요하다. 앞선 여론조사 결과에 의하면 응답자의 '78퍼센트가 NHS 제공 서비스의 질은 지역과 병원별로 상당히 차이가 많다'고 인식하는데, 이는 영국 NHS 시스템이 전국적으로는 근간이 다르지는 않지만 각 지역(region)별로는 구체적 정책 간에 차이가 있기 때문이다.

잉글랜드 NHS는 최근 NHS 장기계획(The NHS Long Term Plan)[33]을 수립했는데 자금관리, 인력관리, 그리고 노령인구 증가로 인해 초래되는 건강 불평등과 재정 압박 증가를 주요 관심사로 제시하면서도 제도발전에 대한 낙관적 전망을 내놓고 있는 것은 영국 정부의 또 다른 자신감의 표현이다. 이 계획에서는 2019/20 회계연도에서 2023/2024 회계연도에 걸치는 5개년 동안에 걸쳐 국가 전체 NHS 예산에서 차지하는 일차 의료(primary medical)와 지역건강서비스(community health service)에 대한 투자 비중을 늘려나가겠다는 내용을 담고 있다.

이상에서 살펴본 바와 같이 영국 보건의료개혁에 대한 관심은 재정문제에도 있지만 이보다 더 많은 관심이 운영체계개선 등 NHS 시스템의 효율성 향상 그리고 지역사회의 역할 강화 등에 모아져 있는 점이 특징이다.

Notes

1) Hadley, R. and S. Hatch. 1981. *Social Welfare and the Future of the State*. London: Allen & Unwin. p.15.

2) Butcher, Tony. 2002. *Delivering Welfare. 2nd Edition*. Philadelphia: Open University Press. pp.3-8.

3) Dee. Mike. November 2014. "When the five giants of post war Reconstruction meet the four pillars of welfare reform-young people lose out, again". Conference Paper. The Australian Sociological Association Annual Conference.; 이현주 등. 2003. 『공공부조와 사회복지서비스의 체계분석 및 재편방안』. 한국보건사회연구원. pp.116-120.

4) Budge, Ian, Ivor Crewe, David Mckay and Ken Newton. 1998. *The New British Politics*. Harlow: Addison-Wesley. pp.609-610.

5) 최복천 등. 2018. 『영국의 사회보장제도』. 한국보건사회연구원·나남. pp.46-47.

6) Department for Work and Pensions. November 2010. *Universal Credit: welfare that works*. cm 7957. p.2.; 이 정책백서는 연합정부의 노동연금부장관 Ian Duncan Smith 주도로 작성되었으며, 이전의 노동당 정부들이 근본적인 복지개혁작업에 대한 필요성을 무시한 것은 이를 몰라서가 아니라 달성하기가 매우 어렵다고 생각했기 때문이라고 비판하면서 복지개혁작업의 일환으로 새로운 통합공제(Universal Credit)제도를 도입해서 임금소득을 창출하고 무노동과 빈곤 문제에 대처하기 위해서는 복지급여체계를 획기적으로 단순화해야 한다는 내용을 담고 있다.

7) Fraser, D. 2009. *The Evolution of the British Welfare State: A History of Social Policy Since the Industrial Revolution, 4th edition*. Basingstoke, Hampshire: Palgrave Macmillan.

8) U.K. House of Commons Library. 1 March 2019. *Benefits Uprating 2019*. Briefing Paper, Number CBP 8458.

9) Mckay, Stephen and Karen Rowlingson. 1999. *Social Security in Britain*. New York: St. Martin's Inc. pp.79-80.

10) Hill, M. 1990. *Social Security Policy in Britain*. Aldershot: Edward Elgar; Lowe, R. 1999. *The Welfare State in Britain since 1945, 2nd ed*. London: Macmillan; Manicol, J. 1998. *The Politics of Retirement in Britain 1878-1948*. Cambridge: Cambridge University Press.

11) Alcock, Pete. 1999. Poverty and Social Security. In Page, Robert M. and Richard Silburn(eds). *British Social Welfare in the Twentieth Century*. London: MacMillan. p.205.

12) Glennerster, Howard. 2000. *British Social Policy since 1945*. Oxford; Blackwell Publishers Ltd. p,18, 26.

13) Manicol, J. 1998. *The Politics of Retirement in Britain 1878-1948*. Cambridge: Cambridge University Press. p.354.

14) U.K. House of Commons, Communities and Local Government Committee. 2009. *The Balance of Power: Central and Local Government, Sixth Report of Session 2008-09*. pp.3-4.

15) Butcher, Tony (2002:22).

16) U.K. Department for Work and Pensions. 28 March 2019. *Households Below Average Income: An Analysis of the UK income distribution: 1994/95-2017/18*. pp.1-2.

17) Hirsch, Donald. 29 July 2019. *A Minimum Income Standard for the United Kingdom in 2019*. Joseph Rowntree Foundation. p.4.

18) Loughborough University, Center for Research in Social Policy. "Minimum Income Standards". Accessed https://www.lboro.ac.uk/research/crsp/mis/(2019.4.20).

19) U.K. Department for Work and Pensions. July 2017. *State Pension age review*. p.4.

20) Adam, S., M. Brewer and A. Shephard. 2006. *The Poverty Trade-Off: Work Incentives and Income Redistribution in Britain*. Bristol: The Policy Press/Joseph Rowntree Foundation.; 노대명 등. 2014. 『각국 공공부조제도 비교연구: 영국』. 연구보고서 2014-10-1. 한국보건사회연구원. p.186.

21) U.K. Department for Work and Pensions. 2010. *Universal Credit: welfare that works*. Cm 7957. pp.54-55.; 권병희. 2011.6. "영국의 사회보장급여 개편동향". 『국제노동브리프』(2011년 8월호).

pp.66-67.

22) ESA의 자세한 시행내용에 대해서는 "Employment and Support Allowance" Factsheet 참조. Accessed https://www.actionforme.org.uk/uploads/esa-an-overview-factsheet.pdf(2019.8.5.).

23) ILO. 2017. *World Social Protection Report 2017-19: Universal social protection to achieve the Sustainable Development Goals.* Geneva: ILO. pp.11-22.

24) 서영민. 2017. "영국 아동수당정책의 개혁과 전망". 『국제사회보장리뷰 2017 가을호』, Vol. 2. pp.111-115.

25) Hood, Andrew and Agnes Norris Keiller. November 2016. *A survey of the UK benefit system.* Institute for Fiscal Studies. pp.19-23.

26) 영국(UK)은 United Kingdom of Great Britain and Northern Ireland라는 국명에서 보듯이 England, Scotland, Wales 그리고 Northern Ireland 등 UK 의회로부터 권한 이양을 받아 자치권을 가진 4개의 헌법상 국가(constitutional country)로 구성되어 있다. 그렇지만 연방 국가가 아니라 단일국가로서 UK만이 주권(sovereignty)을 갖는다.

27) Harker, Rachael. 13 April 2018. *NHS Funding and Expenditure, Briefing Paper CBPO724.* House of Commons Library. p.7.

28) 예산보유 일반의(GP fundholding)는 한 지역의 보건당국이 일정 자격요건을 갖춘 해당 지역 일반의에게 일정 병원서비스 및 지역사회 의료서비스을 구매할 수 있는 예산을 지급하는 제도이다.; 영국의 1990년대 의료보장개혁에 대하여는 최병호 등. 2005. 건강보험제도의 발전과정 비교연구, 연구보고서 2005-25. 한국보건사회연구원. pp. 69-77. 참조.

29) 한국보건사회연구원. 2016.5. "영국 NHS". *Global Social Policy Brief, Vol. 19.* pp.1-2.

30) Harker, Rachael. *op. cit.* pp.4-5.

31) Niemitz, K. 2016. *The UK Health System: An international comparison of health outcomes. UK 2020 Paper 1.* Accessed http://www.uk2020.org.uk/wp-content/uploads/2016/10/UK2020-Final-eBook-RGB.pdf. (2018.8.18.).; 최복천 등. 2018. 전게서. pp.427-430.

32) Lord Ashcroft Polls. January 2015. "The People, the Parties and the NHS". pp.4-5.

33) NHS. January 2019. The NHS Long Term Plan. pp.6-10. Accessed https://www.longtermplan.nhs.uk/wp-content/uploads/2019/01/nhs-long-term-plan.pdf(2019.7.20.).

제6장

한국의 사회보장체계와 공공복지

제1절

사회보장제도의 발달과 구성체계

1. 사회보장제도의 역사적 전개

1) 역사적 개관

우리나라에서 근대적 의미의 빈곤 대책이 시작된 것은 일제 강점기인 1944년『조선구호령』의 제정부터인데,『조선구호령』은 우리나라 최초의 근대적 구빈법으로서 1961년 12월에 제정된 생활보호법의 모태가 되었다. 1950년대 외국 민간원조단체에 의존하여 전재민 구호사업에 매달렸던 정부는 1960년대 들어서면서 몇 가지 사회보장 제도마련 작업에 착수하게 된다. 1960년 제4차 개정 헌법에서 처음으로 '국가의 사회보장에 관한 노력'을 규정하였고, 1963년 11월 5일 법률 제1437호로 전문 7개 조의『사회보장에 관한 법률』을 제정하였다. 그 후 1980년 10월 27일 개정된 헌법에서 '사회보장'이란 용어와 함께 '사회복지'라는 용어를 사용하였으며, 1995년 12월 30일『사회보장기본법』이 법률 제5134호로 공포되었다.

우리나라의 빈곤정책이 제도화된 그 대표적인 입법이 1961년 제정된 65세 이상 노인, 18세미만 아동, 불구폐질자 등 근로 무능력자에 대한 생계보호를 주 내용으로 하는『생활보호법』이다. 생활보호제도는 2000년 10월『국민기초생활보장법』의 기초생활보장제도 시행 이전까지 우리나라 공공부조제도의 근간을 이루어 왔다.『생활보호법』이 시혜적인 성격을 가진 법이라고 한다면『국민기초생활보장법』은 국민의 생존권을 보장해야 할 국가의 의무과 국민의 복지권을 구체적으로 규정한 법이다.

우리나라 사회보험은 1960년대 초 「산업재해보상보험」(1964년), 1970년대 후반 「건강보험」(1977년), 1980년대 후반 「국민연금」(1988년), 그리고 1995년에 이르러 「고용보험」을 도입함으로써 사회보험을 처음 도입한 이후 30년 만에 4대 사회보험의 틀을 갖추게 된다. 또한 2007년 4월 『노인장기요양보험법』이 통과되어 2008년 7월부터 65세 이상 노인들을 대상으로 요양보험 서비스가 시행됨에 따라 우리나라는 제5대 사회보험을 갖추게 되었다.

또한 낮은 출산률과 급속한 고령화가 2000년대 들어 국가적 과제로 부상함에 따라 『저출산·고령사회기본법』이 제정(2005)되고 같은 해 9월 대통령 직속으로 '저출산고령사회위원회'가 발족한다. 저출산 고령사회 현상에 대한 정부차원의 공식 대응책들은 2006년부터 5년 단위로 작성되는 '저출산고령사회기본계획'에 종합적으로 담겨져 있다. 이의 연장선상에서 0-5세 전 계층 아동 무상보육실시(2013년), 65세 이상 노인대상의 기초연금제도 도입(2014년), 6세미만 아동 대상의 아동수당제도 도입(2018년) 등이 잇따라 시행되게 된다. 아동수당은 2019년 9월부터 만7세 미만으로 확대된다.

2) 복지성 개념의 변천

우리나라에서 본격적인 의미의 사회보장이 추진된 것은 1970년대 중반 이후 즉, 1977년을 시발로 하는 제4차 경제개발 5개년 계획부터라고 할 수 있는데, 이는 3차에 걸친 성장 위주의 5개년 계획 추진으로 경제적·사회적 불균형이 나타남에 따라 이 불균형을 시정하기 위해 사회개발을 병행 추진해 나가도록 하기 위함이었다. 이에 따라 『의료보호법』제정(1976), 『생활보호법』 전면개정(1982) 등 급여수준 및 범위확대를 통해 공적부조제도의 틀을 갖추어 나갔으나 1990년대 후반까지도 보호수준은 최저생계보장에 크게 못 미치는 수준이었다. 『생활보호법』은 『국민기초생활보장법』(1999년 제정)으로 대체되고 이 법 시행에 맞추어 『의료보호법』은 『의료급여법』(2001년)으로 명칭과 내용을 전면 개정한다.

우리나라의 사회보험의 확대과정을 보면 제도시행 단계에서부터 보편주의에 입각하여 전체 피용자 혹은 전 국민을 가입시킨 것이 아니라 특정 집단을 먼저 적용하고 나머지 집단을 나중에 적용하는 선택주의적 방법, 즉 취업구조와 소득이 안정된 집단을 먼저 적용하고 사회적 위험에 노출이 많은 집단을 오히려 나중에 적용하는 하향식 과정을 취해왔다.

우리나라 사회보장체계에 있어서 빈곤층에 대한 정부의 복지성 개념은 1960년대부터 1990년대 중반까지 이어 온『생활보호법』체계 속에서는 "시혜적 복지" 차원에 머물렀으나 1997년 IMF 위기 발생 이후「김대중 정부」(국민의 정부)에서 국민기초생활보장제도 도입과 더불어 '생산적 복지' 개념으로 변모하였으며,「노무현 정부」(참여정부)에서는 '참여복지'라는 새로운 화두를 던져준 바 있다.「이명박 정부」는 '능동적 복지'를 복지부문 국정지표로 설정하고 복지의 의존성(welfare dependency)을 탈피하기 위해서는 개인의 자발성과 책임성이 무엇보다도 우선시되어야 한다는 자유주의적 복지 철학을 강조하게 된다.「박근혜 정부」는 국가 비전으로 '국민행복시대'를 표방하고 '맞춤형 복지' 추진에 나섰음에도 불구하고 국정철학에서 복지가 두드러지지 않는 이유는 이명박 정부의 자유주의적 공동체 형성이라는 담론이 계승되어 왔기 때문이기도 하다.「문재인 정부」의 복지 비전은 '포용적 복지국가'라는 국정전략에 상징적으로 제시되어 있다. '포용적 복지' 국가에서는 사회·경제적 평등성의 증진, 인간 존엄성의 유지, 사회구성원의 유대강화를 통한 국민통합 등을 실현할 수 있도록 하는 데에 정책의 초점을 맞춘다.[1] 한국 사회보장정책의 성격 변화에 대해서는 제2절에서 좀 더 상세하게 살펴보고자 한다.

2. 사회보장체계의 구성

1) 사회보장제도의 일반체계

한국의 사회보장제도는 사회보험과 공공부조, 사회서비스 등으로 구성되어 있다(사회보장기본법 제3조). 사회보장은 이 가운데서 사회보험과 공공부조를 중심으로 이루어지고 있는데 사회보험은 연금보험, 건강보험, 고용보험, 산재보험, 노인장기요양보험 등으로 구성되어 있으며, 공공부조는 국민기초생활보장제도와 기타 가구특성별 부가지원 프로그램으로 구성된다(**그림** 6-1 참조).

사회보험은 주로 경제활동인구를 대상으로 하여 본인 기여금을 주 재원으로 하기 때문에 1차 사회안전망으로 그리고 공공부조는 자신들의 의지와 소득 활동만으로는

스스로 생활을 영위하기가 어려운 계층을 대상으로 하는 2차 사회안전망으로 분류
된다.

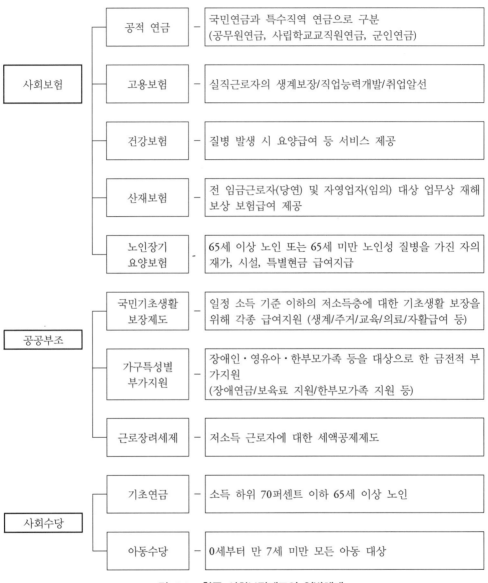

<그림 6-1> 한국 사회보장제도의 일반체계

서구 선진국들은 보편적인 수당제도 또는 사회보험제도를 통해 1차적인 사회안전망을 구성하고 이를 통해서도 최저생활 유지가 어려운 사람들을 대상으로 최후의 안전망으로서 공공부조 제도가 2차적인 사회안전망으로 가능하게 되어 있다. 수당제도는 인구학적 요소만을 지급요건으로 삼는 것으로서 영국의 사례에서 보는 것처럼 국가 차원의 기초생활 보장수준 확보수단으로서 매우 중요한 역할을 수행한다.

그러나 우리나라의 사회보장체계 내에서는 보편적인 사회수당 제도가 없고, 사회보험제도가 미성숙되어 공공부조제도의 역할이 매우 크다. 그렇지만 우리나라에서도 기초연금, 아동수당 등이 도입되어 사회수당으로서의 역할이 확대되고 있어서 여기서는 사회수당으로 분류한다. 미국의 경우에는 보편적인 수당제도가 없고 공공부조제도 또한 제한적이어서 저소득층에 대한 국가 차원의 기초생활보장 체계가 열악한데, 대신 사회보험제도의 역할과 기능이 그만큼 크다.

2) 사회보장 프로그램별 역할 비중

우리나라 주요 사회보장제도의 수급자 수와 급여 수준을 정리해보면 <표 6-1>과 같다. <표 6-1>에서 보는 바와 같이 한국의 사회보장체계는 적용대상 면에서 사회보험 중심으로 되어있다. 주요 사회보장프로그램들의 소득보전 측면에서의 실질 보장효과를 연간 1인당 급여액 수준으로 비교해 보면, 국민기초생활보장제도상의 연간 1인당 급여액 수준은 2,806천원인데 비해서 국민연금 4,067천원, 고용보험 1,289천원, 건강보험 1,079천원, 산재보험 15,646천원, 노인장기요양보험 13,238천원 등으로 나타나고 있는데 이를 통해서 보면 국민기초생활보장제도가 여타 사회보험에 못지않게 기초생활보장에 있어서 실질적인 중심 역할을 수행하는 것으로 볼 수 있다.

우리나라는 5대 사회보험(건강, 연금, 고용, 산재, 장기요양)과 국민기초생활 보장제도를 비롯한 공공부조제도를 통해 다양한 현금·현물지원 등 핵심 사회보장제도를 대부분 도입하고 있다. 그럼에도 불구하고 사회보장제도에는 넓은 사각지대가 존재하고 있는 것이 현실이다. 공공부조의 경우에는 국민기초생활보장제도의 부양의무자 기준 등으로 비수급 빈곤층이 광범위하게 존재하고 있으며, 사회보험의 경우 장기체납, 납부예외자, 고용 관계의 불안정성 등으로 인한 미 수급 사각지대가 존재한다. 건강보험의 낮은 보장률, 실업급여의 부족한 지급수준 및 기간, 국민연금의 낮은 소득대체율 등 사회보험이 안고 있는 낮은 보장성은 한국 사회보장제도의 한계이자 과제이다.

보건복지부(제2차 사회보장기본계획, 2019)는 사회보장 장기비전과 전략으로 사회보장체계의 포용성 강화원칙과 더불어 영역별, 대상별로 분절 또는 중복되어있는 사회보장제도의 연계 및 조정강화 전략을 제시한다. 예를 들어 ①노후소득 보장의 경우에는 공적연금, 퇴직연금, 기초연금 및 국민기초생활보장 생계급여 등으로 ②근로 연령층 소득보장의 경우에는 고용보험, 근로장려금(EITC), 국민기초생활보장 자활급여 등으로 다층화된 보장체계 간의 연계성을 제고하고 역할을 재정립해서 사회보장제도의 효과성 및 효율성을 향상시켜 나갈 필요가 있다. 저출산 고령사회, 4차 산업혁명 등 경제·사회 구조변화는 생애주기별, 삶의 핵심영역별 위험(소득, 실업, 건강 등)에 대처하는 사회보장제도의 지속적인 보완과 발전, 그리고 더 나아가 사회보장 패러다임의 전환을 요청한다.

<표 6-1> 한국 주요 사회보장프로그램의 수급자 수와 급여액

	프로그램[1]	적용자 수[2]	총 급여액(억원)
사회보험	국민연금(2017)	21,824,172 (4,692,847)	190,838억
	고용보험(2018)	13,432,497(381,953)	4,923억[3]
	건강보험(2017)	50,940,885	580,225억
	산재보험(2017)	18,560,206(283,514)	44,360억
	노인장기요양보험(2017)	7,310,835(578,867)	50,937억
공공부조	국민기초생활보장(2017)	1,581,646	44,377억[4]

주: 1) 각 년도 12월 31자 기준자료임.
　　2) 사회보험의 경우 ( )안의 숫자는 당해년도 실제 급여를 지급받은 수급자 수이고 건강보험의 경우는 적용자 전체가 바로 급여대상자로 보았으며, 공공부조제도는 수급자 책정 숫자임.
　　3) 실업급여 총지급액
　　4) 기초생활보장 수급자에게 지급한 생계급여, 주거급여, 교육급여, 해산급여, 장제급여의 연간 총액으로서 국비 및 지방비를 합한 총액임.
자료: 국민연금공표통계(2018.3), 고용보험통계표(2019.1), 건강보험통계연보(2018.9),
　　근로복지공단(노동보험시스템), 노인장기요양보험통계연보(2018.8), 보건복지통계연보(2018.12).

제2절
사회보장정책의 성격 변화

1. 국가 책임주의의 강화

서구의 경우를 보면 20세기는 복지국가의 시대로 정의되면서, 복지에 대한 국가의 적극적 개입은 좌파 또는 우파라는 정파적 구분에 관계없이 모두의 관심사가 되었다. 그러나 1970년대 중반에 들어서면서부터는 서구 민주주의 국가들에서 당연시 되었던 케인즈주의(Keynesianism) 복지국가에 대해서는 좌파, 우파 그 어느 쪽으로부터도 지지를 받지 못한 채 비판과 함께 위기를 맞게 되고, 이는 복지국가의 탈 관료화와 자유시장적 실용주의 노선의 수용 등의 형태로 새로운 적응과 변신을 시도하게 되는 국면을 맞게 된다.

우리나라의 지난 정치경제의 발전과정은 경제성장 지상주의가 핵심 이데올로기로 지배해오다 보니 그동안 국가는 경제문제에는 적극적으로 개입하면서도 복지문제에는 최소한의 개입에 그치는 소극적 자세로 일관해왔다고 볼 수 있다.

우리나라의 경우 근대적 의미의 사회보장제도의 기본적 틀이 비로소 형성되기 시작한 것은 생활보호법을 비롯한 각종 사회복지법이 제기되기 시작한 1960년대 초부터라고 할 수 있는데[2] 1995년에 이르러서야 고용보험을 도입함으로써 4대 사회보험(산재보험, 건강보험, 연금보험, 고용보험)을 갖추고 1999년 국민기초생활보장제도를 도입(2000년 시행)함으로써 한국의 사회보장제도는 2000년도 이전에 비로소 형식적·제도적 측면에서나마 국제적으로 공통적으로 실행되고 있는 주요 사회보장정책들, 그리고 미미한 수준이나마 노인, 아동, 장애인, 여성 등에 대한 사회복지서비스 제도를 마련하게 된다.

국민기초생활보장제도 도입 이전까지 한국의 사회보장제도는 전반적으로 소극적 국가 개입주의로 추진되어 온 것으로 평가되는데, 이는 한국에 서구의 자유주의적 이데올로기가 강하게 형성되어서라기보다는 국가 주도의 산업화 과정에서 결국 선 성장 후 분배라는 국가 성장전략 상의 불균형 발전론과 맞물려서 복지가 우선순위에서 밀려날 수밖에 없었다는 현실론에서 찾을 수 있다. 그러나 결과적으로 나타난 현실을 들여다보면 성장과 복지가 상충된다는 자유주의적 시각이 우리나라의 사회복지제도 전반에 반영되어 있음을 알게 된다.

이러한 지금까지의 국가의 역할에 변화와 전기를 마련한 것이 1997년에 발생한 IMF(국제통화기금) 경제위기이다. IMF 위기극복은 당시 출범한 '국민의 정부'의 최대 과제였으며 정부는 무너진 경제구조를 추스르는 일과 더불어 우선 당장의 문제로서 폭발적으로 증가한 실업자 문제와 복지 수요에 대처해 나가야만 했다. 이 과정에서 정부는 경제 현안문제를 해소해 나가기 위해서 IMF와 World Bank(세계은행)가 요구하는 신자유주의적 처방 즉, 노동시장의 유연화, 무역과 자본시장의 자유화, 공공부문의 민영화, 긴축재정, 각종 규제철폐 등을 충실히 이행한다. 그러나 외환위기 과정에서 고실업, 빈곤층의 확대 등은 심각한 수준에 이르기까지 문제가 축적되어 이 문제에 대한 국가의 좀 더 적극적인 개입과 관여를 필요로 하게 된다. 이 과정에서 국민의 복지에 대한 국가의 역할이 크게 확장되는데 그 주요 내용을 보면, ① 사회복지 지출규모가 획기적으로 증가되고 ② 사회보험 적용대상도 크게 증가하게 되며[3] ③특히, 공공부조제도에 있어서 생계비 지급대상을 근로능력 유무에 관계없이 최저생계비 이하의 전 국민으로 확대하게 된다.

2000년대 들어서는 이른바 제5의 사회보험[4]이라고 일컬어지는 노인장기요양보험제도(2008년 7월 시행)와, 기초연금(2014년 7월 시행)과 아동수당(2018년 9월 시행)이라는 사회수당적 성격의 새로운 사회보장형태들이 도입되어 속속 시행되게 된다. 비교적 짧은 기간에 집중된 우리나라의 사회보장제도 개혁 조치들에 관해서는 '1960년대 초 이래 30여년에 걸친 압축 경제성장이 1998년 이후 사회보험과 공공부조의 압축적 성장으로 보상되고 있다'고 표현되기도 한다.[5] OECD 기준에 따른 우리나라 GDP 대비 공공사회복지지출 비중[6]은 1997년 3.55퍼센트에 불과했으나 불과 10년 후인 2017년

10.63퍼센트로 획기적인 증가를 해 온 사실은 이에 대한 반증이기도 하다.

우리나라가 취해 온 일련의 사회보장개혁 조치들에 대해서는 추진의 근본 개념 틀 속에 최소수준의 소득보장을 통한 노동의 상품화, 근로 복지, 재정의 최소 국가 개입원칙, 민간중심의 복지 다원주의적 복지서비스 등을 기저에 담고 있어 기본적으로 신자유주의적이라는 주장이 제기되고 있기도 하나,[7] 종전에 워낙 미약했던 복지 수준을 개인과 시장 책임으로만 미루지 않고 국가가 나서서 일정 수준으로까지 확대해 나가려고 한다는 점에서, 한국 복지체제의 이념적 성격 논쟁과는 별도로 국가 책임주의가 종전보다는 훨씬 강화되는 현상이 나타나고 있다고 보아야 할 것이다.

2. 국가 복지비전의 변천

우리나라 역대 정부가 추구해 온 복지 비전은 시기별로, 정권의 성격별로 국가발전전략과 맞물려 다양한 모습으로 변화를 거듭해오고 있다. 여기서 복지 비전은 국가가 추구하고자하는 복지정책의 철학, 목표, 전략을 아우르는 다의적 개념이다. 1960년대 박정희 정부에서부터 시작해서 1997년 IMF 발생기인 김영삼 정부까지는 성장 우선 국가 발전전략에 입각해서 근로 무능력자에 대한 생활보호 중심의 소극적 복지정책이 주류를 이루어 온 시기이다. 우리나라가 복지를 본격적으로 확대하면서 복지 비전을 제시하기 시작한 시기는 1998년 2월 출범한 김대중 정부 이후부터라고 볼 수 있다. 복지 비전은 역대 정부가 표방하는 복지명칭 속에 잘 나타나 있다.

IMF 위기극복이라는 과제를 안고 출범한 김대중 대통령은 자신의 정부를 '국민의 정부'라고 지칭하면서 국정철학을 압축해서 표방했는데, '국민의 정부'에서의 복지정책의 비전은 '생산적 복지'로 표현된다. '생산적 복지'의 개념은 김영삼 정부가 1995년 4월 발표한 '삶의 질의 세계화' 선언에서도 제시된 바 있으나, 이후 구체적인 실천 작업을 보여주지 못한 채 지내오다가 김대중 정부에 들어서서 1999년 광복절 경축사에서 '선진한국 창조'의 비전의 하나로 제시됨에 따라 민주주의의 구현, 시장경제의 발전과 더불어 생산적 복지는 3대 국정지표의 하나로 추가되었다. 즉, '생산적 복지'는 민주주의의 구현, 시장경제의 발전이라는 양대 국가목표와 동등한 국가목표로 자리매김하면서 성장과 복지를 이분법적 대립 관계에서가 아니라 양자를 하나의 순환체계로 해석하고 있다는 점에서 차별성이 있으며 민주주의와 시장경제라는 정치, 경제의 양대 틀 속에 복지라는 새로운 사회적 틀을 대입하여 정치, 경제, 사회정책을 통합하는 하나의 패러다임을 구상하고 있다는 점에서 특징적이다.

'생산적 복지'는 과거 우리의 사회보장제도가 너무 부실했기 때문에 성장에 걸맞게 복지가 균형화된 국가(balanced welfare state) 개념을 토대로 사회보장에 대한 국가책임을 강조한다. 즉 '선 성장 후 분배'라는 일관된 성장 위주의 이데올로기에서 벗어나 낙후된 사회보장 수준을 끌어올리기 위해 국가가 나서야 한다는 것이다. 그러면서도 생산적 복지는 시장원리에 충실하지 않는 경제는 무너질 수밖에 없으므로 국가복지 규모는 확충하되, 시장의 질서와 기능은 최대한 담보되어야 한다고 본다.[8] 따라서 복지급여의 수준과 제도가 근로 동기를 해치지 않으면서 자활 의지를 키우는 방향으로 운영되어야 한다고 보며 이 점에서 '생산적 복지'는 근로복지(work-fare)의 또 다른 강조된 표현으로 받아들여지기도 한다.

2003년 2월 출범한 노무현 정부에서는 '참여복지'를 복지 비전으로 표방한다. 참여 정부가 내세우는 '참여복지'는 기본적으로 생산적 복지 비전을 계승하면서도 국가 주도의 복지체제라는 한계를 뛰어넘어 국가뿐만 아니라 복지수혜자는 물론 시장, 기업, 시민 사회도 복지체계의 수립, 실행, 평가에 참여한다고 본다.[9] 그러나 자칫 '참여'의 의미가 정부의 의무를 축소하고 민간의 역할을 강조하는 복지 다원주의(welfare pluralism) 차원으로만 해석되는 것을 경계한다.

'참여복지'에서 '참여'의 의미는 정부 역할을 축소하는 것이 아니고 정부의 자원제공 역할을 강화하면서 복지의 전 과정 즉, 정책 결정, 분배 그리고 소비영역 등에서 민간 그리고 이해관계자의 참여 증진을 의미한다. 특히 복지 수혜자가 포함된 이해관계인의 참여는 국가복지의 경직성을 해소하고 다양한 욕구를 반영하지 못하는 규격화된 복지 서비스를 유연하게 할 수 있다는 것이다. 우리나라의 경우 사회보장 수준이 선진국과는 비교할 수 없을 정도로 미약했음을 감안할 때 정부 차원의 역할은 계속 확대해 나가면서 가족, 시장, 기업 기타 비영리단체 등 제3섹타로까지 복지공급 주체가 확대될 필요가 있다. '참여복지' 체제하에서는 시혜적 복지 및 근로 복지와 아울러 제3섹타형 복지서비스 등을 함께 제공하게 되는데, 이 3자는 상호 대립적이지 않고 상호 보완적

일 수 있다고 본다.

2008년 2월 출범한 이명박 정부는 '능동적 복지'를 국정 지표상의 복지 비전으로 표방하고 있다. 능동적 복지란 빈곤과 질병 등 사회적 위험을 사전에 예방하고, 위험에 처한 사람들은 일을 통해 재기할 수 있도록 기회를 제공하여, 경제성장과 분배가 조화를 이루는 복지를 의미한다. 일할 능력이 있는 사람에게는 일자리를 제공하고, 도움이 필요한 사람에게는 국가가 책임을 지고 보호한다는 개념인 것이다.

과거 정부에서 복지에 대한 투자를 확대하여 복지정책의 기본적인 틀은 갖추게 되었지만, 전달체계의 비효율성으로 인해 국민들의 체감도가 낮고 예방적 서비스가 부족한 실정이므로, '능동적 복지'는 효율적 전달체계를 통해 국민이 복지를 체감할 수 있도록 하고 개인별 특성에 맞는 예방적 · 맞춤형 복지를 추구해 나간다는 점에서 과거 정부의 복지이념들과 차이가 있다.

2013년 2월 출범한 박근혜 정부의 복지 비전은 생애주기별 '맞춤형 복지'로 지칭할 수 있다. 박근혜 정부는 이명박 정부에서 무상급식으로 논쟁이 촉발되었던 보편적 복지정책을 상당 부분 수용하여 보수 정부의 친 복지정책을 통해서 국정 캐치프레이즈였던 '국민행복시대' 실현을 표방하고 나섰다. 이를 뒷받침하기 위한 구체적 정책으로는 기초연금 도입, 고용 · 복지연계. 저소득층 맞춤형 급여체계 구축, 보육에 대한 국가책임 확충 등을 들 수 있는데 이를 뒷받침하기 위한 재정계획을 '공약가계부'로 제시한다. 중앙정부 복지예산이 정부 총지출의 30퍼센트에 해당하는 100조원 이상을 돌파하게 된 것은 사실상 박근혜 정부 출범 이듬해인 2014년부터이기도 하다.[10]

2017년 5월 출범한 문재인 정부는 새로운 시대를 '국민주권시대'로 규정하면서 '국민의 나라 정의로운 대한민국'을 국가 비전으로, 복지 분야 국정전략을 '모두가 누리는 포용적 복지국가'로 제시한다. 포용적 복지국가가 지향하고자 하는 바는 시장경제에서 승자와 패자, 불평등이 발생할 수밖에 없는 불가피성을 전제로 사회 · 경제적 평등성의 증진, 인간 존엄성의 유지, 사회구성원의 유대강화를 통해 국민통합을 추진하고 포용적 · 적극적인 복지국가로 나아가고자 한다.[11] '포용적 복지국가'라 함은 '어느 계층도 소외됨이 없이 경제성장의 과실과 복지를 고루 누리면서 개인이 자신의 역할과 잠재력을 최대한 발휘할 수 있는 나라'로서, 복지 분야 국가 비전인 '포용적 복지'는 인본주의, 사회통합, 보편주의, 분배 정의, 다양성에 대한 존중, 공생 등의 철학적 함의를 담고 있다.[12]

3. 복지권과 사회적 통합의 강조

국민의 기초생활 보장은 사회보장의 근본 목표 중의 하나이며 이것은 국민의 권리인 동시에 또한 국가의 의무로 인정되는 것이 현대 사회보장의 원리이다. 우리나라의 경우 『사회보장기본법』(1995), 『국민기초생활보장법』(1999) 등이 제정되면서부터 비로소 권리성 즉 사회권(social rights) 또는 복지권(welfare rights)에 대한 논의가 한층 강화되었다고 볼 수 있다.

현대적 의미의 사회복지는 구빈적 차원의 소극적 개입을 넘어서서 사회경제적 평등의 실현과 사회구성원으로서의 생존권의 보장을 포함한다. 그리하여 복지국가의 기본적 원칙을 논의하는 데 있어서 연대성, 보편주의 그리고 사회권과 같은 용어 등이 널리 사용된다.[13] 그러나 전후 복지국가의 주요 기반인 보편주의적 사회권은 실제적으로는 시장 질서를 교란하지 않는 선에서 극히 최저한의 생활 수준을 보장해 주는 것만으로 사회적 권리를 한정 짓고 있으며 이러한 가운데 많은 사회적 약자들을 배제하고 있다. 일례로 사회권의 보편적 원칙에서는 사회보험적용 대상에 있어서 기여조건을 갖추지 못한 사람, 노동할 능력이나 기회가 없는 사람(심신장애자, 장기 실업자, 전업주부) 등은 배제되고 있다. 따라서 현대사회에서의 사회권에 대한 논쟁은 '사회적 배제'(social exclusion)에서 벗어나 사회구성원의 차별성과 다양성을 인정하여 조건적 평등(conditional equality)을 추구하는 '사회적 포용'(social inclusion)으로까지의 확대가 요청된다.

사회적 배제에서 벗어나 사회적 포용을 통해서 '평등'을 실현하기 위해서는 우선적으로 취업 노동의 기회부여가 중요하며 개인 또한 자기 책임하에 이 기회를 적극 활용하는 '공급측면의 시민권'(supply side citizenship)이 발휘되어야 한다고 강조된다.[14] 이에 따라 소득, 연령, 신체조건, 고용상황 등에 따라서 사회권에서 배제되어온 집단들이 빈곤과 불평등에서 벗어나 인간다운 삶을 유지할 수 있도록 하는 것은 매우 중요한 과제이다.

레이건(Reagan), 대처(Thatcher) 등 신보수주의 정권의 등장과 신자유주의 정책은 사회권의 탈사회화를 통해 20세기 들어와서 당연한 것으로 여겨졌던 권리를 공격하고 의무와 책임, 규범을 강조하기 시작했으며 이와 함께 권리 지배적 시민권은 탈 도덕화를 조장하고 노동윤리를 손상시킨 것으로 비판받게 된다. 사회권은 권리와 의무를 동시에 내포하는 개념인데 20세기 들어와서 의무보다는 권리 그리고 국가의 의무도 강조되었는데 로체(M. Roche)는 이를 '권리지배적 시민권'(rights-dominated citizenship)이라고 한다.15)

그렇지만 앞에서 언급한 바와 같이 20세기 말 시장경제의 세계화가 전 세계로 확산되면서 복지에 대한 권리로 이해되는 사회권은 심한 공격을 받게 된다. 즉 신자유주의자들에 의하면 사회권은 계급갈등 요소뿐만 아니라 개인적 자유 침해 소지가 크기 때문에 수입의 강제적 재분배를 최소화해야 하고 사회권에서도 권리성보다도 의무성을 강조해야 한다고 하는데 사회권에 상응하는 의무로서 납세, 보험 기여, 노동의 의무 등을 들게 되고 이 가운데서도 노동의 의무가 가장 대표적이다. 따라서 소위 '의무'를 이행할 수 없는 비정규직 노동자, 일할 능력이 없는 장애인, 노인, 전업주부 등은 복지 수혜에서 배제되게 된다. 그 결과 신자유주의적 복지정책에 대해서는 사회보장제도 축소, 빈부격차의 심화, 사회적 배제 현상 등 부작용 초래가 우려된다는 비판이 제기된다.

이러한 비판적 주장과 같은 맥락에서 볼 때 한국처럼 이제 막 복지국가로서의 외형적 틀을 갖추어 나가고 있는 경우 시장경제원리 적용 확대와 기존 사회보장제도의 축소 등으로 나타나는 신자유주의자들의 주장을 무조건적으로 수용할 수도 없다.

그렇다면 이처럼 국민들의 복지 욕구 확대와 신자유주의라는 세계적 추세 사이의 딜레마 속에서 복지권 즉, 국민이 인간다운 생활을 할 수 있도록 최저생활을 보장받을 수 있는 권리성은 어느 정도로 구체성을 가지는가? 우리나라 『사회보장기본법』 제9조에는 사회보장급여가 국민의 권리임을 명시하고 있고, 『국민기초생활보장법』에 '수급권자', '보장기관' 등 권리성을 표방하는 용어들이 다수 포함되어 있음에 비추어 볼 때 이에 따른 각종 급여 또한 권리성이 주어지는 것이라고 해석할 수 있다.

전통적으로 공공부조 급여는 국가와 공공단체가 스스로를 제공 의무화하는 결과로 실현되는 권리로서 사회연대 의식이나 도덕성에 기초한 강력한 사회적 지지가 있을 때 비로소 제 기능을 발휘할 수 있다.16) 이점 때문에 보험료 납부에 따른 반대급부로서 주어지는 사회보험급여에 비해 권리성이 상대적으로 취약하다. 그렇지만 대표적인 공적 기초생활보장 프로그램인 국민기초생활보장제도에서는 이 점을 보완하기 위해 급여신청에 대한 보장기관의 결정에 이의 신청절차를 두고 있고(국민기초생활보장법 제7

장)17) 보장기관의 최종적 결정에 불복하는 경우 바로 행정소송도 가능하다는 점(행정소송법 제18조 제1항)18)에서 청구권적 성격이 매우 강하게 반영되어 있다.

이러한 점을 종합해 볼 때 우리나라의 경우 국민기초생활보장법상의 급여청구권 등으로 대표되는 복지에 대한 권리성은 종전보다 매우 강화되어 있음을 알 수 있으며, 이러한 권리성 강화를 통해 사회보험으로 보호되고 있지 못한 사회보장제도의 사각지대를 공공부조를 통해 상당 부분 보완하는 효과를 거두고 있다고 판단된다.

한국 사회는 2016년 고령사회(전체인구 가운데 노인 인구 비율이 14퍼센트 이상)에 진입하고, 초저출산 현상이 지속되어 2018년에는 출산률이 1퍼센트에도 미치지 못하는 등 인구 사회학적 측면에서 위험이 부각되고 있으며 저성장, 저소득, 고실업이 일상화되는 뉴노멀(new normal) 시대에 진입하는 등 경제적, 사회적 상황이 녹록치 않은 실정이다. 이러한 위험요인들과 마주하면서 사회적 통합이 복지정책의 키워드로 재부상하고 있다. OECD(『Social Cohesion in a Shifting World』, 2011)는 사회통합의 3가지 요소로서 사회적 포용(social inclusion), 사회적 자본(social capital), 사회적 이동(social mobility)을 제시하고 있는데, 이 가운데에서도 한국 사회가 안고 있는 빈곤과 불평등문제 등을 풀어나가는 데 있어서 사회적 차별과 배제를 해소하여 어느 계층도 소외됨이 없이 성장의 과실과 복지서비스를 골고루 누릴 수 있도록 하는 사회적 포용이야말로 사회통합의 첫 번째 요소로서의 중요성을 갖는다.

사회적 통합은 보편적 복지국가 논쟁과도 연결되는데 2010년 지방선거에서 무상급식이 주요쟁점으로 부각된 것을 계기로 한국 사회에서 보편적 복지국가론은 핵심의제로 부상하였다. 찬반논쟁에도 불구하고 보편주의적 프로그램들은 지방정부의 무상급식에서 출발하여 국가 차원의 무상보육(2013), 기초연금(2014), 아동수당(2018)에 이르기까지 확대 도입되어 오고 있다. '보편주의'는 급여와 서비스제공을 모든 사람에게 권리로서 보장하며 '선별주의'와는 달리 사회적 분할(social divisions)을 야기하지 않는다는 점에서 사회통합 측면에서 선호되는 방안이다.

제3절

사회보장 운영체계와 사회보장 기준선

1. 사회보장서비스 공급 및 행정체계

1) 사회보장서비스 전달체계 개관

우리나라의 사회보장제도 관리운영을 담당하는 행정체계는 크게 보아 두 가지 축으로 구성되는데 우선 5대 사회보험은 3대 사회보험공단(국민연금공단, 국민건강보험공단, 근로복지공단)에서, 그리고 공공부조 및 사회서비스의 상당 부분은 지방자치단체를 통해 관리 운영된다. 3대 사회보험공단은 준정부기관으로서 국민연금법, 국민건강보험법, 산업재해보상보험법 등 개별법에 따라 각각 설립되었는데, 이를 근거로 독자적인 조직과 운영시스템을 통해서 전 국민 대상으로 사회보험 행정을 담당한다.

<표 6-2> 한국 정부의 레벨별, 유형별 현황

중앙 정부	광역자치단체(17)					기초자치단체(226)		
	특별시	광역시	특별 자치시	도	특별 자치도	시	군	구
1	1	6	1	8	1	75	82	69

자료: 행정안전부. 2018. 『2018 행정안전통계연보』.

우리나라는 연방 국가가 아닌 단일국가체제로서 중앙정부와 광역 및 기초자치단체의 3층 정부 구조를 이루고 있다. 앞에서도 언급했듯이 우리나라의 공공복지 행정체계는 사회보험을 제외하고는 공공부조와 기타 사회서비스가 전반적으로 중앙정부의 정책이 광역 지방자치단체(시·도·광역시 등) → 기초 지방자치단체(시·군·구) → 읍·면·동사무소의 구조를 통해 집행되는 체계이며, 사회복지직 및 일반직의 복지담당 공무원들이 광역 및 기초 지방자치단체에서 국민기초생활보장 업무를 비롯한 노인복지, 장애인복지, 청소년복지, 아동복지, 여성복지 업무 등을 수행하고 있다(**표 6-2** 참조).

강혜규 등(2016)[19]에 따르면, 정부가 사회보장영역으로 인지하는 정책사업의 숫자는 360개에 달했는데, 담당 중앙부처로는 보건복지부, 여성가족부, 고용노동부, 교육부, 국가보훈처 등을 포함해서 21개 부처가 해당되는 것으로 나타났다. **<그림 6-2>**는 신청 접수기관이 확인된 341개 사회보장사업을 기준으로 한 전달체계 유형별 신청접수 분포현황으로서 시군구 및 읍면동, 그리고 보건소 등 지방자치단체 기관들이 사회보장 전달체계 상 가장 중추적 기능을 수행하고 있음을 알 수 있다.

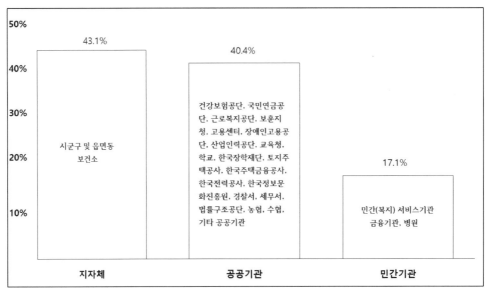

자료: 강혜규 등(2016:456).

<그림 6-2> 사회보장서비스의 전달체계 분포

최근 한국정부는 전달체계 개선을 위해 2015년 시범사업을 거쳐 2016년부터 2018년까지 3개년 계획으로 「읍·면·동 복지허브화」사업을 역점적으로 추진해 왔다. 이 사업

은 행정서비스 중심의 읍·면·동 기능을 지역복지의 중심기관으로 변화시켜 국민의 복지 체감도를 높이고 복지 사각지대를 해소하기 위함을 목표로 삼는다. 그러기 위해 읍·면·동에 맞춤형 복지 전담팀을 설치하고 전담인력배치를 통해 복지상담, 복지 사각지대 발굴, 통합사례관리, 지역자원 발굴 및 지원 등의 서비스를 제공하며, 특히 복지 관련 공공 및 민간기관·법인·단체·시설 등과의 지역 네트워크를 기반으로 읍·면·동이 지역복지의 중심이 되도록 한다.[20] 이 계획의 초점은 복지제도 전달의 관문(gate) 역할을 수행하는 읍·면·동의 복지인력 확충과 전문성을 강화해서 이른바 '복지 깔대기' 현상을 해소하고, '맞춤형 복지' 전담팀을 운영하는 등 읍·면·동을 실질적인 '복지 허브화' 해서 수요자인 국민의 복지 체감도를 높이고자 하는 데 있다. 이 사업은 행·재정적인 어려움에도 불구하고 찾아가는 복지상담, 복지사각지대 발굴, 사례관리, 민관협력 등의 부분에서 상당 부분 성과를 거두고 있는 것으로 평가된다.[21]

2) 정부 간 역할과 공공복지 행정체계

<그림 6-3>에서 보듯이 다양한 사회보장 관련 업무들을 수행함에 있어서 대부분의 사회보장 서비스 업무들은 보건복지부가 주도하고 수급자를 비롯한 저소득층의 교육훈련, 취업알선 등의 자활업무에 대해서는 노동부가 뒷받침하는 양대 축을 형성하고 있지만, 교육부, 여성부, 국세청, 국가보훈처 등 여러 부처의 정책 및 전달체계와도 연계성을 가지고 추진된다.

사회보장사업 가운데 대부분의 공공부조 및 사회서비스는 지방자치단체의 조직체계 및 경로를 통해 전달된다. 한편 사회보험업무는 지방자치단체를 통한 일반적인 복지서비스 전달체계와는 달리 각 소관별 중앙정부의 통제를 받으면서도 정부조직이 아닌 별도로 설립된 조직인 공단형태로 전국적인 지사망 체제를 갖추고 운영 관리되고 있다. 예를 들어서 건강보험은 국민건강보험관리공단, 국민연금은 국민연금관리공단, 실업수당 및 산업재해급여는 근로복지공단이 자체적인 지역별 조직과 서비스 전달망을 갖추고 직접 운영·관리한다.

그러나 2008년 7월부터 본격 시행된 '노인장기요양보험제도'는 복지행정체계상 지방자치단체와 공단형태의 혼합형이라고 할 수 있다. 노인장기요양보험 보험료 징수 등 운영관리업무의 대부분은 건강보험업무처럼 기존 국민건강보험관리공단에서 처리하면서 이외에도 국민건강관리공단은 요양 신청접수 및 등급판정 등의 업무를 추가로 담당한다. 그리고 요양보호사 교육기관 선정관리 등에 관한 업무는 지방자치단체에서 담당하고 있다. 특히 노인장기요양보험제도는 건강보험료에 부가하여 부과하는 본인 부담 보험료 이외에도 중앙정부와 지방자치단체의 재정보조를 주요 재원으로 삼고 있기 때문에 지방자치단체가 제도운영과정에 관여하지 않을 수 없는 구조적 특성이 있다.

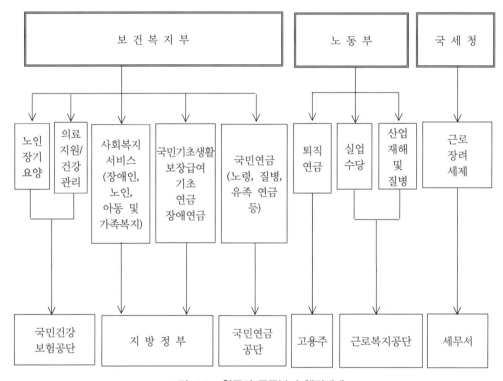

<그림 6-3> 한국의 공공복지 행정체계

2. 공적 사회보장 기준선

우리나라 공적 사회보장제도의 대표적 유형인 국민기초생활보장급여 제공 기준선 판단은 초기에는 '최저생계비'를 토대로 하였으나 2015년부터는 '기준 중위소득'으로 바뀌게 된다. 우리나라의 최저생계비 계측조사연구는 연구 초기인 1970년대에는 계산상의 용이점 때문에 일반적으로 반(半) 물량방식이 많이 이용되었고, 1990년대 이후로는 더 이상 식료품비만으로 최저생활을 추정하는 데는 한계가 있다고 판단하여 주로 전(全) 물량방식을 이용하는 경향을 보여 왔다.

우리나라에서 공식적 차원의 최저생계비 측정은 1974년과 1978년 보건사회부 산하 사회보장심의위원회에서 실시한 최저생계비 조사와 이후 보건복지부의 의뢰를 받아 한국보건사회연구원이 1988년, 1994년, 1999년 조사연구를 포함하여 5회에 걸쳐 실시한 후 『국민기초생활보장법』(1999년 9월 제정, 2000년 10월 시행)이 정하는 바에 따라 매 3년 단위로 정기조사를 실시하고 계측조사가 이루어지지 않는 해의 최저생계비는 전년도 최저생계비를 토대로 물가상승률 등을 감안하여 보건복지부 장관을 위원장으로 하는 중앙생활보장심의위원회에서 결정·고시하여 왔다. 최저생계비 계측조사는 대도시, 중소도시, 농어촌 등으로 지역을 구분하여 가구규모별 생계비 조사가 전(全)물량방식(market-basket method)[22)]으로 실시되지만, 국민기초생활보장제도에 적용 시에는 최저생계비는 지역별 차이를 고려하지 않는 중소도시 기준의 가구 규모별 생계비를 전국적으로 일률 적용해 왔다.

그러나 2014년 12월 『국민기초생활보장법』 개정으로 기초생활급여는 그 이전까지 적용해 왔던 '통합급여' 방식(All or Nothing) 방식에서 생계, 의료, 주거, 교육의 욕구별 '개별급여' 방식으로 변경되어 2015년 7월부터 시행되는데, 이에 따라 수급자 선정도 최저생계비를 토대로 한 절대적 선정기준 방식에서 '기준 중위소득'을 토대로 일정 비율을 적용한 상대적 선정기준 방식으로 바뀌게 된다. '기준 중위소득'은 『통계법』 제27조에 따라 통계청이 공표하는 통계자료의 가구 경상소득(근로소득, 사업소득, 재산소득, 이전소득을 합산한 소득을 말한다)의 중간값에 최근 가구소득 평균증가율, 가구 규모에 따른 소득수준의 차이 등을 반영하여 보건복지부 장관을 위원장으로 하는 '중앙생활보장위원회'에서 결정한다(『국민기초생활보장법』 제6조의2).

우리나라의 범주적 공공부조로 분류되는 프로그램의 수급자 선정기준은 국민기초생활 보장제도의 대부분 수급자와 일치하거나 일부 차상위 계층을 포함하는 수준이다. 따라서 우리나라에서 정부가 산정해서 발표하는 '기준 중위소득'은 국민기초생활보장제도에서 뿐만 아니라 사실상 전체 공공복지 프로그램의 수급자 선정 근거 기준이 되고 있다.

제4절
주요 사회보장 프로그램

　현행 우리나라의 사회보장 프로그램으로는 그 성격상 소득보장, 의료보장 및 사회서비스 등으로 구분이 가능하며, 대상별로는 아동 및 청소년, 노인, 장애인, 여성 등으로도 구분할 수 있다. 그리고 사회보장의 방식 유형에 따라 사회보험, 공공부조, 사회서비스 등으로도 분류할 수 있다. 공공복지프로그램은 그 기능상 어느 것 하나 소홀히할 수 없지만, 사회보험으로는 전 국민 대상의 국민연금, 공공부조로서는 국민기초생활보장제도가 중추적 기능을 담당하는 프로그램이라고 할 수 있다. 이들 제도 이외에도 별도의 사회보장 프로그램들이 다수 있는데, 그 대표적인 프로그램으로 노인 대상의 기초연금, 장애인 대상의 장애 수당 및 장애인연금, 아동 대상의 아동수당 및 보육료 지원 등을 들 수 있다. 이들 제도는 통상 사회보장방식 유형 가운데서 사회복지서비스로 분류되고 있으나, 주된 지원목적이 소득보장에 있고 대상선정 시 자산조사과정을 거치며(아동수당 및 보육료는 자산조사와 무관), 지원 액수와 지원 시기 또한 정액이고 정기적이라는 점에서 공공부조 범주의 사회보장프로그램이라고 할 수 있다. 다만기초연금과 아동수당은 앞에서 언급했듯이 인구학적 요소를 중시해서 설계한 관계로사회수당의 성격이 강하다.

　이 절에서는 국민연금을 중심으로 하는 공적연금제도, 대표적 공공부조 프로그램인국민기초생활보장제도, 기초연금을 중심으로 하는 고령자복지 프로그램. 아동수당 및보육료 지원을 중심으로 하는 아동 및 보육복지 프로그램, 장애인 연금 등 장애인복지프로그램 등 현금 지원성 사회보장프로그램들을 중점적으로 살펴보고, 의료보장제도에대해서는 제5절에서 별도로 논의하고자 한다.

1. 공적연금제도

1) 제도 개요

연금제도는 사회보험방식과 조세 방식으로 구분할 수 있는데, 사회보험방식은 소득에 따라 강제징수한 기여금을 재원으로 하여 연금을 지급하는 방식이며 조세 방식은 세금으로 재원을 조달해서 연금을 지급하는 방식이다. 사회보험방식에서는 기여금 수준에 따라 급여 수준이 차등화되고 조세 방식에서는 급여 수준이 정액화되어 있는 것이 일반적이다. 사회보험방식의 대표적인 방식으로는 1889년 독일 비스마르크가 도입한 공적연금제도를 들 수 있으며, 영국에서는 1908년 공적연금 당시 조세 방식을 채택하였으나 이후 사회보험방식으로 변경한다. 조세 방식을 채택하고 있는 대표적 국가로는 호주와 뉴질랜드가 있다. 우리나라는 도입 초기부터 사회보험방식을 채택하여 운영해 오고 있다.[23]

<표 6-3> 국민연금제도의 변천

시 기	내 용
1973. 12. 24	국민복지연금법 공포(석유파동으로 시행연기)
1986. 12. 31	국민연금법 공포(구법 폐지)
1987. 09. 18	국민연금관리공단 설립
1988. 01. 01	국민연금제도 실시(상시 근로자 10인 이상 사업장)
1992. 01. 01	사업장 적용범위확대(상시 근로자 5인 이상 사업장)
1995. 07. 01	농어촌지역 연금 확대적용
1999. 04. 01	도시지역 연금 확대적용(전국민 연금 실현)
2006. 01. 01	사업장 적용범위 확대 완료(근로자 1인 이상 사업장 전체)
2008. 01. 01	완전 노령연금(가입기간 20년 이상) 지급 개시
2009. 08. 07	국민연금과 4개 직역연금 가입 기간 연계사업 시행
2016. 11. 30	경력단절 여성 대상으로 추후납부를 확대하여 1국민 1연금 시대 개막

자료: 국민연금관리공단 홈페이지(https://www.nps.or.kr/).

우리나라의 연금제도는 1960년 공무원 연금제도를 시작으로 군인연금(1963년), 사립학교교직원연금(1975년) 등 특수직역 종사자를 대상으로 우선적으로 도입되었다. 일반 국민을 대상으로 하는 국민연금이 도입된 시기는 1988년 1월부터이다. 최초시행 시에는 적용 범위가 상시근로자 10인 이상 사업장의 '18세 이상 60세 미만 근로자 및 사업주'를 우선 대상으로 실시되었다. 이후 적용대상 확대라는 정책목표 아래 가입자 수를 계속 늘려 왔는데, 1995년 7월부터는 농촌 지역으로 확대적용하고 1999년 4월부터는 도시지역으로 확대 적용함으로써 '전 국민 연금시대'를 열게 되었으며, 2006년부터는 근로자 1인 이상 전체사업장으로 적용 범위확대가 완료된다(**표 6-3** 참조).

우리나라에서 국민연금제도의 필요성을 강조하게 되는 주된 이유로는 세계에서 가장 빠른 노령화 속도, 출산율의 급격한 저하, 핵가족화 현상 가속화 등이 크게 작용하고 있다. 따라서 안정된 노후생활보장을 실현하기 위해서는 사회구성원 간의 공동체적 연대와 세대 간 부양 시스템을 기초로 해서 국가주도의 연금제도 강화가 절실해지게 된다.

<그림 6-4> 우리나라의 노후소득보장체계

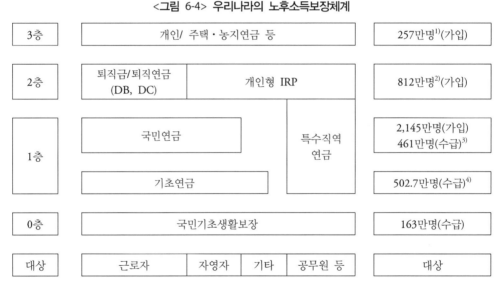

3층	개인/ 주택·농지연금 등				257만명[1](가입)
2층	퇴직금/퇴직연금 (DB, DC)	개인형 IRP			812만명[2](가입)
1층	국민연금		특수직역 연금		2,145만명(가입) 461만명(수급)[3]
	기초연금				502.7만명(수급)[4]
0층	국민기초생활보장				163만명(수급)
대상	근로자	자영자	기타	공무원 등	대상

주: 1) 세제 적격 개인연금('15), 2) '16년 기준,
   3) 노령(373만명)·유족(71만명)·장애(7만명)·일시금(9만명)('18.6월 기준), 4)'18.6월기준
자료: 보건복지부. 2018.12. 『제4차 국민연금종합운영계획』.

우리나라는 제도도입의 역사가 짧은데도 불구하고 외형적으로는 어느 선진 복지국가들 못지않게 잘 갖추어진 노후소득보장 틀을 갖추었다고 볼 수 있는데도 불구하고 노인빈곤률은 OECD 국가 중 최하위 수준에 머물러 있는 것이 현실이다.[24]

<그림 6-4>는 우리나라 노후소득보장체계가 공적 연금제도뿐만 아니라 사적 연금제도, 공공부조 등 다층구조(multi-tier system)로 되어있음을 보여주고 있는데, 노후 생활이 안정적으로 유지되기 위해서는 각별한 공적·사적 대책이 함께 마련되어야 할 필요가 있다.

2) 가입자격

국민연금제도의 의무적용대상은 공무원, 군인, 교직원 및 별정 우체국 직원 등 특수직역 종사자를 제외한 18세 이상 60세 미만인 국내 거주 국민이다. 국민연금은 크게 '사업장'과 '가입자'로 나누어서 가입형태가 정해지는데, 가입자는 사업장 가입자, 지역 가입자, 임의 가입자, 임의계속가입자로 구분된다.

사업장이라 함은 『국민연금법』에 의하여 의무적으로 가입되는 사업장 즉, 당연적용 사업장을 말하는데, 2006년 1월부터 1인 이상 근로자를 사용하는 사업장은 당연적용 사업장이다. 사업장의 사용자와 근로자는 국민연금에 당연히 가입하게 되는데 이처럼 사업장으로 가입된 사람들이 사업장 가입자에 해당된다. 사업장 가입자가 아닌 자는 당연히 지역가입자가 되며 사업장 또는 지역가입자가 아닌 경우에는 신청에 의해 임의 가입자가 될 수 있으며, 가입 기간 부족 등으로 가입 기간을 연장을 원할 경우에는 65세까지 임의 계속 가입자가 될 수 있다.

3) 급여의 제공

국민연금의 종류에는 노령연금, 장애연금, 유족 연금이 있으며, 일시금 급여로는 반환 일시금, 사망 일시금 등이 있다. 국민연금 수급권자가 되기 위한 최소 가입 기간(연금보험료 납부 기간)은 10년이다. 최소 가입 기간을 충족하면 60세 이후부터 평생동안 매월 연금을 지급받을 수 있는데, 노령연금 수급개시 연령은 출생연도에 따라 60세에서 65세까지로 각각 다르다.[25]

국민연금급여액은 기본연금액에 지급률을 곱한 금액에 부양가족연금액을 더한 금액으로 산정한다. 노령연금 지급률은 가입 기간 10년 50퍼센트를 시작으로 매 1년당 5퍼센트씩 증가한다. 국민연금 급여액 산정 산식에는 가입자 본인의 소득뿐만 아니라 국민연금 가입자 전체의 소득을 반영함으로써 소득 재분배 기능도 수행하는데 균등 부문 (A값)과 소득비례부문(B값)26)의 비중이 1998년 연금개혁 이후 종전 4:3에서 1:1로 조정됨에 따라 소득재분배기능은 다소 축소된다.27)

우리나라 국민연금은 재정의 지속가능성을 높이기 위해 1998년과 2007년 두 차례에 걸쳐 개혁조치를 단행하는데, 이에 따라 수급 연령을 기존 60세에서 단계적으로 65세까지 단계적으로 상향조정하고 소득대체율을 낮추는 개혁을 단행한다. 국민연금의 40년 가입기준으로 한 생애 평균소득 기준 소득대체율을 보면 1988년 제도 시행 당시의 70퍼센트에서 1998년 개혁조치로 60퍼센트로 낮추고, 2007년 개혁조치로 2008년 50퍼센트를 시작으로 2009년부터 매년 0.5퍼센트씩 낮추어서 2028년에는 40퍼센트에 이르도록 변경된다.

<표 6-4> 주요국가 연금의 총 소득대체율(%)

구분	한국	프랑스	독일	일본	스웨덴	영국	미국	OECD평균
공적 의무연금	39,3	60,5	38.2	34.6	36.6	22.1	38.3	40.6
사적 의무연금	-	-	-	-	19.2	-	-	12.3
의무연금 소계	39.3	60.5	38.2	34.6	55.8	22.1	38.3	52.9
사적 임의연금	-	-	12.7	23.1	-	30.0	33.0	5.8
총계	39.3	60.5	50.9	57.7	55.8	52.2	71.3	58.7

주: 1. 총 소득대체율은 은퇴 전 총소득으로 총 연금소득을 나눈 백분율임.
　　2. 자료분석은 각 국가들의 2016년 지표에 근거해서 산정한 것임.
자료: OECD. 2017. Pensions at a Glance 2017: OECD and G20 Indicators에서 재작성.

참고로 <표 6-4>는 주요국가의 공적 의무연금의 총 소득대체율을 보여준다. 실질적인 노후 연금소득은 공적 의무연금, 사적 의무연금 그리고 사적 임의연금을 합한 수준이기 때문에 이를 감안하면, 각 국가별로 연금형태가 어떤 방식으로 이루어지느냐에 따라 소득대체율이 달라진다. 우리나라는 공적 의무연금만을 볼 때는 소득대체율이 OECD 평균 수준이나 사적연금까지를 포함한 총 연금 소득대체율은 주요 선진국가들에 비해 훨씬 낮은 수준이다.

4) 재정전망과 과제

우리나라 국민연금은 사회보험방식을 체택하고 있기 때문에 보험료가 국민연금의 주된 재원이다. 가입자가 납부해야 하는 연금보험료는 가입자의 기준소득 월액에 연금 보험료율을 곱해서 산출하는데 사업장 가입자의 보험료율은 9퍼센트로서 사용자와 근로자가 각각 4.5 퍼센트씩 부담하고, 지역 가입자는 9퍼센트를 본인이 전액 부담한다.

국민연금재정은 전 세계적으로 인구 고령화, 경제성장 둔화 등의 영향으로 연금재정 압박을 받고 있는데, 우리나라도 예외가 아니어서 '제4차 국민연금종합운영계획'[28]에 따르면, 현행제도 유지 시 적립기금은 2041년을 정점으로 해서 2042년부터 수지 적자가 발생하여 2057년에는 기금이 소진될 것으로 전망한다. 앞으로 재정적 지속가능성 문제를 비롯해서 넓은 사각지대, 낮은 실질 소득대체율 등 국민연금이 안고 있는 문제를 해결해 나가기 위해서는 국민연금의 기금운용 수익률 제고 및 보험료율 조정을 통한 수지개선과 기초연금, 퇴직연금, 주택·농지연금 등을 연계한 다층적 노후소득보장 체계 강화 등 다양한 제도개선 노력이 필요하다.

2. 국민기초생활보장제도

1) 도입배경과 특징

(1) 제도의 도입배경

2000년 10월 '국민기초생활보장제도'가 시행되기 전까지 우리나라 공공부조는 '생활보호제도'를 근간으로 하였다. '생활보호제도'는 1961년 12월 30일 법률 제913호로 『생활보호법』이 제정 공포됨으로써 비로소 공적 부조사업을 위한 법적 기반을 마련하게 되면서 시행되어온 빈곤 구제제도로서 생활보호사업은 1960년대 이래 약 40여년간 노인, 장애인 등 근로 무능력자에 대한 단순 생계지원 중심으로 시행되어 온 제도이다. 이 제도는 국민기초생활 보장제도 시행과 함께 폐지된다.

국민기초생활보장제도가 도입되게 된 시대적 배경을 살펴보면, 1997년 말 IMF 경제위기를 맞이하여 고실업·저성장 시대에 극빈층과 저소득층의 생존이 위협받는 상황이 초래되었으며, 이에 따라 빈곤층으로 추락한 저소득 실업자를 구제하기에는 당시의 '생활보호제도'는 보호대상의 제한으로 그 한계가 있으며, 사회안전망으로서 기능을 다하지 못하고 있다는 인식이 팽배하게 되었다. 따라서 단순 구호적 생계지원이 아닌 수급자의 자립자활을 촉진하는 생산적 복지지향의 종합적 빈곤대책 마련의 필요성이 대두하게 되었다.

이러한 시대적 요구의 일환으로 1998년 참여연대 등 45개 시민단체는 「국민기초생활보장법 제정추진 연대회의」를 구성하여 입법청원을 하였고, 1999년 8월 국회 보건복지위원회에서 여·야 단일 법안을 결정하여 국회 본회의 의결을 거친 후 1999년 9월 7일 『국민기초생활보장법』(법률 제6024호)이 공포되었고 이듬해인 2000년 10월부터 시행된다.

(2) 제도의 특징

국민기초생활보장제도는 우리나라 공공부조제도 중 가장 대표적인 제도로서 저소득층의 최저생활을 보장하고 자활을 돕기 위한 제도이다.

'국민기초생활보장제도'의 도입은 과거 생활보호제도 아래서의 국가재량에 의한 자선적 생활보호 급여에서 벗어나 법적인 보장을 받는 권리성 급여로 전환함을 의미하며, 빈곤의 책임을 개인뿐만 아니라 사회에도 있다는 빈곤관의 일대 전환을 가져왔다는 점에서 우리나라 공공부조체계의 일대 전기를 마련했다는 역사적 의미가 있다. 따라서 '생활보호제도'에서 '국민기초생활보장제도'로의 이행은 제도의 내용상 많은 특징적 변화를 보여주고 있는데, 가장 큰 변화는 특정 인구학적 범주에 국한된 대상자에게만 급여를 제공하는 '범주적 공공부조'(categorical public assistance)에서 빈곤에 처한 모든 사람의 최저생활을 보장해 주는 '일반적 공공부조'(general public assistance)로 전환함으로써 모든 빈곤계층을 공공부조의 대상층으로 편입했다는 점이다.

'국민기초생활보장제도'의 특징짓는 개념들을 보다 압축해보면 보충급여제와 조건부수급자제도이다. 국민기초생활보장제도는 전 국민의 최저생활보장이라는 대 전제하에 근로능력 유무에 관계없이 최저보장수준에 부족한 소득분만큼의 급여를 보충급여 방식으로 지원한다. 이 점에서 국민기초생활보장제도는 적어도 외형상으로는 소득보장 부문에 있어 기초생활 보장이 가능한 국민복지 최저수준(National Minimum)을 달성하게 되는 것으로 보인다. 그리고 근로 능력이 있는 생계급여 대상자에게는 자립자활을 촉진할 수 있도록 자활사업 참여를 조건으로 하여 급여를 제공한다.

2) 보장기관 및 보장책임

국민기초생활보장제도에서 생활이 어려운 국민들의 기초생활을 보장하는 보장기관은 국가와 지방자치단체이다. 『국민기초생활보장법』 제1조는 '생활 이 어려운 사람에게 필요한 급여를 실시하여 최저생활을 보장하고 자활을 돕는 것을 목적으로 한다'고 규정하면서 동법 제2조의4에서 '보장기관이란 이 법에 따른 급여를 실시하는 국가 또는 지방자치단체를 말한다'고 규정하고 있어 국가와 지방자치단체가 보장기관임을 명시하고 있다.

보장책임은 제도 시행을 위한 행정적 책임뿐만 아니라 수급권자 급여제공에 따른 재정적 책임도 포함한다. 행정적 책임이라 함은 각종 사업지침 마련 및 법령의 정비, 수급권자 조사 및 선정, 소요인력의 배치, 관련 기관과 단체와의 협조 등 제도 시행에 수반되는 각종 업무의 기획·조정·집행 책임을 의미한다. 재정적 책임이라 함은 급여비용 등 직접경비와 행정비용 등 간접경비 등 보장업무 수행에 소요되는 비용 조달책임을 의미한다.

국민기초생활보장제도 예산에 대한 재정부담은 중앙정부와 지방정부가 분담하고 있다. 『국민기초생활보장법』 제43조에 의하면 급여 등 보장업무에 소요되는 비용은 기초자치단체인 시·군·구의 재정여건, 사회보장비 지출 등을 고려하여 중앙정부인 국가와 지방자치단체인 시·도 그리고 기초자치단체인 시·군·구에서 나누어 부담토록 하고 있다(**표 6-5** 참조).

<표 6-5> 보장기관별 국민기초생활보장비용 부담비율

구 분	부담 내용
국가	시·군·구 보장비용의 총액 중 100분의 40 이상 100분의 90 이하
시·도	시·군·구 보장비용의 총액에서 국가부담분을 뺀 금액 중 100분의 30 이상 100분의 70 이하
시·군·구	시·군·구 보장비용의 총액 중 국가와 시·도가 부담하는 비용을 뺀 금액
특별자치시 및 특별자치도	시·군·구 보장비용의 총액에서 국가가 부담하는 비용을 뺀 금액

자료: 「국민기초생활보장법」 제43조 내용을 재정리.

3) 선정기준과 급여체계

(1) 선정기준

국민기초생활보장제도 상의 수급자로 선정되기 위해서는 소득요건과 부양의무자 요건 두 가지 요건을 충족시켜야 한다. 첫째, 소득요건은 수급신청 가구의 소득인정액이 급여종류별로 정한 선정기준 이하여야 하고, 둘째 부양의무자 요건은 일차적인 수급자 돌봄 책임자가 부양의무자라는 전제하에 부양의무자가 없거나, 있더라도 부양능력이 없거나 부양받을 수 없는 등의 부양의무자 기준에 부합하여야 한다. 『국민기초생활보장법』 제2조는 수급권자에 대한 부양의무자 범위를 '1촌의 직계혈족 및 그 배우자. 단 사망한 1촌의 직계혈족의 배우자는 제외'로 규정하고 있으며, 부양의무자 요건은 생계급여 및 의료급여 수급자에게만 적용된다.[29]

수급자 선정 소득 기준은 2000년 10월 국민기초생활보장제도 도입 시부터 2015년 7월 '맞춤형 급여'[30]체계로의 개편 이전까지는 최저생계비산출에 의한 절대기준을 적용해왔다. 그러나 2015년 7월 '맞춤형 급여체계'로의 개편에 따라 최저생계비 활용을 통한 선정기준 적용방식은 폐지되고, 대신에 '기준 중위소득'[31] 개념을 도입하여 각 개별 급여종류별로 기준중위 소득의 일정 비율을 각각 달리 적용하여 산출하는 상대기준 방식으로 바뀌게 된다. '기준 중위소득'이란 맞춤형 급여 도입 이전의 '최저생계비'에 준하는 개념으로 보건복지부장관이 급여의 기준 등에 활용하기 위하여 '중앙생활보장위원회'의 심의의결을 거쳐 매년 고시하는 국민 가구소득의 중위 값을 말한다. 수급자 선정 및 급여기준으로 최저생계비 기준을 더 이상 활용하지 않게 되었지만 '기준 중위소득'이 수급자의 최저생활을 보장하는지 여부를 확인하기 위하여 최저생계비 계측은 3년마다 이루어진다.

(2) 급여체계

국민기초생활보장제도의 급여체계는 2015년 7월부터 '맞춤형 급여체계'로 개편되어 시행되어 오고 있다. 제도개편 배경을 보면 기존 기초생활보장제도가 빈곤계층의 사회 안전망으로서 기능을 충실히 해 왔음에도 불구하고 낮은 급여수준, 위기 가구에 대한 탄력적 대응 곤란, 엄격한 부양의무자 기준 등으로 복지 사각지대가 폭넓게 존재한다는 지적이 제기되어 왔다. 특히나 기존의 급여제공방식이 최저생계비 이하의 저소득층에게 생계·의료·주거·교육급여 등을 통합 지원하여, 이 기준을 초과할 경우 급여별 욕구충족 필요성이 엄연히 존재함에도 불구하고 모든 급여가 중지(all or nothing)되는 모순을 노출하게 되었다.

개편 전(2015. 7. 이전)			개편 후(2019. 1. 현재)		
선정기준	급여수준		선정기준	최저보장수준	부처
최저 생계비 100%	최저생계비의 80%수준현금급여	생계	중위소득 30%	선정기준과 소득인정액의 차액 지원	복지부
		주거	중위소득 44%	기준임대료(임차) 수선유지비(자가)	국토부
	의료서비스 지원	의료	중위소득 40%	현행과 동일	복지부
	수업료,교과서 대 등 지원	교육	중위소득 50%	현행과 동일	교육부

자료: 보건복지부. 각 년도 「국민기초생활보장사업안내」를 토대로 재작성.

<그림 6-5 > '맞춤형 급여체계' 개편내용

이에 따라 기존의 한계를 보완하는 한편, 상대적 빈곤 관점 및 다양한 복지욕구 반영, 보장수준의 현실화 등을 위해서 맞춤형 급여체계 개편을 추진하게 된다(**그림 6-5** 참조). 이에 따라 생계·의료·주거·교육 등 주요 급여별 수급자 선정기준을 중위소득과 연동·다층화하고, 부양의무자 소득 기준도 대폭 완화한다. 특히 중증장애인 포함 부양의무자 가구에 대해서는 기준을 추가 완화하고, 주거급여, 교육급여는 부양의무자 기준을 적용하지 않는다.[32]

4) 앞으로의 과제

National Minimum을 확보하기 위한 핵심적 장치로서 국민기초생활보장제도는 2000년 제도 시행에서부터 현재에 이르기까지 짧은 역사적 과정 속에서도 비교적 많은 부분이 개선되었고 제도의 성숙을 위한 각계의 노력들이 돋보이는 제도라고 평가할 수 있다. 부양의무자 기준의 축소, 자활지원 사업의 확대, 급여대상 탈락자들이 생계를 위협받지 않도록 각종 특례제도의 도입과 확대 등이 개선의 결과물들이라고 할 수 있다.

그럼에도 불구하고 국민기초생활보장제도는 앞으로 해결해야 할 몇 가지 과제들이 있다. 첫째, 급여 수준의 형평성 문제의 해결이다. 급여 수준에 있어서 최저생계비 수준의 보장과 이를 위한 보충급여방식을 취하고 있는 국민기초생활보장제도는 이에 추가하여 수급자의 근로소득에 대한 공제제도를 실시하고 있다. 이러한 보장형태는 공공부조가 장기적으로 발전해야 할 개선방향이라고 할 수 있다. 그러나 국민기초생활보장제도의 급여수준이 사회적 합의를 얻을 수 있어야 하는데 이를 위해 공적연금 등 소득보장을 위한 사회보험제도와의 균형을 이루어야 한다는 것이다. 타 사회보험제도와의 균형을 고려하지 않은 채 일방적인 상향조정을 할 경우는 사회보험대상자와의 형평성이 무너지게 되고 급여수급권 대상범위 계층의 근로의욕 감소, 소득 노출의 회피 등이 나타날 수 있다.

둘째, 2014년 『국민기초생활보장법』 개정안이 국회를 통과하면서 종전에 지속적으로 문제가 제기되어 왔던 '통합급여방식'을 생계, 의료, 주거, 교육급여가 별도의 선정기준과 급여 수준을 갖는 4개의 욕구별 '개별급여방식'으로 바꾸어서 급여 간에 서로 역할을 분담하도록 하였다. 새로운 기초생활보장제도에 따라 종전 최저생계비를 선정기준으로 모든 급여에 일괄 적용하던 방식에서 벗어나 상대적 기준선방식을 적용하여 중위소득의 일정 비율을 급여별로 달리 적용하는 다층화 선정방식을 취하게 된 것은 진일보한 조치라고 할 수 있다. 그러나 선정기준과 급여 수준의 적정성 여부에 대하여는 여전히 문제 제기가 계속되고 있는데, 빈곤율 감소나 급여의 적정성 보장 측면에서 지속적인 점검과 보완이 필요하다.

셋째, 근로 빈곤층을 대상으로 하는 고용과 복지의 연계 프로그램이 강화되어야 한다. 근로연계와 자활사업은 직업능력 향상으로 이어져야 하는데, 자활사업의 집행을 담당하고 있는 보건복지부와 노동부 사이에는 대상자들의 특성과 프로그램을 둘러싼 견해 차이가 많다. 보건복지부의 정책은 자활후견기관을 통한 사회적 일자리 창출을 목표로 할 뿐만 아니라 이 과정에서 자활근로를 주요 수단의 하나로 사용한 반면, 노동부의 경우 직업훈련과 취업 알선에 초점을 맞추고 있다는 점에서 인적자본개발(human capital development)과 노동시장 연결(labor market attachment) 전략을 채택하고 있다. 따라서 자활급여가 최저생활보장뿐만 아니라 취업으로 현실화될 수 있도록 고용과 복지가 연결되기 위해서는 적극적 노동시장 정책들이 함께 이루어져야 하며, 이를 통해 궁극적으로 복지대상자들의 탈빈곤이 가능해질 것이다.

마지막으로 부양의무자 기준이 가져오는 부정적 측면을 고려한 개선이 필요하다. 부양의무자 제도에 대해서는 국가 책임주의를 전제로 한 제도 자체 폐지에서부터 가족이 일차적 책임을 지는 가족책임주의를 강화해야 한다는 견해에 이르기까지 다양하나, 경제·사회적 환경변화에 따라 현행제도의 엄격함에 대해서는 지속적인 문제 제기가 되어오고 있다. 따라서 부양의무자의 부양 능력 확인은 현실적으로 부양이 이루어지고 있는가의 여부가 출발점이 되어야 하며, 부양의무자 판정 기준의 기계적 적용으로 인해 대상자에서 탈락되어 실제로 최저생활보장에 위협을 받는 이들이 없도록 적극적인 대상자 발굴이 필요하다.

3. 고령자복지 프로그램

1) 제도의 개관

우리나라 노인복지의 원년은 노인복지법이 제정된 1981년이라고 할 수 있다. 이후 노인복지법은 이후 계속된 개정절차를 거쳐 1989년에는 노령수당 지급근거를 마련하고 1993년에는 재가 및 유료노인복지사업의 실시근거 마련, 1997년에는 경로연금 제도의 도입, 2007년『기초노령연금법』제정(2008.1 시행) 및 같은 해『노인장기요양보험법』제정(2008.7 시행), 2014년『기초연금법』제정(2014.7 시행) 등 법적 기반을 확대 구축해 왔을 뿐만 아니라, 노인복지 행정체제 정비도 꾸준히 이루어져 왔다.

특히나 2005년『저출산고령사회기본법』제정(2005.9 시행)은 인구 고령화에 대한 정책적 대응을 포괄적인 범국가적 아젠더로 삼은 전기를 마련했다. 이 법에 따라 국가는 종합적인 저출산·고령사회 정책을 수립·시행하고, 지방자치단체는 국가의 저출산·고령사회 정책에 맞추어 지역의 사회·경제적 실정에 부합하는 저출산·고령사회 정책을 수립·시행하여야 한다. 고령사회 정책에는 고용과 소득보장, 건강증진과 의료제공, 생활환경과 안전보장, 여가·문화 및 사회활동의 장려, 평생교육과 정보화,

노후설계, 취약계층 노인배려, 가족관계와 세대 간 이해증진, 경제와 산업구조 및 노동환경 변화에 부응하는 시책 수립, 고령 친화적 산업육성 등 국민이 건강하고 안정된 노후 생활을 영위할 수 있도록 하는데 필요한 전방위적 조치들을 국가와 지방자치단체의 책무로 제시하고 있다.

노인들의 노후소득보장 강화를 위한 정책으로는 크게 국민연금제도, 빈곤선 이하 계층을 위한 국민기초생활보장제도 그리고 기초연금법에 따라 지급하는 기초연금 등이 있다. 노후 소득보장을 위한 정책으로는 연금제도가 가장 중요하지만, 국민연금제도의 도입 시기(1988년도부터 시행)가 늦은 관계로 국민연금에 가입하지 못하거나 가입 기간이 짧아 연금액이 충분치 못하는 등의 사유로 인해서 사실상 현세대 노인을 위한 노후소득보장의 역할을 다하고 있지 못한 측면이 있어서 저소득층을 위한 기초생활 보장 차원에서는 한계를 가질 수밖에 없다. 이러한 점을 보완하기 위하여 전체 노인의 60퍼센트를 대상으로 하는 '기초노령연금' 제도가 도입되고 이후 70퍼센트를 대상으로 하는 '기초연금'으로 발전하게 된다.

노후소득보장 강화정책과는 별도로 우리나라의 고령자복지서비스 정책은 매우 광범위하게 전개되고 있음을 알 수 있다. 이를 영역별로 보면 ①국가건강검진 사업, 치매관리, 방문 건강 등 건강생활 보장서비스, ②경로당, 노인복지관 운영, 노인자원봉사자 클럽 등 사회참여 확대 서비스, ③고령자 주택 등 주거환경조성 서비스, ④노인학대 예방 등 안전 및 권익보장 서비스, ⑤노인 일자리 지원사업 등 근로 기반 확대 서비스 등이 시행되고 있다. 이러한 시책들은 고령사회의 진전에 따라 대상 인구층이 확대되고 욕구가 특화됨에 따라 양적, 질적으로 모두 충족되지 못하고 있는 실정이다. 따라서 노인 친화시설의 확충, 서비스 규모의 확대 및 노인의 특성변화를 감안한 적절하고 다양한 서비스제공 노력 들이 뒷받침되어야 할 것이다.

2) 기초연금제도

현행 우리나라 국민의 노후 소득보장을 위한 공적연금제도로는 국민연금과 기초연금을 들 수 있다. 국민연금은 사회보험인데 비해서, 기초연금은 조세를 재원으로 보편성이 강한 일종의 사회수당적 성격을 가지고 있다. 그렇지만 자산조사를 통해 65세 이상 전체 노인층의 70퍼센트만을 대상으로 한다는 점에서 공공부조적 성격도 함께 가지는 양면성을 지닌 제도이기도 하다. 기초연금은 국민연금의 사각지대 해소와 현세대 노인층의 빈곤 문제 해결이라는 목적을 동시에 추구하고 있어서 국민연금을 노후소득의 주된 보장제도라고 한다면 기초연금은 이에 대한 보충적 성격을 지니는 제도이다.

기초연금제도의 연원은 기초노령연금에서 찾을 수 있다. 기초노령연금은 전체 노인의 60퍼센트를 대상으로 국민연금 A값(국민연금 전체 가입자의 최근 3년간 월평균 소득)의 5퍼센트를 지급하기로 하는 기초노령연금법이 2007년 통과됨으로써 이듬해 2월부터 시행된다. 기초연금은 2014년 7월 제도 도입시점부터 기준연금액을 20만원으로 설정하였는데 이 수준은 당시 2014년 기준의 국민연금 A값 198만 1,976원의 약 10퍼센트로서 과거 기초노령연금 기준의 약 2배에 이른다.[33] 기초연금의 기준연금액은 전년도 기준연금액에 전국소비자물가변동률을 반영하여 매년 고시한다. **<그림 6-6>**는 현행 기초연금액 산정산식이다.

$$기초연금액 = [기준연금액 - (2/3 \times A \ 급여액)] + 부가연금액$$

<그림 6-6> 기초연금액 산정산식

기초연금은 대한민국 국적을 소지한 만65세 이상이고 국내에 거주하고 있는 노인 중 소득인정액이 선정기준액 이하인 경우 지급된다. 다만 공무원 연금, 사립학교교직원연금, 군인연금, 별정우체국연금 수급권자 및 그 배우자는 원칙적으로 수급대상에서 제외된다. 2017년말 기준으로 볼 때 65세 이상 전체 노인인구 가운데 기초연금 수급률은 66.3퍼센트인데, 기초연금수급자의 약 3분의 1에 해당하는 36퍼센트는 기초연금과 국민연금을 동시에 받고 있다.[34]

현재의 기초연금은 과거 기초노령연금에 비해 급여수준이 높아서 현세대 노인에게는 노후소득보장 효과가 증가되었다고 할 수 있다. 그렇지만 기준연금액 산정이 국민연금 수급권에 따라 산정된 국민연금 A급여액(소득재분배급여액)에 따라 감액되는 구조로 설계되어 있어서 중장기적으로 국민연금 가입기간과 가입자 수가 늘어나고 이에 따라 연금급여액 등이 상승하게 되면 기초연금의 노후 소득보장수단으로서의 역할은 그만큼 감소할 것으로 보인다.

따라서 기초연금의 사회보장수단으로서의 성격을 사회수당 또는 공공부조 가운데 어떤 방향으로 정체성을 가져갈 것인지, 그리고 국민연금과의 역할분담은 어떤 수준에서 정립해 나갈 것인지가 연구과제이다.

3) 노인장기요양보험제도

노인장기요양보험제도는 고령화의 진전, 핵가족화, 여성의 경제활동 증가 등 사회적 변화에 따른 복지 수요를 충족시키기 위해 도입된 제도로서 제5의 사회보험이라고도 불린다. 즉, 노화에 따른 장기요양문제를 종래의 개인이나 가족책임으로부터 사회와 국가 차원의 사회적 돌봄이라는 공식영역으로 전환시켰다는 점에서 그 의미가 매우 크다. 사회적 돌봄에 대한 필요성은 인구구조의 변화, 노인가구 형태와 부양에 대한 가치관 변화에서 비롯되는데 이미 높은 고령화를 보이면서 국가 차원의 노인돌봄제도를 도입 운영하고 있던 독일(1995년), 일본(2000년) 등의 사례는 우리나라 노인장기요양보험제도 도입에도 크게 참고가 되었다.[35]

우리나라는 2008년 7월부터 고령이나 치매, 중풍 등 스스로 일상생활을 수행하기 어려운 분들에 대한 장기간에 걸친 간병, 장기요양 문제를 사회연대 원리에 따라 국가와 사회가 분담하는 노인장기요양보험제도를 도입하여 시행하고 있다. **<표 6-6>**에서 보는 바와 같이 기존 노인복지서비스 제도가 갖고 있는 한계를 보편적 보험원리에 따라 차별적으로 보완하고 있다.

<표 6-6> 노인장기요양보험제도와 기존 노인복지서비스체계 비교표

구 분	노인장기요양보험	기존 노인복지서비스체계
관련법	노인장기요양보험법	노인복지법
서비스 대상	- 보편적 제도 - 장기요양이 필요한 65세 이상 노인 및 치매 등 노인성 질환을 가진 65세 미만자	- 특정 대상 한정(선택적) - 국민기초생활보장 수급자를 포함한 저소득층 위주
서비스 선택	- 수급자 및 부양가족의 선택에 의한 서비스 제공	- 지방자치단체장의 판단
재원	- 장기요양보험료+국가 및 지방자치단체 부담+이용자 본인 부담	- 중앙정부 및 지방자치단체 부담

자료: 국민건강보험공단(http://www.longtermcare.or.kr/).

노인장기요양보험은 전 국민을 가입대상으로 하는 의무가입 사회보험이다. 전 세계적으로 제도운영방식은 사회보험방식과 조세 방식으로 나뉘는데, 한국, 독일, 일본 등에서는 사회보험방식을 채택하고 있고, 호주, 캐나다, 영국 등은 조세 방식을 채택하고 있다. 우리나라는 건강보험과 독립적 형태로 설계하였지만, 건강보험서비스와의 상관성, 제도운영 상의 효율성 등을 감안해서 별도 관리운영기관을 설치하지 않고 국민건강보험공단이 관리·운영을 담당하도록 하고 있다.

노인장기요양보험제도는 65세 이상의 노인 및 65세 미만으로서 노인성질병을 가진 자를 대상으로 하며 급여내용으로는 재가급여, 시설급여, 특별현금급여[36] 등이 있으며, 노인장기요양보험의 재원은 가입자의 장기요양보험료, 국가 및 지방자치단체 부담금, 장기요양 이용자 본인부담금 등으로 조달된다. 국민건강보험가입자는 장기요양보험가입자로 당연 가입되는데, 본인의 건강보험료에 장기요양보험료율(2019년 기준: 8.51퍼센트)을 곱해서 보험료를 산정하며 보험료율은 매년 재정상황 등을 고려하여 보건복지부장관 소속 '장기요양위원회' 심의를 거쳐 대통령령으로 정한다. 국가는 매년 당해년도 장기요양보험료 예상수입액의 100분의 20 상당금액을 공단에 지원하며, 국가와 지방자치단체는 의료급여수급권자에 대한 장기요양급여비용 및 관리운영비 등을 부담한다.

노인장기요양보험제도는 요양급여를 제공하는 기본원칙으로 4가지를 제시한다. 첫째, 자립적인 일상생활 수행이 가능하도록 급여제공, 둘째, 종합적인 욕구를 고려한 적정급여 제공, 셋째, 재가급여를 우선적으로 급여제공, 넷째, 의료서비스와 연계하여 급여제공 등이다(『노인장기요양보험법』 제3조). 이러한 원칙들은 노인 중심의 통합보호의 중요성을 밑바탕으로 해서 정부의 「노인 커뮤니티 케어(community care) 중심 지역사회 통합 돌봄추진계획」[37]구상과도 맥을 같이하고 있다. '커뮤니티 케어'란 주민들이 나이 들어서도 살던 곳에서 개개인의 욕구에 맞는 서비스를 누리고 지역사회와 함께 어울려 살아갈 수 있도록 주거, 보건의료, 요양, 돌봄, 독립생활의 지원이 통합적으로 확보되는 지역 주도형 사회서비스 정책이다. '커뮤니티 케어'(community care)는 차세대 장기요양보험의 전략목표이기도 하다.

4) 앞으로의 과제

노임장기요양보험제도의 도입으로 개인과 가족책임이었던 노인 돌봄이 사회 돌봄화하는 전기가 마련되었다는 점에서 긍정적 평가를 내릴 수 있다. 앞으로도 노령화는 더욱 속도를 높여서 전개될 것이고 가족구조 또한 핵가족화방향으로의 심화가 전망됨에 따라 노인장기요양에 대한 욕구는 한층 확대될 것으로 예상된다. 이에 따라 재정부담의 증가, 서비스 질 향상 등이 쟁점으로 대두된다. 재정안정문제는 아직까지는 다른 사회보험에 비해 안정적인 추세이나 장기적 관점에서의 대비가 필요하며, 서비스 질의 문제는 서비스제공 인력의 질적 수준과 관련되는 문제이므로 교육 강화 및 처우 향상 등을 복합적으로 검토할 필요가 있다.

또 하나의 과제는 우리나라 장기요양보험의 원칙상 재가급여가 우선이고 세계적인 방향임에도 전체적으로 시설급여 위주로 운영되고 있어서 재가급여이용을 촉진하는 제도보완이 필요하다. 지금까지의 노인장기요양보험제도 운영결과 시설확대를 비롯한 양적 공급은 상당 부분 충족된 관계로 이제는 서비스의 질적 수요관리에 힘써야 할 단계이다.

4. 아동복지 프로그램

1) 제도의 개관

우리나라의 아동복지는 1961년 『아동복리법』의 제정으로 요보호아동 보호의 법적 근거를 마련하였으며, 1989년 『모자복지법』을 제정하여 저소득 모자가정을 지원하기 시작하였고, 이후 1991년 『영유아보육법』을 제정하여 보육사업의 활성화를 시도해 왔다. 특히 『아동복리법』은 1981년 『아동복지법』으로 전면 개정되는데 이에 따라 우리나라 아동복지는 선별주의에서 보편주의로 발전하는 계기를 마련하였다. 즉 전체아동을 대상으로 한 보편주의에 입각하여 아동복지에 대한 국가의 책임이 증대되고 소년소녀가정보호, 가정위탁사업 추진 등 복지프로그램의 전문화, 다양화가 시도되었다.

특히 우리나라는 1991년 UN 아동권리협약을 비준함으로써 아동보호에 대한 국가책임이 국제표준에 따라 한층 강조되어 오고 있으며 이를 공식화하는 노력은 2000년 『아동복지법』 개정으로 나타난다. 앞으로 우리나라의 저출산 고령화 현상이 가져오는 인구학적 특성과 사회·경제적 환경변화는 아동권리실현을 위한 아동보호체계 개편에 대한 요구가 한층 탄력을 받을 전망이다.

우리나라 보육서비스 또한 저소득 아동에 대한 보육료 지원 등 선별적 기능에서 출발해서 점차 일반가정 아동을 대상으로 하는 보편주의적 서비스를 지향하는 단계로 발전해 왔다. 보육문제에 대한 정부 차원의 사업 지원은 1991년『영유아보육법』이 제정됨에 따라 본격화되고 2002년에는『모자복지법』이『모·부자복지법』으로 개정되어 부자(父子)가정에 대한 보호를 제도화하였다. 이후 65세 이상의 고령자들과 손자녀로 구성된 조손(祖孫)가정까지 보호대상자로 확대하면서 생활안정 및 복지증진을 도모하기 위해 2007년 10월『한부모가족지원법』으로 전면 개정하게 된다.

한부모가족의 아동양육비지원은 저소득 한 부모 가족 및 조손 가족의 가족기능 유지 및 생활 안정과 복지증진을 유지하기 위함이다. 2019년도 기준지원대상이 되기 위해서는 소득인정액이 기준 중위소득 52퍼센트 이하여야 하며, 기준 충족 시 만 18세 미만 자녀를 대상으로 자녀 1인당 아동양육비(월20만원) 및 학용품비(중·고생 자녀 1인당 연 5만4,100원)를 지원한다.

한편 2004년『영유아보육법』전면개정은 보육의 대상자를 일반가정 아동에게까지 확대하고 보육서비스의 기능을 '보호'뿐만 아니라 '교육'까지로 확대했다는 점에서 의미가 매우 크다. 2009년 영유아보육법 일부개정을 통해서는 보육시설 서비스제공 이외에도 가정양육을 지원하는 양육수당이 도입되고, 2013년 만 3-5세 공통의 보육·교육 과정인 누리과정(어린이집과 유치원 공통과정) 도입, 같은 해 국가와 지방자치단체의 보육재원 확보책임과 양육수당 대상을 전 계층으로 확대함으로써 무상보육시대를 열게 된다.[38]

2000년대 중반부터 보육정책은 국가의 중요정책과제로 부각하여「저출산 고령사회 기본계획」의 일환으로 2006년 제1차 중장기 보육계획인「새싹플랜 2006-2008」과 이를 보완한「아이사랑 플랜(2009-2012)」을 마련한 이래「제2차 중장기보육기본계획(2013-2017)」을 수립한다. 1차 계획에서는 여성의 사회진출 증가에 대응한 보육서비스 중점공급 및 국가책임 강화를, 그리고 2차 계획에서는 무상보육 도입과 수요자 맞춤지원 내용을 중점적으로 담고 있다. 그리고「제3차 중장기보육기본계획(2018-2022)」에서는 보육의 공공성 강화, 보육체계개편, 보육서비스 품질향상, 부모양육지원 확대 등을 중점사업으로 제시하고 있다.[39]

2) 보육서비스

우리나라 보육서비스는 어린이집을 이용하느냐 또는 가정양육이냐의 여부, 그리고 누리과정 연령(만3-5세)이냐 등에 따라 보육료 지원내용이 달라지기는 하나, 이들 모두 대상 아동 가구의 소득수준과는 무관하게 무상보육의 대원칙 아래서 지원된다는 점에서 공통점을 갖고 있다.

① 보육료 지원

만 0-5세 어린이집을 이용하는 영유아에 대하여 보호자의 소득수준과 관계없이 전 계층에 대해 무상으로 보육료를 지원한다. 3-5세까지 어린이집 보육은 누리과정에 대한 지원이다.

② 누리과정 지원

누리과정이란 정부가 만 3-5세 유아에게 공통적으로 제공하는 교육 및 보육과정이다. 유치원 및 어린이집에 다니는 만 3-5세 유아에 대하여 보호자의 소득 수준에 관계없이 전 계층 유아 학비(유치원)와 보육료를 지원(어린이집)하는데 단, 3년을 초과해서 무상지원 받을 수는 없다.

③ 양육수당 지원

어린이집 및 유치원을 이용하지 않는 취학 전 만 86개월 미만 아동에 대한 부모의 양육비용 부담경감을 통해 정부 지원의 형평성 문제 해소 및 아동의 건강한 성장발달 지원을 목적으로 하는 서비스이다.

이상의 3-5세 아동의 유아학비(유치원), 보육료(어린이집), 양육수당(가정양육) 등은 중복하여 지원되지 않는다.

3) 아동수당

전 세계적으로 초기의 아동수당 제도는 19세기 유럽 다자녀 노동자 가구의 부족한 임금보충을 위한 부가급부로 시작해서 뉴질랜드에서 최초로 도입(1926년)된 이래 프랑스(1932년), 영국(1945년), 스웨덴(1948년), 일본(1972년) 등에서 제도화하였고, 이후 다른 나라들로 확산되어서 OECD 국가 중에서는 미국, 멕시코 등 몇몇 나라를 제외하고는 대부분의 국가에서 운영하고 있는 제도이다.[40]

우리나라에서도 보편주의형, 소득연계형, 출산 장려형 등 여러 유형의 제안[41]과 함께 아동수당 도입 필요성이 지속적으로 제기되었지만, 재원 문제 등으로 인해 번번이 도입이 가시화되지 못하다가 문재인 정부 등장과 더불어 본격 실시되었는데, 그 배경에는 우리나라가 처한 사회적·경제적 환경 가운데서 특히나 심각한 저출산 문제의 해결 대안으로서 아동수당이 새롭게 조명된 측면이 강하다.[42]

아동수당은 아동 양육에 따른 경제적 부담을 경감하고 아동의 건강한 성장환경을 조성하기 위하여 『아동수당법』을 제정(2018년 3월)함에 따라 2018년 9월부터 아동수당제도가 시작되었다. 이 제도는 도입 초기 만6세 미만의 일부 아동(소득·재산 기준 하위 90퍼센트)을 대상으로 시행되었으나, 2019년부터는 소득계층에 관계없이 모든 아동으로 확대되고, 2019년 9월부터는 만7세 미만의 모든 아동으로 확대된다. 보편적 수당으로서의 기능이 강화됨에 따라 소득 및 재산조사가 필요 없게 되며 급여액은 아동 1인당 매월 10만원씩(2019년 기준) 현금 지급을 원칙으로 하며 보육료 또는 양육수당과는 별개로 지급된다.

우리나라 아동수당제도는 도입된지가 얼마 안된 초기 단계인 관계로 아직 장래전망을 논할 단계는 아니나 아동연령, 급여수준 등을 점진적으로 확대 조정해나가고 보육지원제도나 조세지원제도 등과도 유기적으로 결합된 아동급여 패키지 형태로 설계할 필요성이 있다.[43]

5. 장애인복지 프로그램

1) 제도의 개관

우리나라 장애인에 대한 종합적인 차원의 정책적 접근이 시작된 것은 1981년 『심신장애자 복지법』이 제정되면서부터라고 할 수 있는데, 이 법에서는 주로 시설에 관한 사항에 그치고 있으나 1989년 『장애인복지법』으로 명칭이 변경되면서 장애인등록제

도입과 더불어 저소득 장애인에 대한 의료비, 자녀교육비, 생계 보조수당 등 경제적 지원이 시작되었다. 1999년에는 『장애인복지법』 및 『장애인고용촉진 등에 관한 법률』이 개정되어 장애인의 범주가 외부 신체장애 위주에서 내부기관 장애 및 정신장애로까지 대폭 확대되었을 뿐만 아니라 장애인 사용 자동차에 대한 지원, 장애아동 분야 수당 및 보호수당을 신설하는 등 재가 장애인에 대한 복지서비스를 확대하였다. 2010년에는 『장애인연금법』이 제정되어 무기여 방식의 중증장애인 연금제도를 같은 해 7월부터 시행하게 된다.

우리나라의 『장애인복지법』 제49조에 의하면 '국가와 지방자치단체는 장애정도와 경제적 생활수준을 고려하여 장애로 인한 추가적 비용을 보전하기 위하여' 장애수당 등을 지급할 수 있다고 되어 있는데, 우리나라의 장애인복지법상 장애인에 대한 공공부조적 성격의 지원프로그램으로는 장애수당 이외에도 장애아동수당과 보호수당이 있으며, 이 가운데 장애수당 및 장애아동 수당은 지급되고 있으나 보호수당은 아직 지급되지 않고 있다. 장애인복지법상 '수당'은 자산조사를 거쳐 지급한다는 점에서, 자산조사 없이 인구학적 요건만 충족되면 되는 데모그란트(demogrant)인 본연의 의미의 수당과는 다른 개념이다. 장애인연금을 받는 경우에는 장애수당을 받을 수 없다.

장애인복지서비스는 소득지원 이외에도 돌봄 지원 차원에서도 실시된다. 돌봄 지원 서비스로는 6세 이상 65세 미만까지는 '장애인활동지원서비스'를, 65세 이상부터는 '노인장기요양보험제도'를 이용하도록 한다. 2011년 1월 『장애인활동지원에 관한 법률』(2011년 10월 시행)이 제정됨에 따라 활동보조서비스, 방문목욕, 방문간호서비스 등이 법적 급여로 제도화 된다.

2) 장애수당 및 장애인 연금

① 장애수당

장애수당은 생계, 의료, 주거, 교육급여 수급자 및 차상위 계층 중 만 18세 이상의 3-6급 등록장애인으로서 소득인정액이 기준 중위소득 50퍼센트 이하일 경우 지원한다. 2019년 기준 지원금액은 생계, 의료, 주거, 교육급여 수급자 및 차상위는 매월 4만원이며, 보장시설 수급자(생계, 의료)는 매월 2만원이다.

② 장애인연금

장애인연금은 장애로 인하여 생활이 어려운 중증장애인의 안정된 삶을 위하여 도입되었다. 장애인연금은 만 18세 이상의 등록 중증장애인(1급, 2급, 3급 중복) 중 소득인정액이 보건복지부장관이 매년 결정·고시하는 금액 이하인 경우에 지원한다. 참고로 2019년 결정·고시 금액은 단독가구 122만원, 부부가구 195만 2천원이다. 장애인연금의 기본 틀은 '장애로 인해 근로능력의 상실 또는 현저한 감소로 줄어드는 소득의 보전'인 '기초급여'와 '장애로 인해 추가로 드는 비용의 전부 또는 일부 보전'인 '부가급여'로 구성된다(장애인연금법 제5조). '기초급여'는 만 18세-만 64세까지만 지급되고, 65세 이상부터는 '기초연금'으로 전환되면서 '기초급여'는 미지급된다. '부가급여' 대상자는 만 18세 이상 장애인연금 수급자 중 생계, 의료, 주거, 교육급여 수급자와 차상위계층 등이 해당된다.

6. 근로장려세제

1) 제도의 개요

선진국들은 공공부조 수급자들을 비롯한 저소득 근로자들의 근로 동기를 고취하기 위해 근로소득 공제제도 도입과 동시에 조세정책을 통하여 근로유인을 배가하는 이중장치를 마련하는 추세에 있다. 근로소득 공제제도(Earnings Disregard)는 근로소득의 일정 부분을 소득평가액 산정 시 차감하는 제도임에 반하여, 근로소득 세금공제(EITC: the Earned Income Tax Credit)란 일정 수준 이하의 근로소득이 있는 가구를 대상으로 소득세에 대하여 적용하는 부의 소득세(Negative Income Tax) 성격의 환급 가능한 세액공제 제도(Refundable Tax Credit)이다.

미국의 EITC 제도를 비롯해서 영국의 근로세금공제(Working Tax Credit: WTC), 프랑스의 근로장려금(Prime pour l'Emploi: PPE), 네덜란드의 근로소득 세금공제(Labour Income Tax Credit), 호주의 근로공제(Working Credit), 뉴질랜드의 가족 세금공제(Family Tax Credit) 등은 모두 저임금 근로소득자들의 근로동기부여를 위한 정부의 세액공제 제도들이다.[44] 참고로 영국의 WTC는 2013년부터 통합공제(Universal Credit)로 대체되고 있다.

우리나라에서도 근로유인제공방안으로 EITC 도입의 필요성에 대해 활발한 논의가 전개되어 왔는데,[45] 이는 지속 가능한 공공복지시스템이 정착해 나가기 위해서는 근로 무능력자는 국가가 최저한의 생계를 보장해주되 근로능력자는 근로유인을 강화하여 스스로 자립할 수 있도록 해주어야 한다는 취지에서이다.

우리나라는 2006년 『조세특례제한법』 개정에 따라 미국의 EITC 제도를 근간으로 설계한 '근로장려세제'를 도입하여 2008년도 귀속소득을 토대로 2009년부터 시행해 오고 있다. 이 제도는 저소득 근로자의 근로의욕 고취와 소득지원을 통해 건전한 사회 안전망을 구축하기 위해 도입되었다. 『국민기초생활보장법』은 법상 자격을 갖춘 저소득층에게 일정 급여를 제공함으로써 1차 보호망을 제공하는 데 비해서, 근로장려세제는 법상 사각지대에 있거나 차상위 계층에 해당하는 저소득 근로자들에 대한 2차 보호망을 제공한다.

근로장려세제의 정책대상자는 근로소득, 사업소득, 또는 종교인 소득이 있는 가구로서 『조세특례제한법』 제100조의 3에 따른 가구 요건, 연간 총소득여건, 재산요건을 모두 갖춘 대한민국 국적 소지자여야 한다. 가구 요건으로서는 배우자 또는 18세 미만의 부양 자녀가 있거나(맞벌이 가구), 배우자가 없으며 70세 이상의 부모가 있는 홑벌이 가구, 또는 30세 이상인 단독가구이다. 총 소득요건과 재산요건은 <표 6-7>과 같다.

<표 6-7> 2019년 신청 근로장려금 총소득·재산요건

구분	단독가구	홑벌이 가구	맞벌이 가구
총 소득요건	2000만원 미만	3000만원 미만	3,600만원 미만
재산요건	2억원 미만		

자료: 국세청(https://tewf.hometax.go.kr/doc/wf/a/a/장려세제_제도안내_리플릿.pdf). 2019.8.10.인출.

2) 제도의 효과

근로장려세제는 근로장려금 수령으로 노동 공급을 증가시키는 대체효과와 노동 공급을 감소시키는 소득효과의 두 가지 효과를 발생하는데 노동시간을 증가시키는 근로

유인의 순효과는 소득효과와 대체효과 가운데 어느 것이 더 큰지에 따라 달라지게 된다. 그러나 근로장려세제 도입으로 인해 근로유인 효과를 거두었는지에 대하여는 일치된 결과가 제시되지 못하고 있다.[46] Lee and Chun(2005), 강병구(2007) 등은 근로자의 노동참가율은 다소 증가하지만 노동시간에는 별 영향이 없거나 오히려 줄어든다고 하며, 박능후(2011)는 근로장려세제에 대해 인식을 가지고 있는 가구는 그렇지 못한 가구에 비해 총 근로일수가 유의미하게 증가하나 근로장려금 수급자체는 근로일수 변화에 유의미한 영향을 미치지 않는 것으로 분석한다.[47] 한편 송헌재·방흥기(2014), 신우리·송헌재(2018) 등은 근로장려세제의 노동공급효과는 소득구간별로 달라지는데 점증구간에서는 노동공급을 높이는 방향으로 작용하고 평탄 및 점감구간에서는 노동공급을 줄이는 것으로 보고한다.[48]

우리나라는 지속적으로 근로장려세제의 지원대상 및 지원금액을 확대하여왔다. 국세청의 「국세통계연보」(각 년도)에 의한 우리나라 근로장려금 지급현황을 보면 사업시작 년도인 2008년 소득적용분(2009년 신청)은 591천가구, 4,537억원이 지급되었으나, 10년이 지난 2017년 소득적용분(2018년 신청)은 1,693천가구, 12,808억원이 지급되어 대상자 및 금액 모두 약 3배 가까이 성장하였다.

근로장려세제는 근로유인 효과와 소득재분배 효과를 동시에 추구하고 있다. 이 두 가지 측면에서 우리나라 근로장려세제의 시행 효과에 대해서는 대체적으로 긍정적 평가가 많다.[49] 근로장려세제는 근로소득계층만을 적용대상으로 하기 때문에 이 제도가 국민기초생활보장제도 등의 공공부조 제도를 완전히 대체할 수는 없다. 따라서 근로장려세제와 공공부조 제도는 적용대상과 급여 수준을 적절하게 설정하여 상호보완작용을 하도록 설계해 나가야 할 것이다.

제5절
의료보장제도

1. 의료보장제도의 발달과정 및 특징

1) 의료보장 제도의 개관

의료보장제도는 국민의 건강권을 보장하기 위하여 요구되는 필요한 보건의료서비스를 국가나 사회가 제도적으로 제공하는 사회보장제도를 의미한다. 각 국가들은 자국의 사회적·역사적 특성과 국민적 인식에 따라 매우 독특하고 복잡한 제도를 채택하고 있는데, 우리나라는 건강보험방식을 기반으로 해서 보장내용을 시대 상황에 맞게 계속 변화시켜 오고 있다.

건강보험제도는 국민의 질병·부상에 대한 예방·진단·치료·재활과 출산·사망 및 건강증진에 대하여 보험급여를 실시함으로써 국민보건을 향상시키고 사회보장을 증진함을 목적으로 한다(『국민건강보험법』 제1조).

우리나라의 의료보장제도로는 사회보험제도인 '국민건강보험'제도가 있으며 공공부조제도인 '의료급여'제도가 있다. 이외에도 '산업재해보상보험'이 산업재해 대상자들을 대상으로 일정 부분 의료보장 기능을 담당하며, 제5의 사회보험인 '노인장기요양보험'제도(2008년 7월시행)도 노인대상으로 의료보장기능을 보완적으로 수행한다. 우리나라에서 이 가운데서 의료보장기능의 중추적 기능은 건강보험제도를 통해서 이루어지고 있다(**표 6-8** 참조).

<표 6-8> 우리나라 의료보장 관련 제도 현황

구분	건강보험	의료급여	산업재해
기본성격	질병 및 부상에 대한 예방, 진단치료, 재활 등에 대한 보험급여	일정 수준 이하의 저소득층에 대한 의료혜택	업무상 재해보상 및 재활 치료
관리대상	가입자, 사용자	의료급여 대상자	산재보험 가입자
보험료 부담	사업주, 근로자, 정부	정부	사업주
보험료 부과기준	임금, 재산, 소득 등	-	임금, 업종
진료비 지급	국민건강보험공단	지방자치단체	근로복지공단

주: 노인장기요양보험제도는 건강보험과는 별도로 65세 이상 노인 및 65세 미만 노인성 질환자에 대한 요양 급여를 제공하는 의료보장기능 수행 사회보험임.

2) 건강보험제도의 발달과정

우리나라 건강보험은 1963년 『의료보험법』을 제정해서 법적 근거를 마련하고 1977년 직장 의료보험을 실시하여 본격적인 건강보험의 첫발을 내딛게 되었는데, 의료보장의 질을 포함한 절대적 수준은 비록 많은 문제점을 안고 있다 하더라도 그 어느 국가에 비할 수 없을 만큼 빠른 속도로 제도발전을 이루어 온 것은 부인할 수 없는 사실이다.

1960년대 초 『의료보험법』이 제정되었음에도 당시의 경제여건 상 시기상조였던 관계로 사회보험으로서의 의료보험은 실시가 미루어져 오다가 1977년에야 비로소 500인 이상 고용 사업장에 대한 강제가입을 당연적용하기 시작하였다. 이후 1979년 300인 이상, 1981년 100인 이상, 1983년 5인 이상 고용 사업장 등으로 점차 적용대상을 확대한다.

한편 1979년에는 『공무원 및 사립학교교직원 의료보험법』을 별도제정하여 이들에게도 의료보험을 적용하였으며, 1981년부터는 지역주민에 대해서도 의료보험을 적용하는 지역의료보험 시범사업을 실시하기 시작한 후 1988년 농어촌지역 의료보험, 1989년 도시지역 의료보험을 실시함으로써 전 국민 의료보험을 실현하게 된다. 이후 1997년 12월 『국민의료보험법』을 제정해서 1998년 10월 지역조합과 공무원 및 사립학교교직원을 통합한 국민의료보험관리공단을 출범하고, 1999년 2월 『국민건강보험법』을 제정해서 2000년 7월에는 국민의료보험관리공단과 직장조합을 통합하여 국민건강보험공단을 설립한 후 2003년 7월부터는 지역과 직장의 재정 통합운영도 개시된다.

우리나라 건강보험제도 발전과정에서 발견되는 주요 특징으로는 전 국민을 당연적용 대상자로 사회보험방식을 통해서 국가 또는 개인의 일방책임이 아닌 사회 공동의 연대책임을 활용해서 위험을 분산(risk pooling)시키고자 한다. 가장 두드러진 성과는 1977년 건강보험을 시작해서 1989년 전 국민 의료보험을 달성하기까지의 기간이 불과 12년으로서 세계에서 유례를 찾아볼 수 없을 정도로 짧다는 것이다. 참고로 1883년 세계최초로 국가 주도의 건강보험제도를 도입한 독일이 전 국민 대상으로 확대하기까지는 100년 이상(1883-1988)의 기간이 걸렸다.

제도운영 상의 주요변화로는 1977년 도입 시기부터 조합방식으로 운영되어왔던 의료보험이 2003년 조직 및 재정통합을 통해 일원화를 들 수 있는데, 이는 '의약분업'과 함께 한국 의료개혁의 대표적 사례이기도 하다. 의료보험 통합논쟁은 1980년대부터 2000년대 초에 이르기까지 다양한 사회세력 간의 이해관계가 매우 복잡하게 얽혀서 매우 복잡한 양상으로 전개되어왔는데 기존 조합방식에 대해 '통합주의' 측에서는 보험료 부담의 비형평성, 급여 수준의 하향 평준화, 관리운영의 비효율성 등을 줄곧 문제 제기해왔다.[50]

2017년 8월 발표된 「건강보험 보장성 강화대책」(일명 '문재인 케어')[51]은 건강보험 보장률 확대(2015년 63.4퍼센트에서 2022년 70퍼센트로)를 목표로, '의학적 비급여의 전면적인 급여화'를 핵심전략으로 제시한다. 이는 우리나라 정치・경제・사회 전반에 걸친 환경변화와 사회 연대성 강화 취지를 반영한 것이다.

2. 건강보험 관리 운영체계

1) 관리운영체계

건강보험제도를 관리운영하는 주체로는 보건복지부, 국민건강보험공단, 건강보험심사평가원이 있다. 보건복지부는 정부의 보건의료사업 주무 부처로서 건강보험제도 관련 주요 정책 결정과 업무 전반을 총괄한다. 국민건강보험공단은 현재 건강보험의 유일한 단일보험자로서 가입자 자격관리, 보험료 부과・징수 및 보험급여 비용 지급 등 제도 전반에 대한 관리운영의 주체이다. 건강보험심사평가원은 진료비를 심사하고 의료의 적정성 보장과 의료의 질 평가를 위한 독립된 기관으로서의 성격을 갖는다(**그림 6-7** 참조).

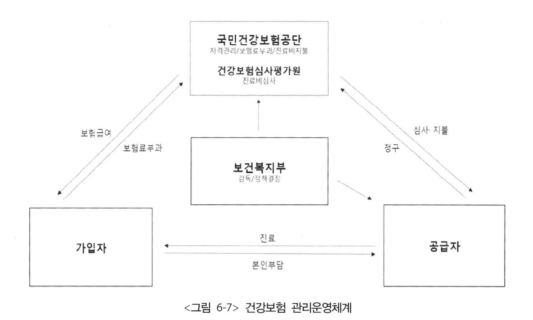

<그림 6-7> 건강보험 관리운영체계

2) 보험료 부과체계와 개편

국민건강보험은 전 국민 가입을 원칙으로 해서 직장 가입자, 직장 가입자의 피부양자, 지역가입자로 구분된다. 국민건강보험 보험료는 직장 가입자와 지역가입자 부과방식이 각각 다르다. 직장 가입자는 직장에 근무하는 근로자, 사용자 및 공무원, 사립학교교직원 등이며, 피부양자는 직장 가입자에게 생계를 의존하는 배우자, 부모, 자녀 등으로서 직장에 근무하지 않고 재산, 소득 등이 일정 기준 이하인 자이다. 지역가입자는 직장 가입자 본인 및 피부양자를 제외한 모든 가입자로서 근로자 없는 1인 사업자, 일용근로자, 특수고용직 근로자(보험설계사, 택배기사 등), 은퇴자 등이다.

건강보험료 부과체계는 2000년 직장·지역 간 통합(2003년 재정통합)이 이루어졌지만, 이원화된 보험료 부과체계를 유지해 오고 있다. 그렇지만 이로 인해 저소득 지역가입자 부담이 크고 고소득 피부양자가 무임승차할 수 있다는 형평성 논란이 제기됨에 따라 국민건강보험법 개정(2017. 4. 18)을 거쳐 전문가 논의와 국회 합의를 통한 2단계(1단계 2018년 7월, 2단계 2022년 7월) 개편계획을 확정하게 된다. 부과체계 개편은 직장·지역 구분 없는 「소득일원화 개편」이 가장 이상적이라 할 수 있으나, 직장·지역 가입자 간 소득파악의 차이, 소득종류(근로, 사업소득)별 부과기준 차이, 보험료 인상 시 수용성, 재정의 지속가능성 등을 고려하여 소득 비중을 점진적으로 높여가는 방향으로 단계적 개편을 추진하게 된다.[52]

<표 6-9>는 부과체계 개편계획에 따라 1단계 현재 운용 중인 직장 및 지역 가입자 보험료 부과체계를 보여준다. 2단계 개편에서는 전체 소득 보험료 비중을 개편전 87퍼센트에서 1단계 92퍼센트, 2단계 95퍼센트까지 높이고(지역가입자 소득 보험료 비중은 개편 전 30퍼센트에서 1단계 52퍼센트, 2단계 60퍼센트까지), 지역가입자의 소득등급표를 폐지해서 직장가입자처럼 소득 보험료는 정률 부과하며, 직장가입자 피부양자 인정기준도 연간소득 소득 2,000만원, 재산 3억6천만원 수준으로 낮출 예정인데, 1단계 개편결과에 따른 문제점에 대해서도 추가로 개선할 계획이다.

<표 6-9> 건강보험료 부과체계

구분	직장 가입자	지역 가입자
부과기준	• 보수월액: 근로소득 및 사업소득 등 • 소득월액: 보수 외 종합소득(근로, 사업, 금융, 연금, 기타 소득)	• 보험료 부과점수 - 종합소득, 부동산, 자동차 등
보험료율	• 보수월액 ×보험료율(2019년: 6.46%) • 소득월액×6.46%	• 보험료 부과점수×부과점수당 금액 (2019년: 189.7원)
보험료 부담방법	• 가입자와 사용자가 각각 50% 분담	• 가입자가 전액 부담
피부양자	• 고소득, 고재산 피부양자는 지역가입자로 전환 - 소득: 연소득 3,400만원 초과 - 재산: 과표 5.4억 초과이면서 연간소득 1천만원 초과	• 피부양자 요건 미적용 - 가입자 전원의 소득, 재산 적용

자료: 국민건강보험공단(2019).

3. 앞으로의 과제

1) 재원조달 현황

건강보험의 재원조달 현황을 보면 보험재정수입은 가입자가 매월 납부하는 보험료와 정부지원금으로 충당되는데, 정부지원금은 국고지원금 및 국민건강증진기금으로 구성된다. 건강보험은 사회보험이란 제도적 특성에 따라 가입자가 납부하는 보험료가 재정의 대부분을 차지하고 있다. 보험료는 매년 보건복지부 장관 소속의 건강보험정책심의위원회[53]에서 정한 보험료율에 따라 소득 혹은 지불능력에 비례해서 납부하게 되는데 보험료율은 매년 꾸준히 오르는 추세를 보이고 있다. 참고로『국민건강보험법』제73조는 직장가입자의 경우 보험료율 상한이 8퍼센트로 정해져 있다.[54]

반면에 재정지출은 가입자 및 피부양자의 의료급여서비스 이용대가로 지급하는 보험급여비와 보험 제도운영을 하는 데 필요한 관리운영비로 구성되는데 보험급여비가 대부분을 차지한다. 건강보험재정에 대한 정부지원금은『국민건강보험법』제108조에 의거하여 해당연도 보험료 예상수입액의 14퍼센트에 상당하는 금액은 국고에서, 국민건강증진기금에서 6퍼센트에 상당하는 금액을 지원한다.

2) 제도개선 과제

우리나라 건강보험제도는 그동안 끊임없는 제도개선 노력에도 불구하고 기본적으로 '저보험료-저급여' 구조를 벗어나지 못하고 있다. 따라서 급여 수준이 제한적인 관계로 의료서비스 이용 시 환자 직접 비용부담이 매우 높은 수준이다. 따라서 보험료 현실화 논의가 끊임없이 제기되고 있는데 이를 통한 급여확대를 통해서 건강보험의 보장성과 부담의 형평성을 제고 할 수가 있을 것이다. 그러나 보험료 인상은 그 저항이 클 것이기 때문에 국민적 합의를 전제로 단계적 조정이 필요하다.

최근 국민 의료비 증가율이 높아지고 있고 보험적용대상도 확대되고 있어서 이를 방치할 경우 건강보험 재정위기와도 연결될 수 있는데 재정 건전화를 위한 다각적 대비가 필요한 시점이기도 하다. 보험적용대상과 보장률이 확대되면 국민의 의료비 부담은 감소하겠지만 보험자(정부) 부담은 그만큼 증가하게 될 것이다. 이는 결국 정부지원금 수준뿐만 아니라 보험료, 서비스 전달 및 수가체계 조정과 같은 전반적인 건강보험 제도개선과도 맞물린 정책과제가 된다.

Notes

1) 국정기획자문위원회. 2017.7. 『문재인 정부 국정운영 5개년 계획』. pp.73-79.

2) 1960년대 초기에서부터 공무원 및 군인연금법(1960), 생활보호법(1961), 아동복지법(1961), 재해구호법(1962), 산업재해보상보험법(1964) 등 각종 사회복지관련 입법들이 이루어지기 시작했다.

3) 1998년 10월 고용보험 적용 대상이 1인 이상 전 사업장으로 확대되고, 1999년 4월 국민연금대상이 도시지역 자영업자에게까지 확대되어 전 국민이 가입대상자가 되었으며, 산재보험도 2000년 7월부터 1인 이상 전 사업장으로 확대되는 등 사회보험 적용대상이 보편화 된다.

4) OECD Social Expenditure Database(2019.1)를 기초로 한 자료임; OECD 기준에 의한 공공사회복지지출(Public Social Expenditure)은 일반정부지출(공공부조, 사회보상, 사회복지서비스) 및 사회보험지출(연금, 건강, 산재, 고용, 장기요양). 취약계층을 위한 교통, 통신요금 감면 등을 포함함.

5) 이혜경. 2002. "한국복지국가 성격 논쟁의 함의와 연구방향". 『한국복지국가 성격논쟁(Ⅰ)』. 인간과 복지. pp.455-456.

6) OECD Social Expenditure Database(2019.1)에 근거한 자료임; 공공사회복지지출(Public Social Expenditure)은 일반정부지출(공공부조, 사회보상, 사회복지서비스) 및 사회보험지출(연금, 건강, 산재, 고용, 장기요양), 취약계층을 위한 교통, 통신요금 감면 등을 포함함.

7) 조영훈. 2000. "생산적 복지론과 한국복지국가의 미래", 『경제와 사회』(45호). 한국산업사회학회, pp.90-113;

8) Office of the President. 2000. *DJ Welfarism: A New Paradigm for Productive Welfare in Korea*. Presidential Committee for Quality of Life. pp.18-23.

9) 김호균. 2003. "참여복지 개념 정립을 위한 시론". 『정책포럼』(통권 35호). 대통령자문정책위원회. pp.287-289.

10) 최병호. 2014.5. "우리나라 복지정책의 변천과 과제". 『예산정책연구』(제3권 제1호). pp.104-107.

11) 국정기획자문회의. 2017.7. 『문재인 정부 국정운영 5개년계획』. pp.73-79.

12) 김미곤 등. 2017. 『포용적 복지국가 비전과 정책방향』. 정책보고서 2017-95. 보건복지부·한국보건사회연구원. pp.95-108.

13) 김영란. 2001.10. "사회권의 재정립에 관한 연구: 배제에서 포용으로". 『한국사회복지학회 추계학술대회 논문집』. 한국사회복지학회. pp.319-325.

14) 김호균 (2003: 284-285).

15) Roche, M. 1992. *Rethinking Citizenship: Welfare, Ideology and Change in Modern Society*. Cambridge Polity Press. pp.30-34.; 김영란 (2001: 325)에서 재인용.

16) 나병균. 2000.10. "사회보장 기본원리 측면에서 본 국민기초생활 보장법의 문제점". 『2000 한국사회복지학회 추계학술대회 자료집』. 한국사회복지학회.

17) 『국민기초생활보장법』 제7장(제38조에서 제41조까지)에서는 수급자나 급여신청을 한 자가 시장, 군수, 구청장의 처분에 이의가 있는 경우에는 당해 보장기관을 거쳐 시·도지사에게 이의신청을 할 수 있고 이에 대한 시·도지사의 처분에 이의가 있을 때에는 다시 보건복지부장관에게 이의 신청을 하여 재결을 구할 수 있도록 규정하고 있다.

18) 행정소송법 제18조 제1항은 '다른 법률에 당해 처분에 대한 행정심판의 재결을 거치지 아니하면 행정소송을 제기할 수 없다는 규정이 있지 않는 한' 처분 취소소송은 행정심판을 제기하지

않고도 행정소송을 할 수 있다고 규정하고 있다.

19) 강혜규 등. 2016.12. 『사회보장부문의 서비스 전달체계 연구』, 연구보고서 2016-37. 한국보건사회연구원. pp.143-146.

20) 보건복지부. 2017. 『2017 읍·면·동 맞춤형 복지업무 매뉴얼』. pp.3-4.; 사회보장위원회. 2016. 2. 3. "국민중심 맞춤형 복지를 위한 읍·면·동 복지허브화 추진계획", 의안번호 제2호. pp.7-9.

21) 함영진 등. 2017. 『찾아가는 읍면동 복지센터 정책 성과평가 및 개선방안 연구』. 한국보건사회연구원. pp.12-23.

22) 전 물량방식(market-basket method)은 생활의 모든 부분에 걸쳐 각 부문별로 지출품목과 각 품목별 사용량 및 단가를 일일이 설정하여 부문별 한 달 지출액을 도출한 다음, 이를 모두 합산하여 월 최저생계비 산출하는 방식이다.

23) 김동겸. 2013.6.17. "연금제도의 국제비교(4):연금제도의 모수-보험요율". 『KiRi Weekly』.

24) 우리나라의 노인빈곤률(2015년 기준)은 45.7퍼센트로서 OECD 평균 12.5퍼센트에 비해서 월등히 높다; OECD. Pensions at a Glance 2017 참조.

25) 『국민연금법』(법률 제8541호 부칙 제8조)에 따라 노령연금의 수급개시연령은 1952년생 이전 60세, 1953-56년생 61세, 1957-60년생 62세, 1961-64년생 63세, 1965-68년생 64세, 1969년생 이후 65세부터이다.

26) A값: 연금수급 전 3년간 전체 국민연금 가입자 평균소득월액의 평균액, B값: 국민연금 가입자 개인의 가입 기간 중 기준소득월액의 평균액.

27) 김미곤 등. 2018. 『한국의 사회보장제도』. 한국보건사회연구원·나남. p.220.

28) 보건복지부. 2018.12. 『제4차 국민연금 재정계산을 바탕으로 한 국민연금 종합운영계획』. p.41; 국민연금법 제4조는 보건복지부장관이 5년마다 국민연금재정 수지를 계산하고 국민연금 운영계획을 수립하도록 규정하고 있다. 이에 따라 제1차 재정계산은 2003년, 제2차는 2008년, 제3차는 2013년에 실시되었다.

29) 자세한 국민기초생활보장 수급자 선정기준에 대하여는 보건복지부. 2019. 『2019 국민기초생활보장사업안내』. pp.49-51 참조.

30) 맞춤형 급여란 법률용어는 아니며 『국민기초생활 보장법』 개정안(2014. 12. 30)의 별칭으로서 이전의 통합급여방식과 구분하기 위하여 급여종류별로 선정기준을 차등하는 변경된 제도 운영 방식을 지칭한다.

31) 『국민기초생활보장법』 제2조 제11호에 따른 '기준 중위소득'은 『통계법』 제27조에 따라 공표되는 우리나라 가구소득 중 "가계동향조사(농어가 포함)"를 기초자료로 사용해서 중앙생활보장위원회에서 심의·의결을 거쳐 정하는 국민 가구소득의 중위값이다.

32) 관계부처 합동(교육부, 보건복지부, 국토교통부). 2016. 12. 27. "맞춤형 기초생활보장제도 개편 추진성과 및 향후계획". 「사회보장위원회 심의안건」(의안번호 제2호).

33) 김미곤 등. 2018. 전게서. pp.225-228.

34) 국민연구원. 2018. 『국민연금 생생통계』. p.48.

35) 이윤경. 2018. "노인돌봄의 사회화 동향". 『한국의 사회동향 2018』. pp.111-113.; 전체인구 중 65세 이상 인구비율은 14.3퍼센트(2018년)까지 늘어났으며, 혼자 사는 노인 비율은 23.6퍼센트(2017년)에 이른다.

36) 2008년 7월 도입되어 실시 중인 노인 장기요양보험제도상의 재가급여내용은 방문요양, 방문목욕, 방문간호, 주야간보호, 단기보호, 복지용구대여 등이며, 시설급여내용으로는 노인요양시설, 노인요양공동생활가정에서의 전문요양서비스 이용 등이다.

37) 관계부처 합동(보건복지부, 행정안전부, 국토교통부). 2018.11.20. 『지역사회통합돌봄기본계획 (안)』. pp.1-2.

38) 김미곤 등. 2018. 전게서. pp.507-509.

39) http://www.mohw.go.kr/react/policy/index.jsp?PAR_MENU_ID=06&MENU_ID=06400101&PA GE=1&topTitle=보육정책 연혁(2019.3.25. 인출); 보건복지부 홈페이지 "보육정책" 참조.

40) 김나영·김아름. 2017.8. 『육아지원을 위한 아동수당 도입방안 연구』. 육아정책연구소. pp.95-96.

41) 이선주 등. 2006. 『아동수당제도 국제비교 및 도입방안에 관한 연구』, 2006 연구보고서-1. 한 국여성개발원. pp.109-113.

42) 최영. 2017 가을호. "세계 각국 아동수당제도의 성격 및 유형". 『국제사회보장리뷰』, Vol. 2. pp.5-7.

43) 최영. 상게서. p.15.

44) (사)한국고용노사관계학회. 2013.12. 『EITC제도와 사회보험지원제도 운영 해외사례조사』. 고 용노동부. pp,16-74; 김재진·권오성. 2002. 『국민기초생활보장제도의 개선방향: 조세정책을 통 한 근로유인 제고방안』. 한국조세연구원. pp.102-170 등 참조.

45) 강윤구. 2001. 『국민기초생활보장제도에서의 근로유인 제고방안에 관한 연구』. 경희대학교 박 사학위논문; 최현수. 2001.3. "미국 EITC(Earned Income Tax Credit) 제도의 현황과 정책적 시 사점". 『보건복지포럼』(통권 제53호). 한국보건사회연구원 등 참조.

46) 김건태·김윤영. 2017. "근로장려세제(EITC)의 근로유인분석: 2차 개정안 근로시간 증감비교". 『한국컨텐츠학회논문지』, Vol. 17 No. 8. pp.383-386.

47) 강병구. 2007. "근로장려세제의 노동공급효과 분석". 『노동정책연구』(제7권). 한국노동연구원. pp. 87-109.; Lee, M and Chun, Y. J. 2005. "The Effects of EIYC on Labor Supply of Low Income Workers in Korea" presented at 62th Congress of the International Institute of Public Finance, Jeju Island, Korea.; 박능후. 2011. "근로장려세제 시행초기 효과 실증분석". 『사회복지 정책』, Vol. 38, No. 2. pp. 165-191.

48) 송헌재·방홍기. 2014. "우리나라 근로장려세제의 고용창출 효과 분석". 『경제학연구』(제62권). pp.129-167.; 신우리·송헌재. 2018. "근로장려세제의 노동공급 효과 분석: 복지패널자료를 활 용하여". 『시장경제연구』(제47집 1호). pp.61-89.

49) 김상봉. 2018.12. 『근로장려세제 효과성 제고방안』. 2018년도 연구용역보고서. 국회예산정책처,

50) 김진수 등. 2012. 『2011 발전경험모듈화사업: 전 국민 건강보험제도 운영과 시사점』. 보건복지 부·한국보건사회연구원. pp.52-54.

51) 보건복지부. 2017.8.9. "모든 의학적 비급여, 건강보험이 보장한다". 『건강보험 보장성 강화대 책』. 보도자료.

52) 보건복지부. 2017.1.23. 『건강보험료 부과체계 개편방안』. 정부·국회 합동 공청회 자료.

53) 보건복지부 차관을 위원장으로 하는 「건강보험정책심의위원회」는 국민건강보험법 제4조에 따 라 설립되었으며 건강보험 요양급여의 기준, 요양급여비용 및 보험료 등 건강보험정책에 관한 중요사항을 심의 의결하는 기능을 수행한다. 위원회 구성은 공익단체, 사용자단체, 근로자단체 대표 등 모두 25명으로 구성한다.

54) 이은경. 2018.2. "건강보험재정의 현황과 정책과제". 『보건복지포럼』(통권 제256호). pp.52-53.

제7장
미래 사회보장의 혁신적 대안

제1절

새로운 접근 전략: 기본소득과 기본자본

1. 논의의 배경

영국과 미국에 있어서 부의 분배를 통한 형평성 도모와 기초생활보장을 실현하기 위한 국가의 적극적 역할 설정에 관해 정치적 관심이 집중되었던 시기는 그리 오래된 옛날이야기가 아니다. 역사적으로 유럽의 경우 사회민주주의 정당들은 시장질서 유지와 같은 수동적 국가 역할에서 벗어나 국가가 나서서 소득분배가 이루어질 수 있도록 적극성을 띠어야 한다고 주장해왔고, 심지어 미국에서도 이러한 방향으로 국가 역할이 일정 부분 설정되어야 한다는 것은 보편적인 생각이 되었다.

1970년대 초는 미국에서는 1960년대 대규모 사회보장 프로그램의 확장이 이루어진 바로 직후 시기에 해당이 되는데, 빈곤과 불평등을 해소하기 위해 부(負)의 소득세(Negative Income Tax)를 도입할 것인지가 격렬한 정치 이슈로 논의되었던 시기이기도 하다. 그러나 이 당시까지만 해도 이슈는 국가가 분배에 관여할 것인가 말 것인가 보다는 어떤 형태로 국가가 관여하는 것이 사회 경제적 목표달성에 보다 기여하게 될 것이냐 하는 것이었다.

그러나 이후 40여년에 걸쳐서 공공정책의 이념적 초점은 엄청난 변화를 겪게 되는데 이는 비단 미국뿐만 아니고 영국 등 여타 국가의 경우에도 공통적인 현상이기도 하다. 특히 1990년대 초 미국의 경우를 보면 소득보전을 적극적으로 추진해야 한다는 국가의 적극적 역할론자들은 수세에 몰리고, 실제적으로 소득 분배정책이 정치적 목적이

되어야 한다는 내용의 토론은 자취를 감추게 된다. 대신에 자신의 복지는 자기가 책임 져야 한다는 개인 책임성(personal responsibility)이 정치적 사조로 자리를 잡게 된다. 따라서 말 그대로 '우리가 알아 온 복지는 끝을 내고'(end welfare as we know it) '자신 을 돌볼 수 있는 능력이 없는 사람'으로 복지의 대상을 국한하여 최소한의 안전망을 구축하는 방향으로 복지국가의 역할은 퇴화하는 것이다.

사실 이러한 정치 이데올로기적 환경 아래에서 소득과 부의 이전을 전제로 불평등을 해소하겠다는 급진적 전략들을 제기하는 것은 부적절해 보이는 것이 사실이다. 그럼에 도 불구하고 제도적 변화를 모색하고자 하는 탐색작업들이 이루어져 왔는데 이는 매우 의미 있는 일이기도 하다. 왜냐하면 시장경제가 비록 자발적 거래를 절대적 가치라고 하면서 국가의 강제와 개입을 기본적 자유에 대한 침해라고 주장하지만, 실제 시장거 래와 생산 활동에 있어서도 소득분배 과정과 연관되는 각종 국가 개입 활동이 전제되 지 않으면 건전한 시장경제가 성립될 수 없기 때문이다.

여기서 중점적으로 논의하고자 하는 분배정책들은 두 가지인데, 그 하나는 기본소득 (Basic Income)이고 또 다른 하나는 기본자본(Basic Capital)이다. 이들 개념들은 일견 매우 급진적으로 볼 수 있는 요소가 많고 세부적으로 들어가면 매우 복잡한 논쟁거리 가 될 수 있지만, 그 개념 자체는 매우 단순한 원칙에 토대를 두고 있으면서 목적 자체 또한 매우 소박하기조차 하다.

2. 기본소득(Basic Income)

1) 기본소득의 개념

기본소득 개념은 자산조사나 근로 요건을 부여하지 않고 모든 사회구성원들에게 개 인 단위로 월정액을 지급하는 소득이다.[1] 다시 말해서 기본소득은 각 개인의 경제적 여건을 고려하지 않고 모든 시민들에게 자동적으로 지급되는 월정액이라는 점에서 보 편적 급여이며, 급여를 수령하기 위해서 근로조건이나 기타 요건을 충족시킬 필요가 없다는 점에서 비조건부 급여이다. 이 방식은 쉽게 말해서 공공 의료시스템에서 건강 음식을 충분히 섭취하는 사람이나 그러하지 않은 사람에게나 모두 의료서비스를 무상으로 제공하는 방식과 같다고 할 수 있다.

기본소득은 모든 사회구성원 개개인들에게 조건 없이 적정액을 지급해서 각자의 기타 소득과 합한 금액이 일정 수준을 넘도록 함으로써 누구도 빈곤 상태에 이르지 않도록 하고자 하는 것이 기본취지이다. 기본소득 지구네트워크(Basic Income Earth Network)의 정의2)에 따라 기본소득의 구성요소를 좀 더 구체화시키면, ① 가구가 아닌 개인에게(individual) ② 소득, 자산, 노동시장 참여와 관계없이 비조건부로(unconditional) ③ 일정 금액을 주기적으로(periodic) ④ 현물이 아닌 현금으로(cash payment) ⑤ 자산조사 없이 모든 사람에게 보편적으로(universal) 지급하는 등 크게 5가지로 나누어 볼 수 있다. 이외에도 지급수준이 최저생활이 가능할 정도로 충분(sufficient)해야 한다는 요건도 제시되기도 하나 지급수준 요건에 대해 판 파레이스(Van Parijs, 2016)는 비조건부 요건에 비해서는 다소 유연한 입장을 보인다.3)

기본소득이라는 개념의 실제적 사용 실태를 보면, 매우 넓은 의미로 사용된 경우로는 급여 수준이 가구실태에 따라 달라지기도 하고 세금공제 형태로 제공되기도 하며, 협의로 사용되는 경우에는 기본소득 수준이 기초욕구 만족수준에 국한되거나 다른 이전소득을 공제한 금액 수준에 맞추도록 요구한다.

기본소득 개념 속에는 두 가지의 비조건성(two un-conditionalities)이 포함되어 있는데, 즉 급여제공조건으로 자산조사와 근로참가를 요구하지 않는다. 이 가운데서도 현재 운용되고 있는 각종 최저소득 보장장치들과 비교해 볼 때 기본소득 개념의 가장 두드러진 특징은 부자든 가난한 자든 그들의 소득수준을 불문하고 동일한 수준의 급여를 제공한다는 사실이다.

현존 공공부조 시스템에서 급여제공 기준으로 삼는 최저소득수준은 가구 규모나 형태에 따라 달라지고 가구소득과 기준소득 수준 사이의 부족분을 각 가구에 현금으로 지급한다. 이러한 의미에서 현존 시스템은 사전 평가에 의한 사후지급 시스템이다. 반면에 기본소득 시스템은 사전적으로 운용되는데, 소득조사는 실시하지 않은 채 최저소득수준 여부에 관계없이 모든 사람들에게 동일한 급여를 제공한다. 즉, 이 시스템에서 자산은 급여제공 기준이 아니라 단순히 세금부과 기준이 될 뿐이다. 바로 이러한 비조건적 특성 때문에 기본소득은 부자를 더욱더 부자로 만든다거나 또는 실업의 덫에 빠질 가능성을 한층 높인다는 우려가 제기되고 있다.

2) 기본소득에 대한 입장

기본소득의 지급수준에 대해서는 이 개념에 찬동하는 사람들 간에도 의견이 엇갈리지만, 궁극적으로는 일상생활 영위에 필요한 기초욕구를 충족시킬 수 있는 수준에 근접해야 한다는 점에 동의하고 있다. 이 개념은 이처럼 매우 단순한 아이디어지만 매우 다양한 경로로 각각 독자적으로 고안되고, 국가 보너스(state bonus), 사회배당(social dividend), 보장소득(guaranteed income), 시민임금(citizen's wage), 보편급여(universal benefit), 기본소득(basic income) 등 다양한 이름으로 시도되어왔지만 아직까지 큰 성공을 거두지는 못했다.

기본소득 개념이 최근 수십 년 기간 가운데 갑작스레 주목을 끌기 시작한 시기는 미국의 경우를 보면 1960년대 후반과 1970년대 초반으로서 대통령 후보들에 의해서까지 정책 이슈로 제기가 된 적이 있지만 바로 또다시 잊혀지게 된다. 그렇지만 미국에서와는 달리 유럽연합을 통해서는 유례를 찾아볼 수 없을 정도로 빠르게 관심의 폭이 커지면서 오랫동안 공적 토론의 주제가 되어왔다. 우리나라에서는 2000년대 들어 기본소득 아이디어가 소개되기 시작하면서 기본소득에 대한 철학적·정치적 차원에서 머물던 논의가 현실의 장으로 나와 본격적인 관심을 끌게 된 계기는 2016년 처음 시행된 성남시의 '청년배당', 서울시의 '청년수당' 등에서 찾을 수 있다.[4]

기본소득 아이디어에 대해서는 실업이나 빈곤문제를 치유할 수 있는 매우 중요한 처방책이라고 보는 견해가 있는가 하면, 또 다른 한편으로는 경제적으로도 흠결이 많고 윤리적으로도 받아들일 수 없는 제안이라고 평가절하하면서 가급적 빨리 잊혀지고 폐기되어야 한다는 주장도 거세게 제기된다.

3. 기본자본(Basic Capital)

기본자본(Basic Capital) 개념은 기본소득(Basic Income)에서처럼 아무런 조건을 달지 않고 성년기에 도달한 각각의 시민에게 제공하는 일반용도의 자본보조금(generous capital grant) 아이디어이다.[5] 이런 자금을 활용해서 각 개인은 교육 훈련, 새로운 사업구상 및 직업이동 등이 가능해짐에 따라 생산적인 지역사회 참여가 가능해진다고 본다.

 기본자본 아이디어는 역사적으로 토마스 페인(Thomas Paine, 1737.1.29~1809.6.8.)으로 대표되는 평등주의(egalitarianism) 주장들과 맥을 같이하는 것으로서, 20세기 들어 이 개념이 구체화 된 연구사례로는 액커만과 앨스톳(Ackerman & Alstott) 교수가 1999년도 저서 '스테이크홀더 소사이어티'(Stakeholder Society)에서 제시한 '스테이크홀더 보조금'(stakeholder grant) 아이디어를 들 수 있다.[6] 스테이크홀더 소사이어티에서는 사회구성원 모두가 사회에 대해 권리뿐만 아니라 책임과 의무를 갖는 '지분소유자'(stakeholder)이며 지분소유자로서의 사회구성원 각자에게 일정 '지분'(stake)에 걸맞게 국가가 보조금 형태로 제공하는 것은 경제·사회적 평등 증진과 시민권 강화에 합당한 논리적 근거가 되기도 한다. 따라서 '스테이크홀더 보조금' 즉, '사회적 지분소유자 보조금'은 사회구성원으로서의 최소한의 권리와 책무를 수행하기 위한 역량을 갖추는데 필요한 최소한의 '기본자본 보조금'으로 정의할 때 성격이 더욱 분명해진다.

 액커만과 앨스톳(Ackerman & Alstott)의 제안에 의하면 모든 미국 시민은 21세에 도달하였을 때 생애 단 한 번 일정액을 보조받게 되는데, 이로써 모든 젊은이들은 출발선상에서 각자 의미 있는 부(wealth)의 소유자가 된다. 액커만과 앨스톳은 보조금 규모로서 약 8만 달러를 제시하면서 이 자금은 연간 약 2퍼센트의 보유세 부과로 조달 가능하다고 본다. 그리고 이 보조금은 사망 시에 되돌려 갚도록 설계된다. 만약 이러한 보조금이 없다면 부자 부모를 두었느냐 아니냐에 따라 그들의 교육, 주거, 창업 등 모든 면에 있어서 기회의 불평등이 초래될 것이다. 따라서 기본자본 보조금 시스템은 모든 미국인이 공평한 출발 선상에 설 수 있도록 해야 한다는 가치를 지향하고 있다고 볼 수 있다.

 기본자본과 기본소득은 모두 정치이념 상 자유주의적 개념에 기초하고 있다는 점에서 공통점을 지니고 있다. 자유주의 정치철학에 있어서는 시장경제로 대표되는 자유(free)와 분배와 존엄성으로 상징되는 평등(equality) 개념을 분리하는 것을 거부해 왔다. 자유와 평등 양자는 외견상 상충되는 개념이지만, 근대 자유주의 정치이념에서는 두 가지 긍정을 토대로 양자를 조화시켜 왔는데 우선 시민 각자는 재화를 공평하게 분배받을 권리를 주장할 수 있다는 의미에서 '평등'을 그리고 각각의 재화는 각자 판단에 따라 사용할 수 있다는 의미에서 '자유'를 가지고 있다는 점에서 결국 한 몸의 양면이라고 볼 수 있다.

영국 노동당 출신의 토니 블레어(Tony Blair)[7] 전 수상은 2001년 그의 재선 선거 캠페인으로 일명 '베이비 본드'(baby bond)라고 불리는 아동저축계정(Children's Savings Account) 도입을 들고 나왔는데 '베이비 본드'는 '스테이크홀더 보조금'과 전제가 유사하다고 볼 수 있다. 이 제도는 '아동신탁기금'(Child Trust Fund: CTF) 이라는 이름으로 2002년 9월 1일 이후 출생한 모든 아동을 대상으로 2005년 1월부터 실시되었지만 2011년부터는 신규가입이 중지되고 같은 해 11월 CTF 대신에 '아동 개인저축계좌'(Junior Individual Savings Accounts: Junior ISA) 제도가 도입 운영된다. CTF가 기존 아동발달계좌들과 다른 가장 큰 차이점은 저축 용도를 명시하고 있지 않다는 점이며, Junior ISA는 적립과정에 정부 보조금이 없다는 점 말고는 CTF와 주요 특징을 공유하고 있다. 적립금은 부모나 보호자가 아니라 아동에게 귀속하며 18세가 되어야 인출이 가능하다.

참고로 도입 당시 CTF 설계에 따르면, 영국인들은 출생 시 250파운드 상당액(저소득 가구 아동은 250파운드 추가지원)을 바우처(voucher)로 받아 계좌를 개설하며, 이후 7세에 250파운드 지원(저소득 가구 아동은 250파운드 추가지원), 11세에 추가지원 여부 상담 등 정부 차원의 관리가 지속된다. 이러한 구상은 단기적으로는 재정부담이 크지 않고 시차를 두고 재정지출이 이루어지므로 납세자의 저항도 당장은 피해갈 수 있겠지만, 결국 다음 세대가 이를 떠맡을 가치가 있는 것인지에 대해서는 논란이 될 수밖에 없다. Junior JSA로의 제도 변경은 바로 이러한 논란에 대한 정치적 타협의 산물이다.

기본자본과 달리 기본소득은 특정 연령계층에 도달하는 시점에 초점을 두는 것이 아니고 모든 시민을 대상으로 해서 매월 일정액이 지출된다. 이로 인해서 정치인들 입장에서 본다면, 당장 모든 유권자들에게 가시적인 혜택을 줄 수 있다는 점에서 기본소득이 매력적이라고 생각할 수도 있지만, 기본자본 보조에서와는 달리 비용지출을 수반하지 않는 과도기간이 없는 관계로 재정부담의 문제가 당장의 현실적인 과제가 되는 점을 피할 수 없다.

기본자본의 장단점에 대해서는 학문적으로나 정치적 측면에서도 토론이 계속되고 있는데, 이는 앞서 살펴본 기본소득, 그리고 다음에 살펴볼 자산형성지원제도 등과도 밀접하게 관련된 정책 아이디어이기도 하다.

4. 기본소득과 기본자본의 계층 간 격차 해소 효과

마르크스(Karl Marx)든 베버(Max Weber)든 그들의 자본주의 사회를 분석한 계급이론의 핵심개념을 매우 단순하게 정리하자면, 노동자들은 생산수단으로부터 분리되어 있고 이로 인해 생존수단으로부터도 분리되어 있다는 것이다. 이 두 가지 분리 즉, 생산과 생존수단으로부터의 분리는 자본주의 사회에 있어서 자본과 노동 사이의 힘의 불균형을 초래하는 실질적 토대라고 본다. 이러한 힘의 불균형 개념에 기초한 이론적 특성은 일반적으로 마르크스(Marx) 계급이론과 관련되어 있기는 하지만 기본적인 아이디어는 베버(Weber)의 생각에서도 마찬가지로 나타난다.

베버(Weber)는 자본주의 경제 내에서의 노동자들의 근로 참가 정도는 근로성과가 만족스럽지 않을 경우 수입에도 불리한 영향을 미치게 되는 개연성과 의존적 관계에 있다고 한다. 이는 자본가들이 노동자들로부터 생산수단을 박탈하는 것이 강압적 힘에 의해 보호된다는 것을 기본전제로 한다.[8]

이러한 힘의 불균형에 대한 전통적 마르크스주의자(Marxist)들의 처방은 사회주의였다. 사회주의는 국가에 의한 생산수단 공동 소유제를 도입해서 노동자들과 생산수단을, 더 나아가서는 생존수단까지도 재결합시키고자 하였다. 이렇게 함으로써 노동자들이 생산에 의해 발생된 잉여가치를 민주적으로 통제하게 될 것이기 때문에 생산수단의 사유화로 초래된 자본가의 착취와 생산수단과 생존수단으로부터의 고립을 종식시킬 수 있다고 본 것이다.[9]

전통적 마르크스주의자(Marxist)들은 시장의 무정부주의(anarchy of the market)를 들어 자본주의를 고발하고 있는데, 사회주의를 이에 대한 처방으로 본다. 자본주의에서 시장의 무정부주의는 다양한 형태의 낭비, 비효율, 기타 부정적 외부효과를 초래하는데, 민주적 계획 경제체제로서의 사회주의가 거시경제 문제뿐만 아니라 노동자들의 삶에 대한 착취와 소외문제 등 거시경제 문제 전반에 대한 해결책이라고 보는 것이다.

힘의 불균형에 대한 비판론자들의 시각은 사회주의자들이 자본과의 관계로부터 초래된 해악을 치유하기 위해 제시한 해법에 대해 긍정적이지 못하다. 이는 옛 소련이나 동유럽 국가들이 보여준 계획경제 실패가 결정적인 증거이기도 하지만, 시장(market)은 현존하는 자본주의 없이는 존재할 수 없고, 그래서 현존 자본주의에 대한 대안들은 잘 기능하는 시장제도와 양립할 수 있어야 한다고 본다.

이러한 이론적·규범적 맥락에서 '기본소득'과 '기본자본'은 부분적으로나마 자본주의 내 계층 간 힘의 불균형 문제를 풀어나갈 수 있는 전략 포인트로 고려될 수 있는 소지가 있다. 이 두 가지 제안 모두는 자본주의 사회의 기본적인 경제구조 즉, 생산수단의 사유화, 튼튼한 시장경제, 투자 자유 및 이윤추구 극대화 등을 모두 받아들인다. 이 두 가지 제안들은 효율성이야말로 시장기능이 수행하는 매우 중요한 특성으로 보는데, 어떤 재분배 정책도 잘 작동하는 시장이 부과하는 조건 범위 내에서 작동되어야 한다고 본다. 따라서 실질적인 재분배는 이러한 제약조건 내에서 가능하다고 믿는다.

그렇다면 계층 간 힘의 불균형 문제를 풀어나가는 데 있어서 어느 제안이 더 영향력이 크다고 할 수 있겠는가? 일반적으로 기본소득이 보다 심대한 결과를 가져올 수 있다고 얘기되는데, 그렇다고 해서 기본소득이 기본자본보다 자유-평등주의자(liberal-egalitarian)들이 말하는 '정의 원칙'(principle of justice)을 더 잘 만족시키거나 현실성 측면에서 더 효율적이고 정치적 실현 가능성도 더 높다는 얘기는 아니다.

기본자본 보조금이 충분히 주어진다면 이를 자본금으로 삼아서 노동자들이 소규모 사업을 벌이는 등 생산수단을 확보하게 되므로 생존수단 확보를 위해 굳이 노동력을 파는 일에 매달리지 않아도 된다. 반면에 기본소득은 생존수단을 갖추기 위해 필요한 생산수단 확보 절차를 거치지 않고 바로 각 개인에게 직접 일정 경제적 생활 수준 영위가 가능한 금액을 매월 지급한다. 이런 점에서 기본소득이 기본자본 방법보다는 사회적 제도적 영향력 측면에서 훨씬 직접적이고 계층 간 불균형 해소라는 측면에서 보더라도 변화를 초래할 가능성이 크다고 할 수 있다.

5. 세계 각국의 기본소득 실험

1) 기본소득에 주목하는 이유

기본소득 논의는 불과 몇 년 전까지만 하더라도 주로 진보진영의 학자나 활동가들 사이에서 제도나 이념을 소개하는 수준에서 진행되었으나, 최근 들어 기존 사회보장제도의 한계를 극복할 수 있는 대안으로서의 가능성에 대해 전 세계적인 관심이 커지고 있다. 그 이유로는 전통적인 사회보장제도로는 해결할 수 없는 현상들이 대두되어 사회보장제도의 비 정합성 문제가 나타나고 있기 때문이다. 그 대표적인 배경으로는 4차 산업혁명, '인지 자본주의'(cognitive capitalism)[10] 등으로 인해 노동없는 또는 노동감축 성장이 예견됨에 따라 성장의 과실이 '인공지능 주도의 자동화'에서 살아남은 고도의 숙련 기술을 소유한 아주 극소수 사람들에게만 돌아가게 될 것이라는 우려를 들 수 있다. '인지 자본주의' 생산양식에서는 지식경제의 축적과 디지털 네트워크에 의한 분업이 주축을 이루게 되므로 '산업 자본주의'에서와 같은 자본과 노동의 역할이 달라지게 된다.[11]

기본소득 대안 논의의 또 한 측면으로는 기존 사회보장제도의 핵심인 노동 연계 사회보장제도, 즉 근로소득을 전제로 사회보험 가입과 보험 혜택을 받게 되는 구조를 들 수 있는데, 노동시장이 취약해지면 대다수가 이 조건을 충족시키지 못하게 되면서 사회보장제도의 사각지대에 빠질 가능성이 그만큼 커지게 된다.[12] 이런 이유 등으로 인해서 지금까지의 사회보장제도가 제대로 기능할 수 있을 것인가에 대한 근본적 문제 제기에서 비롯되면서 기본소득은 이러한 문제해결을 위한 강력한 대안 중의 하나로 부상한다.

2) 세계 각국의 기본소득 실험

기본소득의 구상에 대해서는 역사적으로 약 250년 전 토마스 페인(Thomas Paine, 1737~1809)의 '복지기금' 창설 주장 또는, 약 500년 전 토마스 모어(Thomas More, 1478~1535)의 '유토피아'(Utopia, 1516)에 이르기까지 오랜 역사 속에서 기원을 찾기도 한다.[13] 그러나 실제 현실 세계에서 기본소득이 실체를 가지고 실현되기 시작한 시기는 그리 오래되지 않았으며, 실현하는 경우라도 그 구체적인 방식이나 원칙들에 있어서는 기본소득의 원칙들에 비추어 볼 때 많은 부분에서 부합하지 않는 경우가 많다.

최근 선진국들에서 시도되고 있는 기본소득제도 실험들은 개별국가들의 정치·경제적 상황과 기존 사회보장제도들과의 정합성 등에 따라 구체적 형태들은 다양하다. 세계 각국의 기본소득 추진실태를 정책 추진 주체나 정책 진행수준 등에 따라 살펴보면, 스위스가 국가 차원에서 정책 도입제안 시도를 했다면, 캐나다와 네덜란드, 미국의 알래스카 등은 지방정부 차원에서의 실험을 하고 핀란드는 중앙정부 차원에서 실험을 진행하였다(**표 7-1 참조**).

우선 스위스는 기본소득 실험을 실제로 실행하지는 않고 기본소득안에 대한 정책제안을 2016년 국민투표에 부쳤는데 찬성 23퍼센트, 반대 77퍼센트로 부결된바 있다. 알래스카의 경우에는 천연자원으로 얻은 이득을 현금배당형식으로 각 개인들에게 배분하되 다른 사회급여를 대체하지 않았다는 점에서 이념형에 가장 가까운 모델인 반면에, 핀란드와 네덜란드 등은 기본소득 실험을 통해 기존 사회보장제도를 보다 효율적으로 바꿀 수 있는 가능성을 알아보려는데 주된 목적을 둔다.

<표 7-1> 주요국가의 기본소득 구상 및 실험

구분	적용범위	수급자격	급여수준/급여기간 및 형태
스위스 기본소득 제안	모든 성인 및 아동	무조건	성인 2,500 스위스 프랑, 아동 625프랑
프랑스 사회당 기본소득 제안	18세 이상 모든 시민	무조건	750유로, 빈곤선의 82.5% 수준
미국 알래스카 기본소득	거주민	무조건	시민 배당 연 1회 (2018년 연 1,600달러)
캐나다 온타리오 기본소득 실험	거주민 18-64세	1년 이상 빈곤층	1,320 캐나다 달러 (저소득기준 75%)
네덜란드 유트레흐트 기본소득 실험	실업급여 수급자	무조건/ 사회참여활동/취업	960유로
핀란드 기본소득 실험	근로연령(25-58세) 실업급여 수급자	무조건	560유로

자료: 석재은(2018:120); Permanent Fund Dividend Division. *Annual Report 2018*
(https://pfd.alaska.gov/Division-Info/Annual-Reports, 2019. 9. 25. 인출) 참조.

기본소득은 미래사회보장의 유일한 대안인가? 외국의 기본소득 사례들은 정책실험을 진행하고 있는 나라들의 경우에도 아직까지 보편적으로 받아들여지는 사회보장제도가 아니다. 또한, 기본소득 제도는 기존 사회보장제도의 모든 문제점을 치유할 수 있는 만능의 제도가 될 수도 없는 한계가 있다. 더 나아가 무조건적 획일적 분배가 아닌 욕구에 따른 분배가 지속되어야 한다면서 기본소득이 도입되더라도 최소한의 임금보조 정도의 수준에 머물러야 한다는 주장도 있다.[14]

우리나라의 경우에는 아직 중앙정부 차원에서의 기본소득 도입논의는 공식화되고

있지는 않지만, 성남시와 경기도의 '청년배당'과 서울시의 '청년수당', 해남군의 '농민수당'처럼 지방자치단체 차원에서는 기본소득 개념에 입각한 유사사업들이 실험 중이다. 그러나 이들 사업들은 기본소득 이념형에 비추어 볼 때 매우 제한적이고 변형된 모습들이다.[15]

3) 기본소득의 미래: 유급노동과 여성

기본소득은 보편적이고 비 조건적인 소득보장 정책대안인 관계로 사회정의와 경제적 효율이라는 상충된 문제를 풀어나가는 데 있어서 혁신적 정책 패키지가 될 것이라는 기대 아래 진화를 거듭해 왔지만, 선진 자본주의 국가에서 정식으로 시행된 경우는 아직 없다. 전통적 생산이론인 일과 보수와의 관계(work-and-pay relationship)는 신자유주의 경제이론과 결합되면서 주류경제학의 지배원칙으로 작동하고 있다. 이러한 입장에서 보면 기본소득은 유급노동(paid work) 참가 인센티브를 위협하는 요소이므로, 따라서 유급노동이야말로 경제적 사회적 복지의 원천으로 강조되면서 노동시장을 효율적으로 작동시키는데 정책의 우선순위를 두게 된다.

지금까지의 기본소득 찬반논의는 유급노동 관점에 치우쳐 왔는데 이렇게 되면 수많은 여성들이 겪게 되는 삶의 경력(life experience)들을 무시하게 되므로 성 평등 관점에서 새롭게 접근되어야 할 필요가 있다. 즉, 여성들은 아내, 어머니, 보호자 등 비 유급노동을 제공하는 다양한 역할을 수행하고 있어서 남성 중심 유급노동을 전제로 하는 사회보험 등 기존의 사회보장 정책들은 남녀 간에 서로 다른 영향을 끼칠 수밖에 없다. 따라서 사회보장의 미래에 있어서 성 평등은 매우 중요한 관심사가 될 수밖에 없는데 근로와 무관하게 제공되는 기본소득은 여성의 권익 보호 차원에서도 일익을 담당할 수 있게 된다.

기본소득 논의는 일과 소득, 시민권 등의 관점에서 자본주의 경제학이 내포하고 있는 한계점들을 꾸준히 인식시켜왔다. 그렇지만 기본소득은 복지공급자로서의 국가 역할에 대해 새로운 개념기반을 제공하면서 전통적인 일과 보수 관계를 뛰어넘는 혁신적 프레임워크이기 때문에 자본주의 원칙들과는 충돌이 불가피하다.

제2절
미국의 자산형성 프로그램

1. 자산형성 프로그램의 도입 배경

빈곤 문제를 거론할 때 대부분의 사람들은 소득에 대한 생각을 하지만 개인 자산에 관한 문제는 간과하기 십상이다. 실질소득이 하루하루의 생활을 영위하는데 필수적이라는 점은 분명하지만, 진정한 생활의 개선과 재정적인 측면에서의 생활보장은 저축을 늘리고 부(富)를 형성함으로써 비로소 가능해진다.

현재의 빈곤해소대책은 예외 없이 저축과 투자보다는 소득과 소비라는 개념으로 접근되어 왔다. 쉐라든(Sherraden, 1990)은 1978년과 1988년도 미국 센서스 통계자료를 인용하여 약 300만명 이상의 빈곤층 어린이 숫자가 늘고 근로 빈곤층 그룹 또한 200만명 이상 증가한 사실을 지적하면서 이러한 전통적 접근방법에 입각한 사회보장 프로그램들은 빈곤층 감소에 별다른 기여를 하지 못한 것으로 평가한다.[16] 쉐라든(Sherraden)은 새로운 차원의 저소득층 빈곤퇴치 전략으로서 저소득 가정들로 하여금 금융자산을 형성할 수 있도록 도와서 자산보유자가 될 수 있도록 하는 자산형성 방안을 제시한다.

자산은 소득과는 달리 부(富)를 구성하는 한 부분으로서, 생산능력을 나타낸다는 측면에서 중요하다고 본다. 이 자산이 있음으로써 주택, 교육, 연금 또는 소규모 창업자금 등의 조달이 가능해지는데 현재와 같은 사회보장시스템에서는 사회복지급여를 받기 위해서 오히려 현재의 자산도 감소시켜야 하는 모순이 발생하고 있다. 자산형성 전략은 종래의 단순한 소득보전정책 차원을 뛰어넘어서 생활 설계의 주도권을 각 개인에게 부여하고 자족 능력을 배양하고자 하는 진보적 정책 방향 창조 의도를 담고 있다.

사람들이 자산을 보유하고 있을 때에는 그렇지 못할 때와 비교해서 훨씬 다르게 행동하게 된다. 즉, 보다 개선된 미래를 위해 저축하려고 소비를 미루고자 할 것이며, 자산이 있으면 역경에 대한 완충 작용을 하게 되어 경제적으로나 심리적으로나 훨씬 안정감을 갖게 된다. 보다 나은 가족생활의 보장, 사회적 존경심, 정치적 참여 등도 자산이 있어서 견고한 재정적 토대가 형성될 때 비로소 가능해진다고 할 것이다.

2. 개인발달계좌(IDA) 프로그램

저축은 사람들로 하여금 경제활동에 주도적으로 참여할 수 있도록 해주는 버팀목이 됨과 동시에 또한 상층부로 이동할 수 있는 경제적 도약대 역할을 제공한다. 그러나 대다수 저소득층에게 있어서는 저축 자체가 대단히 힘든 작업이고 주택 구입, 창업, 또는 학업을 수행할 수 있을 만큼의 충분한 저축을 꾸준히 해나가는 것은 더더욱 힘에 부치는 일이다.

개인발달계좌(Individual Development Accounts: IDAs)는 저소득 가정들로 하여금 이러한 목표들을 충족시킬 수 있을 만큼의 충분한 저축을 해나갈 수 있도록 하기 위한 하나의 혁신적 방법으로서, 미국의 개인발달계좌 프로그램 아이디어는 1991년 미국 워싱턴대학 교수 마이클 쉐라든(Michael Sherraden)에 의해 최초로 제안되었다.[17] 전형적인 타입의 프로그램 설계내용을 보면, 후원대상자는 개인발달계좌 참여 후원 기관이 정한 매칭 비율에 상응하는 금액을 적립할 개인저축 계좌를 개설한다. 매칭 자금지원은 정부 또는 민간으로부터 조달되는데 그 액수는 1달러당 8달러에 이르기도 하는 등 매우 다양하다. 적립된 자금사용 용도는 일반적으로 주택구입, 중등교육자금, 소규모 창업 등으로 제한된다. 개인발달계좌 프로그램들은 흔히 재무관리능력 향상교육과도 병행해서 실시된다. 개인발달계좌는 일종의 자산형성 프로그램인데, 이러한 제도는 근로 가족들이 자신들뿐만 아니라 자녀들, 더 나아가 지역사회 일원에 투자할 수 있게 만드는 강력한 기회 그 자체이기도 하다.

주(state) 정부 차원에서는 1993년 아이오와(Iowa) 주가 처음으로 개인발달계좌 제도 시행을 뒷받침하는 법안을 통과시킨 이래 약 40개 이상의 주가 자체적으로 유사한 취지의 법률이나 정책들을 마련하였으며, 연방 보건복지부(DHHS)가 개인발달계좌(IDA) 매칭펀드의 가장 큰 자금 제공자이기는 하나, 주 및 지역 정부, 지역사회 조직, 비영리 기관 및 단체, 종교기관, 금융기관, 개인 기부자 등이 매칭펀드 조성에 참여한다. 연방 정부 차원에서는 1996 복지개혁법(PRWORA) 입법에 따라 IDA는 연방 프로그램으로 채택되고 연방정부는 『독립지원 자산법』(the Assets for Independence Act of 1998)을 제정해서 IDA 프로그램에 대한 자금지원을 수행한다.

2003년도에는 연방정부 차원의 개인발달계좌 지원관련법(the Charity Aid, Recovery, and Empowerment Act: CARE)이 통과되었는데, 이 법안은 개인발달계좌를 후원하는 기관들은 매칭 금액 전액에 대해 세금공제 혜택을 주는 내용을 담고 있다. 그리고 2004년 처음 제출된 『개인 투자, 은퇴 및 교육 등에 관한 저축법』(the America Saving for Personal Investment, Retirement and Education Act: ASPIRE) 법안에 의하면 미국 에서 태어나는 모든 아이들은 개인발달저축계좌를 개설하게 되고 18세 되는 해에 적립금액을 돌려받아 대학 학자금, 주택마련, 혹은 은퇴자금으로 쓸 수 있도록 하고 있다. 각각의 계좌는 초기에 500달러를 제공받고 전국 중위가구소득 미만 가정의 아이들은 초기 500달러 외에 추가로 500달러까지 더 받을 수 있도록 하는 내용 등을 담고 있는데, 여러 회기에 걸친 수정법안에도 불구하고 결국 입법화되지는 못했다.

대부분의 개인발달계좌(IDA) 프로그램들은 주 정부 차원에서 운영되기도 하고 지역 사회에 기반을 둔 기관들을 통해서 운영되고 있기도 한데, 재원은 민간자금과 공공자 금이 결합된 형태로 조달되고 있고, 주 정부에서는 주 정부 자금과 연방정부 자금을 합쳐서 IDA 프로그램들에 대한 매칭 자금으로 사용한다.

제3절

영국의 기본자본보조금

1. 기본자본보조금 아이디어의 도입배경

기본자본 보조금 아이디어의 개척자는 18세기 영국의 개혁주의 사상가 토마스 페인 (Thomas Paine)으로서 그는 상속세를 재원으로 해서 21세가 되는 남녀 모두에게 15파 운드를 제공하는 아이디어를 제시한다. 유산상속은 재산에 대한 독점적 권리가 아니고 유산상속은 재산에 대한 독점권의 종식이 개시되는 과정으로 본다[18]는 역설적 견해가 깔려있다. 상속세로부터의 자금공제는 한 사람의 사망으로 재산권이 다른 사람으로 이 전되는 시점에서 이루어지는데, 이에 대해서는 상속 시점에서 상속재산은 상속권리자 뿐만 아니라 새로운 인생을 출발하는 다른 사람들에게도 일정 부분 분배되어야 한다는 철학적 의미로의 해석이 가능하다.

보다 근세에 있어서 비슷한 아이디어로는 1970년대 경제학자 샌드포드(Cedric Sandford) 나 애트킨슨(A.B. Atkinson) 등의 부(富)의 불공평에 관한 저술에서 제기되었는데,[19] 이 들 두 사람은 기본자본제공 아이디어를 연구하면서도 반드시 상속세로부터 자금을 조달 해야 한다거나 성년시기에 제공해야 한다거나 하는 생각은 가지고 있지 않았다. 일례 로 애트킨슨(A.B. Atkinson)은 국가연금에 자본보조금 제공요소를 도입하는 방안에 대 해서도 거론한 바 있다. 반면에 상속세를 개혁해서 조달한 자금을 토대로 성년에 도달 한 모든 사람에게 일명 '성년 보조금'(poll grant)을 제공하자는 제안도 제기된다[20]

가장 최근의 사례로는, 미국의 쉐라든(Michael Sherraden),[21] 액커만(Bruce Ackerman) 과 앨스톳(Anne Alstott) 등의 저작에 영향을 받아 유사한 아이디어들이 추진동력을 얻어 발전되게 된다. 일례로 출생 시에 1,000파운드를 제공하자는 중도좌파 싱크 탱크인 공공정책 연구소(IPPR)의 유아 기금(baby fund) 제안,[22] 18세 되는 시점에 10,000파운드를 자산형성 자본보조금으로 제공하자는 페이비언 협회(the Fabian Society)의 제안[23]을 들 수 있다.

영국은 기본자본 보조금 아이디어를 실행에 옮긴 사실상의 첫 번째 국가다. 영국에서의 기본자본 보조금 아이디어는 일차적으로는 사회기금(Social Fund)이라는 형태로 도입되며, 이 사회기금의 도입구상은 1985년 사회보장 녹서(Green Paper)에서 처음으로 공표되고 『1986년 사회보장법』(Social Security Act 1986) 입법에 따른 개혁조치의 일환으로 1988년 4월부터 실제로 운영되기 시작했으며, 운용규제 여부에 따라 ①자율운용 카테고리의 사회기금과 ②운용규제 카테고리 사회기금으로 나누어진다.

사회기금(Social Fund) 제도는 종래의 일회성 공적 부조 제도와는 달리 몇 가지 특징을 가지고 있다.[24] 우선 사회기금은 기존의 공공부조 제도가 자산조사 등을 통한 요건 충족자 급여방식(entitlement)에 치중되고 있는데 반해서, 국가 공공부조 시스템에 재량성과 요건충족자 급여방식 간의 밸런스를 유지토록 할 필요가 있다는 논의의 산물이다. 즉, 사회기금은 지원 여부 의사결정에 있어서 일선 운영기관의 일정 부분 재량권을 인정하는데, 실제 운영과정에 있어서는 바로 이점이 객관성의 결여라는 또 다른 비판 요인이 되어왔다.

사회기금은 일시적 보조금, 대부자금 등으로 제공되는데 정규 복지급여나 통상적인 소득으로는 감당할 수 없는 상황이 발생한 경우 이들을 대상으로 하여 공적 차원에서 자금을 대여 또는 지원해주는 제도이다. 따라서 이 제도를 엄격한 의미에서 보자면 자산형성에 주안점을 둔 프로그램이라고 보기는 어렵다.

영국의 사회기금은 장례, 출산 수당 등 공식요건을 갖추기만 하면 지원대상이 되는 운용규제 카테고리 사회기금을 제외하고는 비록 무이자이기는 하지만 대부라는 점을 지나치게 강조하다 보니 일반 보조금 형태와는 달리 실제적으로는 수급자의 실질 수급액이 감소하는 결과가 초래되고, 또한 운용 예산한도액이 설정되어 있어서 실수요자들이 정부 이외의 기관에서 자금조달 방법을 찾아야 하는 경우가 많이 생긴다는 비판이 제기되어 왔다.[25]

이에 따라 『2012 복지개혁법』(the Welfare Reform Act 2012)은 자율운용 사회기금

카테고리를 폐지하고 이들에 대해서는 지방기관들이 지방 실정에 맞추어 자금조성 및 자금 운용을 하는 새롭게 지방화된 서비스로 대체한다.

2. 아동신탁기금(Child Trust Fund)

2000년대에 들어서서는 기본자본 보조금 아이디어가 2001년 6월 총선 직전 영국 노동당 정부에 의해 '아동신탁기금'(Child Trust Fund: CTF)이라는 이름으로 제안되어 2005년부터 시행되어 오다가 2011년부터는 '아동 개인저축계좌'(Junior Individual Savings Accounts: Junior ISA)로 대체되었다. 이에 따라 2011년 1월 이후 출생자는 CTF의 대상자가 아니다. 그렇지만 기존 대상자들은 계속 CTF 대상자로 남아 있으며 CTF는 Junior ISA의 전신으로서 기본자본 보조금의 아이디어를 첫 실행에 옮긴 역사적 의미가 크다.

참고로 Junior ISA는 18세 미만의 영국 거주 아동으로서 CTF 대상자가 아닌 경우에 참가자격이 있으며 적립금은 18세가 되어야 인출이 가능하다. 또한 모든 Junior ISA 발생소득은 비과세이고 연간 불입액 한도(2018/2019 세금년도의 경우 4,260파운드) 범위 안에서 계좌 적립에는 개인 및 기관을 불문하고 모두가 참여 가능하지만 정부의 기여금은 없다는 점이 특징이다.

아동신탁기금(CTF)은 비록 자산조사를 통해 소득수준에 따라 보조금 액수가 다소 차이가 발생하지만, 모든 영국 거주 출생 아동들을 대상으로 보조금을 제공하여 펀드에 투자해 놓고 아이가 18세가 되었을 때 인출하여 사용할 수 있도록 설계되어 있다. CTF는 2002년 10월 1일 이후 출생한 모든 개별 아동을 대상으로 한다. 영국 정부는 250파운드 상당액의 바우처 형태로 기금을 출발시키고 아동이 7세가 되었을 때 250파운드를 추가로 기금에 출연하게 되며, 저소득 가정 아동의 경우에는 출생 시와 7세가 되었을 때 각각 250파운드의 바우처를 추가로 적립받게 된다. 부모들도 기금에 자금을 별도 불입할 수 있지만, 기금은 모두 아동에게 귀속된다. 아동이 18세가 된 이후 기금을 인출하여 사용할 경우 사용 용도에는 아무런 제한을 두지 않으며 부모와 아동 모두를 대상으로 자금 운용 정보 및 교육을 제공해 준다.

기본자본 보조금 운영과 관련하여서는 제공 시기, 재원조달방법, 대상자 보편성, 자금사용 용도 제한 등에 관하여 수많은 이슈들이 제기되었다.[26] 우선 제공시기와 관련하여서는 출생 시냐, 성년 시냐 하는 문제와 더불어 자금운용 전략 등에 관한 문제가 제기되고 있으며, 영국의 경우 자금의 투자관리 주체로서는 정부보다는 민간부문에 맡겨서 운용하는 방안을 선호하고 있다. 영국 정부는 기본자본 보조금 재원을 어디서 조달할 것인가와 관련하여서는 특정한 재원을 언급하고 있지는 않다. 그러나 이에 관해서는 부유세(Ackerman and Alstott, 1999) 이외에도 연금 재원 감축(Kelly and Lissauer, 2000), 상속세 개혁(Le Grand, 1989) 등의 방법이 적합하다는 주장이 제기되고 있다. 이러한 주장의 밑바탕에는 한 세대의 부(wealth)는 당해 세대를 위해서 뿐만 아니라 다음 세대의 발전을 위해서도 배분되어져야 한다는 대중적 호소가 짙게 깔려있다.

기본자본 보조금 제공은 연령 요건만 갖추면 누구에게나 일반적으로 제공되는 것인가? 혹은 자산검사를 거쳐서 합당한 사람에게만 제공하는가? CTF를 중심으로 본 영국 정부의 계획에는 일반적 요소 및 자산 검사요소가 모두 포함되어 있다. 즉, 자산조사결과에 따라 보조금 액수에 차등을 둔다. 여기서 자산검사 시 '자산'(means)이라 함은 수혜대상자 부모의 소득을 의미한다.

자금제공의 주된 목적은 재정적·신체적·혹은 인적 자본을 축적하는 데에 있으므로 낭비적 요소가 아니라 투자기회에 쓰여지도록 하는 것이 바람직하다 할 것이다. 그렇지만 아동신탁기금(CTF)은 용도에 제한을 두고 있지는 않고 있는데 바로 이점이 CTF 반대론자들의 주요 쟁점이기도 하다. 용도제한 옹호론자들로서는 어떻게 자금 용도를 투자항목별로 세밀하게 규정할 것인가 하는 문제가 매우 중요한 과제이다. 사용용도로 허용될 수 있는 투자항목으로는 미국 개인발달계좌(IDA)에서처럼 교육자금, 주택 구입자금, 소규모 창업자금 등이 거론된다.

한편 비록 아동 대상은 아니지만 2018년 9월부터 시행된 '저축지원계좌'(Help to Save Account)[27]는 CTF 중지 이후 보수당 정부가 근로 빈곤층을 대상으로 새롭게 도입한 자산형성 지원프로그램이다. '저축지원계좌'의 적립 기간은 총 4년으로서 2년 차와 4년 차 말일 두 번에 걸쳐서 2년차 기간 중 잔고 최고액의 50퍼센트(2년차)와 2년차와 4년차 기간 중 잔고 최고액 차액의 50퍼센트(4년차)를 각각 정부가 보너스로 제공하는데, 이 계좌는 정부지원금이 있음에도 사용 용도를 제한하지는 않는다.[28]

제4절
한국의 자산형성지원제도

1. 자산형성지원제도의 도입배경

빈곤의 진입과 탈출에 미치는 요인에 대해서는 개인 요인과 가구 요인으로 나눌 수 있는데, 오보일(O'boyle, 1998)에 따르면 빈곤에 영향을 미치는 구체적인 요인[29] 가운데 빈곤 진입의 개인적 요인으로는 저임금, 실업, 불성실 등이, 가구 요인으로는 가족 해체, 순소득의 감소 등을, 그리고 빈곤 탈출의 개인적 요인으로는 고임금, 고용, 근면 등을, 가구 요인으로는 가족 형성, 순소득의 증가 등을 들고 있다. 사실 이러한 빈곤진 단을 기초로 한 빈곤 대책들은 우리나라에서도 오랫동안 정책의 주류를 이루어 왔고 앞으로도 여전히 중요한 정책적 토대가 될 것이다. 그러나 경제 상황의 급격한 변화, 즉 경제위기로 인해 새롭게 빈곤층으로 진입하는 그룹들과 예전에는 미처 예상치 못했 던 새로운 빈곤 양상의 출현은 빈곤에 대한 새로운 시각의 접근을 필요로 하게 되었다.

한국에서 자산형성지원제도를 시행 또는 도입하고자 하는 논의는 지금까지와는 다른 새로운 사회정책에 대한 실험으로 이해할 수 있다. 2000년대 들어 한국 사회에서 나타난 사회투자(social investment)정책에 대한 관심증가 현상은 새로운 사회적 위험 (new social risks)에 대처할 수 있는 유력한 대안들 가운데 하나로 자산형성사업을 등 장시키게 된다.

사회보장정책 영역에서 사회투자론이 등장한 배경은 노령, 실업, 건강, 빈곤과 같은 산업사회 시대의 구 사회적 위험(old social risks) 대신에 후기 산업사회에서는 새로운 사회적 위험(new social risks)에 노출될 가능성이 높아진다는 점을 들 수 있는데, 한국에서 사회투자에 대한 관심이 증가하고 있는 이유도 바로 저출산·고령화나 양극화와 같은 새로운 사회적 위험들이 사회문제로 등장하고 있기 때문이며 자산형성지원정책은 바로 이러한 문제에 효율적으로 대처할 수 있는 대안으로 주목받고 있다.[30]

자산형성지원 정책은 저소득층에게 단순히 현재의 소비를 도울 수 있는 현금지원을 하는 대신에 빈곤으로부터 탈출하는데 필요한 자산을 저축과정을 통해 형성시켜주고자 하는데, 이렇게 함으로써 단순하게 기본적인 소비수준 유지목적의 전통적 소득지원 프로그램보다 빈곤 탈출에 효과적일 뿐만 아니라, 참여자들로 하여금 장래 성공에 대한 설계와 믿음을 갖게 함으로써 태도와 행동변화를 가져오는 역할도 수행한다고 한다.[31] 저소득층의 자산형성 자극, 미래지향적인 태도와 가치관 변화 등의 기대효과는 자산형성지원정책이 한국 사회에서 새로운 위험에 대처할 수 있는 대안으로서 특별한 주목을 받게 하는 이유이기도 하다.

테일러 구비(Taylor-Gooby, 2004)는 사회적 취약계층이 사회적 위험에 노출될 가능성이 높은 영역을 ①가족과 성 역할의 변화 ②노동시장의 변화 ③국가복지의 민영화로 정리하고 있으며,[32] 우즈(Woods, 2007)는 ①비 정규직 노동시장의 팽창 ②노령인구의 급속한 증가 ③여성 근로자 증가에 따른 아동과 노인 보호 필요성 증가 ④실업과 사회적 배제 ⑤이민근로자 증가에 따른 다양한 근로층 형성 ⑥차별 등을 대표적 새로운 사회적 위험으로 들고 있다.[33] 전통적 사회적 위험들에 대해서는 소득에 기초한 정책들이 충분히 제 역할을 해 왔으나 새로운 위험들에 대해서는 새로운 전략이 필요한데 사회투자론자들은 사회투자전략이 바로 그 대안이 될 수 있다는 것이다.

사회투자전략에 대해서는 합의된 정의를 찾기는 어려우나 중요한 특징을 요약하면, 사회정책과 경제정책의 통합적 연관성을 강조하면서 사회지출이 낭비적이고 경제에 부담이 된다는 신자유주의적 비판에 효과적으로 대응하려고 하며, 사후대처에 중점을 둔 전통적 소득보조정책보다는 예방적 차원에서 인적자본투자를 통한 사회적 위험에 대한 능동적 대처능력향상을 중시하며, 일과 고용을 강조하면서 경제활동에 참여할 수 있도록 다양한 동기부여를 제공하는데 중점을 둔다.[34] 한국적 상황에서 사회투자정책이 성공하기 위한 전제조건으로서는 일과 가정의 양립을 통한 여성 인적 자본의 활용, 적극적 노동시장 정책을 통한 인적자본 활용 및 개발, 아동에 대한 미래형 숙련 형성

방안 모색 그리고 개개인들의 혁신을 위한 기본적인 소득보장 등이 제시되고 있다.[35]

자산형성지원제도는 다양한 사회투자전략 가운데 하나인데 각 국가의 정책사례를 보면 미국의 IDA, 영국의 Child Trust Fund 및 Junior ISA, Help to Save, 캐나다의 Learn Save, 싱가포르의 Edusave, 타이페이의 TFDA(Taipei Family Development Accounts) 등을 들 수 있다.

2. 한국의 자산형성지원 프로그램

1) 중앙정부의 개인발달계좌 프로그램

한국에서의 자산형성지원제도에 대한 도입논의는 2004년 11월에 열린 정부의 제56회 국정과제 회의에서 이루어졌으며, 2007년 4월에 아동발달계좌(Child Development Account: CDA)가 처음으로 실시된다. 한국의 아동발달계좌는 저소득층 아동들이 사회진출 시에 필요한 초기비용(학자금이나 취업·창업·주거마련 비용 등)을 마련할 수 있도록 자산형성을 도와서 빈곤을 예방하기 위한 프로그램으로서, 보건복지부의 사회투자전략 핵심프로그램 가운데 하나이기도 하다.[36] 대상 아동은 요보호 아동으로서 이 프로그램의 기본구조는 아동이 매월 4만원 이내에서 적립하면 국가(또는 지자체)가 1:1로 동일액수를 지원하도록 설계되어 있다. 이점에 대해서는 현재와 같은 요보호아동 위주의 선별주의 방식에서 벗어나 영국 등에서처럼 모든 아동을 대상으로 하는 보편주의적 프로그램으로 전환하여 대상자를 확대하고 제도설계를 해야 한다는 주장도 제기된다. 이러한 주장의 이유로는 보편주의적 프로그램으로 재설계함으로써 대상자를 선정함에 있어 행정관리 상의 어려움을 해소하고 모든 아동들에게 자산형성의 공평한 기회를 제공함으로써 사회투자전략의 극대화를 도모할 수 있다고 보기 때문이다.

한편 보건복지부는 2010년 4월부터 근로 빈곤층을 대상으로 자산형성을 지원하기 위하여 중앙정부 차원에서 개인발달계좌(IDA) 유형의 '희망키움통장' 사업을 운영하기 시작한다. 이후 희망키움통장은 운영성과를 바탕으로 해서 여러 형태로 확대 개편되는데, 참여대상 유형별 프로그램을 보면 희망키움통장Ⅰ(일하는 생계·의료급여 수급가구), 희망키움통장Ⅱ(일하는 주거·교육 수급가구 및 차상위 가구), 내일키움통장(자활근로사업단 참여자), 청년희망키움통장(만 15세-34세 생계급여수급 청년) 등이 있다.[37] 이러한 통장들의 공통된 기본구조는 월 본인 저축액에 대하여 각 통장의 취지에 따라 다양한 성격의 정부지원금을 매칭하여 적립함으로써 근로유인을 제공함과 동시에 자산형성을 지원하는 형식을 취한다.[38]

사회투자국가 개념은 1990년대 중반 이후 등장한 서구 복지국가의 대안모델로서 새로운 사회적 위험에 대비한 사회보장정책의 새로운 전략적 관점을 제시해주고 있다. 사회투자전략의 일환으로 자산형성지원제도를 시작한 역사가 길지 않은 한국으로서는 사회투자전략에 입각한 정책들이 앞으로 어떤 모습을 가지고 지속적인 발전해 나갈 수 있을 것인지에 대해서 좀 더 진지한 논의와 고민이 필요하다고 본다. 왜냐하면, 사회정책은 경제 사회적인 환경변화로부터 자유로울 수 없으며, 특히나 정부의 국정 이념과도 밀접하게 관련되어 있기 때문이다.

2) 지방정부의 추진 사례

그동안 빈곤층 대책은 중앙정부 차원에서 주도적으로 마련되어 왔지만, 이제는 주민과의 접점에 있는 지방정부 차원에서의 적극적 정책개입 요구가 점차 증대되고 있다. 지방정부는 안테나 숍(antenna shop)처럼 복지현장의 변화를 가장 먼저 감지할 수 있는 위치에 있기 때문에 때로는 새로운 타입의 정책을 개발하여 오히려 중앙정부의 정책을 선도해 나갈 수 있는 유리한 입장에 있기도 하다.

지방정부가 주도한 프로젝트 가운데서도 사회투자적 관점에서 특히 주목을 끄는 사업은 서울시의 '희망플러스통장' 사업과 저소득층 대상 '휴먼 인문학 코스' 운영을 들수 있다. 희망플러스 통장은 지방정부 차원에서 자체 예산투자를 통해 한국형 개인발달계좌(IDA)를 정책화한 최초의 사례로서, 이 제도는 저소득층으로 하여금 창업, 교육 등을 위한 생산적·발전적 자본을 형성할 수 있도록 인센티브를 제공하여 미래에 대한 목표의식을 갖도록 하고 탈빈곤의 토대를 구축하고자 하는 목적을 가지고 있다. 이 제도는 2007년 11월 100가구의 시범사업과정을 거쳐 2009년부터 서울시의 저소득층 자산형성사업으로 공식채택하게 된다.[39]

서울시가 처음 도입한 '희망플러스통장' 사업은 전국적으로 다양한 자산형성사업의 모델이 되어서 중앙정부의 "희망키움통장" 사업을 비롯하여 경기도, 부산시, 인천시 등 지방자치단체에서도 유사한 사업을 추진하게 된다. 한국에서의 개인발달계좌 확산경로는 미국의 경우 아이오와(Iowa) 주에서 처음 실시한 이후 연방정부 및 다른 주로 퍼져나간 것과 그 과정이 매우 비슷하다.

'희망플러스 통장'이 경제적 자산형성사업이라면 '휴먼 인문학 코스'는 정신적 자산형성사업이다. 이 사업은 기존의 공공부조제도가 경제적·물질적 지원에 치중해 온 관계로 저소득층이 수동적인 복지수혜자로 계속 머무르게 된다는 인식 아래 저소득층을 대상으로 한 인문학 강좌 실시를 통해서 이들의 자존감을 회복하고 삶의 의욕을 제고함으로써 정신적 자립 동기를 부여코자 하는 사업이다. 이 인문학 코스는 미국의 얼 쇼리스(Earl Shorris)가 1995년 도입한 '클레멘트 코스'(Clemente Course)[40]를 서울시가 벤치마킹한 것이다. 클레멘트 코스는 사회 소외 계층을 대상으로 한 정규대학 수준의 인문학 교육과정으로서 빈곤층이 '무기력의 포위망'에서 벗어나 삶을 주체적·자율적으로 영위해 나갈 수 있도록 함에 따라서 '희망의 수업'으로도 불린다.

Notes

1) Van Parijs, Philippe. March, 2004. Basic Income : A Simple and Powerful Idea for the Twenty-first Century. *Politics & Society, Vol. 32, No. 1.* pp.7-39 참조.

2) "A basic income is a periodic cash payment unconditionally delivered to all on an individual basis, without means-test or a work requirement." ; Basic Income Earth Network. "About basic income". Accessed https://basicincome.org/basic-income/ (2019. 6. 30).

3) 필리페 판 파레이스(Philippe Van Parijs,). 조현진 역. 2016. 『모두에게 실질적 자유를: 기본소득에 대한 철학적 옹호』. 후마니타스.; 석재은. 2018. "기본소득에 관한 다양한 제안의 평가와 과도기적 기본소득의 제안: 청장년 근로시민 기본소득이용권". 『보건사회연구』, 38(2). pp.113-118.

4) 최한수. 2017.12. 『각국의 기본소득 실험이 한국에 주는 정책적 시사점』. 한국조세재정연구원. pp.11-12.

5) White, Stuart. 2003. *The Civic Minimum: On the Rights and Obligations of Economic Citizenship.* Oxford University Press.

6) Ackerman, Bruce and Anne Alstott. March, 2004. Why Stakeholding?. *Politics & Society, Vol. 32, No. 1.* pp.41-60 참조.

7) Tony Blair는 1994년 최연소 영국 노동당 당수가 되어 1997년 5월 총선에서 압승을 거둠으로서 2007년까지 총리로 재임하였다. 그의 신노동당(New Labour) 캠페인은 자본주의와 사회주의

를 아우르는 Anthony Giddens의 "제3의 길(Third Way)"에게서 큰 영향을 받았는데, New Labour는 사회적 정의의 중요성을 강조하면서도 동시에 자유시장경제의 효용성에 대해서도 신뢰를 보냈다.

8) Weber, Max. 1978. *Economy and Society.* Gunther Roth(ed.). Berkeley, C.A.: University of California Press. p.151.

9) Wright, Erik Olin. March, 2004. Basic Income, Stakeholder Grants, and Class Analysis. *Politics & Society*, Vol.32 No.1. pp.79-87.

10) Boutang(2011)은 인지 자본주의(cognitive capitalism)가 상인 자본주의(mercantile capitalism), 산업 자본주의(industrial capitalism)에 이은 제3의 자본주의 형태로서 비물질적 자본의 축적, 지식의 확산 그리고 지식경제의 주도적 역할 등을 토대로 해서 성립하였다고 설명한다.; Boutang, Yann Moulier. 2011. *Cognitive Capitalism.* Cambridge: Polity Press. pp.47-50, pp.56-59.

11) Boutang. *op. cit.* pp.61-72.

12) 최한수. 2017.5. "각국의 기본소득 실험과 정책적 시사점". 『재정포럼』. pp.32-33, 35-36.

13) 서정희 등. 2017.5. "한국형 기본소득의 '이상적' 모형과 '단계적' 이행방안". 『2017 한국사회보장학회 춘계학술대회 자료집』. p.221.

14) 양재진. 2018. "기본소득은 미래 사회보장의 대안인가?". 『한국사회정책』(제25권 제1호). pp.64-66..

15) 석재은. *op. cit.* pp.122-124.

16) Sherraden, Michael. January, 1990. Stakeholding: A New Direction in Social Policy. Progressive Policy Institute.(Available at http://www.ppionline.org/documents/ACFNYV8Gi4Tc.pdf)

17) Sherraden은 그의 1991년 저서에서 "전통적인 복지프로그램과는 달리 IDA 계좌들은 수많은 가난한 사람들의 생활에 실적인 자산을 가져다주게 될 것이다. IDA 계좌들은 기존 복지정책과는 다른 접근방법으로서, 개인의 발달을 강조하고 복지급여에다가 개인적 책임 그리고 개인적 통제를 결합시키는 접근방업이다."라고 한다.; Sherraden, Michael. 1991. *Assets and the Poor: A New American Welfare Policy.* Armonk, NY: M.E. Sharpe. p.231.

18) Ackerman, Bruce and Anne Alstott. 1999. *The Stakeholder Society.* New Haven, C. T: Yale University Press. p.182.

19) Sandford, Cedric. 1971. *Taxing Personal Wealth.* London: Allen and Unwin. pp.250-254.

20) Le Grand, Julian. 1989. "Markets, Welfare and Equality." In Julian Le Grand and Saul Estrin(eds.). *Market Socialism.* Oxford: Oxford University Press. p.210.

21) Sherraden, Michael. 1991. *Assets and the Poor.* Armonk, N.Y.: M.E. Sharpe, Inc..

22) Kelly, Gabin and Rachel Lissauer. 2000. *Ownership for All.* London: Institute for Public Policy Research.

23) Nissan, David and Julian Le Grand. 2000. *A Capital Idea: Start-up Grants for Young People.* London: Fabian Society.

24) Craig, Gary. 2003. Balancing the Books : The Social Fund in Action. In Trevor Buck and Roger S. Smith(eds.). *Poor Relief or Poor Deal?: The Social Fund, Safety Nets and Social Security.* Hampshire: Ashgate. pp.40-41.

25) *Ibid.* p.42.

26) Le Grand, Julian. 2006. Implementing Stakeholder Grants: the British Case. In Bruce Ackerman, Anne Alstott, Philippe Van Parijs(eds.). *Redesigning Distribution.* the Real Utopia Project Vol. 4. London: Verso. pp.121-128.

27) "Help to Save 계좌"에는 현재 근로활동 중에 있으면서 Universal Credit(저소득층 대상 통합공제)을 신청 중이거나 Working Tax Credit(근로자 세금공제) 자격을 갖춘 경우에 가입이 가능하며, 한 달 50파운드 한도로 최대 4년까지 불입이 가능하다; Nidirect Government Services. "Help to Save Scheme". Accessed https://www.nidirect.gov.uk/articles/help-save-scheme(2019.7.11).

28) GOV.UK(https://www.gov.uk/get-help-savings-low-income). 2019. 7. 16. 인출.

29) O'boyle, Edward J. 1998. Transitions into and out of Poverty. *International Journal of Economics.* Vol. 25. No. 9. pp.1411-1424.

30) Sherraden, Michael, 한창근. 2007. "사회투자정책과 자산형성지원정책: 한국 사회정책에 미치는 합의점에 관한 연구". 『빈곤예방을 위한 사회투자모델과 발전방안』. 2007 서울복지재단 국제학술심포지움 자료집. p.11, pp.21-23.

31) Sherraden, Michael. 2001. Asset Building Policy and Programs for the Poor. In T. Shapiro & E. Wolf(Eds.). *Assets for the Poor: The Benefits of Spreading Asset Ownership.* New York: Russel Sage Foundation. pp.302-303.

32) Taylor-Gooby, Peter. 2004. New Risks and Social Change. In Peter Taylor-Gooby(ed.). *New Risks, New Welfare: the Transformation of the European Welfare State.* Oxford University Press. pp.2-5.

33) Woods, D. R. 2007. The Welfare State and Pressures to Reform: A Literature Review. *Wirtschaft & Politik. Working Paper No. 36.* Universität Tübingen.

34) 김연명. 2007. "한국에서의 사회투자전략 가능성, 쟁점 그리고 전망". 『빈곤예방을 위한 사회투자모델과 발전방안』. 2007 서울복지재단 국제학술심포지움 자료집. pp.58-60.

35) 이승윤. 2018.5. "사회투자적 접근(Social Investment Approach)에 대한 국제적 동향과 한국 사회정책에의 함의". 보건복지부 용역보고서. pp.58-59.

36) "디딤씨앗통장"은 아동발달지원계좌의 대국민 브랜드로서 아동복지시설, 가정위탁, 공동생활가정, 생계・의료수급가정 아동 등 취약계층 아동들을 대상으로 한 자산형성지원사업이다.

37) 최현수. 2014.8. "저소득층 자산형성지원을 위한 희망키움통장 운영성과 및 확대개편에 따른 정책과제". 『보건복지 Issue & Focus』, 제255호(2014-34). 한국보건사회연구원.

38) 재단법인 중앙자활센터. 2018.2.1. "2018년 자산형성지원사업지침 및 시스템 설명회 자료".

39) 서울시복지재단. 2017. 12. 『내일의 꿈에 날개를 달다: 서울시복지재단 저소득층 자산형성지원사업 백서』.

40) 얼 쇼리스. 2006. 『희망의 인문학: 클레멘트 코스 기적을 만들다』. 고병헌・이병곤・임정아 옮김. 이매진.

제8장
4차 산업혁명과 사회보장의 미래

제1절
4차 산업혁명 시대의 도래

1. 산업혁명의 시작과 의의

'산업혁명'이라는 용어는 역사적으로 언제부터 사용되기 시작하였는가? '산업혁명'이라는 용어가 처음 사용된 것은 1837년 프랑스의 경제학자 브랑키(J.A. Blanqui)에 의해서라고 알려져 있는데, 그는 18세기 말 영국에서 나타난 일련의 발명이 가져온 사회경제적 전환을 '산업혁명'으로 인식하였다.[1] 엥겔스(F. Engels)는 1845년 그의 저서 「영국 노동자계급의 상태」[2]에서 영국 노동계급의 역사는 18세기 후반 증기기관과 면화 가공 기계의 발명과 함께 시작되고 이들 발명과 함께 '산업혁명'(The Industrial Revolution)이 발생했다고 하면서 '산업혁명'이라는 용어를 사용한 바 있다. 엥겔스는 산업혁명으로 거대한 자본의 집중과 계급분해가 진전되고 프롤레타리아가 발생했다고 본다. 19세기 전반기 단편적으로 사용되어 오던 '산업혁명'이라는 용어는 1884년 토인비(A. Toynbee)가 그의 저서 「18세기 영국산업혁명강의」[3]에서 산업혁명을 1760년에서 1830년에 이르는 영국 근대경제사회의 역사적 전환과정으로 언급함으로써 용어의 기본개념이 확립되었다.

산업혁명이라는 용어는 용도에 따라 의미가 다양하게 사용되기도 하지만 김종현(2007)의 정의를 빌리자면 '전통적 내지 전 근대적 경제가 근대자본주의로 경제로 전환하는 역사적 과정'이다.[4] 근대자본주의 경제에서는 기술혁신을 통해 공업기반 위에서 지속적인 대량생산이 가능하게 되었으며 생산과 소득의 획기적 성장을 가져오게 된다. 산업혁명은 공장제 생산방식과 기계와 광물 에너지를 이용한 생산기술의 근본적 변화를 통해 지속적인 확대재생산을 가능하게 하고 자본주의 경제를 확립하는데 기여하였지만, 한편으로는 불공평한 분배, 노동자의 소외, 사회관계의 비인간화와 같은 산업사회의 부산물도 가져오는 역사적 전환점의 의미도 내포하고 있다.

역사적 전환으로서의 산업혁명은 사회보장에 있어서 어떤 의미를 내포하는 것인가? 산업혁명은 공업부문을 중심으로 하는 산업의 구조적 변화를 가져왔을 뿐만 아니라 산업조직도 소규모 가내공업조직에서 기계화된 대규모 공장제 공업조직으로 전환되었다. 이러한 산업 구조적 변화는 사회적 변화로 연결되어서 인구의 도시집중으로 인한 도시화와 생산 관계를 중심으로 노동의 상품화라는 사회적 변화 등을 가져오게 된다. 즉, 산업혁명은 대규모 근로 인력을 필요로 하게 되고 산업혁명 이전보다 훨씬 더 많은 사람들이 생산수단에 대한 통제력을 잃은 채로 자신이나 가족이 아닌 다른 사람들을 위해 일하는 임금노동자로 전환하게 되는데 이를 '프롤레타리아 현상'(proletarianization)이라고 한다. 이 현상은 일반 시민들의 삶을 가장 광범위하게 바꾼 변화로서 산업혁명기에서부터 시작해서 오늘날까지도 서구산업사회에서 계속되고 있다.[5] 이러한 변화는 전통적 지지망을 약화시키고 노동자 계층을 상시 실업의 위험에 처하게 만들었으며, 빈곤의 위험이 사회구조에 있다는 인식이 확산됨에 따라 근대의 사회보장제도가 등장하게 된다. 결국, 산업혁명은 자본주의를 발전시키면서 동시에 사회보장제도를 잉태하게 된 양면성을 지니게 된다.

산업혁명은 역사적으로 18세기 후반 영국에서 최초로 일어났지만, 그 후 19세기에 들어서는 유럽과 미국, 20세기 초에는 러시아, 일본, 20세기 후반에는 아시아와 중남미 제국으로 확산되면서 이제는 전 세계적인 현상으로 자리 잡게 되었다. 산업혁명은 정치혁명처럼 특정 기간에 단기적으로 이루어지는 것이 아니라 점진적으로 장기적으로 이루어지기 때문에 '혁명'이라고 부르기보다는 점진적 '진화'의 과정이라고 보는 견해도 있지만, 기간의 짧고 길고를 떠나 역사적으로 산업혁명은 변화의 본질이 역사적으로 종전과는 다른 비연속(discontinuity) 과정이며 사회경제적 전환으로서의 '단절'을 수반하기 때문에 '혁명'으로 인식하는 것이다.

2. 4차 산업혁명의 개념과 특징

역사적으로 4차례에 걸쳐서 산업혁명이 일어났는데 지금 마주하고 있는 4차 산업혁명은 앞선 3차례의 산업혁명을 기초로 해서 만들어지면서도 지금까지와는 전혀 다른 모습으로 사회를 변모시켜나가고 있다. 비록 각 산업혁명은 별도로 분리된 사건으로 여겨지기도 하지만 앞선 혁명이 가져온 혁신을 기초로 해서 한층 더 진보된 형태의 생산양식으로 이끌어가는 일련의 사건 시리즈로 이해될 수 있다. 2016년 1월 스위스 다보스에서 개최된 세계경제포럼(World Economic Forum: WEF)을 맞아 스위스 글로벌 금융그룹 'UBS'에서 내놓은『자동화와 연결성의 극단』이라는 백서[6]에 따르면 그동안의 산업혁명에 대해 개념 정의하기를 '기술 및 동력원의 발전을 통해 자동화(automation)와 연결성(connectivity)을 발전시켜 온 과정'으로 압축해서 설명한다.

<표 8-1> 산업혁명의 특성 비교

구분	기간	핵심동력	주요성과	특성
1차 산업혁명	1760-1900	수력과 증기기관을 통한 기계적 생산	증기기관, 생산설비 기계화	동력 혁명
2차 산업혁명	1900-1960	전기에너지를 통한 분업과 대량생산	내연기관, 대량생산체계	자동화 혁명
3차 산업혁명	1960-2000	전기와 IT를 활용한 생산의 자동화 확대	IT, 컴퓨터, 로봇	디지털 혁명
4차 산업혁명	2000 이후	사이버 물리시스템 도입	빅 데이터, 사물 인터넷(IoT), 3D 프린터, 인공지능 등	초연결 혁명

자료: Prisecaru, P. (2016). Challenges of the Fourth Industrial Revolution. *Knowledge Horizons-Economics, 8(1)*. pp.57-62를 토대로 재작성.

<표 8-1>은 1차에서 4차에 걸친 산업혁명의 특성을 비교해서 보여준다. 1760년대 무렵 영국에서 시작된 최초의 1차 산업혁명은 18세기 증기기관의 출현과 함께 시작되었는데 생산의 기계화, 인구의 급격한 도시집중 현상 등을 몰고 온다. 1800년대 말 시작된 2차 산업혁명은 전기와 기타 과학적 진보에 힘입어 대량생산체제와 자동화 시스템이 본격화된 시기이며, 1960년대에 시작된 3차 산업혁명은 컴퓨터와 디지털 기술을 토대로 거의 모든 산업이 결합되는 시기이다. 제4차 산업혁명은 현재 진행형으로 인공지능, 사물 인터넷, 로봇기술 등이 융합된 지능 정보기술이 사회 전반

에 침투하면서 지능화되는 시기이다. 4차 산업혁명은 인공지능에 의해 자동화와 연결성이 극대화되는 단계이다. 바로 초연결(hyper-connectivity), 초융합(hyper-convergence), 초지능(super-intelligence)은 4차 산업혁명의 핵심 키워드이기도 하다.7)

이러한 기술발전은 끊임없는 자동화와 산업의 경계를 허물면서 진화를 거듭해 왔는데 오늘날 우리가 마주하는 진보를 새로운 산업혁명이라고 명명한 사람은 클라우스 슈밥(Klaus Schwab, 2016)8)으로서, '4차 산업혁명의 이해(Mastering the Fourth Industrial Revolution)'가 2016년 세계경제포럼(WEF)의 주제로 선정된 이래 4차 산업혁명이 가져올 사회구조의 혁명적 변화가 전 세계적인 주목을 받게 된다. 슈밥(Schwab)은 그의 논문9)에서 '앞선 산업혁명에서처럼 4차 산업혁명은 전 세계적으로 소득을 상승시키고 삶의 질을 개선시킬 잠재력을 지니고 있다'고 하면서도 산업혁명은 '특히나 노동시장을 교란할 잠재력 면에서' 불평등을 심화시킬 수 있으며, '더 나아가 노동시장이 저기술 저임금과 고기술 고임금으로 분화되어서' 사회적 긴장이 확대될 수 있을 것이라고 한다.

4차 산업혁명은 현재 시작 단계이지만 앞선 산업혁명과는 비교도 안될 정도로 광범위하고 빠른 속도로 진행되어서 기술진보와 디지털화가 삶의 모든 영역을 가히 혁명적으로 변화시킬 것이지만 이러한 파괴적 기술(disruptive technologies) 진보가 우리 사회에 건전하고 체계적으로 자리 잡아서 개인과 공동체를 파괴하지 않도록 준비가 필요하다 할 것이다.

3. 4차 산업혁명의 기회와 도전

"4차 산업혁명은 디지털 혁명이라고 불리는 3차 산업혁명의 기초위에서 진행되고 있지만, 현재의 진행형 변화는 단순히 3차 산업혁명의 연장선이 아니라 속도, 범위, 시스템 영향력의 측면에서 앞선 산업혁명들과는 확연히 다른 '네 번째 특이현상'(a Fourth and distinct one)의 도래라고 할 수 있다. 네 번째 혁신이 가져오는 변화의 속도, 범위와 깊이는 생산영역뿐만 아니라 관리, 거버넌스 등 우리 사회의 전 시스템이 역사상 유례를 찾아볼 수 없을 정도로 바뀌게 될 것이라는 점을 예고해 준다"(Schwab, 2015).10)

수 등(Xu et al., 2018)[11]은 선행연구들을 토대로 해서 4차 산업혁명이 가져올 기회 요인들을 다섯 가지로 정리한다. ①아이디어가 상품화하는데 장애가 줄어든다. 일례로 3D 프린팅은 시간의 제약없이 상품을 현실화할 수 있다(무장애). ②인공지능(AI)의 역할이 보다 적극적이 된다. 인공지능은 다양한 형태의 고용에 대한 위협이 되는 측면과 경제성장에 새로운 경로를 여는 양면성이 있다(인공지능). ③기술의 혁신은 서로 다른 과학적, 기술적 원칙들을 통합시키게 된다. 이는 기술들의 단순한 결합 차원을 뛰어넘어 새로 창조적 생산을 만들어 내는 융합이다(융합). ④사람들의 일상생활에 큰 변화가 일어난다. 일례로 맞춤형 로봇은 가정, 직장, 기타 장소 등에서의 삶의 질을 향상시키는 동시에, 새로운 직업들을 창조하고 기존 직업들의 질도 개선된다(로봇공학). ⑤우리들의 일상들의 상호 연결성이 강화된다. 일례로 사물 인터넷(IoT)은 기계 대 기계 간 연결을 넘어 시스템, 서비스 영역으로까지 확장되어 연결성이 진화된다(연결성).

"우리는 우리의 삶과 일, 그리고 서로를 연결해 주는 방식을 근본적으로 바꾸게 될 기술혁명의 초입에 와 있다. 규모나 범위, 복잡성에 있어서 지금까지 인류가 겪어왔던 그 어떤 변화와도 견줄 수 없을 것이다. 우리는 그것이 어떻게 전개될지 아직 모른다. 그렇지만 한 가지 분명한 사실은 이에 대한 대응이 공공과 민간역에서부터 학문과 시민사회에 이르기까지 모든 이해 관계자들을 포함해서 통합적이고 종합적으로 이루어져야 한다는 것이다." 슈밥(Schwab, 2015)[12]의 이 문장은 우리로 하여금 4차 산업혁명을 둘러싼 도전들에 대해 여러 생각들을 하게 해준다.

4차 산업혁명은 많은 혜택을 가져오는 것도 사실이지만, 동시에 우리에게 여러 가지 도전도 안겨주게 된다. 그중에서도 노동시장을 파괴함으로써 발생하는 거대한 불평등이다. 기술발전으로 인한 기계의 노동 대체는 자본 수익과 노동 수익 간의 격차를 더욱 악화시킬 것이다. 그렇지만 보다 근본적으로 4차 산업혁명시대에서 가치있는 자원은 보통의 노동이나 보통의 자본이 아니라 새로운 아이디어나 혁신을 창조하는 사람들이다. 재능있는 인력을 찾아 노동시장은 극도로 분화되고 저숙련·저임금 노동자들은 컴퓨터와 디지털 기술에 의해 대체된 반면에, 고기술·고임금을 요하는 직업들은 상대적으로 덜하다. 이러한 양분 현상은 결국 사회적 긴장을 고도화시키는 쪽으로 흐를 수 있다.[13] <표 8-2>는 4차 산업혁명이 가져오게 될 직업 위험군들에 대한 전망을 구체적으로 보여주고 있다.

<표 8-2> 주요기관별 미래 직업전망

년도	기관	고위험 직군	저위험 직군
2013	Oxford University	단순 서비스직, 단순 영업판매직, 단순사무직, 생산직, 텔레마케터, 계산원 등	경영직, 금융 관련 전문직, 교육 관련 종사자, 헬스케어 관련 종사자, 예술, 미디어 관련 종사자 등
2015	Forrester Research	공사 노동직, 단순 사무보조, 영업판매직, 부동산 중개업 등	소프트 엔지니어, 디자이너, 로봇 수리 전문가 등
2016	세계경제포럼	단순사무직, 행정직, 제조·생산직, 건설·채굴, 예술·디자인, 환경·스포츠·미디어, 법률, 시설 및 정비 등	사업·재정·운영, 경영직, 컴퓨터·수학, 건축·엔지니어, 영업관련직, 교육·훈련 등

자료: World Economic Forum. 2016. "The Future of Jobs".; Oxford University. 2013. "The future of employment: How susceptible are jobs to computerization?"; Forrester Research. 2015. "The Future of Jobs, 2025: working side by side with robots".; 김은정·서기만(2016.4) 등을 토대로 자료 재정리.

4차 산업혁명은 단순히 기술기반 변혁 그 이상으로서, 교육, 건강, 비즈니스를 비롯한 산업 전반에 이르기까지 파괴적 혁신을 수반하게 되는 강력한 영향력을 행사하게 된다. 교육의 경우 새로운 커리큘럼과 교육 컨텐츠가 발달하고, 비즈니스에서 새로운 시장과 새로운 제품들이 창조된다. 우버(Uber) 택시, 에어비엔비(Airbnb) 숙박 등이 전통적인 비즈니스 모델들과 경쟁하게 된다. 인공지능(AI), 기계학습, 로봇 등 기술의 발달 속도는 인간지능의 발달 속도보다 빠르다. 유엔 미래보고서는 "2045년에는 인공지능이 인간의 능력을 뛰어넘을 것이다"[14]라고 전망할 정도로 '초 지능사회'가 바로 4차 산업혁명의 또 다른 모습이다. 인공지능의 성장은 노동력의 양극화 현상, 즉 고도로 숙련된 기술과 저숙련 기술 만이 인간의 영역으로 남을 것이며 궁극적으로는 직업의 소멸, 직업구조의 변화 등 직업 세계와 사회적 변화를 가져올 것이다.[15] 바로 이러한 사회적 변화가 인공지능 시대의 또 다른 고민의 출발점이기도 하다.

4차 산업혁명 시대에 있어서 또 하나의 특징은 모든 것이 연결되어 있다는 것이다. 연결망은 다양한 사물 인터넷 등을 통한 기계장치 간 연결뿐만 아니라 우리들의 삶 자체가 '사이버 물리시스템'(cyber physical system)을 통해서 의도적이든 비의도적이든 얽혀 있다는 것이다. 이른바 '초연결사회'가 4차 산업혁명의 특징인 것이다. 한마디로 4차 산업혁명은 사이버(cyber)와 물리시스템(physical system)이 지능화되고 세상의 모든 것이 연결되는 초지능, 초연결 시대의 개막을 알리는 것이다

제2절

4차 산업혁명과 사회보장의 대응

1. 4차 산업혁명이 가져올 주요변화

4차 산업혁명은 생산력의 증가를 통해 전반적으로 인간의 경제생활 수준을 향상시킬 수 있을 뿐만 아니라 사회보장의 측면에서도 활용 가능한 자원이 늘어남으로써 사회보장 수준을 높일 수 있는 토대가 마련될 수 있을 것이다. 이러한 측면은 4차 산업혁명이 인간 생활 수준 향상에 긍정적으로 작용할 수 있음을 보여주는 것이지만 4차 산업혁명은 그에 못지않게 변화와 도전과제들을 제기하고 있는 것이 또한 사실이다.

4차 산업혁명이 가져올 변화는 기술혁명에 그치지 않고 전방위적으로 인간 삶의 변화를 가져올 것이 확실하다. 4차산업이 가져올 변하는 세 가지 측면에서 분석이 가능한데 첫째, 산업구조의 변화 측면에서 데이터와 지식이 산업의 경쟁 원천으로 부각하고, 아울러 플랫폼 경제, 공유경제, O2O 커머스 등 신 경제형태가 발달하게 된다. 경쟁방식 또한 플랫폼 기반 생태계 중심으로 변화한다.

둘째, 고용구조의 변화로서 자동화로 대체되는 업무가 확대되고 신 산업분야 일자리가 발생하지만 고도의 지적 노동에서부터 단순 반복업무에 이르기까지 고용구조의 양극화 현상이 발생하게 된다. 또한 단기 고용, 시간제 노동 증가 등 노동의 유연성이 증가하고, 특히 플랫폼 기반 서비스 종사자 등을 중심으로 1인 자영업자와 같은 비정형적 고용이 지속적으로 확대된다.

셋째, 삶의 모습과 환경변화로서 각종 서비스의 확산 및 비용감소로 편의성이 증대된다.

지능정보기술의 발달은 질병 진단 및 치료의 정확도를 늘릴 뿐만 아니라 원격치료 일반화 등을 통해 의료의 품질 및 접근성을 향상시킨다. 빅 데이타를 활용한 정보분석 능력의 획기적 향상은 생활 전반에 걸친 개인 맞춤형 서비스를 가능하게 한다. 맞춤형 서비스는 치안, 교통, 경제활동 등 일상생활 분야에서 뿐만이 아니라 보건, 복지, 노동, 교육 등 사회보장 분야에서도 매우 유용하게 작용한다.

2. 4차 산업혁명과 복지국가 4.0

4차 산업혁명이 가져올 변화들은 복지국가에 과연 어떻게 변화시킬 것인가? 이 부분에 대해서는 4차 산업혁명이 현재 초입 단계에서 진행 중인 관계로 본격적인 연구결과는 아직 나오고 있지는 않지만 이와 관련한 연구들이 점차 증가할 것으로 보인다. 이상은(2018)[16]은 지금까지 몇몇 나온 연구결과들을 토대로 4차 산업혁명이 복지국가의 정치경제체제에 어떤 영향을 미칠 것인지에 대하여 복지국가 약화론, 강화론, 현대화론 등으로 분류해서 설명한다.

이베르센과 렘(Iversen & Rehm, 2016)[17]은 4차 산업혁명시대의 빅 데이터 이용가능성 증가에 주목하면서 빅데이타(Big Data)의 확보는 사보험과 사회보험간 정보 비대칭성 문제를 완화시켜서 사보험이 강화되고 사회보험이 축소될 가능성이 높다고 한다. 사보험 회사에서 빅 데이터(Big Data)를 공유하게 된다면 정보 비대칭성으로 사보험이 성립하기 어려웠던 위험분야에서 보험가능한 분야가 확대되고 사보험 운영의 효율성 또한 높일 수 있게 되는데 이는 연대적 사회보험 기반을 약화시킬 수 있게 된다. 그렇지만 빅 데이터 이용 가능성 증가는 사보험은 물론 사회보험의 운영 능력 제고에도 도움이 되는 것이기 때문에 반드시 복지국가 약화로 작용한다고 보기는 어려운 문제이다.

테위센과 루에다(Thewissen & Rueda, 2017)[18]는 기술혁신으로 일자리 양극화 현상과 소득 양극화 현상이 발생하면서 반복적, 일상적 과업을 중심적으로 수행하는 중간계층의 고용과 임금상실 위험이 증가하게 되고 이에 대한 대응책으로 사회보장정책에 대한 선호도가 높아진다고 예측한다. 테위센과 루에다(Thewissen & Rueda)는 직업과 재분배 선호 간의 관계를 일상적 과업집중도(Routine Task Intensity: RTI)를 이용하여 분석하면서 RTI가 높은 일자리 종사자일수록 고용위험 대처수단으로 비 시장(non-market) 방식의 소득 재분배 요구가 커진다고 말한다. 4차 산업혁명이 가져올 일자리 양상에 대한 장기적 전망은 쉽지 않지만, 최소한 과도기적으로는 RTI가 높은 일상적, 반복적 업무를 수행하는 중간층 일자리 위협에 대한 우려가 높기 때문에 이들에 대한 국가 차원의 역할 강화 주장은 설득력을 가진다.

부어(Buhr, 2017)[19]는 4차 산업혁명시대의 복지국가 대응방식을 복지국가의 현대화 관점에서 설명한다. 4차 산업혁명이 가져오는 사이버 물리시스템의 발전이 가져온 기술적, 사회적 혁신들은 현대산업사회에 있어서 기회이면서도 도전이기도 하다. 4차 산업혁명 시대의 혁신들은 협력과 생산을 위한 새로운 창조적 기회를 제공하지만, 한편으로는 이 혁신적 변화들에 잘 적응해야만 하는 과제를 안겨준다. 그 결과 생산체제의 변화가 불러온 새로운 문제와 욕구들은 개인 차원을 넘어서 국가와 사회에 의한 사회적 보호체제로 대응해야 하는데, 기술혁명에 의한 생산체제의 변화속도에 비해 사회적 보호체제는 경로 의존적이고 현 상태를 지속하고자 하는 속성이 있다. 따라서 이러한 상태를 벗어나기 위한 압력이 거세지면서 4차 산업혁명 시대의 변화에 걸맞게 지금까지 유지해 온 복지국가의 틀을 조정해야 하는 당위성이 대두된다. 부어(Buhr, 2017)는 이를 복지국가의 현대화(Modernization of the Welfare States)라고 하면서, 외부적 현대화와 내부적 현대화로 나누어 설명한다.

첫째, 외부적 현대화 효과(external modernization effect)는 4차 산업혁명이 가져온 생산체제변화가 복지국가에 미친 영향들을 말한다. 생산체제 변화를 비롯해서 정보통신기술과 자동화의 확산 등은 새로운 노동 수요를 발생시키고 이러한 변화와 도전들이 진행되는 과정에서 발생되는 문제점들은 복지국가에 의한 각종 지원으로 해소될 수 있다. 둘째, 내부적 현대화 효과(internal modernization effect)는 복지국가의 디지털화로 초래되는 내부적 영향들을 말한다. 국가는 디지털화된 복지행정과 인터넷망 확산 등과 같은 기술환경을 비롯해서 이에 걸맞는 행정과 기술 수준을 갖추어야 함과 아울러, 다른 한편으로 개인은 이러한 변화된 사회와 노동환경에 맞추어 기술과 능력을 갖추도록 요구받는다.

내·외부적 현대화 효과는 각 국가적 상황에 따라 다르게 나타나는데 사회민주주의 복지국가인 스웨덴 같은 경우에는 일관되게 내부적 현대화에 힘써서 사회적 불평등 수준을 낮추어 온 '복지국가 4.0'의 선구자적 국가이다. 자유주의 복지국가인 미국, 영국 같은 경우에는 내부적 현대화가 상당 수준에 이르렀으나 상대적으로 자체 사회보장시스템의 계층화 효과가 강해서 시스템 효과 자체를 완전 불식시킬 수 없는 한계가 있다. 반면에 보수주의 복지국가인 독일, 프랑스 같은 경우에는 외부적 현대화에 치중해온 결과 노동과 복지급여의 사회 내부적 재분배 조정문제가 핵심이슈로 대두된다.

4차 산업혁명이 복지국가에 어떤 영향을 미칠 것인가에 대해서는 단정적으로 말하기는 어렵다. 그렇지만 4차 산업혁명이 경제적 또는 사회변화를 수반하게 되면서 복지국가에 미치게 되는 도전과 기회들은 어떤 형태이든지 간에 극복이 필요한 국가 사회적 이슈인 것만은 분명하다. 자본주의와 복지국가는 동전의 양면이기 때문에 생산체제 변화와 기술발전으로 얻게 된 경제성장과 이로 인해 얻게 된 과실을 조정하기 위해서는 새로운 패러다임의 복지국가 메카니즘 작동이 불가피하다.

4차 산업혁명 시대의 복지국가 전략이 바로 '복지국가 4.0'이다. '복지국가 4.0'은 4차 산업혁명이 복지국가에 긍정적이냐 부정적이냐 여부를 떠나 4차 산업혁명이 경제, 노동, 교육, 건강 분야 등 우리 사회 전반에 미칠 유동성(flexibility) 증가에 따른 위험요소를 흡수하기 위하여 복지 전반의 틀을 새롭게 구축하는 것이다. 이에 대한 전략적 대응은 국가마다, 분야마다 경제·사회적 발전 수준이 다르기 때문에 일률적일 수는 없지만, 사회구성원 개개인이 건강하고 독립적인 생활이 가능하도록 제도적 뒷받침을 강구하는 것이 필수 선결 조건이다.

3. 4차 산업혁명과 사회보장 기본전략

4차 산업혁명이 우리 사회에 가져오게 될 구조적 변화는 긍정·부정이 혼재하는 것이지만, 이 변화과정에서 발생하게 되는 각종 사회문제들은 사회보장에 의해 적극적으로 대응해야 할 것이며 궁극적으로 인간의 삶을 증진시키는 방향으로 구조화되어야 할 것이다. 고용감소, 불평등한 분배 등의 역작용은 오히려 4차 산업혁명의 건강한 진행을 위해서도 바람직하지 않으므로 결국 산업혁명의 성공적 수행과 사회보장의 발달은

양자 선순환 관계가 이루어져야 한다.

산업혁명이 진행되는 과정에서 불가피하게 발생하는 부문 간 불균형과 사회 전반에 걸친 양극화는 사회보장이 적극적으로 개입함으로써 보완역할을 수행하고 부문 간 균형발전을 견인하는 역할을 담당할 수 있을 것이다. 4차 산업혁명에 의한 생산성 제고는 국가 차원에서 보면 국부의 증대이자 사회보장 활용 재원의 증가이기도 하므로 전략 여하에 따라 산업혁명과 사회보장은 건강한 선순환 관계를 이룰 수 있다.

4차 산업혁명과 사회보장의 선순환 관계 확립을 위한 전략을 설정함에 있어서 1990년대 덴마크의 '황금 삼각형 모델'(Golden Triangle)은 시사하는 바가 크다. 덴마크는 1990년대 초에 9퍼센트를 상회하는 실업을 극복하기 위한 대대적 노동 개혁을 추진함에 있어서 ①유연한 노동(해고 등이 자유로운 노동의 유연성), ②관대한 복지(실업급여 등 사회안전망 확충) 등 두 축을 통해서 노동시장의 유연성과 안전성을 제고하고, ③적극적 노동정책(취업알선과 직업훈련 등 강화)을 통해 실업을 극복함과 동시에 가계소득을 높여서 성장을 추구하는 이른바 '유연 안전성의 황금 삼각형(golden triangle of flexicurity)' 전략을 추진하게 된다.[20] 그 결과 1980년대 평균 1.90퍼센트였던 경제성장률을 1990년대에 연평균 2.4 퍼센트로 끌어올릴 수 있었는데,[21]이 수치는 EU 평균에 비해 1 내지 2퍼센트 정도 높고 실업률 또한 EU 평균의 절반 정도에 불과하였다.[22]

'황금 삼각형 모델'을 4차 산업혁명과 사회보장의 관계설정에 대입하여 전략의 재구조화를 모색해 보면 첫째, 4차 산업혁명이 가져오는 노동시장의 유연화 대응전략이다. 노동시장 유연화는 노동시장 정책이 가져온 결과물이 아니라 산업혁명이 가져온 비정형적인 일자리들의 증가로 인한 불가피한 선택이다. 즉, 플랫폼 경제, 주문형 경제 등의 대두로 근로계약에 따른 정형적인 임금노동자가 아닌 플랫폼 노동자 등 비정형적인 노동자들이 나타나게 된다. 이러한 형태의 노동은 노동시장의 불안정성을 증가시키게 될 것이지만 4차 산업혁명 발전을 위해서는 노동시장의 합리적 대비와 적응이 필요한 사항이다.

둘째, 관대한 복지를 통한 사회보장의 강화 전략이다. 노동시장의 유연화를 통해 초래된 노동시장의 불안정성은 노동시장의 구조적 변화에 따른 것이기 때문에 특정 노동계층에 머무르지 말고 상시 위험 노출 가능성을 안고 있는 전 국민을 대상으로 하는 보편적 사회보장체계를 강화하는 것이 필요하다. 국민들의 보편적 삶의 질 수준을 담보하는 정책들이 4차 산업혁명 과정에 적극적으로 투입됨으로써 선순환 관계가 잘 작동할 수 있게 된다.

셋째, 적극적 노동정책을 통한 실업 극복과 소득향상전략이다. 4차 산업혁명은 빅데이터, 인공지능, 로봇, IoT, 3D 등 핵심기술의 발전과 더불어 산업양상을 변화시키고 급속한 생산력의 증대를 가져온다. 이러한 산업과 노동의 재편에 대응하고 소득증대로 연결시키기 위해서는 직업능력 향상을 위한 훈련체계 확립 등 적극적 노동시장 정책과 더불어 평생 교육체계를 구축하여 필요한 인적 자원을 공급하는 시스템을 갖추도록 해야 한다.

이상에서 살펴본 노동의 유연성, 사회안전망 확충, 적극적 노동정책 등 세 가지 측면이 4차 산업혁명 시대에 맞게 재 구조화된다면 상호 보완적 순환 관계를 형성함으로써 4차 산업혁명과 사회보장이 선순환적으로 발전하고 작동할 수 있는 '황금 3각형'(Golden Triangle)이 성립하게 될 것이다.

4차 산업혁명 시대의 사회보장 전략은 기술과 사회가 상호 진화하는 공진화(co-evolution) 전략으로도 설명할 수 있다. 4차 산업혁명이 가져올 변혁은 3차 산업혁명의 연장이 아니라 진전속도(velocity), 그 영향이 미치는 범위(scope), 파급효과(impact)가 이전과는 판이하게 다르다. 따라서 기술의 진화에 걸맞게 혁신적인 사회 진화로 연결되어야만 사회의 갈등 또는 붕괴를 막을 수 있다. 4차 산업혁명을 통한 혁신성장은 적극적으로 추구하되 사회문제의 해결을 동시에 달성할 수 있는 '사람 중심의 4차 산업혁명 대응 전략'이 필요한 이유이다. 따라서 4차 산업혁명으로 조성된 새로운 생태계에서는 기술의 진화와 더불어 인간과 사회문제 해결을 위한 사회보장전략 또한 기존 복지국가 틀안에서의 경로 의존성(path dependency)을 뛰어넘는 혁신적인 공진화 전략이 필요하다.

제3절

4차 산업혁명과 사회보장 혁신과제

1. 초연결사회와 사회보장의 혁신

4차 산업혁명 시대 사회보장의 혁신과제는 초연결사회 출현에 따라 고용 관계가 변화하며 기술혁신의 심화에 따라 소득 불평등이 심화되고, 의학기술 발달과 생활 수준 향상 등으로 고령화가 촉진되는 등의 각종 변화가 초래하게 될 각종 사회적 위험을 어떻게 효과적으로 대응할 것인가에 관한 문제이다. 4차 산업혁명에 대해서는 고도의 생산성 증가로 전체적인 소득증가와 생활 수준 향상이라는 긍정적인 효과가 기대되지만, 변화가 가져올 고용의 미래와 관련하여서는 부정적 요소가 많이 내포되어 있다. 새로운 사회적 위험에 대한 기존 사회보장제도의 비 정합성을 해소하는 노력이 사회보장 혁신의 출발점이다.

1) 신 노동의 출현에 따른 제도 정비

4차 산업혁명 시대는 초연결성을 바탕으로 하는 글로벌 플랫폼(platform)을 출현시키고 이를 대표하는 주문형 경제(on-demand economy)에서는 지금까지의 전통적인 근로자나 사업자의 범주에 속하지 않는 제3유형 취업자가 등장하는데, 주문형 경제에서의 플랫폼 운영자들은 스스로를 단순히 서비스 제공자와 이용자를 연결해 주는 중개자일 뿐 근로자를 고용하는 사용자는 아니라고 본다. 이를 두고 '1인 기업' 또는 '마이크로 사업가(micro-entrepreneurs)'라고 부르기도 하며 초연결성이 극대화되면서 이용자의 주문업무만 수행하는 독립 노동자(프리랜서)가 확대될 것이다. 예를 들어 우리나라의 경우 배달대행을 하는 배달근로자의 경우 사업주로부터 근로시간, 장소 등 구체적 지휘 감독을 받지 않은 경우, 근로기준법상의 근로자에 해당하지 않는다는 판결이 있다.[23] 이 경우 근로기준법상 사용자-근로자 개념에 입각한 근로자로서의 적격성이 인정되지 않은 것이다. 이처럼 초연결사회는 전통적 고용 관계를 변화시켜 비근로자를 확대할 뿐만 아니라 기술 편향적 테크놀로지의 변화에 따라 불평등을 심화시킬 것이라는 예측이 많다. 다시 말해서 고기술·고임금과 저기술·저임금 간의 격차가 확대되어 일자리가 양극화되어서 중간층의 범위가 축소될 것이라는 전망이다.[24]

공유경제에서 주로 발견되는 새로운 경제·노동형태인 긱 이코노미(Gig-Economy) 현상과 이에 따른 비정규 프리랜서 근로형태의 '주문형 근로'의 확산에 대해서는 상반된 입장이 대립 중인데, 긍정적인 측면에서는 유연성과 자율성에 기반한 근로관계를 제공하여 근로자는 언제, 어떻게 업무를 수행할지 스스로 결정할 수 있다는 점이며, 부정적인 측면에서는 피고용인이 일반적으로 누리는 소득과 고용의 안정과 같은 혜택이 제공되지 않는다는 점이다. 이에 대해서는 앞에서 살펴본 바와 같이 법과 제도가 미정립되어 있어서 앞으로 근로자로서의 법적 지위를 명확히 할 수 있는 제도 정비가 필요하다.

2) 사회보장제도의 재편 필요성

전통적인 사회보장제도, 특히 사회보험제도는 근로활동을 전제로 해서 근로자가 겪게 되는 각종 위험 즉, 질병, 실업, 산재, 노령 등에 대한 사회적 보장장치로서 설계된 것이다. 그러나 4차 산업혁명 시대의 근로관계는 노동의 유연화로 수반되는 결과물로서 기존 안정적 일자리를 가졌던 노동자들이 비정규직으로 대폭 전환하거나 또는 독립 노동자와 같은 불안정한 비정형 노동자 형태로 바뀌는 현상이 나타나게 된다. 따라서 이러한 변화는 기존 사회보험체계에서 적용하기 곤란한 광범위한 사회보장의 사각지대를 형성하게 된다.[25]

비정형 노동자들을 사회보험체계로 편입하기 위해서는 자영업자로 간주하는 방법, 임금노동자로 인정하는 방법, 또는 제3의 유형으로 분류하는 등의 방법이 있는데, 보다 근본적으로는 임금노동자로 인정하는 방법이 필요하다 하겠으나 이는 비정형 노동자들의 근로자성에 대한 법적 인정 여부에 달려있다. 또 하나의 방법으로는 사회보험의 대상을 전체 소득자로 확대하는 것이다. 예를 들어 실업보험이나 산재보험의 경우 임금노동자만이 강제가입대상인데 전체 소득자가 강제가입대상이 되도록 함으로써 사각지대를 해소하는 방법이다.

더 나아가서는 사회보장제도 전반을 임금노동에 기반한 사회보험방식에서 벗어나 조세 방식에 기반한 보편적 프로그램 확대방식으로의 전환도 검토할 필요가 있다. 앞에서 살펴본 바와 같이 4차 산업혁명 시대에는 노동의 미래가 전반적으로 불안정해지면서 임금노동의 역할이 축소되므로 임금노동이 감당하지 못하는 영역까지도 포괄하는 사회보장영역의 확대가 요청된다.

스탠딩(Guy Standing, 2009 & 2011)[26]에 따르면 복지국가의 경로의존적 대응은 빠르게 증가하고 있는 비정규직 등 변화하는 노동에 지극히 '한가한' 태도라고 보는데 그는 정규노동계층 중심의 '산업적 시민권'(industrial citizenship)에서 보호받지 못하는 '불안정한 노동자계급(precarious proletariat)'을 뜻하는 '프레카리아트'(precariat)가 급격히 증가하고 있다고 지적한다. 스탠딩(Standing)은 이런 현실에 대한 대응책으로 무급노동을 포함한 모든 노동을 포함하는 '직업적 시민권'(occupational citizenship)을 주장하는데, 이러한 관점은 산업혁명에 부응하는 사회보장제도의 재편이 점진적으로 갈지, 아니면 경로 탈피형으로 갈 것인지에 대해 시사하는 바가 크다.[27]

3) 대안으로서의 기본소득 주장

인공지능의 발달 등에 따라 4차 산업혁명이 성숙단계에 접어들면 기존의 유급노동 중심에서 탈 유급노동의 단계로 접어들게 됨으로써 개인들의 생활보장을 위해 근로활동 여부와는 무관하게 일정 소득을 제공하는 기본소득(Basic Income) 체제 도입 주장의 설득력이 커질 수도 있다. 기본소득은 모든 시민에게 보편적으로, 어떤 의무도 부과하지 않고 무조건적으로, 가족이 아닌 개인 단위로 그리고 정기적으로 현금을 지급한다는 점이 핵심 특징이다. 전통적인 자산조사 방식의 급여나 사회보험은 일차적인 임금소득 역할 다음의 이차기능으로서 작동하는 데 반하여, 기본소득은 임금소득에 앞서 일차적으로 제공된다는 점에서 전통적인 사회보장방식과는 접근방식이 다르다. 복지국가의 경로 의존성(path dependence) 관점에서 볼 때 사회투자전략이 점진적 혁신을 추구한다면 기본소득은 경로탈피적 성향이 강하다.

앞에서 살펴본 바와 같이 기본소득 주장에 대해서는 과연 일하지 않고 사회에 기여하지 않는 사람들에게 기본소득을 제공하는 것이 윤리적으로 정당한 것이냐에 대한 비판이 상당한데 이 점을 감안해서 사회적 기여(social contribution)라는 조건을 충족시키는 경우에만 기본소득을 제공하자는 애트킨슨(Atkinson)의 참여소득(participation income)[28] 아이디어 제안이 있다. 사회적 기여는 노동시장 참여행위뿐만 아니라 일정 요건을 갖춘 교육·훈련, 돌봄, 자원봉사 등을 포함하는 광범위한 개념이다. 기본소득은 핀란드, 네덜란드, 이탈리아, 인도, 미국 등을 비롯한 세계 각국과 우리나라의 서울시, 성남시 등에서 대상, 금액, 기간, 지역 등을 변형한 다양한 경로로 실험이 진행된 바 있으나 완전한 기본소득 실시는 전 세계적으로도 아직 유보적이다.

4) 사회적 경제 활성화 전략

사회적 경제는 19세기 초반 유럽 사회에서 자본주의 초기부터 겪어 온 어려움을 극복하기 위한 노력의 일환으로 시작되었으며, 자본주의의 빈부격차, 빈곤 문제와 사회주의의 경직성, 정치·경제적 비민주성 등에 대한 대안으로 발전하였다. 그리고 20세기 후반에는 신자유주의의 폐해를 극복하기 위한 방안으로 적극 활용된다. 4차 산업혁명 시대의 초연결사회에서 노동의 재편에 따른 불평등과 불확실성의 증대, 공유경제의 출현은 사회적 경제의 운영원리를 재조명하게 한다.

사회적 경제는 자본보다 사람을 우위에 두는 경제 개념으로서 이윤 창출이 최고의 목표인 자본주의 경제의 대안적 개념이다. 공동체의 보편적 이익실현, 민주적 의사결정, 노동 중심의 수익 배분, 사회 및 생태계의 지속가능성 등 사회적 가치 실현을 우선시한다. 복지나 기부와 다른 점은 자주적, 자립적 경제행위를 통해서 사회적 가치를 실현한다는 점에 있으며, 이를 위해서는 경제에 참여하는 주체들의 협동과 연대, 신뢰가 필수적이다. 이러한 원칙을 따르는 사회적 경제의 구체적 형태로는 사회적 기업, 협동조합, 마을기업, 자활기업, 상호공제조합 등이 있다.

리프킨(Rifkin)[29]은 기술혁신으로 자본주의의 생산성 추구가 극에 달하면 협력적 소비를 통하여 한계비용이 제로에 이르는 사회가 되는데 이렇게 되면 '경쟁적 소유사회'에서 '협력적 공유사회'로 바뀌게 된다고 예측한다. 공유경제는 IT 기술발전을 중심으로 시작되고 사회적 경제는 협동조합 활동을 중심으로 시작되었다는 점에서 그 출발은 서로 다르나, 4차 산업혁명으로 '협력적 공유사회'가 등장하게 되면 사회적 경제가 주도적 역할을 담당할 수 있으며, 이는 바로 사회적 경제가 추구하는 '융합과 상생'이라는 가치 구축을 통해 공동체 활성화와 사회보장의 새로운 역할 모색이 가능해질 수 있다.[30]

2. 4차 산업혁명과 '일자리 4.0'

4차 산업혁명과 같은 맥락 아래에서 산업 4.0(Industry 4.0), 일자리 4.0(Work 4.0))이라는 용어가 등장한다. 4차 산업혁명 시대의 기술진보는 인공지능, 빅 데이터 등과의 결합을 통하여 속도와 영향의 범위가 이전의 산업혁명과는 비교하기 힘들 정도로 빠르고 넓을 뿐만 아니라 노동시장에 미치는 파괴력도 그만큼 클 수밖에 없다. 4차 산업혁명 시대의 기술적, 인구학적, 그리고 사회경제적인 파괴적 혁신은 산업 전반에 걸쳐서 노동인력으로 하여금 새로운 자질(talent)과 기술력(skills)을 갖추도록 요청하게 된다. 이 결과 발생하게 되는 고용환경은 수많은 직업의 생성과 소멸을 발생시켜서 대량실업과 고용구조의 양극화를 초래하고 경제적 불평등을 심화시킬 수밖에 없다는 우려가 끊임없이 제기된다. 이를 해소하기 위해서는 교육과 노동정책의 혁신이 불가결한 과제이기도 하다.

세계경제포럼(WEF)은 미래고용보고서(The Future of Jobs Report, 2016)에서 일자리 4.0의 관점으로 노동시장 변화에 대응해 나가기 위해 단기적으로 시행해야 할 네 가지 방안과 장기적으로 시행해야 할 세 가지 방안을 추천한 바 있다.[31] 먼저 네 가지 단기적 방안으로는 ①인적자원(HR) 관리기능 혁신: 기술발전에 전향적으로 대응하기 위해 인사노무관리체계를 시급히 재정립, ②데이터 분석기법 활용: 대규모 데이터 분석과 예측기법을 활용하여 인력계획과 직무능력 관리전략을 새로 수립, ③직무능력 다양화 적극 대처: 새로운 기술의 출현으로 시급한 전문인력 양성 및 새로운 직무능력 다양화에 부응하여 기존의 차별적 경력관리 요소를 배제, ④유연한 근로 관리체계 정비: 근로환경의 물리적, 조직적 경계가 허물어지는 등 노동 양상의 유연화에 부응한 근로 관리체계의 재정립 등을 추천한다. 그리고 세 가지 장기적 방안으로는 ①교육체계의 혁신: 새로운 일자리 유형과 기능출현에 발맞추어 20세기 교육제도의 유산인 인문계 자연계로 분리된 교육을 벗어나 제3의 21세기 융·복합교육 제공, ②평생교육 실시 장려: 인구 고령화에 따라 새로운 기술을 전 생애에 걸쳐 지속적으로 습득할 수 있는 사회적 장치 마련, ③범 산업간 민·관 협조체제 구축: 4차 산업혁명 시대의 복잡한 환경 속에서 미래기술과 고용수요 등에 대해 모든 이해 관계자들이 분명한 관점을 함께 공유하고 상호경쟁보다 공생전략이 필수 불가결하다는 내용 등을 추천한다.

'일자리 4.0'이 가지는 의미는 개인적으로는 거의 모든 사람에게 조금씩이나마 다르게 나타날 것이며, 국가적으로 또한 인구구성과 사회적 여건, 기술과 경제발전 정도에 따라 양상이 달라질 것이다. 4차 산업혁명은 생산체계, 사업모델, 업무방식의 변화를 가져와서 일하는 방식의 변화를 가져오고 새로운 형태의 직업을 만들고 디지털 사업모델 또는 플랫폼 사업모델 등이 새로운 업무형태를 만들어 내면서 근무시간이 유연해질 것이며 새로운 직업교육과 재교육이 필요하게 된다. 플랫폼 경제, 주문형 경제와 같은 신종 경제의 등장과 1인 기업, 독립 노동자와 같은 신종 근로자의 등장함에 따라 일자리는 더욱 연결되고 더욱 유연해짐에 따라 미래의 직업은 기회와 위기를 동시에 가지게 된다.

따라서 4차 산업혁명 시대의 '일자리 4.0'에서 다루어야 할 정책의제로 다음과 같은 내용이 제시된다.[32] 첫째는 지속적인 직업교육으로 직무적응의 유연성을 키워야 하며, 둘째, 근무방식의 유연성의 장점을 잘 활용해서 일 처리에서 협력과 소통능력을 키워나가야 하며, 셋째, 플랫폼 일자리 증가에 따라 새로운 고용 관계 등장에 대한 대처능력을 키워나가야 한다.

1) 신산업 육성과 새로운 일자리 창출

스마트자동차, 가상현실, 3D 프린팅, 사물 인터넷(IoT), 클라우드 컴퓨팅, 드론, 로봇 등 고도의 소프트웨어와 첨단기술로 대표되는 신산업분야는 4차 산업혁명의 기반이 되고 있는데, 이들 분야에 대한 창업과 신규투자 활성화는 일자리 창출의 주요한 원천이기도 하다. 신산업 육성은 4차 산업혁명 시대에 뒤처지지 않고 시대를 적극적으로 선도함으로써 양질의 일자리 창출을 극대화할 수 있다. 신기술분야 창업은 대기업보다는 혁신적 스타트업 기업을 발굴 육성함으로써 보다 높은 고용 창출 효과를 거둘 수 있다. 또한, 새로운 기술을 기반으로 하는 창업이 활성화되기 위해서는 창업자 맞춤형으로 지원방안을 마련하고 기술 및 사회변화에 민첩하게 대응할 수 있도록 각종 규제를 정비하여 창업이 곧 일자리 창출로 연결될 수 있도록 정책을 추진해야 할 것이다.

4차 산업혁명을 선도적으로 추진하는 국가전략으로는 독일의 '산업 4.0'(Industry 4.0)을 들 수 있다.[33] 2011년 독일 정부는 생산 분야에 사이버 물리시스템을 기반으로 하는 혁신적 기술을 적용해서 스마트 공장으로 제조업을 고도화시키고 세계시장에서 선도적 기술공급자의 지위를 선점하기 위한 전략으로 'Industry 4.0'를 제시하였다. 독일 'Industry 4.0'의 특징 중의 하나는 높은 수준의 기술력을 가지고 독일경제의 중추 기능을 담당해 온 중소기업 참여의 중요성을 주목한다는 점이다. 독일에서도 기술발전에 따라 발생하는 노동의 변화에 대한 대응이 중요한 과제로 제시되었는데 이에 대한 해결책을 찾는 논의과정에서 나온 산물이 바로 '일자리 4.0'(Arbeit 4.0)이다. 'Arbeit 4.0'에서는 '양질의 일자리(decent work)' 개념을 토대로 기술발전에 따른 사회변화에 부합하는 '좋은 일자리' 창출을 지속적으로 추진해 나간다는 목표를 설정한다. 'Industry 4.0'의 확대가 가져오는 노동환경의 변화에 대해서 한편으로는 교육 훈련으로 대응하고 또 한편으로는 신 산업육성에 따라 생산성 증가를 통해서 노동의 질과 취업자 수를 동시에 늘리는 전략이 바로 'Arbeit 4.0'이다.

독일 'Industry 4.0' 추진의 대표적 사례 중의 하나를 살펴보면, 독일 베를린시는 2018년 10월 31일 독일의 대표 기업 지멘스(Siemens)와 6억 유로(7,700억 원) 상당의 투자 계약을 맺고, 과거 지멘스사의 본거지로 활약했던 지멘스슈타트(Siemensstadt) 지역을 'Industry 4.0'을 이끄는 도시로 혁신하기로 한다. 이에 따라, 혁신캠퍼스 조성과 관련 산업체·연구기관 등을 유치하여 노동·주거·생활이 통합된 도시공간을 형성할 계획을 세운다. 과거 지멘스사에서 근무하였던 주민들은 '지멘스의 아이들'로 불렸을 정도로 회사와 지역 간의 관계가 두터웠다. 하지만 현재는 생산시설이 줄고 많은 근로자가 해고된 역사가 있어서 주민들은 이 계획을 긍정적으로 여기긴 하면서도 신뢰를 보이지는 않는데 이점이 바로 'Industry 4.0'에 대한 주민들의 대체적 인식이기도 하다.[34]

2) 사회서비스 분야 일자리 창출

산업혁명 시대에 있어서 주요국가들의 일자리 정책은 공통적으로 산업 경쟁력을 높이고 유연한 노동구조를 만들어 새로운 일자리 창출을 돕는 정책을 시행하고자 한다. 이러한 전략은 산업발전을 통해 경제성장을 도모하고 이를 통해서 일자리의 양적 성장과 질적 개선을 도모하고자 하는 것이다. 그러나 앞에서도 검토했듯이 4차 산업혁명은 고용구조의 양극화, 그리고 기술발전에 따라 일하는 방식과 일자리 구조의 변화가 불가피하게 발생할 수밖에 없다. 이에 대한 대처방식으로는 사회보험 강화 등 사회 보장성 강화가 필요하게 되는데, 이러한 직접적인 현금 지급식 접근방식 이외에도 복지와 노동을 결합한 사회서비스 일자리 창출 전략이 또 하나의 대안이 될 수 있다.

4차 산업혁명은 그 이행과정에서 단순히 실업 발생이라는 문제 이외에도 내용적으로 비정규직의 증가, 근로 빈곤층의 증가, 이직·전직 수요의 증가 등 새로운 양상의 노동 관련 문제를 야기한다. 또한, 인구 고령화 및 가족구조변화 등이 맞물려 양극화, 인간소외 등 심화된 사회 병리적 현상에 대한 능동적 대처가 새로운 정책 수요로 등장하면서 사회서비스 분야 일자리 창출이 확대될 수 있다. 사회서비스는 광의로 보면 '개인 및 사회 전체의 복지증진 및 삶의 질 향상을 위해 사회적으로 제공하는 서비스'로 정의되며, 협의로는 사회복지서비스와 같은 개념이다. 사회서비스가 일자리 창출과 관련하여 주목받는 이유는 경제성장이나 침체기를 불문하고 일자리 창출에 주도적 역할을 담당해왔기 때문이다.[35]

우리나라 사회보장기본법상 사회서비스 범주는 두 가지 기준에 따라 분류할 수 있는데 첫째로는 복지, 보건의료, 환경서비스, 문화서비스 등 분야별 분류와 둘째, 상담·재활 서비스, 정보제공 등 기능별 분류이다(사회보장기본법 제3조). 4차 산업혁명 시대에 있어서 정보통신기술(ICT), 사물 인터넷(IoT), 로봇 등 기술발달 수준과 변화가 적용 가능한 환경조성 여부에 따라 사회서비스로 인한 일자리 창출 효과는 크게 달라질 수 있다. 미래환경변화에 적합한 사회서비스 일자리 창출을 하기 위해서는 우선, 기존 거버넌스를 뛰어넘어 정부가 중개자로 나서는 플랫폼 정부(Government as a platform) 형태가 제안되기도 하며,[36] 새롭게 나타난 직무수행이 가능하도록 교육과정 설계 및 운영모델 제시와 아울러 새로운 유망 서비스 분야에 대한 적극적 발굴 작업이 필요하다. 사회서비스 일자리 창출 유망분야를 고령자를 중심으로 살펴보면, 영양 서비스, 주거 서비스, 헬스케어 서비스, 이동 서비스, 케어 서비스 등 전 분야에 걸쳐서 테크놀로지와 결합된 새로운 일자리 창출이 가능하다.[37]

3. 과학기술과 복지의 융합

4차 산업혁명 시대의 과학기술 발전은 복지서비스의 양적 규모확대와 질적 수준을 획기적으로 향상시키게 될 뿐만 아니라 복지서비스의 생산과 공급방식 또한 달라질 수밖에 없다. 인터넷, 인공지능(AI), 로봇 등 기술혁명은 전통적인 인간 대 인간의 대면 서비스 방식에서 기술과 기계를 매개로 한 신개념의 서비스 전달을 가능하게 하며, 복지영역에 있어서도 시간과 공간의 제약을 뛰어넘어 네트워크를 활용한 주문형 복지(on-demand welfare) 또는 플랫폼 복지(platform welfare)라는 신 복지전달체계가 출현하게 될 것이다. 4차 산업혁명 시대에는 '모든 것이 융합되고 연결되며 보다 지능화된 사회'로 변화하게 되는데 다양한 과학기술의 발전은 복지와도 융합되어 단순·외형적인 복지서비스 생산과 공급시스템뿐만 아니라 복지패러다임 자체의 변화를 수반하게 된다. 즉, '무엇을' '어떻게' 뿐만 아니라 근본적으로는 '누구에게' '왜'라는 질문을 던지고 답을 찾게 된다.

1) 맞춤형 복지

4차 산업혁명이 가져온 특징 중의 하나로서 주목해야 할 관점은 빅 데이터의 이용 가능성 증가이다. 빅 데이터(big data)는 사회복지 분야의 핵심자원으로서 광범위한 자료 분석을 통하여 복지 사각지대 해소와 최적의 개인 맞춤형 서비스를 가능하게 한다. 예를 들어 단전, 단수, 사회보험료 체납 등의 자료를 활용하면 도움이 필요한 복지 사각지대 취약계층 발굴에 도움이 될 수 있다. 이 방법은 기존 신청주의로 인한 보호시스템 상의 사각지대를 직권주의 방식으로 보완함으로써 대상자 선정의 정확성을 높이고 복지 행정 업무수행의 편의성도 높일 수 있다. 또한 국세청, 국민건강보험 등이 보유하고 있는 인적정보, 소득 및 자산 정보, 건강정보 등 사회보장 관련 정보를 빅 데이터로 분석하면 복지재정의 효율적 관리도 가능해진다.

빅 데이터를 활용하면 독거노인, 장애인, 아동 청소년 등을 비롯하여 사회취약계층에 대한 건강, 보건 차원에서의 위험요소를 정확하게 인지하여 사전예방조치 모델 개발이 가능하다. 예를 들어 미국 국립보건원은 1700명의 유전자정보를 아마존 클라우드에 저장해서 누구나 데이타를 이용가능하게 해놓았는데, 이 데이터를 공유해서 주요 관리대상 질병을 예측가능하도록 구축해놓고 있다.[38]

사회복지 분야의 경우 빅 데이터의 활용 가능성은 무궁무진하다. 우리나라의 경우 공공분야 빅 데이타는 규모나 내용이 매우 방대하기 때문에 이를 잘 활용해서 제도 및 정책을 설계하고 어떻게 개인 맞춤형으로까지 발전시킬 것인가는 앞으로의 과제이다. 특히 보건의료영역의 경우에는 인구 고령화 시대에 있어서 공개 정도나 데이터 활용 정도가 활성화될 필요성이 있다. 다만 데이터 간 연계 결합을 원활하게 할 수 있도록 데이터 관리를 표준화하고 데이터의 수집과 분석과정에서 개인정보를 어떻게 잘 보호할 것이냐 등의 문제가 남는다. 빅 데이터의 활용은 보건 의료뿐만 아니라 사회보장영역과 관련 산업 및 비즈니스 모델 창출에도 선도적 역할을 할 것이기 때문에 이로 인한 리스크를 최소화하고 공공의 이익을 극대화하는 쪽으로 적극적인 추진이 필요하다.[39]

빅 데이터의 출현과 데이터 분석능력의 향상은 시민들의 욕구와 행태분석을 가능하게 했는데 이제는 기존의 대규모 데이터 분석을 통해 도출한 결론을 통해서 가설을 검증하는 수준에 그치지 않고 한 단계 더 나아가 통찰력(insight)을 이끌어 내려고 한다. 따라서 빅 데이터가 종전 데이터 분석과 다른 점은 분석에 활용하는 데이터의 특징에 있는데, 빅 데이터는 3V, 즉 규모(Volume), 다양성(Variety), 속도(Velocity)의 3대 기본 속성에 더하여 데이터의 정확성(Veracity)과 가치(Value) 개념까지도 고려하게 된다.[40] 복지정책에 빅 데이터 분석을 잘 활용하게 된다면 선제적 정책 수립이 가능하게 되고, 정책의 신뢰성을 높일 수 있으며, 사회 전체적으로도 숨은 니즈(needs)를 발견하고 이를 서비스화함으로써 긍정적인 가치 창출이 가능해질 것이다.[41]

2) 스마트 복지

스마트(smart) 복지란 첨단 과학기술을 복지에 접목시켜서 복지서비스의 질을 높여 나가자는 개념이다. 과학기술이 발전하면서 그 파급력은 사회적으로 확산되고 이를 반영하여 사회복지 또한 보조를 맞추어야 하나 그 속도는 더딘 것이 사실이다. 현실적으로 기술혁신은 사적 영역이나 기업들의 이윤 창출을 위한 전략적 목표의 도구로서는 활발히 이루어지고 있으나 사회문제 해결형 기술로서는 낮은 수준에 머물러 있다. 이러한 현상을 타개해 나가기 위해서는 기술과 복지의 융합을 통한 R&D 작업이 활발히 전개될 필요가 있을 뿐만 아니라 보다 근본적으로는 복지기술 분야의 인재육성을 위한 교육프로그램과 인재육성이 필요하다. 따라서 정부, 대학, 복지 관련 기관 모두가 4차 산업혁명 시대의 사회변화에 부응할 수 있도록 열린 자세로 기술발전과 복지를 융합시켜나가는 킬 수 있는 열린 자세가 필요하다.

과학기술의 발달은 주거 및 라이프 스타일, 문화 및 여가생활 등 인간 생활 전반에 변화를 가져오지만, 특히나 헬스케어 분야에 가져오는 영향은 보다 실질적이고 직접적이다. 로봇 어드바이저, 재활 로봇, 케어 로봇, 바이오닉, 스마트 휠체어, 웨어러블 디바이스, 인공장기, 원격의료 등은 대표적인 보건의료 첨단기술이면서도 점차 실용화 단계로 진입하기 시작한 신 테크놀로지들이다. 일본에서는 클라우드(cloud) 기반의 고령자 간병 시스템도 등장했는데 이는 휴대전화와 위성항법 시스템(GPS)을 연동해서 콜센터에서 고령자위치를 파악하고 건강상태도 체크할 수 있는 시스템이다. 그 밖에 로봇 팔 (Robot Arm), 스마트 홈(Smart Home) 등도 미국과 유럽 등에서는 활발하게 공급이 이루어지고 있다.

원격진료(Telemedicine)는 원거리 정보통신기술을 활용하여 원거리에서 임상 헬스케어를 제공하는 시스템으로서 상시적인 질병 관리와 의료접근성을 개선할 수 있는 장점이 있다. 원격진료 도입에 대해 정부 및 의사협회에서 모두 활발하게 논의가 이루어지고 있는 나라로는 일본, 미국, 독일 등을 들 수 있다. 일본 후생노동성은 온라인 진료의 적절한 실시에 관한 지침을 마련하고, 일본의사회는 정보통신기기를 사용한 진료에 관한 검토보고서를 발간하기도 했다. 미국 의학협회는 원격진료에 합의하고 윤리적 규정을 개정하여 환자가 만족할만한 서비스 제공 및 신의성실 의무를 지켜야 한다고 규정한다. 독일 의사총회(2018.5.14.)는 원격진료를 '진료기록이 있는 환자'에게만 허용하던 독일 의사 직업규정을 개정해서 화상채팅이나 스마트 폰 등을 통해 진단서 또는 처방전 발급과 같은 초진도 등도 가능하게 하는 등 원격진료 금지를 완화했다.[42] 우리나라는 의료법 제34조와 관련하여 18~20대 국회에서 원격의료 관련 입법이 추진되었으나, 의사협회, 한의사협회, 간호협회, 약사회 등 의료인 단체 중심으로 비용, 의료품질, 안

전성, 책임소재, 개인정보 보호 등에 대한 문제 제기가 있어서 아직 도입이 미루어지고 있다.[43)]

스마트 복지의 중점 관심 대상은 노인과 장애인에서부터 시작해서 여성과 아동, 그리고 전 국민으로까지 점차 확대될 것이며, 복지와 과학기술이 협력해서 새로운 방식으로 미래위험에 대처하는 생태계 조성이 필요하다.

'기계적인 인간과 인간적인 로봇 가운데 어느 것이 인간의 치유에 도움이 될 것인가?' 페퍼(pepper)라는 감성 로봇을 만든 일본 최대 IT 기업 '소프트뱅크' 손정의 회장의 질문이다.[44)]

Notes

1) Coleman, D.C. 1992. Myth, History and The Industrial Revolution. London and Rio Grande. p.4.; 김종현. 2007. 『영국산업혁명의 재조명』. 서울대학교출판부. p.17. 재인용.

2) Engels, Friedrich. 1987. *The Condition of the Working Class in England*. Introduction by Victor Kiernan. Penguin Classics.; Engels의 이 저서는 1845년 Leipzig에서 처음 발간되었다.

3) Toynbee, A. 1884. *Lectures on the Industrial Revolution of the 18th Century in England*. London.

4) 산업혁명은 근대자본주의와 산업사회를 성립시키는 사회경제의 전환과정이었을 뿐만 아니라 우리 사회의 엄청난 양적·질적 변화를 가져왔다는 점에서 가히 혁명적이다. 김종현(2007)은 영국 산업혁명을 중심으로 산업혁명의 의의와 산업혁명이 각 부분에 끼친 상세한 논점들을 제시하고 있다.

5) Tilly, Charles. August 1979. *Proletarianization: Theory and Research*. University of Michigan. pp.1-11.

6) UBS는 2016년 1월 세계경제포럼을 맞아 내놓은 백서에서 자동화와 연결성의 관점을 중심으로 산업혁명의 역사적 발달과정을 분석하면서 국가별, 산업별, 개인별로 미치게 될 영향 등을 제시한다.; UBS. January 2016. "Extreme automation and connectivity: The global, regional, and investment implications of the Fourth Industrial Revolution". *UBS White Paper for the World Economic Forum*. pp.1-33.

7) 한국방송통신전파진흥원. 2017. 5. "4차 산업혁명의 주요 기술현황 및 특징". *Spectrum map Trend & Technical Report*.

8) World Economic Forum(일명 다보스 포럼)의 설립자이자 회장인 Klaus Schwab은 그의 저서 The Fourth Revolution에서 4차 산업혁명의 역사적 맥락과 개인과 사회 각 부문에 미칠 변화에 대해 상세히 기술하고 있다; Schwab, Klaus. 2016. *The Fourth Industrial Revolution*. World Economic Forum. Geneva.

9) Schwab, Klaus. 2015. The Fourth Industrial Revolution: What It Means and How to Respond. pp.3-4. Accessed https://www.foreignaffairs.com/articles/2015-12-12/fourth-industrial-revolution (2019. 5.19).

10) *Ibid.* p.2.

11) Xu, Min, Jeanne M. David & Suk Hi Kim. 2018. The Industrial Revolution: Opportunities and Challenge. *International Journal of Financial Research, Vol..9 No..2.* pp.90-94.

12) Schwab, Klaus. 2015. *op. cit.* p.1.

13) Wolf, M. 2015, July./Aug. Same as It Ever Was: Why the Techno-optimists Are Wrong. In *The Fourth Industrial Revolution*. Foreign Affairs.

14) 박영숙, 제롬 글렌. 2015. 『유엔 미래보고서 2045』. 교보문고,

15) 김은정, 서기만. 2016.4.20. “인공지능시대를 위해 시작해야 할 두 번째 고민”. *LG Business Insight.*

16) 이상은. 2018.11. “4차 산업혁명과 사회보장”. 『사회보장연구』, 제34권 제4호. 한국사회보장학회. pp.208.-214.

17) Iversen, T. and P. Rehm, April 2016. “The Market for Creampuffs: Big Data and the Transformation of the Welfare State.” Working Paper. Accessed http://www.people.fas.harvard.edu/~iversen/PDFfiles/Iversen_Rehm_2017.pdf(2019.8.21.).

18) Thewissen, S. and David Rueda. 2017. “Automation and the Welfare State: Technological Change as a Determinant of Redistribution Preferences”. *Comparative Political Studies.* pp. 1-38.

19) Buhr, Daniel. 2017. 12. “What about Welfare 4.0?”. *CESifo Forum*, Vol. 18. pp.15-21.

20) Madsen, P. K. 2004. “The Danish model of flexicurity: experiences and lessons”. *Transfer*, Vol. 10 No. 2. pp.188-207.

21) 매일경제. 2017. 5. 24. “덴마크식 ‘황금삼각형 벤치마크’...文모델은 노동유연성 미흡”.

22) 정원호. 2005. 12. “네덜란드와 덴마크의 유연안정성 비교”. 『국제노동브리프』, Vol. 3 No. 12. pp.38-43.

23) 서울행정법원(2014구합75629)는 배달노동자는 산재보험 적용대상이 아니라고 판시. 서울고등법원(2015누61216 판결)에서도 제1심 판단 유지. 그러나 대법원(2016두49372)은 “배달대행 노동자는 한국 표준직업 분류상 음식배달원이 아니라 택배원에 해당된다”며 “원심이 음식배달원 업무라고 단정한 나머지 특수고용직에 해당되지 않는다고 판단한 것은 법리를 오해한 것이라고 판시”하여 원심파기 환송. 그러나 음식점에 직접 고용되면 근로자성이 인정되어 각종 노동관계법 적용을 받을 수 있지만 택배원은 특수고용직으로 분류되어 산재보상 등 일부만 적용받을 수 있다.

24) 노상헌. 2017.6. “제4차 산업혁명과 사회보장법의 과제”. 『산업관계연구』, 제27권 제2호. pp.35-38.

25) 이상은. 전게서. pp.217-223.

26) Standing, G. 2009. *Work after Globalization: Building Occupational Citizenship*. Cheltenham: Edward Elgar Publishing. pp.278-291; Standing, G. 2010. *The Precariat: The New Dangerous Class*. London: Bloomsbury Academic.

27) "프레케리아트와 기본소득은 Esping-Andersen부터 내려오던 복지체제의 경로 의존성에 가장 궁극적인 도전요소"가 될 수 있다고 본다.; 김태일·이주하·최영준. 2016. "복지국가연구의 과거 현재 그리고 미래". 『정부학연구』, 제22권 제3호. pp.60-62.참조

28) Atkinson, A. B. 1996. "The Case for a Participation Income". *Political Quarterly, 27(1).* pp. 67-10.

29) Rifkin, Jeremy. 2014. The Zero·Marginal Cost Society: The Internet of Things, the Collaborative Commons, and the Eclipse of Capitalism. St. Martin's Press.

30) 서상목. 2017. 6. "4차 산업혁명 시대와 사회적 경제의 전망과 과제". 『제3회 사회적 경제 통합 학술대회 자료집』. pp.11-20.

31) World Economic Forum. January 2016. *The Future of Jobs: Employment, Skills and Workforce Strategy for the Fourth Industrial Revolution.* Geneva. WEF. pp.28-32.

32) 김인숙. 2016.11. "일자리 4.0 제4차 산업혁명 정책설계". 『고용이슈』, 제9권 제6호. pp.25-27.

33) 독일의 '인더스트리 4.0'은 2010년 '하이테크 전략 2020'의 후속 실행계획의 하나로 추진되었는데 인더스트리 4.0의 목표는 크게 네 가지로서 ①지능형 생산기술 창조로 혁신적 제품과 서비스 개발, ②자동화기술을 적용해 생산과정 최적화, ③지능형 생산체계 구축과 새로운 작업공정 개발로 노령인구도 제조업 근무가능하도록 지원하는 등 고용안정 도모, ④근로조직의 새로운 협력형태 창조로 경쟁력 제고 및 작업환경 개선 등이다; 자세한 내용은 서울대학교 산학협력단. 2017.12. 『4차 산업혁명시대에 대응한 주요국의 일자리 정책』. pp.23-35. 참조.

34) 서울연구원. 2018.12.. "6억 유로 들여 지멘스슈타트, 산업 4.0 도시로 혁신". 『세계도시동향』, 제443호. pp.3-5.

35) 현대경제연구원(2013) 연구결과에 의하면 사회서비스산업의 취업유발계수(41명/10억원)는 전 산업 평균(13명/19억원)보다 높게 나타난다.; 현대경제연구원. 2013. "지속가능 성장을 위한 VIP 리포트".

36) Accenture. "Government as a Platform". Accessed https://www.accenture.com/us-en/insights/public-service/government-as-a-platform(2019.5.25.).

37) 경희대학교 산학협력단. 2017.12. 『미래환경변화에 따른 사회서비스 일자리 창출방안』. pp.104-115.

38) 이데일리. 2017.4.8. "데이타로 복지 사각지대 잡는다".

39) 이연희. 2015.9. "보건복지분야 공공 빅데이터의 활용과 과제". 『보건복지포럼』, 통권 제227호. pp.8-16.

40) Groves, P. et al. 2013. *The big data revolution in healthcare. Accelerating value and innovation.* Center for Health System Reform Business Technology Office.

41) 김경훈 외. 2017.10. 『ICT 정책에서 빅데이터 분석의 활용방안 연구』. 정보통신정책연구원. p.18.

42) 김민아·이경아. 2018.12. 『의료소비자 관점의 주요국 원격의료 정책 비교연구』. 한국소비자원. pp.83-103.

43) 김민아·이경아. 상게서. pp.31-36.

44) 김기덕. 2016. 5. "휴머노이드 서비스 전문직: 기계적 인간과 인간적인 로봇". 『복지이슈 Today』, vol. 38. p.6.

참고문헌

1. 국내문헌

강병구. 2007. "근로장려세제의 노동공급효과 분석". 『노동정책연구』(제7권). 한국노동연구원.

강철희·홍현미라. 2003. "복지권에 관한 비교연구: 영국과 미국을 중심으로". 『사회보장연구』 (제19권 제1호). 한국사회보장학회.

강혜규 등. 2016.12. 『사회보장부문의 서비스 전달체계 연구』, 연구보고서 2016-37. 한국보건사회연구원.

경희대학교 산학협력단. 2017.12. 『미래환경변화에 따른 사회서비스 일자리 창출방안』.

관계부처 합동(교육부, 보건복지부, 국토교통부). 2016.12.27. "맞춤형 기초생활보장제도 개편 추진성과 및 향후계획". 『사회보장위원회 심의안건』(의안번호 제2호).

관계부처 합동(보건복지부, 행정안전부, 국토교통부). 2018.11.20. 『지역사회통합돌봄기본계획 (안)』. 보도자료.

권병희. 2011.6. "영국의 사회보장급여 개편동향". 『국제노동브리프』(2011년 8월호).

구인회 등. 2018.12. 『미국의 사회보장제도』. 한국보건사회연구원·나남.

국민연구원. 2018. 『국민연금 생생통계』.

국정기획자문위원회. 2017.7. 『문재인 정부 국정운영 5개년 계획』.

김건태·김윤영. 2017. "근로장려세제(EITC)의 근로유인분석: 2차 개정안 근로시간 증감비교". 『한국컨텐츠학회논문지』, Vol. 17 No. 8.

김계현 등. 2015.9. 미국 「환자보호 및 적정의료법」의 현황과 과제. 『이화여자대학교 법학논집』 (제20권 제1호).

김경훈 등. 2017.10. 『ICT 정책에서 빅데이터 분석의 활용방안 연구』. 정보통신정책연구원.

김기덕. 2016.5. "휴머노이드 서비스 전문직: 기계적 인간과 인간적인 로봇". 『복지이슈 Today』, vol.38.

김기봉. 2004.9. "국가란 무엇인가: 개념사적 고찰". 『서양사론』(제82호).

김나영·김아름. 2017.8. 『육아지원을 위한 아동수당 도입방안 연구』. 육아정책연구소.

김동겸. 2013.6.17. "연금제도의 국제비교(4): 연금제도의 모수-보험요율". 『KiRi Weekly』.

김미곤·여유진·김태완 등. 2010. 『2010년 최저생계비 계측조사연구』. 정책보고서 2010-58. 한국보건사회연구원.

김미곤·여유진·정해식 등. 2017. 『포용적 복지국가 비전과 정책방향』. 정책보고서 2017-95. 보건복지부·한국보건사회연구원.

김미곤·강혜규·고제이 등. 2018. 『한국의 사회보장제도』. 한국보건사회연구원·나남.

김민아·이경아. 2018.12.『의료소비자 관점의 주요국 원격의료 정책 비교연구』. 한국소비자원.

김상봉. 2018.12.『근로장려세제 효과성 제고방안』. 2018년도 연구용역보고서. 국회예산정책처.

김순은. 2005. "영국정부와 지방정부 간의 정부간 관계의 혁신적 모형".『지방행정연구』, 제19권 제2호(통권 61호).

김연명. 2001. "김대중 정부의 사회복지정책: 신자유주의를 넘어서". 한국사회복지학회 춘계학술대회 발표논문집. 한국사회복지학회.

김연명. 2007. "한국에서의 사회투자전략 가능성, 쟁점 그리고 전망".『빈곤예방을 위한 사회투자모델과 발전방안』. 2007 서울복지재단 국제학술심포지움 자료집. 서울복지재단.

김영란. 2001.10. "사회권의 재정립에 관한 연구: 배제에서 포용으로". 한국사회복지학회 추계학술대회 논문집. 한국사회복지학회.

김영순. 2012.『복지국가의 위기와 재편』. 서울대학교출판부.

김윤태. 2015.『복지국가의 변화와 빈곤 정책: 세계 금융위기 이후의 대응』. 집문당.

김은정·서기만. 2016.4.20. "인공지능시대를 위해 시작해야 할 두 번째 고민". *LG Business Insight.*

김인숙. 2016. 11. "일자리 4.0 제4차 산업혁명 정책설계".『고용이슈』, 제9권 제6호.

김정한·박찬임·오학수. 2004.『기업복지의 실태와 정책과제』. 정책연구 2004-08. 한국노동연구원.

김종현. 2007.『영국산업혁명의 재조명』. 서울대학교출판부.

김진수 등. 2012.『2011 발전경험모듈화사업: 전 국민 건강보험제도 운영과 시사점』. 보건복지부·한국보건사회연구원.

김태근. 2017. "오바마 케어 대체에 실패한 트럼프 케어: 미국 의료보험정책의 정치사회사적 함의".『국제사회보장리뷰』, 2017 가을호 Vol. 2.

김태성·성경륭. 2017.『복지국가론』. 나남.

김태일·이주하·최영준. 2016. "복지국가연구의 과거 현재 그리고 미래".『정부학연구』, 제22권 제3호.

김호균. 2003. "참여복지 개념 정립을 위한 시론".『정책포럼』(통권 35호). 대통령자문정책위원회.

나병균. 2000.10. "사회보장기본원리 측면에서 본 국민기초생활 보장법의 문제점". 2000 한국사회복지학회 추계학술대회 자료집. 한국사회복지학회.

노대명 등. 2014.『각국 공공부조제도 비교연구: 영국』, 연구보고서 2014-10-1. 한국보건사회연구원.

노상헌. 2017.6. "제4차 산업혁명과 사회보장법의 과제".『산업관계연구』(제27권 제2호).

막스 베버(Max Weber). 1895.『국민경제와 경제정책』. OPMS e-book library(1970.1.1. 출판).

매일경제. 2017.5.24. "덴마크식 '황금삼각형 벤치마크'...文 모델은 노동유연성 미흡".

미르달(K.G. Myrdal). 2018.『현대복지국가론(Beyond The Welfare State)』. 최광열 역. 서음미디어.

박능후. 2002.3. "기초보장의 역사와 전망",『한국의 기초보장·자활정책 평가와 개선방안』. 기초보장·자활정책 평가센터 개설기념 심포지움 자료집. 한국보건사회연구원.

_____. 2011. "근로장려세제 시행초기 효과 실증분석". 『사회복지정책』, Vol. 38, No. 2.

박능후·이현주·이승경·최현수·김계연. 2002. 『기초보장체계 비교연구』. 한국보건사회연구원.

박대식. 2008.3. "미국의 복지개혁과 농촌복지". 『연구자료 D242』. 한국농촌경제연구원.

박영숙·제롬 글렌. 2015. 『유엔 미래보고서 2045』. 교보문고,

박찬용 등. 2000. 『사회안전망 확충을 위한 소득보장체계 개편방안: 소득보장의 사각지대 해소를 중심으로』. 한국보건사회연구원.

백승호. 2012. "노동수급 측면에서 본 우리나라 저소득층 활성화 정책연구". 『보건사회연구』, 32[3].

변재관 등. 1998. 『한국의 사회보장과 국민복지기본선』. 한국보건사회연구원.

보건복지부. 2017. 『2017 읍·면·동 맞춤형 복지업무 매뉴얼』.

_____. 2017.1.23. 『건강보험료 부과체계 개편방안』. 정부·국회 합동 공청회 자료.

_____. 2017.8.9. "모든 의학적 비급여, 건강보험이 보장한다". 『건강보험 보장성 강화대책』. 보도자료.

_____. 2018.12. 『제4차 국민연금 재정계산을 바탕으로 한 국민연금 종합운영계획』.

_____. 2019. 『2019 국민기초생활보장사업안내』.

_____. 2019.2. 『제2차 사회보장기본계획』.

(사)한국고용노사관계학회. 2013.12. 『EITC제도와 사회보험지원제도 운영 해외사례조사』. 고용노동부.

사회보장위원회. 2016.2.3. "국민중심 맞춤형 복지를 위한 읍·면·동 복지허브화 추진계획", 의안번호 제2호.

서상목. 2017.6. "4차 산업혁명 시대와 사회적 경제의 전망과 과제". 『제3회 사회적 경제 통합 학술대회 자료집』.

서영민. 2017. "영국 아동수당정책의 개혁과 전망". 『국제사회보장리뷰 2017 가을호』, Vol. 2.

서울대학교 산학협력단. 2017.12. 『4차 산업혁명시대에 대응한 주요국의 일자리 정책』.

서울시복지재단. 2017.12. 『내일의 꿈에 날개를 달다: 서울시복지재단 저소득층 자산형성지원사업 백서』.

서울연구원. 2018.12. "6억 유로 들여 지멘스슈타트, 산업 4.0 도시로 혁신". 『세계도시동향』, 제443호.

서정희 등. 2017.5. "한국형 기본소득의 '이상적' 모형과 '단계적' 이행방안". 『2017 한국사회보장학회 춘계학술대회 자료집』.

석재은. 2018. "기본소득에 관한 다양한 제안의 평가와 과도기적 기본소득의 제안: 청장년 근로시민 기본소득이용권". 『보건사회연구』, 38(2).

송재복. 2011. "복지거버넌스 활성화 방안 연구". 『한국자치행정학보』. 제25권 제3호.

송헌재·방홍기. 2014. "우리나라 근로장려세제의 고용 창출 효과 분석". 『경제학연구』(제62권).

쉐라든(Sherraden, Michael)·한창근. 2007. "사회투자정책과 자산형성지원정책: 한국사회정책

에 미치는 함의점에 관한 연구". 『빈곤예방을 위한 사회투자모델과 발전방안. 2007 서울복지재단 국제학술심포지움 자료집』. 서울복지재단.

신우리·송헌재. 2018. "근로장려세제의 노동공급 효과 분석: 복지패널자료를 활용하여". 『시장경제연구』(제47집 1호).

아리스토텔레스(Aristoteles). 2012. 『정치학』. 천병희 옮김. 도서출판 숲.

양재진. 2018. "기본소득은 미래 사회보장의 대안인가?". 『한국사회정책』(제25권 제1호).

얼 쇼리스. 2006. 『희망의 인문학: 클레멘트 코스 기적을 만들다』. 고병헌·이병곤·임정아 옮김. 이매진.

여유진. 2011. "영국 활성화 정책(Activation Policy)의 주요 내용 및 시사점". 『보건복지 Issue & Focus』, 제69호(2011-01). 한국보건사회연구원.

오상봉. 2015.4. "미국 최저임금제도의 최근 동향". 『국제노동브리프』. 한국노동연구원.

이상은. 2018.11. "4차 산업혁명과 사회보장". 『사회보장연구』, 제34권 제4호. 한국사회보장학회.

이상일. 2004.4. "영국 공공복지서비스 전달체계의 재조직화: 배경 및 시사점." 『사회복지정책』, Vol. 18. 한국사회복지정책학회.

이선주 등. 2006. 『아동수당제도 국제비교 및 도입방안에 관한 연구』, 2006 연구보고서-1. 한국여성개발원

이승윤. 2018.5. "사회투자적 접근(Social Investment Approach)에 대한 국제적 동향과 한국 사회정책에의 함의". 보건복지부 용역보고서.

이연희. 2015.9. "보건복지분야 공공 빅데이터의 활용과 과제". 『보건복지포럼』, 통권 제227호.

이윤경. 2018. "노인돌봄의 사회화 동향". 『한국의 사회동향 2018』. 통계개발원..

이은경. 2018.2. "건강보험재정의 현황과 정책과제". 『보건복지포럼』, 통권 제256호.

이재훈. 2018.7. 『미국 최저임금 현황과 인상효과』. 정책보고서 2018-03. 민주노총정책연구원.

이정관. 1998. 『미국 지방정부의 이해 : 정부 간 관계와 운용시스템』. 사사연.

_____. 2009. 『기초생활보장과 공공복지』. 글로벌.

이현주 등. 2003. 『공공부조와 사회복지서비스의 체계분석 및 재편방안』. 한국보건사회연구원.

이혜경. 2002. "한국복지국가 성격 논쟁의 함의와 연구방향". 『한국복지국가 성격논쟁(Ⅰ)』. 인간과 복지.

재단법인 중앙자활센터. 2018.2.1. "2018년 자산형성지원사업지침 및 시스템 설명회 자료"

정무권. 2002. "국민의 정부의 사회정책". 『한국복지국가 성격 논쟁 Ⅰ』(김연명 편). 인간과 복지.

정원호. 2005.12. "네덜란드와 덴마크의 유연안정성 비교". 『국제노동브리프』, Vol. 3 No. 12.

정원오·김환준·손병돈. 2001. 『한국 공공부조제도의 체계화 방안』. 성공회대학교·보건복지부.

조영훈. 2000. "생산적 복지론과 한국복지국가의 미래". 『경제와 사회』(45호). 한국산업사회학회.

최갑수. 2004.9. "리바이어던의 등장: 절대주의 국가에서 국민국가로의 이행". 『서양사론』, 제82호.

최병호. 2014.5. "우리나라 복지정책의 변천과 과제". 『예산정책연구』, 제3권 제1호.

최병호 등. 2005. 『건강보험제도의 발전과정 비교연구』, 연구보고서 2005-25. 한국보건사회연

구원.

최복천 등. 2018. 『영국의 사회보장제도』. 한국보건사회연구원·나남.

최영. 2017 가을호. "세계 각국 아동수당제도의 성격 및 유형". 『국제사회보장리뷰』, Vol. 2.

최저임금위원회. 2007. 『OECD국가 최저임금제도 비교분석』.

_____. 2018.8. 『주요국가의 최저임금제도』.

최한수. 2017.5. "각국의 기본소득 실험과 정책적 시사점". 『재정포럼』.

_____. 2017.12. 『각국의 기본소득 실험이 한국에 주는 정책적 시사점』. 한국조세재정연구원.

최현수. 2014.8. "저소득층 자산형성지원을 위한 희망키움통장 운영성과 및 확대개편에 따른 정책과제". 『보건복지 Issue & Focus』, 제255호.

프랑수아-자비에 메랭(Francois-Xavier Merrien). 2000. 『복지국가』. 심창학·강봉화 옮김. 한길사.

필리페 판 파레이스(Philippe Van Parijs). 2016. 『모두에게 실질적 자유를: 기본소득에 대한 철학적 옹호』. 조현진 역. 후마니타스.

한국방송통신전파진흥원. 2017.5. "4차 산업혁명의 주요 기술현황 및 특징". *Spectrum map Trend & Technical Report*.

한국보건사회연구원. 2016.5. "영국 NHS". *Global Social Policy Brief, Vol. 19.*

한국지방행정연구원. 2018. 『읍·면·동 중심의 지역사회보장 민관협력모델 구축방안연구』, 정책연구 2018-6.

함영진 등. 2017. 『찾아가는 읍면동 복지센터 정책 성과평가 및 개선방안 연구』. 한국보건사회연구원.

현대경제연구원. 2013. "지속가능 성장을 위한 VIP 리포트".

홍경준. 2003.3. "근로빈곤계층의 사회보장 적용실태와 사각지대 개선방안." 『보건복지포럼』, 통권 제77호. 한국보건사회연구원.

홍성수. 2007. "영국 복지개혁법(Welfare Reform Act 2007)". 『외국법제정보』, v. 2007-4. 한국법제연구원.

황정하. 2016.11. "미국 복지개혁법(PRWORA) 이후, TANF의 집행체계에 관한 연구: 미시건주 사례를 중심으로 ". 『사회복지법제연구』, 제7권 제2호(통권 제8호). 사회복지법제학회.

Butcher, Tim. 2016.4. "영국 최저임금의 과정, 영향 및 향후 전망". 『국제노동브리프』. 한국노동연구원.

Finn, Dan. 2009. "영국의 활성화 정책". 『국제노동브리프』. 2009년 10·11·12월호. 한국노동연구원.

George, Vic & Paul Wilding. 1999. 『복지와 이데올로기』(Welfare and Ideology). 김영화·이옥희 역. 한울아카데미.

Lee, M and Chun, Y. J. 2005. "The Effects of EIYC on Labor Supply of Low Income Workers in Korea" presented at 62th Congress of the International Institute of Public Finance, Jeju Island, Korea.

Mishra, Ramesh. 1981. 『복지국가의 사상과 이론』(Society and Social Policy). 남찬섭 역. 1996. 한울.

Office of the President. 2000. *DJ Welfarism: A New Paradigm for Productive Welfare in Korea.* Presidential Committee for Quality of Life.

2. 외국문헌

Abramovici, G. 2003. The Social Protection in Europe. *Eurostat Statistics in Focus Theme 3.* Luxembourg: Eurostat.

Accenture. "Government as a Platform". Accessed
https://www.accenture.com/us-en/insights/public-service/government-as-a-platform(2019.5.25)

Ackerman, Bruce and Anne Alstott. 1999. *The Stakeholder Society.* New Haven, C.T.: Yale University Press.

―――――――――――――――. March, 2004. Why Stakeholding? *Politics & Society.* Vol. 32, No. 1.

Adam, S., M. Brewer and A. Shephard. 2006. *The Poverty Trade-Off: Work Incentives and Income Redistribution in Britain.* Bristol: The Policy Press/Joseph Rowntree Foundation.

Administration for Children and Families. 2004. *Welfare: TANF fact sheet.* Washington, D. C.: U. S. Department of Health and Human Services.

Agyemen, J., R. D., Bullard & B. Evans, 2002. Exploring the Nexus: Bringing Together Sustainability, Environmental Justice and Equity. *Space & Polity 6(1).*

Alcock, Pete. 1999. Poverty and Social Security. In Page, Robert M. and Silburn, Richard (eds). *British Social Welfare in the Twentieth Century.* London: MacMillan.

Ashford, Douglas. 1986. *The Emergence of the Welfare State.* New York: Basil Blackwell.

Atkinson, A. B. 1996. "The Case for a Participation Income". *Political Quarterly,* 27(1).

Basic Income Earth Network. "About basic income". Accessed
https://basicincome.org/basic-income/ (2019.6.30).

Balz, D. 2005. Soothing Words: Assuring older Americans, Bush makes case for social security changes. *Washington Post National Weekly Edition,* 22(16).

Bardley, Tony et al. 1996. *Social Assistance in OECD Countries: Country Reports.* London: HMSO.

BASSC. January, 1997. *Getting Beyond General Assistance, Welfare Reform and the Local Self-Sufficiency Design Project.* Berkeley, C.A.: U.C. Berkeley.

Benjamin, R. W. 1977. Local Government in Post - Industrial Britain. In V. Ostrom and F. P. Bush(eds). Comparing Urban Service Delivery Systems: Structure and Performance. *Urban Affairs Annual Reviews, Vol. 12.* Beverly Hills, California: Sage.

Beverage, William. 1942. *Social Insurance and Allied Services.* London: HMSO.

Bonoli, G., T Shinka(Eds). 2005. *Ageing and Pension Reform Around the World: Evidence from Eleven Countries.* Cheltenham. UK: Edward Elgar.

Boutang, Yann Moulier. 2011. *Cognitive Capitalism.* Cambridge: Polity Press.

Boyer, R. (ed.). 1988. *The Search for Labor Market Flexibility: The European Economics in Transition.* New York: Clarendon Press.

Bratt, R, G. & Keyes, L. 1997. *New Perspectives on Self-Sufficiency: Strategies of Nonprofit Housing Organizations.* Medford, M.A.: Department of Urban and Environmental Policy, Tufts University.

Braun, B., P. Olson & J. W. Bauer. 2002. Welfare to Well-Being Transition. *Social Indicators Research, 60.*

Briggs, Asa. 1961. The Welfare State in Historical Perspective. *European Journal of Socioloy, No. 2.*

Brittan, S. 1975. The Economic Contradictions of Democracy. *British Journal of Political Science, 5(2).*

Bruce, M. 1968. *The Coming of Welfare State.* London: Routledge.

Buchanan, James. 1968. What Kind of Redistribution Do We Want? *Economica, 35(138).*

Budge, Ian, Ivor Crewe, David Mckay and Ken Newton. 1998. *The New British Politics.* Harlow: Addison-Wesley.

Buhr, Daniel. 2017. 12. "What about Welfare 4.0?". *CESifo Forum*, Vol. 18.

Burch, Hobart A. 1999. *Social Welfare Policy Analysis and Choices.* New York: The Haworth Press.

Butcher, Tony. 2002. *Delivering Welfare.* 2nd Edition. Philadelphia: Open University Press.

Carnochan, Sarah and Michael J. Austin. 2004. Implementing Welfare Reform and Guiding Organizational Change. In Michael J. Austin(ed). *Changing Welfare Services: Case Studies of Local Welfare Reform Programs.* New York: The Haworth Social Work Practice Press.

Castles. Francis G. 2001.3. The Future of the Welfare State: Crisis Myths and Crisis Realities. working paper (a conference on Re-inventing society in a changing global economy, University of Toronto, March 8-10, 2001).

Castles, F. and D. Mitchell. 1993. Worlds of Welfare and Families of Nations. In F. Castles(ed.). *Families of Nations: Patterns of Public Policy in Western Democracies.* Aldershot: Dartmouth.

Cebulla, Andreas, Karl Ashworth, David Greenborg and Robert Walker. 2005. *Welfare to Work.* Barlington, Vermont: Ashgate Publishing Company.

Chakravarty, Satya R. and Amita Majumder. November 2005. Measuring Human Poverty: A Generalizes Index and an Application Using Basic Dimensions of Life and Some Anthropometric Indicators. *Journal of Human Development, Vol. 6, No. 3.*

Chan, Chak Kwan & Graham Bowpitt. 2005. *Human Dignity and Welfare Systems.* Bristol:

University of Bristol.

Chu, Ke-young and Sanjeev Gupta. 1998. *Social Safety Nets: Issues and Recent Experience*. Washington, D.C.: International Monetary Fund.

Clarke, John. 2004. *Changing Welfare Changing States: New Directions in Social Policy*. London: Sage Publications.

Clasen, Jochen and Richard Freeman(eds.). 1994. *Social Policy in German*. New York: Harvester Wheatsheaf.

Cochrane, A., J. Clarke and S. Gewirtz (eds.). 2001. *Comparing Welfare States*. London: Sage.

Cockburn, Cynthia. 1977. *Local State*. London: Plato.

Coleman, D.C. 1992. Myth, History and The Industrial Revolution. London and Rio Grande.

Craig, Gary. 2003. Balancing the Books: The Social Fund in Action. In Trevor Buck and Roger S. Smith(eds.). *Poor Relief or Poor Deal?: The Social Fund, Safety Nets and Social Security*. Hampshire: Ashgate.

Cranston, M. 1969. John Locke and Government by Consent. In D. Thompson(ed.). *Political Ideas*. Harmondsworth: Penguin.

Dee. Mike. November 2014. "When the five giants of post war Reconstruction meet the four pillars of welfare reform-young people lose out, again". Conference Paper. The Australian Sociological Association Annual Conference.

Department for Environment, Food and Rural Affairs. 2008. *Sustainable Development Indicators in Your Pocket 2008*. London: Nobel House.

_____. July 2013. *Sustainable Development Indicators*. London: Nobel House.

DiNitto, Diana M. 2007. *Social Welfare: Politics and Public Policy*. New York: Pearson.

Dobelstein, Andrew. 1986. *Politics, Economics and Public Welfare*. Englewood Cliffs: Prentice Hall, Inc.

_____. 2009. Understanding the Social Security: The Foundation of Social Welfare for America in the Twenty-First Century. Oxford University Press.

Dolgoff, Ralph & Donald Feldstein. 2007. *Understanding Social Welfare: A Search for Social Justice*. New York: Pearson,

Dorrien, Gray J. 1993. *The Neo-conservative Mind: Politics, Culture, and the War of Ideology*. Philadelphia: Temple University Press.

Eardley, Tony. 1996. From Safety Nets to Springboards Social Assistance and Work Incentives in the OECD Countries. *Social Policy Review 8*. London: Social Policy Association.

Eardley, T., J. Bradshaw, J. Ditch, I. Gough and P. Whiteford. 1996. *Social Assistance schemes in OECD countries*. Department of Social Security Research Report No. 46. London:

HMSO.

E.C. 2001. *Social Protection in the E.U. Member states and the European Economic Area.* Luxemburg: Office for Official Publications of the European Communities.

Eccleshall, R. V. Geoghegan, R. Jay and R. Wilford. 1990. *Political Ideologies: An Introduction.* London: Routledge.

Edin, K. J. Fall/Winter 1995. The Myths of Dependence and Self-Sufficiency: Women, Welfare, and Low-Wage Work. *From Focus, 17(2).*

Engels, Friedrich. 1987. *The Condition of the Working Class in England.* Introduction by Victor Kiernan. Penguin Classics.

Epstein, G. January 23, 1995. A Boost in the Minimum Wage Doesn't Always Produce the Expected Result. *Barron's LXXV (4).*

Eriksen, E.O. and J.E. Fossum(eds.). 2000. *Democracy in the European Union-Integration through Deliberation?* London: Routledge.

Esping-Andersen, G. 1990. *The Three Worlds of Welfare Capitalism.* Harvard: Harvard University Press.

Etzioni, Amitai. 25 June, 2001. "The New Statesman Essay-The Third Way is a Triumph". *New Statesman.*

Falk. Gene, Maggie McCarty and Randy Alison Aussenberg. November 8, 2016. Work Requirements, Time Limits, and Work Incentives in TANF, SNAP, and Housing Assistance. *CRS Report.* Congressional Research Service.

Falk, Gene & Margot L Crandall-Hollick. April 18, 2018. *The Earned Income Tax Credit(EITC): An Overview.* Congressional Research Service.

Falkingham, J. and J. Hills. 1995. *The Dynamic of Welfare: The Welfare State and Life Cycle.* Hemel Hempstead: Prentice Hall.

Federal Interagency Forum on Child and Family Statistics. September 2018. *America's Children: Key National Indicators of Well-Being, 2018.* Washington, D.C.: U.S. Government Printing Office. Accessed https://www.childstats.gov/pdf/ac2018/ac_18.pdf.(2019.1.21).

Field, Frank. 2000. *Making Welfare Work.* New Barnswick, New Jersey: Transaction Publishers.

Fraser, D. 2009. *The Evolution of the British Welfare State: A History of Social Policy Since the Industrial Revolution, 4th edition.* Basingstoke, Hampshire: Palgrave Macmillan.

Friedlander, W. A. & R. Z. Apte. 1980. *Introduction to Social Welfare, 5th ed.* Englewood Cliffs, N. J.: Prentice-Hall.

Friedman, Milton & Rose Friedman. 1980. *Free to Choose.* Martin Secker & Warburg.

Furniss, Norman and Timothy Tilton. 1977. *The Case for the Welfare State.* Indiana University Press.

Gallaghe, L. Jerome et al. 2000. *State General Assistance Programs 1998*. Washington, D.C.: Urban Institute.

Geldof, D. 1999. New Activation Policies: Promises and Risks, In Heikkila, M.(ed). *Linking Welfare and Work*. Dublin: European Foundation for the Improvement of Living and Working Conditions.

Garfinkel, Irwin et al.(eds.). 1996. *Social Policies for Children*. Washington D.C.: The Brookings Institution.

George, Vic & Paul Wilding. 1976. *Ideology and Social Welfare*. London: Routledge and Kegan Paul.

_____. 1984. *The Impact of Social Policy*. London: Routledge & Kegan Paul.

_____. 1994. *Welfare and Ideology*. London: Prentice Hall.

Giddens, A. 1998. *The Third Way*. Cambridge: Polity Press.

Gidron, B, R. Kramer and L. Salamon. 1992. *Government and the Third Sector: Emerging Relationships in Welfare States*. San Francisco: Jossey-Bass Publishers.

Gilbert, Neil and Paul Terrell. 2014. *Dimensions of Social Welfare Policy*(Eighth Edition). Harlow Essex: Pearson.

Glazer, Nathan. 1988. *The Limits of Social Policy*. Cambridge, M.A.: Harvard University Press.

Glennerster, Howard. 2000. *British Social Policy since 1945*. Oxford: Blackwell Publishers Ltd.

Groves, P. et al. 2013. *The big data revolution in healthcare. Accelerating value and innovation*. Center for Health System Reform Business Technology Office.

Gumucio-Dagron, Alfonso and Thomas Tufte. 2006. *Communication for Social Change Anthology Historical and Contemporary Readings*. Communication for Social Change Consortium, Inc.

Hadley, R. and S. Hatch. 1981. *Social Welfare and the Future of the State*. London: Allen & Unwin.

Harker, Rachael. 13 April 2018. *NHS Funding and Expenditure, Briefing Paper CBPO724*. House of Commons Library.

Harris, J. 1990. Enterprise and Welfare States: A Comparative Perspective. *Transactions of the Royal Historical Society*, 40.

Hawkins, Robert Leibson. 2005. From Self Sufficiency to Personal and Family Sustainability: A New Paradigm for Social Policy. *Journal of Sociology and Social Welfare*. Volume XXXII, Number 4.

Heckscher, Gunnar. 1984. *The Welfare State and Beyond*. University of Minnesota Press.

Helco, Hugh. 1981. "Toward a New Welfare State" In P. Flora and A. J. Heidenheimer(eds.). *Development of Welfare States in Europe and America*. Transaction Publishers.

Hill, M. 1990. *Social Security Policy in Britain*. Aldershot.

Hillery, George A. Jr. June 1955. Definition of Community. *Rural Sociology, 20*.

Hirsch, Donald. 29 July 2019. *A Minimum Income Standard for the United Kingdom in 2019*. Joseph Rowntree Foundation.

Hood, Andrew and Agnes Norris Keiller. November 2016. *A survey of the UK benefit system*. Institute for Fiscal Studies.

Huth, Erik and Jason Karcher. August 2018. The short-term/limited-duration insurance rule and the potential impact on health insurance markets. *Milliman White Paper*. Accessed https://us.milliman.com/uploadedFiles/insight/2018/The_STLDI_rule.pdf (2019.8.20.).

Iceland, J. 2004. *Poverty in America: A handbook*. Berkeley, C.A.: University of California Press.

ILO. 1984. *Introduction to Social Security*. Geneva: ILO.

____. 2017. *World Social Protection Report 2017-19: Universal social protection to achieve the Sustainable Development Goals*. Geneva: ILO.

Immervoll, H., S. Jenkins and S. Königs. 2015. Are Recipient of Social Assistance 'Benefit Dependent'?: Concepts, Measurement and Results for Selected Countries. *OECD Social, Employment and Migration Working Papers, No. 162*. Paris: OECD Publishing.

Iversen, T. and P. Rehm, April 2016. "The Market for Creampuffs: Big Data and the Transformation of the Welfare State." Working Paper. Accessed
http://www.people.fas.harvard.edu/~iversen/PDFfiles/Iversen_Rehm_2017.pdf(2019.8.21.).

Jessop, B. 1993. Towards a Schumpeterian Workfare State Preliminary Remarks in Post-Fordist Political Economy. *Studies in Political Economy* 40.

Johnson, Niegel. 2004. The Human Rights Act 1998: A Bridge between Citizenship and Justice?. *Social Policy & Society 3:2*. Cambridge University Press.

Johnson, R.C. & Cocoran, M.E. 2004. The Road to Economic Self-Sufficiency: Job Quality and Job Transition Patterns after Welfare Reform. *Journal of Policy analysis and Management, 22(4)*.

Jones, C. 1985. *Patterns of Social Policy*. London: Tavistock.

Jones, C. and Tony Novak. 1999. *Poverty, Welfare and the Disciplinary State*. New York: Routledge.

Keesbergen, K. 2000. The Declining Resistance of Welfare States to Change. In S. Kuhnle(ed.). *Survival of the European Welfare State*. London: Routledge.

Kelly, Katharine & Tullio Caputo. 2011. *Community: A Contemporary Analysis of Policies, Programs, and Practices*. University of Toronto Press.

Kelly, Gabin and Rachel Lissauer. 2000. *Ownership for All*. London: Institute for Public Policy Research.

Klein, R. & M. O'higgins. 1988. Defusing The Crisis of the Welfare State. In T. R. Marmor &

J. L. Mashaw(eds,). *Social Security : Beyond the Rhetoric of Crisis*. Princeton University Press .

Kornbluh, Felicia. 2007. *The Battle for Welfare Rights: Politics and Poverty in Modern America*. Philadelphia: University of Pennsylvania Press.

Korpi, W. 1983. *The Democratic Class Struggle*. London: Routledge & Kegan Paul.

Kristol, Irving. 19 January, 1976. What is a Neoconservative. *Newsweek*.

Kuhnle, S.(ed.). 2000. *Survival of the European Welfare State*. London: Routledge.

Le Grand, Julian. 1989. Markets, Welfare and Equality. In Julian Le Grand and Saul Estrin(eds.). *Market Socialism*. Oxford: Oxford University Press.

_____. 2006. Implementing Stakeholder Grants: the British Case. In Bruce Ackerman, Anne Alstott, Philippe Van Parijs(eds.). *Redesigning Distribution. the Real Utopia Project, Vol. 4*. London: Verso.

Levitan, Sar A., Garth L. Mangum, Stephen L. Mangum and Andrew M. Sum. 2003. *Programs in Aid of the Poor, 8th. ed.* Baltimore: The Jones Hopkins University Press.

LGIU. Welfare Reform Act 2012. *Policy Briefing*. Accessed https://www.lgiu.org.uk/wp-content/uploads/2012/03/Welfare-Reform-Act-20121.pdf. (2019.5.10).

Lipset, S. 1963. *Political Man*. London: Heineman.

Llobrera, J. and Zahradnik, B. 2004. *A Hand Up: How State EITC Helps Working Families Escape Poverty in 2004*. Washington. D.C.: Center on Budget and Policy Priorities.

Long, D.A. 2001. From Support to Self-Sufficiency: How Successful and Programs in Advancing the Financial Independence and Well-Being of Welfare Recipients? *Evaluation and Program Planning, 24(4)*.

Loughborough University, Center for Research in Social Policy. "Minimum Income Standards". Accessed https://www.lboro.ac.uk/research/crsp/mis/(2019.4.20).

Lord Ashcroft Polls. January 2015. "The People, the Parties and the NHS".

Lowe, Rodney. 2004. *The Welfare State in Britain since 1945*, 3rd *ed.* London: Palgrave Macmillion.

Lowi, Theodore J. 1969. *The End of Liberalism: Ideology, Policy and the Crisis of Public Authority*. New York: W. W. Norton & Co.

_____. 1995. *The End of the Republican Era*. Norman: University of Oklahoma Press.

Madsen, P. K. 2004. "The Danish model of flexicurity: experiences and lessons". *Transfer*, Vol. 10 No. 2.

Manicol, J. 1998. *The Politics of Retirement in Britain 1878-1948*. Cambridge: Cambridge University Press.

Marauhn, Thilo. 2004. Social Rights Beyond the Traditional Welfare State: International Instruments and the Concept of Individual Entitlements. In Eyal Benvenist and Georg Nolte(eds.). *The Welfare State, Globalization and International Law.* Berlin: Springer.

Marshall, T. H. 1964. Citizenship and Social Class. *Class, Citizenship, and Social Development.* New York: Doubleday & Company, Inc.

Matsushita, K. 1973. Civil Minimum and Urban Policy. Contemporary Urban Policy X: Civil Minimum. Tokyo: Iwanami-syoten.

Mckay, Stephen and Karen Rowlingson. 1999. *Social Security in Britain.* New York: St. Martin's Inc.

Mclellan, D. 1986. *Ideology.* Oxford: Oxford University Press.

Mishra, R. 1977. *Society and Social Policy: Theoretical Perspectives on Welfare.* London: Macmillan.

Mishra, Ramesh. 1990. *The Welfare State in Capitalist Society.* New York: Harvester Wheatsheaf.

_____. 1977. *Society and Social Policy.* London: Macmillan.

_____. 1984. *The Welfare State in Crisis.* London: Wheatsheaf Books.

Musgrave, R. A and P. B. Musgrave. 1980. *Public Finance in Theory and Practice. 3rd. ed.* New York: McGraw-Hill Inc.

Myrdal, Alva. 1968. *Nation and Family.* Cambridge, M.A.: MIT Press.

NARA. January 23, 2008. *Federal Register, 73(15).*

Nidirect Government Services. "Help to Save Scheme". Accessed https://www.nidirect.gov.uk/articles/help-save-scheme (2019. 7. 11).

Niemitz, K. 2016. *The UK Health System: An international comparison of health outcomes. UK 2020 Health Paper 1.* Accessed http://www.uk2020.org.uk/wp-content/uploads/2016/10/UK2020-Final-eBook-RGB.pdf. (2019.8.17).

Nissan, David and Julian Le Grand. 2000. *A Capital Idea: Start-up Grants for Young People.* London: Fabian Society.

Nussbaum, Martha C. 1999. *Sex & Social Justice.* New York: Oxford University Press.

O'boyle, Edward J. 1998. Transitions into and out of Poverty. *International Journal of Economics. Vol. 25. No. 9.*

O'Connor, James. 1973. *The Fiscal Crisis of the State.* St. Martin's Press.

O'Connor, Brendon. 2004. *A Political History of the American Welfare System.* Lanham: Rowman & Littlefield Publisher, Inc.

OECD. 2016. *Society at a glance 2016: OECD Social Indicators.* OECD Publishing. Paris.

OECD. 2018. *Revenue Statics 2018.* Paris: OECD.

Offe, Claus. 1984. In J. Keane(ed.). *Contradictions of the Welfare State* (2nd ed.). Arkiv.

Oppenheim, Carey(ed.) 1998. *An Inclusive Society: Strategy for Tackling Poverty.* London: IPPR.

Orshansky, M. 1965. Counting the Poor: Another Look at the Poverty Profile. *Social Security Bulletin 28.*

Parsons, T. 1951. *The Social System.* New York: The Free Press.

Patterson, James T. 1994. *America's Struggle Against Poverty 1900-1994.* Cambridge, M.A.: Harvard University Press.

Payne, Malcolm. 1995. *Social Work and Community Care.* London: Macmillan.

Peck, J. 2001. *Workfare States.* New York: Guildford Press.

Perez, A. F. 1996. Review Essay: Who Killed Sovereignty Or: Changing Norms Concerning Sovereignty in International Law. *Wisconsin International Law Journal 20.*

Perlman, Robert. 1975. *Consumers and Social Services.* New York: John Willy.

Philpott, John. 1997. Lessons from America: Workfare and Labour's New Deal. In Alan Deacon(ed.). *From Welfare to Work: Lessons from America.* London: Institute of Economic Affairs.

Pierson, Christopher. 2007. *Beyond the Welfare State: The New Political Economy of Welfare.* Pennsylvania State University Press.

Pinch, Steven. 1997. *Worlds of Welfare: Understanding the Changing Geographies of Social Welfare Provision.* New York: Routledge.

Pincus, A. & A. Minahan. 1973. *Social Work Practice: Model and Method.* Itasca, Illinois: Peacock Publishers.

Pinker, R. 1979. *The Idea of Welfare.* London: Heinemann.

_____. 1999. New Liberalism and the Middle Way. In Robert Page and Richard Silburn (eds.). *British Social Welfare in the Twentieth Century.* London: MacMillan.

Piven, Frances Fox and Richard A. Cloward. 1979. *Poor People's Movements: Why They Succeed, How They Fail.* New York: Vintage Books.

Policy in Practice. August 2017. *The Cumulative Impacts of Welfare Reform - A National Picture.* pp. 1-26. Accessed
https://www.local.gov.uk/cumulative-impacts-welfare-reform-national-picture(2019.4.3).

Poynter, John R. 1969. *Society and Pauperism.* London: Routledge & Kegan Paul.

Prisecaru, P. 2016. Challenges of the Fourth Industrial Revolution. *Knowledge Horizons-Economics, 8(1).*

Rainwater, L. 1974. *What Money Buys.* New York: Basic Books

Ravallion, Martion. September, 1994. Issues in Measuring and Modeling Poverty. *Econonic Journal 106.*

Rein, Martin. 1970. *Social Policy.* New York: Random House.

_____. 1971. Social Policy Analysis as the Interpretation of Beliefs. *Journal of the American*

Institute of Planners, 37(5).

Rein, M. & L. Rainwater. 1987. From Welfare State to Welfare Society. In M. Rein, G. Esping-Andersen & L. Rainwater(eds.). *Stagnation and Renewal in Social Policy*. M. E. Sharpe.

Rhodes, R.A.W. 1986. The Changing Relations of the National Community of Local Government, 1970-1983. In M. Goldsmith(ed.). *New Research in Central-Local Relation*. Vermont: Gower.

Richan, Willard C. 1981. *Social Service Politics in the United States and Britain*. Philadelphia: Temple University Press.

Rifkin, Jeremy. 2014. *The Zero Marginal Cost Society: The Internet of Things, the Collaborative Commons, and the Eclipse of Capitalism*. N.Y.: St. Martin's Press.

Roche, M. 1992. *Rethinking Citizenship: Welfare, Ideology and Change in Modern Society*. Cambridge Polity Press.

Room, G. 1979. *The Sociology of Welfare*. Oxford: Blackwell.

Roosevelt, Franklin quoted in *Commentary*. September 1976. What Is a Liberal - Who Is a Conservative.

Rose, Richard. 1986. The Dynamics of the Welfare Mix in Britain. In R. Rose & R. Shiratori. *The Welfare State East and West*. Oxford: Oxford University Press.

Rowntree, B. S. 1902. *Poverty: A Study of Town Life*. London: Nelson. reissued(2000) by The Policy Press for the Joseph Rowntree Foundation, Bristol.

_____. 1941. *Poverty and Progress : a Second Social Survey*. London: Longman Green.

Sandford, Cedric. 1971. *Taxing Personal Wealth*. London: Allen and Unwin.

Sapir, Andre. 2006. Globalization and the Reform of European Social Models. *JCMS 2006* Volume 44. Number 2.

Saunders, Peter. 1984. Rethinking Local Politics. In M. Boddy & C. Fudge(eds). *Local Socialism*. London: Macmillan.

Scarrow, H. A. 1971. Policy Pressures by British local government. *Comparative Politics 4, No. 1(Oct)*.

Schlachter, Oscar. 1997. The Decline of the Nation-State and Its Implications for International Law. *Columbia Journal of Transnational Law, 36*.

Schorr, Alvin. 1986. *Common Decency*. New Haven, C.T: Yale University Press.

Schott, Liz, Misha Hill. July 9, 2015. *State General Assistance Programs Are Weakening Despite Increased Need*. Center on Budget and Policy Priorities.

Schwab, Klaus. 2015. "The Fourth Industrial Revolution: What It Means and How to Respond." Accessed https://www.foreignaffairs.com/articles/2015-12-12/fourth-industrial-revolution

(2019. 5.19).

_____. 2016. *The Fourth Industrial Revolution*. World Economic Forum. Geneva.

Secretary of State for Communities and Local Government. September 2009. *Government response to the Communities and Local Government Select Committee report into the balance of power: central and local government. Cm 7712*. The Stationery Office Limited.

Segal, Elizabeth A. 2007. *Social Welfare Policy and Social Programs: A Value Perspective*. Belmont: Thomson Brooks/Cole.

Sharpe, Lawrence J. 1970. Theories and Values of Local Government. *Political Studies*, 18(2).

Sherraden, Michael. January, 1990. Stakeholding: A New Direction in Social Policy. Progressive Policy Institute.

_____. 1991. *Assets and the Poor*. Armonk, N.Y.: M.E. Sharpe, Inc.

_____. 2001. Asset Building Policy and Programs for the Poor. In T. Shapio and E. Wolf(eds.). *Assets for the Poor: The Benefits of Spreading Asset Ownership*. New York: Russel Sage Foundation.

Shipman, W. August 14, 1995. Retiring with Dignity: Social Security vs. Private Markets. Social Security Privatization, No. 2. Accessed https://object.cato.org/sites/cato.org/files/pubs/pdf/ssp2.pdf(2019.8.16).

Skocpol, Theda. 1991. Targeting within Universalism: Politically Viable Policies to Combat Poverty in the United States. In Christopher Jencks and Paul Peterson(eds.). *The Urban Underclass*. Washington D.C.: The Brookings Institution.

_____. 1992. *Protecting Soldiers and Mothers*. Cambridge, Mass.: The Belknap Press of Harvard University Press.

Smeeding, Timothy M., Lee Rainwater and Gary Burtless. 2001. U.S. Poverty in a Cross-national Context. In Sheldon H. Danziger, Robert H. Haveman (eds.). *Understanding Poverty*. New York: Russel Sage Foundation.

Standing, G. 2009. *Work after Globalization: Building Occupational Citizenship*. Cheltenham: Edward Elgar Publishing.

Standing, G. 2010. *The Precariat: The New Dangerous Class*. London: Bloomsbury Academic.

Starobin, Paul. March 28, 1998. The Daddy State. *National Journal*.

State Policy Documentation Project. 2000. Financial Eligibility for TANF Cash Assistance. Washington, D.C.: State Policy Documentation Project.

Stefson, B. 1998. *Human Dignity and Contemporary Liberalism*. London: Prager.

Strickland, Pat. April, 1998. *Working Families Tax Credit and Family Credit. Research Paper 98/46*. House of Commons Library.

Tach, Laura and Kathryn Edin. July 2017. The Social Safety Net after Welfare Reform: Recent

Developments and Consequences for Household Dynamics. *Annual Review of Sociology, Vol. 43.*

Taylor-Gooby, P. and J. Dale. 1981. *Social Theory and Social Welfare.* London: Arnold.

Taylor-Gooby, Peter. 1989. The Role of the State, In R. Jowelleta (ed.). *British Social Attitudes.* Aldershot: Gower.

_____. 2004. New Risks and Social Change. In Peter Taylor-Gooby(ed.). *New Risks, New Welfare: the Transformation of the European Welfare State.* Oxford University Press.

_____. June 2012. Overview: resisting welfare state restructuring in the U.K. *Journal of Poverty and Social Justice*, vol 20, no. 2.

Tenny, D. and B. Zahradnik. 2001. *The Poverty despite Work Handbook, 3rd ed.* Washington D.C.: Center on Budget and Policy Priorities.

Theodore, Nik and Jamie Peck. 2000. Searching for Best Practice in Welfare-to-Work: The Means, the Method and the Message. *Policy & Politics 29(1).*

Thewissen, S. and David Rueda. 2017. "Automation and the Welfare State: Technological Change as a Determinant of Redistribution Preferences". *Comparative Political Studies.*

Tilly, Charles. August 1979. *Proletarianization: Theory and Research.* University of Michigan.

Titmuss, Richard. 1958. *Social Policy.* London: Allen & Unwin.

_____. 1968. *Commitment to Welfare.* New York: Pantheon.

_____. 1974. *Social Policy: An Introduction.* London: Allen and Unwin.

_____. 1974. *Essays on the Welfare-State.* London: Allen & Unwin.

Townsend, Peter. 1979. *Poverty in the United Kingdom: A Survey of Household Resources and Standards of Living.* Berkeley: University of California Press

Toynbee, A. 1884. *Lectures on the Industrial Revolution of the 18th Century in England.* London.

Trattner, Walter I. 1994. *From Poor Law to Welfare State: The History of Social Welfare in America, 5th ed.* New York: Free Press.

Trecker, Harleigh B. 1971. *Social Work Administration: Principles and Practices.* New York: Association Press.

UBS. January 2016. "Extreme automation and connectivity: The global, regional, and investment implications of the Fourth Industrial Revolution". *UBS White Paper for the World Economic Forum.*

U.K. Department for Work and Pensions. 2010. *Universal Credit: welfare that works.* Cm 7957.

_____. July 2017. *State Pension age review.*

_____. 28 March 2019. *Households Below Average Income: An Analysis of the UK income distribution: 1994/95-2017/18.*

U.K. House of Commons, Communities and Local Government Committee. 2009. *The Balance of Power: Central and Local Government*, Sixth Report of Session 2008-09.

U.K House of Commons Library. 1 March 2019. *Benefits Uprating 2019*. Briefing Paper, Number CBP 8458.

U.K. Low Pay Commission. March 2018. *The Minimum Wage in 2018*.

_____. 29 October 2018. Press release. "LPC welcomes acceptance of its 2019 minimum wage rate recommendation".

_____. November 2018. *National Minimum Wage: Low Pay Commission Report 2018*. Crown.

U.K. NHS. January 2019. The NHS Long Term Plan. Accessed https://www.longtermplan.nhs.uk/wp-content/uploads/2019/01/nhs-long-term-plan.pdf(2019.7.20.).

U.K. Parliament. Welfare Reform Act 2012. Accessed https://services.parliament.uk/bills/2010-11/welfarereform.html(2019.2.10.).

UNDP. 2018. Human Development Reports. Accessed http://hdr.undp.org/en/2018-MPI(2019.2.24).

USA FACTS. "IS Social Security Sustainable?" Accessed https://usafacts.org/reports/is-social-security-sustainable(2019.2.19).

U.S. Bureau of the Census. 1986. Household Wealth and Asset Ownership: 1984. *Current Population Reports, series P-70, no.7.*

_____. 2000. *Annual Demographic Survey.* March 2000 Supplement. Table 18.

U.S. Committee on Ways and Means. 2004. *Background Material and Data on the Programs within the Jurisdiction of the Committee on Ways and Means(Green Book), (WMCP 108-6).* Washington, D.C.: U.S. House of Representatives.

U.S. Congress. *The Temporary Assistance for Needy Families(TANF) Block Grant: Responses to Frequently Asked Questions.* Updated January 28, 2019. Congressional Research Service.

U.S. Congressional Research Service. July 25, *2019. Child Support Enforcement: Program Basics.* CRS Report. Accessed https://fas.org/sgp/crs/misc/RS22380.pdf(2019.8.5.).

USDA Food and Nutrition Service. 2019. "SNAP Eligibility". Accessed https://www.fns.usda.gov/snap/recipient/eligibility(2019.8.18).

U.S. GPO. *Federal Register, Vol. 83, No. 89.* Tuesday, May 8, 2018.

U.S. Office of Family Assistance. May 20, 2019. *Temporary Assistance for Needy Families[TANF] Federal Five-Year Time Limit Fiscal Year[FY] 2018*, Table 2C.

U.S. Office of Management and Budget. 2018 2. *Fiscal Year 2019 An American Budget: Budget of the U.S. Government.* Accessed https://www.whitehouse.gov/wp-content/uploads/2018/02/budget-fy2019.pdf(2019.8.9.).

U.S. Social Security Administration. 2005. *Annual Statistical Supplement, 2004.* Washington, D.C. Social Security Administration.

_____. August 2017. Supplemental Security Income(SSI). Publication No. 05-11000

_____. July 2018. *OASDI Beneficiaries by State and County, 2017.* SSA Publication No. 13-11954.

_____. 2019. *Understanding the Benefits.* pp. 1-2. Accessed https://www.ssa.gov/pubs/EN-05-10024.pdf(2019.3.10).

_____. May 2019. *Supplement to the Social Security Bulletin, 2018.* SSA Publication No. 13-11700.

USA FACTS. *IS Social Security Sustainable? Accessed* https://usafacts.org/reports/is-social-security-sustainable (2019.2.19.).

U.S. Bureau of Labor Statistics. 2018. "Labor Force Statistics from the Current Population Survey". Accessed https://www.bls.gov/cps/tables.htm#minimum(2019.8.21.).

Van Kersbergen, Kees. 2000. The Declining Resistance of Welfare States to Change? In S. Kuhnle(ed.). *Survival of the European Welfare State.* London: Routledge.

Van Parijs, Philippe. March, 2004. Basic Income: A Simple and Powerful Idea for the Twenty-first Century. *Politics & Society, Vol. 32, No. 1.*

Van Wormer, Katherine. 2006. *Introduction to Social Welfare and Social Work: The U.S. in Global Perspective.* Belmont, C.A.: Thompson Brooks/Cole.

Walker, R. 1998. The Americanisation of British Welfare: A Case of Policy Transfer. *Focus, 19(3).*

_____. 2005. *Social Security and Welfare: Concepts and Comparisons.* New York: Open University Press.

Walter, C. 2001. Constitutionalizing (Inter)national Governance-Possibilities and Limits to the Development of an International Constitutional Law. *German Yearbook of International Law.*

Webb, Sidney and Beatrice Webb. 1963. *English Poor Law History.* London: Frank Case.

Weber, Max. 1978. *Economy and Society.* Gunther Roth(ed.). Berkeley, C.A.: University of California Press.

Wedderburn, D. 1965. Facts and Theories of the Welfare State. In R. Miliband and J. Saville(eds.). *The Social Register.* London: Merlin Press.

Weir, Margaret, Ann Shola Orloff and Theda Skocpol. 1988. *The Politics of Social Policy in the United States.* Princeton, N.J.: Princeton University Press.

Weir, Margaret. 1992. *Politics and Jobs: The Boundaries of Employment Policy in the United States.*

Princeton. N.J.: Princeton University Press.

Weissert, Carol S. 2000. *Learning from Leaders: Welfare Reform Politics and Policy in Five Midwestern States.* Albany, N.Y.: The Rockefeller Institute Press.

White, M. 2000. Evaluating the Effectiveness of Welfare-to-Work: Learning from Cross-National Evidence. In C. Chitty and G. Elam(eds.). *Evaluating Welfare to Work.* London: Department of Social Security.

White, M. and J. Lakey. 1992. *The Restart Effect. Does Active Labour Market Policy Reduce Unemployment.* London: Policy Studies Institute.

White, Stuart. 2003. *The Civic Minimum on the Rights and Obligations of Economic Citizenship.* Oxford: Oxford University Press.

_____. 2004. Social Minimum. *The Stanford Encyclopedia of Philosophy, Winter 2004(ed.).* Stanford University.

Willensky, Harold L. 1975. *The Welfare State and Equality: Structural and Ideological Roots of Public Expenditure.* Berkeley: University of California Press.

Wilson, J. 1994. *Dignity not Poverty: A Minimum Income Standard for the U. K.* London: Institute of Public Policy Research.

Winston, Pamela. 2002. *Welfare Policy Making In the States: The Devil in Devolution.* Washington, D.C.: Georgetown University.

Wolf, Edward N. 1987. Estimates of Household Wealth Inequality in the U.S. 1962-1983. *Review of Income and Wealth, Vol. 33, No.3.*

Wolf, M. 2015, July./Aug. Same as It Ever Was: Why the Techno-optimists Are Wrong. In *The Fourth Industrial Revolution.* Foreign Affairs.

Woods, D. R. 2007. The Welfare State and Pressures to Reform: A Literature Review. *Wirtschaft & Politik, Working Paper No. 36.* Universität Tübingen.

World Commission on Environment and Development. 1987. *Our Common Future.* Oxford: Oxford University Press.

World Economic Forum. January 2016. *The Future of Jobs: Employment, Skills and Workforce Strategy for the Fourth Industrial Revolution.* Geneva. WEF.

Wright, Deil S. 1988. *Understanding Intergovernmental Relations.* Belmont, CA: Wadsworth Publishing Company.

Wright, Erik Olin. March, 2004. Basic Income, Stakeholder Grants, and Class Analysis. *Politics & Society, Vol. 32, No.1.*

Ziliak, J. P. 2015. Temporary Assistance for Needy Families. NBER Working Paper No.21038.

Xu, Min, Jeanne M. David & Suk Hi Kim. 2018. The Industrial Revolution: Opportunities and Challenge. *International Journal of Financial Research,* Vol. 9 No.2.

찾아보기

[인명 찾아보기]

이정관

미국 Syracuse대학교 Maxwell School에서 공공행정으로 MA를, 동국대 대학원에서 복지정책으로 Ph.D.를 받았으며, 미국 U.C. Berkeley 정부학연구소(Institute of Governmental Studies) 방문학자로서 영미 공공복지 전반을 연구하였다. 제24회 행정고시로 공직에 입문한 이후 국무총리실 자치행정 및 시민사회협력 담당관, 서울시 복지건강본부장, 은평병원장, 보건환경연구원장, 문화산업기획단장, 강서구 부구청장 등을 역임했다. 동국대, 서강대, 연세대, 가톨릭대, 명지대 등에 출강해 오고 있으며, (현) KC대학교 사회복지학부 교수이다. 주요저서로는 『미국 지방정부의 이해』, 『기초생활보장과 공공복지』, 『복지현장에서 주민에게 길을 묻다』 등이 있다.

사회보장과
공공복지

초판인쇄 2019년 10월 10일
초판발행 2019년 10월 10일

지은이 이정관
펴낸이 채종준
펴낸곳 한국학술정보㈜
주소 경기도 파주시 회동길 230(문발동)
전화 031) 908-3181(대표)
팩스 031) 908-3189
홈페이지 http://ebook.kstudy.com
전자우편 출판사업부 publish@kstudy.com
등록 제일산-115호(2000. 6. 19)

ISBN 978-89-268-9662-4 93330